German Hafner

Bildlexikon antiker Personen

German Hafner

Bildlexikon antiker Personen

Albatros

Titel der Originalausgabe:
Bildlexikon antiker Personen

Die Deutsche Bibliothek – CIP-Einheitsaufnahme
Ein Titeldatensatz für diese Publikation ist bei
Der Deutschen Bibliothek erhältlich.

ISBN 3-491-96023-1

Inhaltsverzeichnis

Vorwort

Dieses Buch möchte gern gelesen werden. Wenn dieser gewiß nicht so ungewöhnliche Wunsch hier ausdrücklich geäußert wird, so nicht, weil an jene anderen Verwendungsmöglichkeiten für Bücher gedacht ist, die A. Schopenhauer in der Vorrede seines Werkes «Die Welt als Wille und Vorstellung» (1819) aufführt. Die Alternative zum Lesen ist vielmehr das Benutzen. Und es ist nur natürlich, daß dieses Buch als Nachschlagewerk dient; die alphabetische Anordnung erleichtert das Auffinden des Gesuchten. Wer also wissen möchte, wie eine bestimmte Persönlichkeit des Altertums ausgesehen hat, der soll auf diese Weise schnell sein Bildnis finden. Er wird sie nicht alle finden, denn es sind nicht von allen berühmten Persönlichkeiten Bildnisse nachweisbar. Man muß sich mit diesen Lücken abfinden. Porträts, die ganz willkürlich mit berühmten Namen verbunden wurden, haben in einem Buch, das dem Benutzer wissenschaftlich gut begründetes Material liefern will, keinen Platz. So findet man eben manchmal nur die wichtigsten Daten zu einer gleichwohl berühmten Persönlichkeit und muß sich danach ein «Bild» von ihr machen. Über das Benutzen hinaus soll das Buch aber eben auch gelesen werden, und zwar sogar in seinem Kernstück, der alphabetischen Liste. Wer darin blättert und sich bei einem bekannten Namen oder einem eindrucksvollen Bildnis aufhält, wird zusätzlich Wissenswertes finden.
Das Buch will also benutzt und gelesen werden. Das schließt natürlich nicht aus, daß man es auch seiner «gelehrten Freundin auf den Gabentisch legen» oder mit dem Band «eine Lücke seiner Bibliothek ausfüllen» kann, wenn man jener ironischen Bemerkung Schopenhauers folgen will.

Nützliche Vorbemerkungen

Große Namen der Antike – Wer gehört dazu?

Hervorragende Persönlichkeiten, die über der Masse ihrer Mitbürger zu stehen scheinen, pflegt man als Prominente zu bezeichnen. Sie ziehen das allgemeine Interesse auf sich, weil man den Eindruck hat, daß sie es sind, die die Welt bewegen und verändern. Sie mögen Herrscher oder Politiker sein, Dichter, Gelehrte oder Künstler; soweit sie Autorität und Macht besitzen, können sie den Lauf der Dinge unmittelbar und sofort spürbar bestimmen, soweit sie nur über die Waffen des Geistes verfügen, werden die Wirkungen ihres Tuns oft wohl erst nach Generationen sichtbar.

Diese Prominenz ist gemeint, nicht aber jene durchaus verdienstvollen und geehrten Männer und Frauen, die etwa im Rahmen einer Stadt eine hervorragende Stellung einnahmen und entsprechendes Ansehen genossen. Daher bleiben die «Privatbildnisse», auch wenn der Namen des Dargestellten bekannt ist, unberücksichtigt. Der Bankier Caecilius Jucundus aus Pompeji gehörte wohl zur Prominenz der Stadt, nicht aber zu der der Antike, denn mit seinem Tode erlosch das Interesse an ihm.

Demgegenüber waren die wirklich berühmten Persönlichkeiten nach ihrem Tode nicht vergessen, sondern man blickte auf sie zurück – bewundernd, kritisch und nicht selten auch mit Schaudern. Denn sie waren nicht alle von «gutem Ruhm», auch Gestalten wie Nero waren unter ihnen. Rühmlich war dessen Leben gewiß nicht, und was seinen Namen verewigte, waren Angst und Schrecken, die er verbreitete, seine Schandtaten und Greuel, die ihm den Haß seiner Mitmenschen zuzogen. Dennoch ist Nero von einem Bekanntheitsgrad, den ein anderer durch noch so gute Taten nie erreicht hat; selbst im Mittelalter war sein Name nicht vergessen, und man nannte ihn mit Schaudern und noch immer mit geheimer Furcht vor dem Unheimlichen. Die Prominenz der Antike umfaßt also nicht nur «Berühmte», sondern auch «Berüchtigte». Ihre Namen sind aus der antiken Literatur bekannt; von vielen kennt man Bildnisse, doch fehlen sie von nicht wenigen, deren Ruhm nicht geringer war.

Die gegenwärtige Situation wird sogleich durch die Feststellung gekennzeichnet, daß von den 24 Griechen und 24 Römern, die Plutarch (45–125 n. Chr.) in seinen vergleichenden Biographien behandelt hat, nicht einmal die Hälfte durch Bildnisse bekannt ist.

Wenn dennoch der Schwerpunkt bei den Bildnissen liegt, so weil sie am unmittelbarsten an den Dargestellten heranführen. Um aber den Auskunftssuchenden nicht allzusehr zu enttäuschen, soll er – um nur ein Beispiel zu nennen – nicht nur Tacitus, den vergleichsweise unbekannten römischen Kaiser, sondern auch den berühmten Historiker finden, obwohl von diesem kein Bildnis bekannt ist.

Das Fehlen eines Bildnisses soll auf alle Fälle kein Grund sein, einen berühmten Namen einfach zu verschweigen. Denn hier kann der Zufall mitspielen oder die Unvollkommenheit wissenschaftlicher Erkenntnisse. So gibt es eine nicht geringe Zahl von Porträts, die offensichtlich berühmte und bedeutende Persönlichkeiten darstellen, deren Namen aber zu ermitteln bisher nicht gelungen ist.

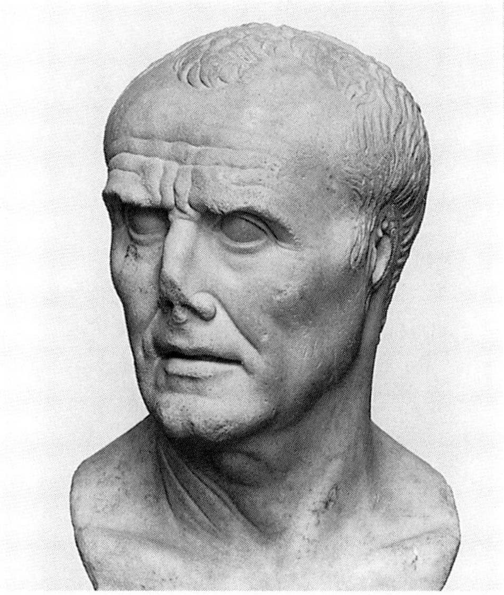

Das Bildnispaar in München, bezeichnet als Marius und Sulla.

Gewiß stellt das Bildnispaar in München berühmte Männer dar, ihre Namen kennt man aber nicht. Wenn sie als Marius und Sulla bezeichnet werden, so hat das eine gewisse Tradition, doch fehlen die Beweise.
Und das glänzende Porträt im Louvre, das einst als das Caesars galt, dann allgemein auf Antiochos III. bezogen wurde, stellt aus heutiger Sicht keinen seleukidischen Herrscher dar, sondern eher einen Römer; vielleicht erweist er sich eines Tages als ein Bildnis des alten Cato?

Unbekannter, Paris, Louvre

Wenn von einem berühmten Menschen kein Bildnis bekannt ist, so kann das auch an dessen sozialen Stand liegen. So berühmt die Namen der antiken Maler und Bildhauer sind, so galten sie doch nur als Handwerker, und ihr Ruhm ging auf das über, was sie geschaffen hatten. Ihre Persönlichkeit blieb ohne Interesse, und niemand setzte ihnen Denkmäler. Ihnen blieb freilich der Weg offen, in ihren Werken an unauffälliger Stelle ihr Selbstporträt zu verewigen. Diese Möglichkeit hatten andere Künstler, wie Schauspieler etwa, nicht. Den Mimen flocht auch im Altertum die Nachwelt keine Kränze. Solange sie lebten, mochten sie noch so berühmt und gefeiert gewesen sein, nach ihrem Tod waren sie vergessen. Hier würde man also vergeblich nach Bildnissen suchen. Aber auch Verfasser nüchterner Sachbücher etwa über Mathematik, Geographie, Landwirtschaft, Naturkunde, Architektur oder Geschützbau kamen nicht zu der Ehre einer Bildnisstatue.

Wenn also ein nicht unbedeutender Teil der antiken Prominenz ohne Gesicht bleibt, so besteht auch nur wenig Hoffnung, daß sich das ändern wird, wenngleich geduldiges Weiterforschen und glückliche Neufunde die eine oder andere Lücke schließen könnten.

Für die Prominenz der älteren Zeit muß man sich freilich damit abfinden, daß man über ihr Aussehen nichts erfahren wird, denn in dieser archaischen Epoche gab es eben noch keine Bildnisse.

Antike Porträts – Seit wann gibt es sie?

Das Abbild eines Menschen als die Wiedergabe einer ganz bestimmten Persönlichkeit ist die einmalige Schöpfung der griechischen Kunst. Die epochemachende Neuerung, die darin bestand, die höchst persönlichen Erscheinungsmerkmale eines Einzelwesens zum Objekt künstlerischer Gestaltung zu machen und im Kunstwerk die Eigenart dieses Menschen zu zeigen und zu verewigen, ist ein Teil jenes ungeheuren Fortschritts, den die griechische Kunst zu Beginn des 5. Jh. v. Chr. machte. Man wird die Bedeutung dieses Vorganges nicht begreifen, wenn man sich nicht vergegenwärtigt, daß bis dahin der Einzelmensch nicht als solcher existierte, sondern nur als Teil einer Masse, in der er aufging, oder als Herrscher, der sie als Symbol der Macht weit überragte. Daher kannte die Kunst der archaischen Welt das Bildnis nicht, und selbst so eindrucksvolle Bilder wie das der Nofretete dürfen nicht darüber hinwegtäuschen, daß auch die ägyptische Kunst nur Typen und Symbole kannte, dem Individuum aber keinen Raum gewährte. Die Bilder der Herrscher stellen eben nicht Ramses oder Amenophis als Person dar, sondern als Träger der Macht, als «Pharao». In der babylonisch-assyrischen Kunst ist das gleiche Phänomen festzustellen. Auch in Griechenland während der archaischen Zeit des 10. bis 6. Jh. v. Chr. wurde das Individuelle nicht berücksichtigt und kaum ein Gefühl für die Einmaligkeit eines Menschen entwickelt.

Im Rahmen der damaligen Ordnung war kein Platz für ausgeprägte Einzelgänger; man hatte sich einzufügen in einen durch die Tradition bestätigten Rahmen. Lebensregeln, wie sie die «Sieben Weisen» prägnant formulierten, die Weisungen der Priester und das Machtwort des Herrschers waren für alle gleichermaßen bindend. Die Philosophen versuchten, die Rätsel der Natur, nicht die Probleme des Menschen zu lösen, zu ergründen.

Die Grenzen dieser archaischen Welt, in die sich auch alle außereuropäischen Kulturen einordnen, sind einzig und allein in Athen zu Beginn des 5. Jh. v. Chr. durchbrochen worden. Man kann diesen einmaligen Kraftakt gar nicht genug bewundern, und denen, die ihn bewältigten, gar nicht genug dankbar sein; denn die «Entdeckung des Individuums» ist eine fundamentale Erkenntnis, die dem Menschen seither eine besondere, eine souveräne Stellung in der Welt sichert.

Aufgrund dieser neuen Differenzierung konnte es nicht mehr genügen, eine Statue der typischen, hergebrachten Form nur durch die Inschrift auf eine bestimmte Person zu beziehen; die Schablone mußte fallen und immer wieder ein neues unverwechselbares Bild geschaffen werden. Dabei war die äußere Erscheinung, auf deren detaillierte Wiedergabe Wert gelegt wurde, stets auch Spiegel der Persönlichkeit, die es in ihrer Einmaligkeit auch geistig zu interpretieren galt.
Die Kunst dieser Zeit hat sich die Mittel geschaffen, die sie zur Bewältigung dieser neuen Aufgabe brauchte. Sie trug zu dem geistigen Umbruch bei, der zur Demokratie und zum Sieg über die Perser führte. Er war Grund für die Vertreibung der Tyrannen und für den Versuch der Perser, die freiheitliche Staatsform, bevor sie sich ausbreitete, zu ersticken. Der nationale Sieg bestätigte die Überlegenheit des freien Menschen über den in Knechtschaft lebenden und stärkte somit das neue Selbstbewußtsein der Griechen, die sich zu einer so ungeheuren Leistung fähig sahen. Der neue Mensch hatte hier seine Bewährungsprobe bestanden, und damit verdienen die Griechen des frühen 5. Jh. v. Chr. noch heute den Dank eines jeden, der sich als Individuum fühlen darf.
Das Individuum stand freilich nach Zerbrechen der alten weltlichen und geistigen Autoritäten vor neuen Zweifeln und Nöten, die es nun aus eigener Kraft meistern mußte. Der alte Götterglaube war dahin und sank zu unverbindlichem Bildungsgut herab. Die geistigen Auseinandersetzungen führten die Philosophen, die sich von der Natur ab- und dem Menschen zuwendeten und Schüler um sich scharten. Bald wurde der Mensch zum «Maß aller Dinge». Wer lernte, seine persönlichen Fähigkeiten nicht nur zu entwickeln, sondern auch geschickt einzusetzen, dem öffnete sich der Weg nach oben, der ihm bisher aufgrund seiner Herkunft verschlossen war. Nun gab es eine Chance für eigenwillige Politiker, die zu den höchsten Ämtern aufstiegen, für selbständige Denker und Dichter, die auf ihr persönliches Talent setzten.
In diesem Rahmen ist die Entstehung des Porträts nur eine Konsequenz dieser geistigen Revolution.
Die neue Bewertung der Einzelperson lenkte den Blick auch zurück auf die Großen der Vergangenheit, die nun vor dem geistigen Auge Gestalt annahmen. Dieses Bild wurde genährt von der Phantasie, die sich an den hinterlassenen Werken dieser Männer entzündete; und diese «Phantasiebildnisse» haben oft große Überzeugungskraft.

Antike Porträts – Wie sahen sie aus?

Oberstes Gebot des Porträts ist die «Ähnlichkeit». Diese etwa durch mechanische Abformung des lebenden Modells zu erreichen, erschien den griechischen Künstlern von vornherein als ein unnützes Unterfangen; tote Attrappen, wie man sie in Wachsfigurenkabinetten bewundern kann, wollten sie nicht produzieren, sondern Bildnisse, die zu leben schienen.
Selbstverständlich spielte dabei die Ähnlichkeit des äußeren Bildes eine wichtige Rolle, doch war sie nicht alles. Man erinnere sich daran, was Marcel Proust (Auf der Suche nach der verlorenen Zeit, I. 551) die Madame Cottard sagen läßt: «Aber ich finde, die wichtigste Eigenschaft eines Porträts, zumal wenn es 10 000 Francs kostet, bleibt doch, daß es ähnlich ist, und zwar auf eine angenehme Art.» Keine brutale Ähnlichkeit also; und ein wenig schmeichelhaft soll ein Porträt schon sein, angenehm in dem Sinne, daß hinter ihm auch das Ideal sichtbar wird, das einem vorschwebt. Ja, man möchte sich bestätigen lassen, wieweit man das erstrebte Ideal bereits erreicht hat; so jedenfalls zu Prousts Zeiten und heutigen Tages, wie ein Blick in die Schaufenster der Photographen zeigt. Und darauf zielte auch die

Bemerkung Max Liebermanns: «Ich habe Sie ähnlicher gemalt, als Sie sind!» Er hatte, was sein Kunde kritisierte, den wahren Kern des Menschen ohne jene gewünschte Idealisierung gesehen und dargestellt, er hatte es an der «angenehmen Art» fehlen lassen.
Seitdem es die Bildniskunst gibt, stellten sich auch diese Probleme, und sie verlangten großes Einfühlungsvermögen, Menschenkenntnis und Gestaltungskraft.
Für den griechischen Künstler war es selbstverständlich, daß man einen Menschen nur in ganzer Gestalt wiedergeben kann. Haltung und Gestik waren ihm so wichtig wie die Gesichtszüge, in der richtigen Erkenntnis, daß die Proportionen, Besonderheiten, etwa des Ganges, und bestimmte Bewegungseigentümlichkeiten konstanter und charakteristischer sein können als die sich verändernden Formen des Gesichtes.
Der Künstler brauchte die ganze Gestalt auch, um schon von weitem erkennbar zu machen, um was für einen Menschen es sich handelt: um einen Feldherrn im Panzer, einen Redner im Himation, um einen Athleten oder heroisierten Herrscher in idealer Nacktheit, um einen römischen Bürger in der Toga. Die Gestalt eines Sitzenden deutet auf einen Dichter oder Denker, der Reiter gehört der vornehmen Welt an, der Lenker einer Quadriga ist ein Sieger im Wagenrennen oder ein König.
Die Römer dachten darüber freilich etwas anders; ihnen genügte auch das abgekürzte Porträt, die Büste und Herme, nicht nur weil diese billiger war, sondern auch, weil die Reduzierung der menschlichen Gestalt auf den Kopf einer alten italienischen Tradition entsprach. Wirklich bedeutende Bildnisse waren aber auch in Rom vollständige Statuen, die frei auf einem mäßig hohen Sockel standen. Das Interesse konzentrierte sich dabei sehr stark auch auf die Inschriften, die auf der Basis zu lesen waren und durch die man nicht nur den Namen des Dargestellten erfuhr, sondern auch seine Ämter, die er innehatte, seine Taten, deren er sich rühmte, und daß die Statue auf Anordnung des Senats errichtet worden war. Diese ist ein Zeichen der Anerkennung, der Ehrung, ein Denkmal des Ruhms.
Ehrenstatuen waren auch die meisten griechischen Bildnisse, teils zu Lebzeiten, teils erst postum errichtet. Daneben war es Sitte, das Abbild einer Gottheit zu weihen; diese Weihgeschenke waren seit dem 5. Jh. v. Chr. vollwertige Bildnisse. Wichtiger blieben aber die Ehrenstatuen, an öffentlichem Platz aufgestellt auf Beschluß der Stadtbehörden oder eines Herrschers. Sie waren Ausdruck der Hochschätzung und einer oft erst einem bereits Verstorbenen entgegengebrachten Verehrung.
Hier gibt es also keinen grundsätzlichen Unterschied zwischen den Bildnissen in Griechenland und Rom. Hier wie dort gab es auch politisch motivierte Bildnisse, mit denen man sich die Gunst des Herrschers zu erkaufen suchte. Sie hatten oft nur kurzen Bestand.
Grundsätzlich aber sollten alle Bildnisstatuen Denkmäler für die Ewigkeit sein, und daher war die Inschrift auf dem Sockel von besonderer Wichtigkeit. In vielen Fällen überdauerte die Basis die Statue selbst; so konnte Pausanias im 2. Jh. n. Chr. in Tegea auf dem Sockel, der einst eine Statue Philopoimens (253–183 v. Chr.) trug, noch die Inschrift lesen.

«In ganz Griechenland glänzt Philopoimens Ehre und Tugend,
der durch Tapferkeit viel, viel auch im Rate getan,
des arkadischen Helden, dem unvergängliche Ehre
folgt' im Getümmel des Kriegs, ihm, dem Gebieter der Schlacht.
Ihn auch preiset das doppelte Mal besiegter Tyrannen
und das gebrochene Joch, welches auf Sparta schon lag.
Tegea ehrt ihn darum, den herrlichen Gründer der Freiheit,
ihn, des Kraugis Sohn, mit dem erhabenen Sinn.» (8,52,6)

Philopoimen, der «letzte der Hellenen» (Plut. Phil. 1,7), wurde nach seinem Tode durch viele Statuen geehrt, doch läßt sich keines der erhaltenen Bildnisse bisher als das dieses Helden nachweisen.

Antike Porträts – Was ist von ihnen erhalten?

Die Anzahl der zwischen dem 5. Jh. v. Chr. und dem Anfang des 4. Jh. n. Chr. entstandenen Porträts muß unübersehbar gewesen sein. Aus Marmor, Bronze, vergoldeter Bronze, aus Silber und Gold, auch in Goldelfenbeintechnik gearbeitet, stellten sie einen materiellen Wert dar, der ihnen zum Verhängnis wurde. Früher oder später wurden sie zerstört, eingeschmolzen oder zu Kalk verbrannt.

So gut wie keines jener Bildnisse hat das Altertum überdauert, ganz zu schweigen von den gemalten, die weitaus weniger widerstandsfähig waren. Damit ging ein Schatz von bedeutenden Meisterwerken zugrunde, die hauptsächlich für die Zukunft geschaffen waren.

Besonders gefährdet waren die Statuen der Kaiser und Könige. Schnelle Wechsel der politischen Konstellation bewirkten, daß solche Statuen ebenso schnell, wie sie errichtet wurden, auch wieder umgestürzt und zerschlagen wurden. Rache an Mißliebigen richtete sich nicht nur gegen die Person, sondern auch gegen deren Denkmäler, die das Volk, wenn sich das Blatt gewendet hatte, vernichtete. Die offiziell verhängte «Damnatio memoriae» der Römer beinhaltete die Zerstörung aller Statuen, Reliefs oder Inschriften, die den physischen Tod des Verurteilten überdauert hätten. Damit war dieser seiner Hoffnung, durch solche Denkmäler einen Teil der Sterblichkeit überlisten zu können, beraubt und gänzlich ausgelöscht.

Trotzdem und obwohl die oft pompösen offiziellen Ehrenstatuen der römischen Kaiser, die aus kostbaren Materialien bestanden, ausnahmslos zugrunde gingen, sind uns diese nicht nur durch die Bildnisse auf ihren Münzen bekannt. Es gab neben den an öffentlichen Plätzen aufgestellten Statuen der Herrscher auch bescheidenere Bildnisse von ihnen, in Amtsstuben und in Privathäusern, und aus schlichtem Marmor gearbeitet. Und von diesen Nachbildungen ist eine beträchtliche Zahl erhalten.

Diese waren nicht eigentlich Kopien, die versucht hätten, ein ganz bestimmtes Original wiederzugeben. Echte Kopien aber wurden in römischer Zeit von den Bildnissen der «Klassiker» angefertigt, also von jenen Griechen – in erster Linie –, deren Taten und Werke allgemein bewundert und als Vorbild betrachtet wurden. Merkwürdigerweise hatten die Griechen der klassischen Zeit nicht das Bedürfnis gehabt, sich etwa eine kleine Büste Homers oder Platons auf den Schreibtisch zu stellen oder durch eine Statue des Sokrates ihre philosophischen Interessen zu bekunden. Erst die Römer verspürten den Wunsch, sich mit Bildnissen der berühmten Männer zu umgeben, die Repräsentanten einer klassischen Epoche waren. Nicht, daß sie diese stärker verehrt hätten als die Griechen, aber für sie waren diese Bildnisse auch als Beweis für ihre Teilhabe an der alten griechischen Kultur von Bedeutung. Daher treten die römischen – oder besser gesagt: die lateinisch schreibenden – Dichter und Denker so stark in den Hintergrund. Auch von ihnen gab es Ehrenstatuen, doch kopierte man diese erst sehr spät, eben erst in einer Zeit, als auch diese zu «Klassikern» geworden waren. Nur Vergil war es vergönnt, diesen Rang sofort erreicht zu haben.

Es sind also diese Kopien, die zwischen dem 1. Jh. v. Chr. und dem 3. Jh. n. Chr. nach den damals noch existierenden Originalen angefertigt wurden, die diese inzwischen untergegangenen Bildnisstatuen ersetzen müssen, so gut sie es können und soweit nicht auch sie vernichtet wurden. Was erhalten ist, steht heute in den Museen. In den älteren sind sie auf

Porträts in der Glyptothek, München

Porträts im Museo Capitolino, Rom

Bänken und Konsolen mehrstöckig übereinander und eng nebeneinander aufgestellt, zum Teil mit umfänglichen Ergänzungen und durch neue Büsten komplettiert, soweit es sich um Einzelköpfe handelt. Diese werden heute, wie etwa in der Münchner Glyptothek, einzeln auf hohen dünnen Postamenten waldartig zusammengestellt, oder, wie in dem Lateranischen Museum des Vatikan, auf schmächtigen schwarzen Metallzylindern «gepfählt».

Nichts davon ist befriedigend; das ist aber leichter festzustellen, als eine bessere Lösung anzubieten. Die Bildnisköpfe erweisen sich so als ein echtes Museumsproblem. Ein noch schwierigeres Problem ist freilich die Frage, wen denn ein bestimmtes Bildnis darstellt.

Antike Porträts – Wie identifiziert man den Dargestellten?

Hochwillkommen sind natürlich die Namensbeischriften; doch sind diese äußerst selten. Es galt wohl im Altertum als Zeichen von Unkultur, wenn man eben einen Homer oder Sokrates nicht auf den ersten Blick erkannte – wozu also eine Inschrift? So fehlt diese in der Regel. Wenn sie aber vorhanden ist, so bringt sie nicht immer bereits Sicherheit. Denn oft gibt es mehrere Träger desselben Namens; es bleibt also die Frage offen, wer von diesen gemeint ist. Skeptisch betrachtet der Archäologe daher jede Inschrift, muß er sich doch stets erst vergewissern, ob sie auch wirklich antik ist. Oft wurden sie erst in neuerer Zeit angebracht, teils recht willkürlich, aber wohl auch, um ein Stück interessanter zu machen. Selbst wenn der antike Ursprung der Inschrift feststeht, kann sie in die Irre führen; denn im Altertum herrschte seit dem 2. Jh. v. Chr. die Unsitte, ältere, bereits vorhandene Bildnisstatuen nur durch Änderung der Inschrift auf eine andere Person zu beziehen. Cicero zog gegen diesen schäbigen Brauch zu Felde und verbat sich eine Ehrung dieser Art.
Dennoch sind die Namensinschriften die Grundpfeiler jeder ikonographischen Forschung. Auf unscheinbaren Denkmälern angebracht, führen sie zu qualitätvollen und aussagekräftigeren Bildnissen. Besonders die Münzbildnisse der griechischen Könige und der römischen Kaiser sind unersetzlich. Seit dem Tod Alexanders des Großen kam die Sitte des Herrscherbildnisses in der Münzprägung auf, doch setzten die griechischen Könige oft das Bildnis des Dynastiegründers auf die Münzen, nicht immer ihr eigenes. In Rom war Caesar der erste, dessen Bildnis nach griechischer Sitte auf den Münzen erschien. Auch Augustus und seine Nachfolger nutzten die Propagandawirkung des Münzbildnisses. Durch sie sind die Porträts der römischen Kaiser gut und schon seit langer Zeit bekannt.
Überall aber, wo solche Grundlagen fehlen, bleiben die Dargestellten anonym. Nur nach «Griechen» und «Römern» kann man sie wohl unterteilen, auch vermuten, ob das Erscheinungsbild besser zu einem Herrscher, einem Philosophen, Redner oder Dichter paßt. Dabei ist nur eines sicher, daß nämlich diese «Unbekannten» ehedem sehr Bekannte, Prominente, waren. Denn warum hätte man sonst die ihnen errichteten Ehrendenkmäler in späterer Zeit kopiert?
Es lohnt sich also jede Anstrengung, um diese «Redner» oder «Dichter» zu identifizieren. Oft kann schon die Beobachtung einen Schritt weiterführen, wo das Bildnis gefunden wurde; in einem Theater wird man eher das Bildnis eines Dichters, eines Tragikers erwarten, in einer Bibliothek eher das eines Gelehrten oder Philosophen. Auch kann die Aufstellung im einzelnen Hinweise geben. Mancher Römer schmückte sein Haus oder seinen Garten mit Bildnissen, die unter einem bestimmten Gesichtspunkt zusammengestellt waren. Welche Aspekte dabei in Frage kamen, zeigen Fußbodenmosaike, bei denen Bildnisse vereinigt sind. Auf einem Mosaik aus Baalbek sieht man die «Sieben Weisen» und Sokrates um die Muse Kalliope gruppiert, auf einem in Köln ist Diogenes in der Tonne von zweien der «Sieben Weisen», drei Philosophen und einem Dichter umgeben. Ähnliche, teils sinnvolle, teils willkürliche Zusammenstellungen wird man in den Gärten der Römer gesehen haben. Doch sind die erhaltenen Bildnisse meist Einzelstücke unbekannter Herkunft. Um so wichtiger sind die Doppelhermen, eine merkwürdige Vereinigung zweier Bildnisköpfe, die rückwärts aneinanderstoßen. So eng vereint sollten sie Persönlichkeiten darstellen, die ir-

Die «Sieben Weisen», Mosaik aus Baalbek, Beirut, Museum

Philosophen, Mosaik aus Köln, Köln, Römisch-Germanisches Museum

gendwie zusammengehören, jedenfalls nach Meinung der Auftraggeber, die oft nicht mehr zu ergründen ist. Wenn aber der eine der Dargestellten bereits einen Namen hat, so kann man den anderen doch in einem relativ eng begrenzten Rahmen suchen. Sind freilich beide Unbekannte, so ist die Sache ebenso hoffnungslos für den Archäologen wie eine Gleichung mit mehreren Unbekannten für den Mathematiker.

Wichtig ist natürlich auch die genaue Beobachtung des Stiles, die eine zeitliche Fixierung des Kunstwerkes ermöglicht; in dieser Zeit, jedenfalls nicht später, muß dann auch der Dargestellte gelebt haben. Leider gehen aber gerade hinsichtlich der Datierung die Meinungen der Archäologen oft sehr weit auseinander. Für sie bietet dieses Gebiet auch sonst die schönsten Möglichkeiten, Scharfsinn und Phantasie einzusetzen und durch geistreiche Kombinationen ihr Ziel zu erreichen. Es versteht sich, daß unter diesen Umständen noch viel in der Schwebe ist und das eine oder andere durch neue Ergebnisse korrigiert werden kann.

Ein Vorurteil – «griechische» und «römische» Porträts

Der Leser wird die Meinung kennen, daß sich das griechische Bildnis grundsätzlich von dem römischen unterscheide. Das eine sei durch Idealität, das andere durch Realistik charakterisiert. Und das römische Porträt sei die eigentlich große Leistung der römischen Kunst.

Diese Meinung ist ebenso unbegründet wie wahrscheinlich unausrottbar. Doch mögen einige Bemerkungen dazu am Platze sein.

Alle antiken Porträts, die verlorenen Originale und die erhaltenen Kopien, sind Werke griechischer Künstler. Römische Künstler gab es nicht. Das ist zwar merkwürdig, aber durch die römische Staatsideologie begründet. Es liegt also nicht etwa an einer grundsätzlichen Unbegabtheit der Römer für das Hervorbringen von Kunstwerken eigener Art, sondern an der festen Anschauung, daß eine solche Betätigung eines römischen Bürgers unwürdig ist. Vergil (Aeneis 6,847 ff.) hat das klar formuliert: Die Römer haben die Welt zu erobern und zu beherrschen, während «andere» die schönsten Kunstwerke hervorbringen mögen. So erfährt man auch, daß allenfalls körperbehinderte Römer zum Pinsel griffen – Plinius nennt die wenigen mit Namen – und daß nur einmal ein vornehmer Römer als Maler tätig war und sich und seinen Nachkommen damit auch gleich den Beinamen «Pictor» einhandelte. Kunstwerke, die in Rom gebraucht wurden, schufen also nicht Römer, sondern zunächst Etrusker, später die Griechen, und zwar seit dem 5. Jh. v. Chr. «Römisch» sind diese Bildnisse also nur insofern, als sie Römer darstellen. Wollte man spitzfindig sein, so gäbe es freilich auch echte römische Bildnisse, also von Römern geschaffene, nämlich seit dem Jahre 212 n. Chr., als durch ein Edikt Caracallas alle Einwohner des Reiches, also auch die Griechen, römische Bürger wurden.

Wenn dennoch die Bildnisse von Römern realistischer, die der Griechen idealer erscheinen, so liegt das nicht zuletzt an der zeitlichen Differenz; denn diese sind in ihrer Mehrzahl in der Zeit nach etwa 200 v. Chr. entstanden, jene vor diesem Termin. In der griechischen Kunst hatte sich seit der Zeit Alexanders des Großen immer mehr die Tendenz durchgesetzt, auch die Details zu beachten und wiederzugeben, was zu realistischeren Bildnissen führte. Früher wurden Einzelheiten vielleicht eher unterdrückt, weil man sie für unwesentlich hielt und als Störung empfand. Sie hätten auch zu sehr das äußere Erscheinungsbild betont und den Künstler von seiner eigentlichen Aufgabe abgelenkt, Wesen und Charakter des Dargestellten in angemessener Weise zur Anschauung zu bringen. Das hat nichts mit Beschönigen zu tun; das lag auch der klassischen Bildniskunst ganz fern, wie das Porträt des Themistokles zeigt. Oft aber entsprach die Idealität der Erscheinung durchaus der Wirklichkeit, wie etwa bei Perikles, der durch philosophische Schulung seine Züge so zu beherrschen wußte, daß man ihm weder Schmerz noch Freude ansehen konnte.

«Ideal» sind jedoch sowohl die griechischen wie die römischen Bildnisse, nur sind die Ideale sehr verschieden, so verschieden wie die griechische und die römische Welt überhaupt. Hier galt der geistig und körperlich Gebildete als erstrebenswertes Vorbild, dort der traditionsbewußte, dem Staat ergebene Alte im Senat.

Die griechischen Künstler sahen in der Überzeugung, daß es der Geist sei, der sich den Körper forme, nie einen Widerspruch zwischen der äußeren Erscheinung und dem Wesen des Individuums. Ihrem glänzenden Einfühlungsvermögen werden die Bildnisse verdankt, die uns die berühmten Männer und Frauen der Antike vor Augen führen. Man sieht sie jetzt als Menschen von Fleisch und Blut, die vordem nur historische Begriffe waren. Sie helfen wohl auch, gerechter zu urteilen; denn manche tendenziös geschriebene Geschichtswerke entstellen – bewußt positiv oder negativ – das «Bild» von diesen Persönlichkeiten. Aber auch, wo das Urteil schwankt, kann ein Bildnis zu gerechterer Beurteilung führen. Man wird auch die «Anabasis» des Xenophon anders lesen, wenn man dabei das Bildnis dieses von Wind und Wetter gegerbten Haudegens vor Augen hat. Dieses ist so «realistisch» wie das so manchen Römers und kann jene unsinnige Gegenüberstellung von griechischen und «römischen» Porträts allein schon ad absurdum führen.

A

Accius

Lucius Accius. 170–85 v. Chr. Römischer Tragiker und Philologe.

Auf einem Kontorniaten, einer medaillonartigen Prägung aus dem 4. Jh. n. Chr., ist ein sitzender Mann dargestellt, der mit seiner Linken eine Rolle gegen das Knie stützt. Accius lautet die Umschrift; es handelt sich also um das Bildnis des berühmten Tragödiendichters aus Pisaurum (Pesaro), der als Sohn eines Freigelassenen früh nach Rom kam und dort bald hohes Ansehen genoß. 40 Titel seiner Tragödien sind bekannt; sie behandeln griechische Sagenstoffe bis auf zwei, die sich mit nationalrömischer Thematik befassen. Aus seinem «Atreus» stammt das berühmte «Oderint, dum metuant» (Mögen sie mich hassen, wenn sie mich nur fürchten). Er selbst ließ im Tempel der Camenae seine überlebensgroße Bildnisstatue aufstellen (Plin. 34,19), wohl als Votivgabe für einen Bühnenerfolg. Diese Statue kannte vielleicht noch der Stempelschneider des Kontorniaten.

Accius, Kontorniat

Achaios

König von Kleinasien 220–214 v. Chr.

Nur drei Münzen sind bekannt, die das Profil dieses Abenteurers zeigen. Als entfernter Verwandter des R Antiochos III. von Syrien führte er für diesen erfolgreiche Kriege, ernannte sich aber dann selbst zum König. Sardes war seine Residenz, und hier ließ er seine Münzen prägen, die ihn mit dem Königsdiadem zeigen. Entgegen der damaligen Mode trug er einen Bart, offenbar als Zeichen seiner Ankündigung, er würde sich erst wieder rasieren, wenn sein erklärtes Ziel erreicht sei. Dieses war die syrische Königskrone, doch brach das Schicksal schnell über den Rebellen herein. Von Verrätern gefesselt, wurde er dem Antiochos zu Füßen gelegt, der ihn in barbarischer Weise bestrafte. Nachdem ihm Nase, Ohren, Lippen und Zunge abgeschnitten, die Hände abgehauen waren, wurde er enthauptet und gekreuzigt. So endete der «mächtigste und gefürchtetste der damaligen

Achaios

Könige und Dynasten Kleinasiens» (Polybios 4,48,12). Nicht nur seine Bildnisse wurden zerstört, sondern auch seine Münzen eingezogen, bis auf wenige, wie der Goldstater und die zwei Tetradrachmen zeigen, die es heute noch gibt.

Adobogiona

Um 60 v. Chr. Tochter des Deiotaros, Fürst der keltischen Tolistobogier in Kleinasien.

Als im Jahre 1912 in Pergamon eine zum Einsetzen in eine Statue bestimmte Marmorbüste gefunden wurde, lag es nahe, dieses Bildnis aufgrund des offensichtlich ungriechischen Aussehens mit Adobogiona zu verbinden, deren Name auf einem Statuensockel stand. Dieser war nämlich an der gleichen Stelle – im Tempel der Hera Basileia – zutage gefördert worden. Albert Ippel aber wies diese Kombination zurück, weil keine Übereinstimmung mit einem Münzbild der Fürstin vorlag. 1953 konnte aber Walter Hahland nachweisen, daß jene auf den Münzen abgebildete Adobogiona eine spätere Trägerin dieses Namens ist. So stellt die Büste sehr wohl die Adobogiona, die Frau des Brogitaros, dar. Dieser Fürst der keltischen Trokmer erkaufte sich «für schweres Geld» den Königstitel in Rom und war «Freund des Römischen Volkes». So hatten sich die Verhältnisse geändert, seit → Attalos I. von Pergamon am Ende des 3. Jh. v. Chr. die eingedrungenen Kelten besiegt hatte. Schon Deiotaros, der Vater der Adobogiona, Fürst der Tolistobogier, hatte stets zu Rom gehalten und war mit Sulla, Lucullus, → Pompeius, → Caesar, → Antonius und besonders mit → Cicero befreundet. Die Athener ehrten den griechisch Gebildeten, indem sie eine Statue errichteten. Auch das Bildnis der Adobogiona zeigt eine Frau von griechischer Kultur, und nur ihre etwas groben Züge lassen ihr Keltentum durchscheinen.

Aelius

Lucius Aelius Caesar. Ca. 100–138 n. Chr. Adoptivsohn → Hadrians.

Er stammte aus einer etruskischen Familie und hieß wie sein Vater L. Ceionius Commodus. Er

Adobogiona, Smyrna

Lucius Aelius Caesar

war 136 n. Chr. Konsul, als Hadrian ihn adoptierte und mit dem Namen L. Aelius Caesar zu seinem Nachfolger bestimmte. Er hatte bereits einen Sohn, den späteren Lucius → Verus, und zwei Töchter Ceionia Plautia und Ceionia Fabia, die Marc Aurels erste Frau wurde. Es bleibt dunkel, was Hadrian zur Adoption dieses schon damals an Tuberkulose erkrankten Mannes bewog; faszinierte ihn dessen königliche Schönheit, seine Bildung, sein Redetalent oder seine Lebensweise als Feinschmecker und Genießer? Für seinen Nachfolger als römischer Kaiser konnten ihn diese von den antiken Autoren beobachteten Eigenschaften kaum empfehlen. Oder war er ein illegitimer Sohn des Hadrian, den er wohlweislich erst nach dem Tod seiner eifersüchtigen Frau Sabina durch Adoption gleichsam anerkannte?
Als Aelius Caesar nach kurzer Statthalterschaft in Pannonien 138 n. Chr. in Rom starb, wurden ihm im ganzen Reich Kolossalstatuen errichtet und Tempel für ihn gebaut, 139 n. Chr. wurde er im Mausoleum Hadrians beigesetzt.
Seine Bildnisse zeigen einen ernsten, mißtrauisch blickenden Mann mit vollem, lockigen Haupt- und Barthaar, der bereits von seiner Krankheit gezeichnet ist, kaum aber jenen Lebemann, der er gewesen sein soll.

Aemilianus

Gaius Julius Marcus Aemilius Aemilianus. 207 (oder 214)–253 n. Chr. Aus Mauretanien. Römischer Kaiser 253 n. Chr.

Eine Marmorstatue im Konservatorenpalast in Rom stellt einen Kaiser in heroischer Nacktheit als Mars dar. Der Künstler benutzte eine klassisch-griechische Ares-Statue des 5. Jh. v. Chr. als Vorbild, das er zusätzlich mit einem Gewandstück über der Brust bereicherte. Die brutalen Gesichtszüge des Kaisers stehen in erschreckendem Gegensatz zu dem klassischen Vorbild. Früher glaubte man in dieser Statue den Kaiser → Trajanus Decius erkennen zu sollen, neuerdings wurde auch der Name des → Trebonianus genannt. Da die Qualität der Münzbilder in dieser Zeit recht schlecht ist, bieten sie keine guten Vergleichsmöglichkeiten. Das wilde Aussehen dieses Kaisers als Mars würde sicher nicht schlecht zu Aemilianus passen, der nach seinem Sieg über die Goten von den Soldaten zum Kaiser ausgerufen wurde. Ehe er aber Rom erreichte, wurde er ermordet.

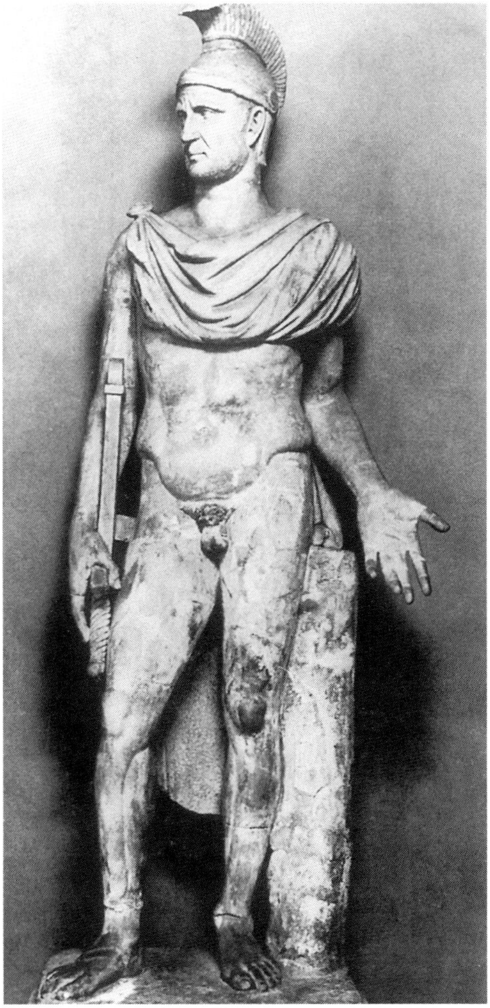

Aemilianus, Rom, Pal. dei Cons.

Aemilius Paullus

Lucius Aemilius Paullus. Ca. 230–160 v. Chr. Römischer Feldherr.

Nach seinem Sieg über → Perseus von Makedonien bei Pydna im Jahre 168 v. Chr. eignete er

Lucius Aemilius Paullus, Rom, Pal. dei Cons.

sich ein für diesen König bestimmtes Denkmal in Delphi an – wie auch stolz in der Inschrift gesagt – und ließ es für sich umgestalten. Auf dem schmückenden Fries erscheint zwischen den Kämpfenden an prominenter Stelle ein Reiter, der die römischen Truppen zum Siege führt. Durch den Vergleich mit diesem kleinen Bildnis des Aemilius Paullus gelang es, eine Marmorherme im Konservatorenpalast in Rom als Bildnis des großen Feldherrn nachzuweisen. Sie ist eine Kopie nach einer Ehrenstatue, die diesem anläßlich seines Triumphes über Perseus im Jahre 167 v. Chr. errichtet worden sein wird. Sie müßte den damals 61jährigen Aemilius Paullus zeigen, der auf der Höhe seines Ruhmes sich in seinen Reden über die Unzuverlässigkeit des menschlichen Erfolges äußerte und gerade zwei Söhne verloren hatte. Von den unermeßlichen Schätzen, die er in Makedonien erbeutet hatte, behielt der unbestechlich Redliche nichts für sich. Die biederen Züge des großen Feldherrn spiegeln einen Charakter wider, der vom römischen Tugendideal geprägt war, sosehr er sich auch der griechischen Kultur gegenüber aufnahmebereit zeigte.

Aesop

Um 600 v. Chr. Griechischer Fabeldichter.

Das Innenbild einer Mitte des 5. Jh. v. Chr. in Athen entstandenen Trinkschale zeigt einen Mann mit grotesken Zügen, und ihm gegenüber sitzt ein Fuchs auf einem Stein. Dieser spricht und gestikuliert; offenbar erzählt er dem Mann eine Geschichte. Demnach ist das Reich der Tierfabel gemeint, und der Mann muß deren Begründer, Aesop, sein. Sein Name ist mit den meisten griechischen Fabeln verbunden, doch weiß man wenig von ihm. Er stammte aus Phrygien, lebte als Sklave in Samos, wo er freigelassen wurde. Sein Zusammentreffen mit → Kroisos und → Solon ist Teil einer Legende ohne historischen Wert; nur seine Zeit wird dadurch bestimmt. Die Nachricht, er sei von den Bewohnern Delphis ermordet worden, beruht vielleicht auf Wahrheit. Seine Tierfabeln machten Aesop unsterblich. Lysippos schuf eine Statue von ihm, die neben der Gruppe der «Sieben Weisen» in Athen (Anth. Gr. 16,332) stand. Damit wird das hohe Ansehen offenbar, das der Dichter im späten 4. Jh. v. Chr. genoß, als Demetrios von Phaleron, der 317–307 v. Chr. in Athen regierte, eine Sammlung der Aesopschen Fabeln veranstaltete. Ob man sich damals den phrygischen Sklaven als einen grotesk Verwach-

Aesop, Vatikan

senen vorstellte, wie das Vasenbild im 5. Jh. v. Chr. vorgibt, ist nicht bekannt. Denn von der Statue des Lysippos ist keine Kopie überliefert. Die Marmorstatue eines Verwachsenen, die oft als Aesop bezeichnet wird, kann mit ihm nicht in Verbindung gebracht werden.

Agrippa

Marcus Vipsanius Agrippa. 63–12 v. Chr. Freund, Ratgeber, Feldherr und Schwiegersohn des → Augustus.

Münzbilder, die im Jahre 36 v. Chr. beginnen, zeigen Agrippa teils ohne Attribute, teils mit einer Mauerkrone und der «Corona rostrata», einem mit Schiffsschnäbeln besetzten Band, die Auszeichnung für seinen Seesieg bei Naulochos im Jahre 36 v. Chr. Es ist damit zu rechnen, daß es zahlreiche Statuen Agrippas gab, da er – angeblich von geringer Herkunft – eng mit Augustus verbunden war. Dieser ließ Agrippas Ehe mit seiner Nichte Marcella im Jahre 21 v. Chr.

Agrippa, Kopenhagen

scheiden und verheiratete ihn mit seiner Tochter → Julia.

Wenn auch deren drei Söhne, Gaius und → Lucius Caesar und Agrippa postumus, früh starben, so wurde Agrippa doch als Großvater des → Caligula und der → Agrippina der Jüngeren sowie als Urgroßvater → Neros von der Nachwelt verehrt. Dem erfolgreichen Feldherrn wurden Wildheit und Unnachgiebigkeit nachgesagt, wohl zu Recht, denn einen Mann von außerordentlicher Energie und Willenskraft zeigen seine Bildnisse. Eines der schönsten geht wohl auf eine Statue zurück, die errichtet wurde, als Agrippa durch seine Ehe mit Julia Schwiegersohn des Augustus wurde. Er war damals 40 Jahre alt. Überraschend ist seine Frisur, da sie große Ähnlichkeit mit derjenigen des Philosophen → Theophrast aufweist. Wahrscheinlich ist diese Übereinstimmung mehr Zufall, denn eine geistige Verbindung zwischen beiden Männern ist nicht zu entdecken. Die einfache Frisur ist wohl Ausdruck der «Romanitas». Als «römisch» galten Frisuren, die im 3. Jh. v. Chr. in Italien üblich waren. Auch Augustus trug seine Haare über der Stirn in ähnlicher Weise, und zwar als Zeichen seiner Abkehr von der überschwenglichen Hochschätzung der griechischen Kultur und der Besinnung auf die eigene große Vergangenheit.

Agrippina die Ältere

Vipsania Agrippina, 14. v. Chr. bis 33 n. Chr. Tochter des → Agrippa und der → Julia.

Agrippina, die Frau des allseits beliebten → Germanicus, den sie sowohl auf seinen Kriegszügen nach Germanien wie auch in den Orient begleitete, stand in hohem Ansehen. Nach seinem Tod aber wurde sie von → Tiberius verbannt und endete durch Selbstmord. Münzbilder, die → Claudius für seine Schwiegermutter prägen ließ, zeigen die energischen Züge einer selbstbewußten Frau. Ernst und streng ist auch ihr Profil hinter dem des Germanicus auf dem Claudius-Kameo *(s. Claudius).* Besonders eindrucksvoll ist ein Marmorkopf im Museo Capi-

Agrippina d. Ä., Rom, Mus. Cap.

Agrippina d. J., Kopenhagen

tolino in Rom, bei dem ein Schleier von Melancholie die feinen Züge der Augustus-Enkelin überschattet. Dies Bildnis ist wahrscheinlich nach ihrem Tode unter der Regierung ihres Sohnes → Caligula entstanden; der Künstler kannte ihr tragisches Ende.

Agrippina die Jüngere

Julia Agrippina. 16–59 n. Chr. Tochter des → Germanicus und der → Agrippina der Älteren.

Die unangenehmste Frau der Kaiserzeit sei sie gewesen, behaupten die antiken Schriftsteller einmütig. Man glaubt es ihnen, wenn man ihre Bildnisse betrachtet; erschreckend ist die Kälte dieser zielstrebigen Frau. Hart und streng ist ihr Profil hinter dem des → Claudius auf dem Kameo *(s. Claudius)*, der anläßlich ihrer Eheschließung mit dem Kaiser im Jahre 49 n. Chr. geschaffen wurde. Aufgrund dieser Darstellung wird es möglich, Agrippina mit ihrem Vater Germanicus und ihrer Mutter, Agrippina der Älteren, zu vergleichen. Offenbar hatte sie den kleinen Mund ihres Vaters geerbt. Auf dem Kameo erscheint ihr Sohn → Nero aus erster Ehe mit Gnaeus Domitius Ahenobarbus nicht; diesem ebnete sie mit allen Mitteln den Weg auf den Thron. Das hinderte Nero jedoch nicht daran, sie zu ermorden. Den Tod ertrug sie heroisch, «erschlagen vom eigenen Sohn, dem sie die Macht gegeben und dessentwillen sie ihren Onkel und andere in den Tod geschickt hatte» (Dio 62,14). Nero ließ zwar alle ihre Statuen umstürzen, doch die heutige Stadt Köln behielt den Namen «Colonia Agrippensis», der ihr anläßlich Agrippinas Geburt ehrenhalber verliehen wurde.

Ahala

Gaius Servilius Ahala. Mitte des 5. Jh. v. Chr. Römischer «Tyrannenmörder».

Der Caesarmörder → Marcus Junius Brutus besaß außer einem Bildnis des → Lucius Junius Brutus auch eines des Ahala, denn er wollte ein «zweiter Ahala» werden (Liv. 6,19,2). Auf seinen Münzen erscheinen die Bildnisse dieser seiner beiden Vorbilder. Aufgrund dieser Porträts

konnte ein Marmorkopf in St. Petersburg als Bildnis des Ahala identifiziert werden. Beide Darstellungen, Brutus und Ahala, sind Werke aus dem Kreis der Künstler um Myron und könnten um 440 v. Chr. datiert werden. In der Zeit hatte Ahala den Spurius Maelius, der angeblich nach der Tyrannis strebte, ermordet; daß er für diese Tat mit einer Statue geehrt wurde, ist zwar nicht überliefert, aber anzunehmen. Im Grunde weiß man von diesem Ahala kaum etwas, doch lebte sein Andenken bei den Wächtern der Demokratie weiter. Einer von diesen wird sich auch die Kopie haben machen lassen, die nach St. Petersburg gelangte.
Demzufolge war Ahala ein Römer von vornehmer Eleganz und griechischer Bildung. Charakteristisch ist auch die Form seines Schnurrbartes, der nicht – wie bei den Griechen – den Oberlippenrand überdeckt.

Ahala, St. Petersburg

Ahenobarbus

L. Domitius Ahenobarbus. Römischer Konsul

Er war der Stammvater der Familie der Domitii Ahenobarbi; der Sage nach berührten die Dios-

L. Domitius Ahenobarbus

kuren den bis dahin schwarzen Bart des Domitius, der sich daraufhin rot verfärbte. Domitius hatte im Jahre 499 v. Chr. die Feinde Roms in der Schlacht am See Regillus entscheidend besiegt. Der Beiname «Rotbart» blieb den Familienangehörigen auch in einer Zeit, in der man längst keinen Bart mehr trug.
Cn. Domitius Ahenobarbus schmückte die von ihm 41–40 v. Chr. geprägten Denare mit dem Bildnis dieses Urahnen und benützte dafür offenbar als Vorlage ein Bildnis, von dem man glaubte, es stelle eben diesen dar. Es scheint, als wäre dieses in der Tat recht alt gewesen, denn die Ähnlichkeit mit Terrakottaköpfen des 5. Jh. v. Chr. ist unverkennbar. Bei einem reinen Phantasiebildnis hätte es wohl auch näher gelegen, den namengebenden Bart übertrieben lang wiederzugeben, während er auf dem Münzbildnis etwa der römischen Mode des 5. Jh. v. Chr. entspricht.

Ahenobarbus

L. Domitius Ahenobarbus. Römischer Politiker (–48 v. Chr.), Konsul 54 v. Chr. Verheiratet mit Porcia, der Schwester des → Cato Uticensis.

Als Verfechter der Senatsherrschaft war er leidenschaftlicher Gegner des Caesar, der ihn nach verlorener Schlacht begnadigte. Domitius schloß

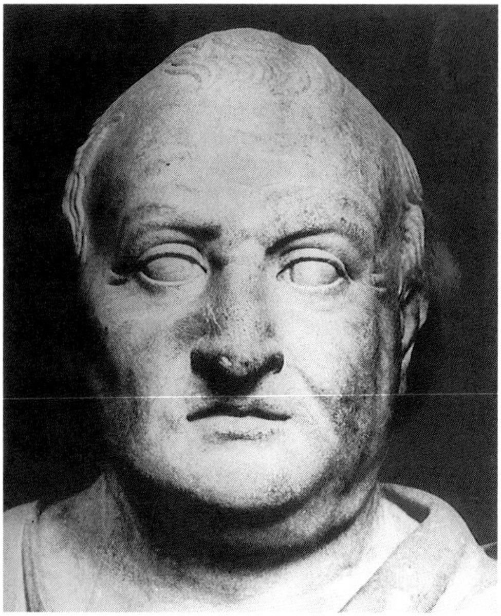

L. Domitius Ahenobarbus, Vatikan

sich dem Pompeius an, ging zu ihm nach Thessalien und wurde nach dessen Niederlage bei Pharsalos im Jahre 48 v. Chr. auf der Flucht erschlagen. Er war eine starke Persönlichkeit, der jedoch durch Ungeschick und sein schroffes Wesen wenig erreichte. Curiatius Maternus machte ihn zum Helden einer Tragödie. Sein Sohn Cn. Domitius Ahenobarbus ehrte das Andenken seines Vaters durch eine Goldmünze mit dessen Bildnis. Dieses weist dieselben charakteristischen Züge auf wie ein Kopf im Vatikan, der daher als ein Bildnis dieses Mannes angesehen werden darf. Wahrscheinlich handelt es sich um eine Kopie aus der Zeit Neros, dessen Vater ein Cn. Domitius Ahenobarbus war; als letzter dieser alten Familie wurde er von Claudius in die julisch-claudische Familie adoptiert.

Aischines

389–314 v. Chr. Sohn des Atrometos. Athenischer Redner.

Im Jahre 1780 wurde bei Tivoli die heute im Vatikan befindliche Porträtherme mit der Inschrift Aischines gefunden. Eine zweite schenkte W. M. Leake dem British Museum; sie stammte aus Bitolia in Makedonien. Auf dieser sicheren Grundlage konnten zahlreiche Köpfe, aber auch eine Marmorstatue als Bildnisse des Aischines erkannt werden. Diese wurde im Theater von Herkulaneum gefunden und befindet sich im Nationalmuseum von Neapel. Der Redner ist mit Chiton und Mantel bekleidet und trägt eine Selbstsicherheit zur Schau, die zu seinen Erfolgen beitrug. Als Behördenschreiber und Schauspieler hatte er angefangen und glänzte bald als wortgewaltiger Anwalt. Als Parteigänger → Philipps von Makedonien war er erbitterter

Aischines, Neapel

Feind seines Konkurrenten → Demosthenes, dessen Bildnisstatue gegenüber dieser theatralischen Pose eindrucksvoll schlicht ist. Doch wendete sich auch für Aischines das Schicksal; im Jahre 330 v. Chr. mußte er Athen verlassen, lehrte in Rhodos und starb auf Samos. Als die makedonische Partei in den Jahren 322–307 v. Chr. wieder die Oberhand gewann, wurde vielleicht dem Verfechter der makedonischen Sache eine Statue zum Andenken aufgestellt. Das ist aber nicht verbürgt. Nur in den Zeuxippos-Thermen Konstantinopels war eine Bronzestatue des Aischines zu sehen, die Christodoros beschrieb.

Aischylos

525–456 v. Chr. Sohn des Euphorion. Aus Eleusis. Schöpfer der griechischen Tragödie.

Über die äußere Erscheinung des Aischylos ist lediglich bekannt, daß sein Kopf in auffallender Weise kahl war. Diese totale Glatze täuschte sogar den scharfen Blick eines Adlers, der im Fluge einen Felsen suchte, auf der er eine gefangene Schildkröte zerschmettern könnte. Er ließ sie fallen und traf den Kopf des Dichters, der dabei zu Tode kam. So berichtet die Anekdote, für die jedenfalls die Kahlheit seines Kopfes die Voraussetzung ist. Unter diesem Gesichtspunkt kommt nur ein Marmorkopf im Museo Capitolino in Rom als Bildnis des Aischylos in Betracht, und schon 1843 hat Giuseppe Melchiorri diesen Schluß gezogen. Doch konnte er sich mit seiner Meinung nicht durchsetzen, weil man ein anderes Aischylos-Bildnis zu besitzen glaubte. Dieses zeigt einen bärtigen Mann mit vollem Haupthaar und etwas allgemeinen Zügen und stammt aus dem 4. Jh. v. Chr. Wohl zu Recht verbindet man inzwischen mit diesem Porträt den Namen des Dichters → Archilochos. Jener Kopf in Rom ist eine Kopie eines Originals aus der Zeit von 460 bis 450 v. Chr. und entspricht also nicht nur in äußerer Hinsicht dem, was von Aischylos bekannt ist, sondern paßt auch stilistisch in die Zeit des Dichters. Nicht zuletzt paßt das Bildnis zu der Vorstellung, die seine

Aischylos, Rom, Mus. Cap.

Tragödien (von 80 sind sieben erhalten) und die Angaben seiner Zeitgenossen vermitteln. Als einer der großen Neuerer seiner Zeit verdeutlicht er in seinen Tragödien, daß die Menschen durch göttliche Weisung Schuld auf sich laden, also daß das Einhalten religiöser Vorschriften keineswegs zum guten Ende führt. In seinen Werken offenbaren sich seine eigenen Vorstellungen, die mit keiner Tradition in Einklang zu bringen sind. Ernst, fast finster ist daher sein Ausdruck. Als Kämpfer in der Schlacht bei Marathon 490 v. Chr. erschien er auf dem Gemälde, das diese Schlacht darstellte, in der «Bunten Halle» Athens. Auch stand später eine Statue des Aischylos im Dionysos-Theater von Athen. Das überlieferte Bildnis ist jedoch eine Kopie nach einem zeitgenössischen, das aufgrund seiner Bühnenerfolge errichtet wurde. Offenbar gibt es nur diese eine Kopie, und zwar weil die Römer gern → Sophokles und → Euripides als Paar aufstellten, die «Klassiker» der Tragödie, während – vor die Wahl gestellt – auf Aischylos verzichtet wurde. Dessen großartige Sprache erweckte später ebensowenig Interesse wie seine damals so revolutionären aufklärerischen Gedanken, die ihn allerdings zum Idol der «Stürmer und Dränger» machten.

Albinus s. Clodius Albinus

Albinus s. Postumius Albinus

Alexander I. Balas

Angeblich Sohn des → Antiochos IV. Epiphanes. König von Syrien 150–145 v. Chr.

Obwohl niederer Abkunft, wurde er wegen seiner Ähnlichkeit mit → Antiochos IV. durch → Attalos II. von → Pergamon um 160 v. Chr. als Thronprätendent des Seleukidenreiches aufgestellt und erhielt auch bald die Unterstützung Roms. Ägypten war auf seiner Seite, und → Ptolemaios VI. Philometor gab ihm sogar seine Tochter → Kleopatra Thea zur Frau. → Demetrios II. Nikator konnte ihn dennoch besiegen und entthronen. Die Nabatäer ermordeten ihn, nachdem sich auch Ägypten von ihm abgewandt hatte. Sein Bildnis ist nur durch seine Münzen bekannt. Der Versuch, eine Bronzestatuette aus Pompeji als Darstellung dieses Königs zu erklären, scheiterte ebenso wie derjenige, die bekannte Bronzestatue eines Herrschers im Museo Nazionale Romano in Rom als sein Bildnis nachzuweisen; die eine stellt wahrscheinlich → Antiochos VIII., die andere wohl → Demetrios I. Soter dar.

Alexander I. Balas

Alexander II. Zabinas

König von Syrien 128–123 v. Chr.

Er war der Sohn eines Griechen und einer Sklavin und wurde als angeblicher Adoptivsohn des → Antiochos VII. oder als Sohn des → Alexander I. Balas von → Ptolemaios VIII. um 130 v. Chr. als Thronprätendent gegen → Demetrios II. Nikator aufgestellt. Er besiegte diesen 125 v. Chr. und ermordete ihn. Allerdings erlitt er schon 123 v. Chr. das gleiche Schicksal durch → Antiochos VIII. Grypos, nachdem Ägypten sich von ihm distanziert hatte.

Alexander II. Zabinas

Außer auf seinen Münzen ist kein Bildnis von Alexander Zabinas überliefert worden.

Alexander (III.) der Große

356–323 v. Chr. Sohn des → Philippos II. von Makedonien und der → Olympias. König der Makedonen 336–323 v. Chr.

Alexander, der große griechische Eroberer, wurde bald nach seinem frühen Tod in verklärtem Licht gesehen. Als Vorbild für viele aufstrebende Politiker sowie in Legenden und Romanen, die die unglaublichsten Taten des heroisierten Helden zu erzählen wußten, lebte er weiter. Schon dem Knaben wurden Statuen errichtet; eine davon entzückte Nero so sehr, daß er sie vergolden ließ (Plin. 34,64). «Vom Knabenalter beginnend, in vielen Werken» stellte Lysippos, der als Hofbildhauer Alexanders bezeichnet werden kann, den König dar (Plin. 34,36). Angeblich ließ dieser sich auch von keinem anderen Künstler porträtieren (Plut. Alex. 4), und Lysippos habe «besonders die Eigenarten, die später so viele seiner Nachfolger und Freunde nachzuahmen suchten, die leichte Neigung des Kopfes nach links und die sehnsuchtsvolle Schwermut in seinem Blick . . . naturgetreu festgehalten». Hochberühmt waren der «Alexander mit der Lanze» von Lysippos und der «Alexander mit dem Blitz» von dem Maler Apelles. Auch von Leochares und Euphranor wird berichtet, daß sie Statuen Alexanders geschaffen haben. Eine Vorstellung von «Alexander mit der Lanze» gibt vielleicht eine Bronzestatuette in Paris; hier ist Alexander mit umgewendetem Kopf im Schreiten dargestellt, wobei er sich hoch auf die Lanze stützt. Dieses so hoch gepriesene Meisterwerk war wohl auch die Vorlage für die Inschriftherme aus Tivoli. Sie zeigt Alexander mit den typischen, über der Stirnmitte aufsteigenden symmetrischen Haarpartien – die «Sphragis», das besondere Kennzeichen Alexanders. Die Art der Darstellung weist dieses Bildnis als Werk des Lysippos aus.

Authentisch dürfte auch das Bild Alexanders sein, das in dem großen Schlachtgemälde erscheint. Dieses Gemälde, das in der originalgroßen Mosaikkopie aus Pompeji in Neapel er-

Alexander d. Gr., Paris, Louvre

Alexander d. Gr., Paris, Louvre

Alexander d. Gr., Neapel

halten ist, stellt offenbar weder die Schlacht am Granikos (334 v. Chr.) noch die von Issos (333 v. Chr.) oder Gaugamela (331 v. Chr.) dar. Vielmehr beinhaltet es eine Synthese dieser Schlachten, wobei der Schwerpunkt auf der Begegnung von Alexander und → Dareios III. liegt. Deutlich wird der Gegensatz zwischen dem draufgängerischen Einsatz der eigenen Person bei Alexander und der Feigheit des auf seine eigene Rettung bedachten Dareios. Sicher gab es auch Gemälde von den einzelnen Schlachten, so wie das ganze Leben Alexanders in einer Folge von großartigen Gemälden festgehalten worden ist. Unmittelbar nach seiner Geburt sieht man Alexander auf einem Mosaik aus Baalbek, das einen Alexander-Zyklus in Auswahl wiedergab; das Kind wird von einer Nymphe gebadet, steht dabei aber schon sehr sicher auf seinen Beinen. Von Alexanders Erziehung durch den Philosophen → Aristoteles, mit dem der König auch später in enger Beziehung stand, ist auf dem Mosaikfußboden die Gestalt des Philosophen wenigstens teilweise erhalten. Auch andere Gemälde schildern Ereignisse aus seinem Leben, so

Alexander d. Gr., Beirut

den Brand von Persepolis (325 v. Chr.), die Begegnung mit dem indischen König Poros, der auf einem Elefanten reitet, seine Kämpfe mit wilden Löwen und seine Apotheose als Weltherrscher. Das Bild von seiner Hochzeit mit Roxanes (328 v. Chr.), ein Meisterwerk des Aëtion, hat Lukian (Aëtion) ausführlich beschrieben.

Die Nachwelt sah Alexander als den großen Erfolgsmenschen, als Heros, als Göttersohn, der zu sein er auch vorgab. Von dem Alexander, der

Alexander d. Gr., Istanbul

seinen alten, treu ergebenen Freund Parmenion und dessen Sohn Philotas grausam hinrichten ließ, der betrunken im Zorn Kleitos eigenhändig mit dem Speer tötete, weil er ihn an die einfachen makedonischen Sitten gemahnte, ist in diesem überhöhten Idealbild nichts mehr zu spüren. Göttergleich stellte ihn ein Künstler in Pergamon zur Zeit des → Eumenes II. dar, wobei schon der überlebensgroße Maßstab Distanz schafft. Den wirklichen Alexander stellen die Pariser Herme und das Mosaik der Alexander-Schlacht dar.
Alexander war der erste Grieche, der als Erwachsener keinen Bart trug. Vielleicht wuchs ihm keiner? Den Flaum, der den 23jährigen auf dem Mosaik ziert, rasierte er wieder ab. Und seither trugen, außer den Philosophen, die Männer in Griechenland und Italien keinen Bart mehr, bis er durch → Hadrian wieder in Mode kam.

Alexander Severus s. Severus Alexander

Alkaios

Um 600 v. Chr. Aus Mytilene auf Lesbos. Griechischer Lyriker
Auf einer Münze des 2. Jh. n. Chr. ehrte Mytilene das Andenken des Alkaios, des großen Sohnes, der nicht nur als Dichter berühmt wurde, sondern auch aktiv in die Kämpfe der Adelsparteien eingegriffen hatte. Das Kopfprofil der Münzen zeigt einen Mann mit Bart und niedriger Stirn. Die Darstellung ist zu allgemein, als daß sie konkret etwas über seine Person aussagen könnte. Statuen von ihm werden nicht erwähnt, zu seinen Lebzeiten sind sie ohnehin auszuschließen. Ob aber später Veranlassung bestand, den Dichter von Hymnen, erotischen, politischen und Gelageliedern durch eine Statue zu ehren, ist eher unwahrscheinlich. Wie aber die Griechen in der Zeit um 480 v. Chr. sich Alkaios glaubten vorstellen zu müssen, zeigt ein athenisches Vasenbild. Das Gefäß wurde in

Alkaios, München, Antikensammlung

Agrigento gefunden und ist in Athen wohl auf ausdrücklichen Wunsch eines Bestellers angefertigt worden. Auf diesem heute in München befindlichen, auch in der Form ganz singulären Gefäß sind Alkaios und → Sappho zu sehen; und man erinnert sich an die Überlieferung von einer unglücklichen Liebe des Dichters zu der Dichterin. Alkaios Worte: «Veilchenlockige, hehre, mildlächelnde Sappho, ich möchte etwas sagen, aber die Scham verwehrt es mir», fanden eine geistvolle Replik: «Wenn es ein Verlangen nach Gutem und Schönen wäre, so würde Scham deine Augen nicht ergriffen haben.» Alkaios spricht, das zeigen kleine Kreise, die von seinem Munde ausgehen; daß Sappho auf seine Worte reagiert, beweist ihre überraschte Rückwendung, die der Maler für so wichtig hielt, daß er hier zum ersten Male in der Geschichte der Vasenmalerei es wagte, das Gesicht der Frau im Dreiviertelprofil zu zeichnen. Daher ist an der Interpretation des Vasenbildes in diesem Sinne festzuhalten. Alkaios ist hier ein sehr vornehmer Mann, sorgfältig gekleidet, mit gepflegtem langen Bart und mit der Binde des Zechers geschmückt. Spätere Vorstellungen von diesem frühen Dichter sind nicht bekannt. In Pergamon ist leider nur der Sockel mit seinem Namen ohne jeglichen Rest der Statue gefunden worden, und die Statue des «Wanderdichters» im Louvre stellt kaum ihn, sondern eher → Simonides dar.

Alkibiades

Ca. 450–404 v. Chr. Sohn des Kleinias und der Deinomache. Athenischer Staatsmann.

Die schillernde Gestalt des Alkibiades, der mit seiner Schönheit nicht nur → Sokrates in seinen Bann schlug, sondern Ideal aller Athener war, der sich über religiöse und moralische Vorurteile in geradezu moderner Weise hinwegsetzte

Alkibiades, Kassel

und schließlich zum Landesfeind, den Persern, überlief und in der Fremde von Pharnabazos ermordet wurde, ist in zahlreichen Statuen und Gemälden dargestellt worden. Nichts ist davon aber greifbar nachzuweisen. Immerhin führt die Nachricht, Alkibiades habe gelispelt und sein Hals sei eingeknickt gewesen (Plut. Alc. 1), während er sonst von strahlender Schönheit war, auf eine Spur. Sie führt zu einem in zahlreichen Repliken bekannten Bildnis. Seinem Stil nach muß es Ende des 5. Jh. v. Chr. entstanden sein; die merkwürdige Mundstellung scheint den Sprachfehler anzudeuten. Sonst entspricht das Bildnis ganz dem Schönheitsideal der Zeit, nur der individuelle Schwung der Haarlocken verrät das Porträt. Im Ausdruck des Gesichtes wird man die Skrupellosigkeit entdecken können, die einen wesentlichen Charakterzug dieses ganz auf seinen Charme vertrauenden Abenteurers ausmachte. Das Original war möglicherweise eine Statue, die Alkibiades zu Ehren wohl im Jahre 408 v. Chr. errichtet worden war, als er seinen triumphalen Einzug in Athen feierte. Doch spricht die Überlieferung von zahlreichen Ehrenstatuen des Alkibiades, die wohl alle dieselbe Vorlage, eben ein zeitgenössisches Bildnis, benutzten. Eine Herme mit der Inschrift «Alkibiades» ist leider nur kopflos erhalten, dennoch nährt sie die Hoffnung, daß die Frage des Alkibiades-Porträts eines Tages doch noch eindeutig geklärt wird.

Alkibiades

2. Jh. v. Chr. Spartanischer Staatsmann

Von dem Tyrannen → Nabis (207–192 v. Chr.) aus Sparta verbannt, kehrte er mit Philopoimen zurück, überwarf sich mit diesem und setzte sich in Rom für die Rechte Spartas ein. Deswegen wurde er 184 v. Chr. zum Tode verurteilt; seine Rettung verdankte er dem Machtwort Roms 181 v. Chr. Ein in Sparta entdecktes Mosaik aus dem 4. Jh. n. Chr. zeigt ihn mit langen Haaren und seltsam lauernden Blick als unsteten Abenteurer. Dieses Bildnis gibt wohl ein zeitgenössisches Original wieder und zeigt, daß

Alkibiades, Sparta

dieser letzte bedeutende Spartaner auch im 4. Jh. n. Chr. in seiner Heimat noch nicht vergessen war.

Alkman

Lyriker in Sparta. 2. Hälfte des 7. Jh. v. Chr. Angeblich Sohn eines Sklaven und aus Sardes stammend.

Seine Chorlyrik spiegelt die glückliche Zeit Spartas nach den messenischen Kriegen wider. Alkman war ernstes religiöses Pathos nicht fremd, doch überraschen seine Gedichte durch Urwüchsigkeit, Humor, gute Laune und die ritterliche Galanterie und romantische Verehrung der Frauen und Mädchen. Er starb angeblich an Phthisiasis in hohem Alter. In Sparta wurde in einem Haus des 4. Jh. n. Chr. ein Mosaik gefunden, das laut leicht verstümmelter Inschrift Alkman darstellt. Der Besitzer des Hauses war offenbar ein Verehrer des alten spartanischen Dichters, über dessen Aussehen es natürlich keine verläßlichen Unterlagen gab. Der Mosaizist benutzte wohl ein Phantasiebildnis des Alkman aus dem 4. Jh. v. Chr. als Vorlage.

Alkman, Sparta

Anakreon

572–487 v. Chr. Sohn des Skythinos. Aus Teos. Griechischer Lyriker.

Im römischen Stadtteil Trastevere, wo einst die Gärten → Caesars lagen, wurde 1884 eine Porträtherme mit der Inschrift «Anakreon, der Lyriker» gefunden. Sie löste das Rätsel, welcher Dichter wohl in der 1835 gefundenen Statue im Besitz der Familie Borghese gemeint sei. Als fast komplette Kopie einer Anakreon-Statue kam sie 1891 nach Kopenhagen in die Ny Carlsberg Glyptotek. Mehrere andere Marmorköpfe konnten nun ebenfalls den Namen Anakreon erhalten. Nicht nur die Sicherheit über die Person des Dargestellten und die fast vollständig erhaltene Statuenkopie erheben das Anakreon-Bildnis zu einem besonderen Glücksfall, sondern auch die Tatsache, daß der Standort des Originals und der Auftraggeber bekannt sind. Pausanias (1,25,1) sah die Statue des Anakreon auf der Akropolis von Athen neben derjenigen des → Xanthippos, des Vaters von → Perikles; dieser war der Stifter der Statuen, und Kresilas,

Anakreon, Kopenhagen

Anakreon, Berlin

der berühmte Porträtist dieser Zeit, wohl ihr Schöpfer. Anakreon singt von Wein berauscht zu den Klängen seiner Lyra, den Kopf zurückgeworfen, nackt bis auf ein Tuch über den Schultern. Im Haar trägt er die Binde, die bei Gelagen üblich ist, und beschwingt kehrt er nach dieser Feier heim. So stellte man sich noch Mitte des 5. Jh. v. Chr. den bereits vor einem Menschenalter verstorbenen Dichter vor, der aufgrund seiner Freundschaft mit Xanthippos Athen und Perikles verbunden war. Perikles setzte mit den beiden Bildnisstatuen auf der Akropolis dieser Verbundenheit von Staatsmann und Künstler, die er auch selbst praktizierte, ein würdiges Denkmal. Anakreon mit der Binde des Zechers im Haar erscheint auch innerhalb der Amazonomachie, die die Außenseite des Schildes der Athena Parthenos schmückte als «verstecktes Bildnis». Hier ist er von einem Pfeil in den Rücken getroffen, den er herauszuziehen versucht. Anstelle der Lyra trägt er einen Rundschild am linken Arm; eine Angriffswaffe besitzt er nicht. Der Amazonenkampf des Schildes ist eine mythologische Spiegelung der Perser-Kriege, und da Anakreon offensichtlich tödlich getroffen ist, ist wohl anzu-

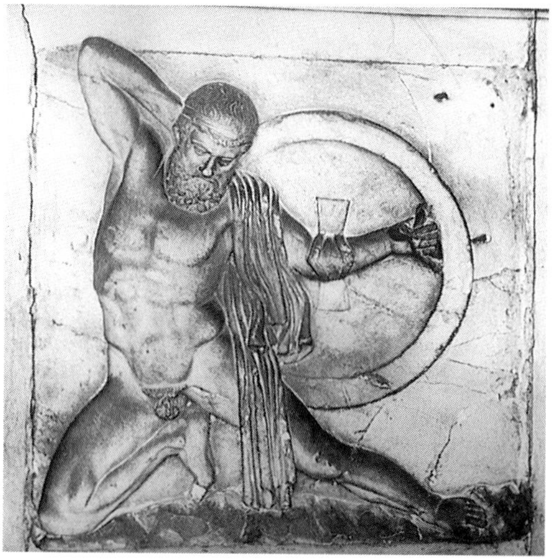

Anakreon, Rom, Villa Albani

nehmen, daß er in diesen Kämpfen umkam, schon zu alt, um noch aktiv an ihnen teilzunehmen. → Phidias, der Schöpfer dieser Reliefs, hat, als er das im Jahre 438 v. Chr. fertiggestellte Kultbild der Athena Parthenos schuf, bewußt auf die berühmte Statue angespielt; deren Motiv des singenden Zechers hat er hier tragisch variiert.

Anaxagoras

Aus Klazomenai. 500/496–428 v. Chr. Sohn des Hegesibulos. Philosoph.

Er lebte in Athen und gehörte zum Freundeskreis des → Perikles; sein Denken beeinflußte auch → Euripides und → Sokrates. Wie die jonischen Naturphilosophen forschte er nach der Entstehung der Welt. Aus einem heterogenen Urstoff seien durch Mischung und Trennung die Dinge entstanden, und in der Welt würde das Leichte im Wirbel nach außen geschleudert, während das Schwere sich innen zusammenballt. Als erster sah er dabei aber einen beherrschenden Geist am Werk, der die Vorgänge sinnvoll verlaufen läßt.

Ihm wurde in Athen der Prozeß gemacht, weniger wegen seiner Lehren, als um damit seinen Gönner Perikles zu treffen. Anaxagoras floh nach Lampsakos (Troas), wo er starb. Von seinen Schriften ist nur ein Titel bekannt, «Über die Natur»; daraus sind einige Zitate überliefert. Um 100 v. Chr. prägte Klazomenai Münzen mit dem Bild eines auf einem Globus sitzenden, dozierenden Philosophen. Da die Stadt keinen anderen Philosophen hervorgebracht hat, ist wohl Anaxagoras gemeint. Auf einer zweiten Prägung erscheint er stehend mit einer Kugel in der Hand.

Anaxarchos

† 323 v. Chr. Aus Abdera (Thrakien) Griechischer Philosoph.

Ein Kontorniat aus dem 4. Jh. n. Chr. konfrontiert zwei Profilköpfe, denen die Namen → Nikokreon (links) und Anaxarchos (rechts) beigeschrieben sind. Damit wird auf den Streit zwischen diesen beiden Männern hingewiesen, der mit dem Tod des Philosophen endete. Anaxarchos lebte am Hof → Alexanders des Großen, begleitete ihn nach Asien und schrieb eine Alexander-Biographie. Nikokreon, der Tyrann von Salamis auf Zypern, der sich von ihm beleidigt fühlte, ermordete ihn im Jahre 323 v. Chr. Angesichts des ausgefallenen Motivs sind mehrfach geäußerte Zweifel an der Echtheit des Kontorniaten wohl unberechtigt.

Anaxagoras

Anaxarchos, Kontorniat

Anaximander, Rom, Mus. Naz. Rom.

Anaximander

610–550 v. Chr. Aus Milet. Griechischer Naturphilosoph.

Der Name Anaximanders steht am oberen Rand eines Reliefbruchstückes, das im Museo Nazionale Romano in Rom zu sehen ist. Nur der Oberkörper eines sitzenden Mannes, der seinen Kopf nachdenklich auf die linke Hand stützt, ist erhalten. Die Inschrift bedeutet aber nicht unbedingt, daß die Identität zweifellos feststeht. Andererseits ähnelt diese Gestalt des sitzenden Gelehrten einem 1898 in Trier gefundenen Mosaik sehr stark, die aber aus anderen Gründen als Anaximander bezeichnet werden kann. Sie hält nämlich eine Sonnenuhr in der Hand und scheint sich demonstrierend umzuwenden, als

Anaximander, Trier

wollte sie den Gebrauch dieses Gerätes erklären. Anaximander galt als der Erfinder der Sonnenuhr und soll auch die erste Erdkarte gezeichnet haben. Das aus dem ersten Teil des 3. Jh. n. Chr. stammende Mosaik könnte demnach ein älteres Gemälde wiedergeben.

Ancus Marcius

640–616 v. Chr. Der 4. römische König.

Auf Denaren des Lucius Marcius Philippos vom Jahre 56 v. Chr. ist der legendäre König abgebildet, den der Münzmeister als seinen Ahnherrn ansah. Ohne die Aufschrift auf der Vorderseite würde man glauben, das Bildnis eines griechischen Fürsten vor sich zu haben, nicht aber das des alten Königs, der, wie → Numa, als friedfertiger Erneuerer religiöser Vorschriften galt. Zwar errang er auch Siege über Latiner und Sabiner, doch weitaus wichtiger sind seine Friedenstaten, denn er hat Ostia gegründet und in Rom die erste Brücke über den Tiber und auch den Carcer erbaut.

Das Münzbild ist sicher nicht unabhängig von der Statue des Ancus Marcius innerhalb der Gruppe der römischen Könige auf dem Kapitol entstanden, die bereits im 5. Jh. v. Chr. aufgestellt wurde. Sein Stil weist aber auf das 3. Jh. v. Chr.; offenbar wurde in jener Zeit die Statue dieses Königs erneuert. Erstaunlich bleibt die

Ancus Marcius

Unbekümmertheit des Künstlers, der den König des 7. Jh. v. Chr. wie einen zeitgenössischen griechischen Fürsten darstellte.

Andronicus

Livius Andronicus. 2. Hälfte des 3. Jh. v. Chr. Römischer Dichter, Übersetzer und Philologe.

Eine Sitzstatue im Vatikan, die im 16. Jh. zusammen mit einer zweiten gefunden wurde, stellt gemäß der antiken Inschrift auf dem Basisrand den griechischen Komödiendichter → Poseidippos dar. Dem widerspricht aber eindeutig und entscheidend die Tatsache, daß der Mann die für einen römischen Bürger typischen Schuhe trägt. Hier liegt also einer der aus der antiken Literatur bekannten Fälle vor, in denen eine Statue durch eine neue Inschrift willkürlich umbenannt worden ist. Dem antiken Besitzer beider Statuen kam es wohl darauf an, aus ihnen Pendants zu machen; die eine stellte offenbar den römischen Komödiendichter → Plautus dar, folglich gab er dem Gegenstück den Namen des griechischen Pendants, eben Poseidippos. Ursprünglich waren beide Statuen keineswegs Pendants, sondern Glieder einer Reihe römischer Dichter. Allein der Stil sowohl der Statue als auch des im 16. Jh. leider etwas überarbeiteten Kopfes beweist, daß nur ein Mann der 2. Hälfte des 3. Jh. v. Chr. in Betracht kommen kann, also einer, der älter sein muß als Plautus. Entsprechend dieser Feststellungen müßte hier der erste römische Dichter, ein griechischer Sklave aus Tarent (?), dargestellt sein, der nach der Freilassung durch seinen Patron dessen Namen Livius führte. Nicht nur seine Tragödien mit griechischen Sagenstoffen, sondern vor allem seine Übersetzung der Odyssee – die erste eines literarischen Werkes überhaupt – machten ihn schnell berühmt und geschätzt, so daß er wohl mit dem römischen Bürgerrecht ausgezeichnet wurde. Daher trägt der Neubürger so demonstrativ die Schuhe, die ihm nun zustanden. Nach Umbenennung der Statue versuchte man aus dem «calceus» durch Bronzebänder griechische Sandalen zu machen, die typischerweise Griechen und auch gebildete Römer im Hause trugen.

Andronicus, Vatikan

Antialkidas Nikephoros

Um 120 v. Chr. König von Indien.

Von ihm sind nur Münzbildnisse bekannt.

Antialkidas Nikephoros

Antigonos I. Monophthalmos

382–301 v. Chr. Sohn des Philippos. König von Makedonien 306–301 v. Chr.

Diesen König mit dem Beinamen *Monophthalmos,* der Einäugige, hat man sich stets mit einer schweren Verunstaltung des Gesichts vorgestellt. Da aber ein entsprechendes Porträt nicht ausfindig gemacht werden konnte, blieb es bei der bloßen Vermutung. Ferner ist auch nicht bekannt, ob Antigonos das eine Auge etwa im Kampf, als er unter → Alexander dem Großen focht, oder in den Wirren nach dessen Tod verloren hatte. Er selbst nahm seine «Einäugigkeit» ziemlich gelassen hin, wie aus den Berichten Plutarchs hervorgeht, der auch die folgende aufschlußreiche Anekdote erzählt: Als man ihm eine mit besonders großen Buchstaben geschriebene Bittschrift vorlegte, sagte er: «Das kann ja auch ein Blinder lesen!» (Quaest. con. 2,1,9). Eindeutig geht aus diesen Worten hervor, daß Antigonos schwache Augen hatte und mit dem

Antigonos I., Neapel

Antigonos I., Erbach

einen besonders wenig oder gar nichts sehen konnte. Ein angeborener oder erworbener Sehfehler also, der äußerlich vielleicht kaum wahrnehmbar war. Daher ist der durch Lanze, Purpurmantel, makedonische Kausia und Silberschild mit dem typisch makedonischen Dekor gekennzeichnete Makedonenkönig, der auf dem 1900 bei Boscoreale am Südabhang des Vesuv gefundenen Wandgemälde in Neapel abgebildet ist, wahrscheinlich der Dynastiegründer Antigonos. Sehr dezent ist hier sein Augenfehler angedeutet, aber man spürt auch in dieser Kopie, daß der Maler dem etwas kleineren linken Auge einen merkwürdig starren Blick gegeben hat. Ihm gegenüber sitzt seine Frau → Stratonike, die Tochter der Korrhagos; beide befinden sich im Elysium, links von der Gruppe steht der Totenrichter Radamanthys, dem rechts einst Aiakos entsprach. Das Gegenstück zu diesem Bild zeigt ihren Sohn → Demetrios Poliorketes am Hofe der → Lanassa – die er im Jahre 290 v. Chr. heiratete – auf Korkyra. Der Sohn versuchte die Großreichspläne seines Vaters zu unterstützen und fortzusetzen. Antigonos selbst war in der Schlacht bei Ipsos gefallen, und sein großes Reich wurde aufgeteilt. Im Elysium lebt er nicht als alter Mann von 80 Jahren, sondern deutlich verjüngt. Realistischer stellt ihn das Porträt dar, das durch eine Kopie in Erbach bekannt ist.

Antigonos II. Gonatas

319–239 v. Chr. Sohn des → Demetrios Poliorketes. König von Makedonien 283–239 v. Chr.

Über das Aussehen des Königs weiß man wenig, da er keine Münzen mit seinem Bildnis prägen ließ. Diese heute bedauerliche Tatsache ist die Folge seiner philosophischen Bildung. → Zenon von Kition hatte für seine Erziehung gesorgt. Er selbst holte Philosophen an seinen Hof und versuchte stoische Prinzipien auch in der Politik zu realisieren. Seit der Schlacht bei Lysimacheia im Jahre 277 v. Chr., in der Gott Pan ihn zum Sieg über die Kelten führte, verehrte er diesen besonders. Als Zeichen dafür schmückte er seine nach Art der makedonischen Schilde verzierten Münzen mit einem Panskopf. Möglicherweise trägt dieser auch die Züge des Königs. Wahrscheinlich wurden für Antigonos vielerorts Statuen errichtet, nachdem er im Jahre 250 v. Chr. die Vorherrschaft über Griechenland errungen hatte. Kopien dieser Bildnisse konnten jedoch bisher nicht identifiziert werden. Die Ansicht Franz Studniczkas, der 1923 den König auf dem Gemälde aus Boscoreale Antigonos Gonatas nannte, erwies sich als Irrtum; der Abgebildete ist vielmehr → Antigonos I.

Antigonos II.

Antimachos I. Theos

König von Baktrien 190–180 v. Chr.

Die Münzbilder zeigen den König mit einer Kopfbedeckung, die der makedonischen Kausia ähnlich ist, und einem Diadem im krausen Haar. Hochgezogene Augenbrauen und ein Lächeln um den Mund charakterisieren ihn als einen Mann von Esprit.

Antimachos I.

Antinous

† 130 n. Chr. Freund des Kaisers → Hadrian.

Den schönen Jüngling Antinous lernte Hadrian auf seiner Reise in den Osten, in Bithynien, kennen und lieben. Seither waren beide unzertrennlich. Zum Begriff des klassischen Griechentums, dem Hadrian nachstrebte, gehörte auch die Knabenliebe. Als Antinous bei einer Schiffsfahrt auf dem Nil, an der auch Hadrians Gattin → Sabina teilnahm, über Bord fiel und ertrank, ließ ihn Hadrian göttlich verehren. Ferner gründete er ihm zum Gedenken eine Stadt, errichtete in allen Teilen des Reiches Statuen von ihm und prägte auch Münzen mit seinem Bildnis. Teils in Gestalt verschiedener Gottheiten, teils

Antinous, München, Glyptothek

nur allgemein heroisiert zeigten ihn die Künstler als griechischen edlen Jüngling, als Symbol klassischen Griechentums, obwohl die vollen Formen und der umdüsterte Blick des bithynischen jungen Mannes diesen Darstellungsweisen nicht entsprachen. Zahlreiche dieser Statuen und Reliefs sind erhalten geblieben; demzufolge muß ihre ursprüngliche Zahl kaum übersehbar gewesen sein. Spätestens nach dem Tod Hadrians im Jahre 138 n. Chr. erlosch das Interesse an diesem melancholischen Jüngling mit seinen Locken, die ihm tief in die Stirn fielen.

Antiochos I. Soter

324–261 v. Chr. Sohn des → Seleukos I. und der Apama. König von Syrien 281–261 v. Chr.

Der Beiname Soter, der «Retter», wurde ihm für seinen Sieg über die Gallier im Jahre 276 v. Chr. verliehen. Er siedelte diese Eindringlinge in Galatien an, wo sie jedoch nicht zur Ruhe kamen. Bei einem erneuten Versuch, sie zu unterwerfen, kam er in der Schlacht um. Auf seinen Münzbildern wird er mit einem markanten Profil und sehr tiefliegenden Augen gezeigt.

Antiochos I.

Antiochos II. Theos

287–246 v. Chr. Sohn des → Antiochos I. und der → Stratonike. König von Syrien 261–246 v. Chr.

Der König, der durch seine Ehe mit Berenike, der Tochter des → Ptolemaios II., mit Ägypten verbunden war und im 2. Syrischen Krieg (260–255 v. Chr.) erfolgreich kämpfte, wird auf seinen Münzbildnissen mit idealen, doch seinem Vater ähnlichen Zügen gezeigt, mit lockigem Haar nach dem Vorbild → Alexanders des Großen. Als «Theos» (Gott) wurde er 259 v.

Antiochos II.

Chr. von den Milesiern gefeiert, die er von der Tyrannis befreit hatte.

Antiochos Hierax

263–227 v. Chr. Sohn des → Antiochos I. und der Laodike. König von Syrien 246–227 v. Chr.

Das Münzbildnis ähnelt stark dem seines Vaters, allerdings ist hier das schlichte Diadem mit Flügeln ausgestattet. Einst Mitregent des → Seleukos II., dann später sein Gegner, wurde er im Jahre 229 v. Chr. von → Attalos I. besiegt und fiel im Kampf gegen die Galater.

Antiochos Hierax

Antiochos III., der Große

241–187 v. Chr. Sohn des → Seleukos II. König von Syrien 223–187 v. Chr.

Den Beinamen «der Große» verdiente er sich durch seinen Zug nach Osten – auf den Spuren → Alexanders des Großen –, wobei er sein Reich bis Armenien, Parthien und Baktrien ausdehnen konnte. Als Antiochos sich auch Griechenland aneignen wollte, verscherzte er sich die Gunst der Römer und beschwor damit seine Niederlage herauf. Scipio besiegte ihn bei Magnesia 190 v. Chr. Im Frieden von Apamea (188 v. Chr.) mußte er auf große Teile seines Reiches verzichten. Die während seiner relativ langen Regierungszeit geprägten Münzen zeigen Antiochos in unterschiedlichen Lebensaltern. Eine

Antiochos III.

Reiterstatue von der Hand des Meidias stand in Delphi; zahlreiche andere Ehrenstatuen gab es wohl in seinem ganzen Reich. Ein Marmorkopf im Louvre (vgl. oben, S. 10) galt lange als ein Bildnis dieses Herrschers; doch stellt es wohl eher einen Römer dar.

Antiochos IV. Epiphanes

215–164 v. Chr. Sohn des → Antigonos III. König von Syrien 175–164 v. Chr. Von den Römern eingesetzt.

Da er als Geisel in Rom (189–175 v. Chr.) die neue Weltmacht richtig einzuschätzen gelernt hatte, erkannte er die Grenzen, die ihm gesetzt waren, zumal er nach der Eroberung Ägyptens das Land auf Befehl des römischen Gesandten

Antiochos IV.

Antiochos IV., Berlin

Popillius Laenas wieder räumen mußte. Seine Liebe gehörte Griechenland und der alten Kultur. Er brachte in Athen den Bau des Tempels des Olympischen Zeus, der seit des Peisistratos Zeiten unvollendet dastand, zum Abschluß und schmückte die Südmauer der Akropolis mit einer goldenen Ägis mit Medusenmaske. Seine schwärmerische Verehrung der griechischen Kultur führte dazu, daß er die Juden zwangsweise gräzisieren wollte. Als er in Jerusalem den Tempel Jahves dem Olympischen Zeus weihte – den er verehrte wie die Römer den Kapitolinischen Jupiter –, brach der Makkabäeraufstand aus. Und das Alte Testament rächte sich mit bösen Beschimpfungen. Seine Untertanen, denen sein exzentrisches Privatleben mißfiel, variierten seinen Beinamen Epiphanes zu «Epimanes» (der Verrückte). Aufgrund der Münzbildnisse erweist sich ein Marmorkopf in Berlin als Porträt dieses Herrschers.

Antiochos V. Eupator

173–162 v. Chr. Sohn des → Antiochos IV. König von Syrien 164–162 v. Chr.

Anstelle seines Vetters → Demetrios, der als Geisel in Rom lebte, wurde Antiochos von den

Antiochos V.

Römern als König eingesetzt. Er beendete den Makkabäeraufstand (162 v. Chr.). Als Demetrios aus Rom fliehen konnte, fand er in Syrien schnell eine Anhängerschaft und ließ Antiochos hinrichten. Nur die Münzbildnisse sind bekannt.

Antiochos VI. Epiphanes Dionysos

147–139 v. Chr. Sohn des → Alexander Balas und der → Kleopatra Thea. König von Syrien 145–139 v. Chr.

Antiochos VI.

Als zweijähriger Knabe wurde er von → Diodotos Tryphon gegen → Demetrios II. zum König ausgerufen und bald – nachdem Diodotos seine Ziele erreicht hatte – von diesem umgebracht. Die Münzbilder zeigen den Knaben mit Diadem und Strahlenkranz.

Antiochos VIII.

Antiochos VII. Euergetes Sidetes

154–129 v. Chr. Sohn des → Demetrios I. Soter. König von Syrien 138–129 v. Chr.

In Side (daher sein Beiname) wurde er erzogen und übernahm mit 16 Jahren die Herrschaft für den in parthische Gefangenschaft geratenen Bruder → Demetrios II. Nikator, nachdem er den Usurpator → Diodotos Tryphon beseitigt hatte. Er eroberte und zerstörte Jerusalem, ließ aber den Juden ihren Glauben, wofür sie ihn als «Eusebes», als Frommen, priesen. Er fiel im Kampf gegen die Parther in Medien. Plastische Bildnisse von ihm sind nicht bekannt. Seine Münzbildnisse charakterisieren den nur 25 Jahre alt gewordenen König als eine sehr dynamische Persönlichkeit.

Antiochos VII.

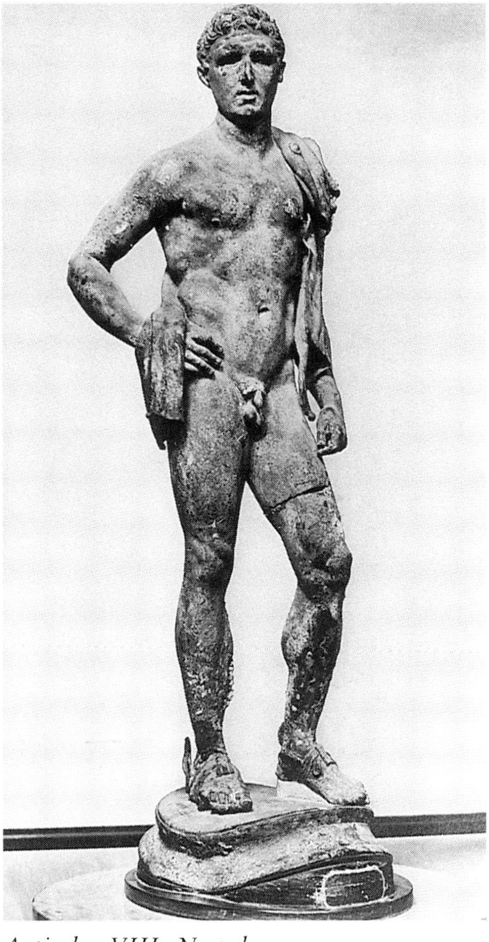

Antiochos VIII., Neapel

Antiochos VIII. Epiphanes Philometor Kallinikos Grypos

141–96 v. Chr. Sohn des → Demetrios II. und der → Kleopatra Thea. König von Syrien 121–96 v. Chr.

Anfangs regierte der König zusammen mit seiner Mutter, doch nachdem er den Prätendenten → Alexander Zabinas vernichtet und seine Mutter vergiftet hatte, übernahm er die Alleinherrschaft.
Die überlieferten Münzbilder bestätigen, daß Antiochos seinen Beinamen «Grypos», Habichtsnase, zu Recht trug. Diese markante Nase ermöglichte auch die Identifizierung einer Bronzestatuette aus Pompeji als Bildnis des Königs. Hier ist er als Hermes dargestellt, von dessen Hut nur der Kinnriemen erhalten ist. Die Statuette ist eine Kleinkopie einer Plastik, die den König als Gott zeigte – eine damals durchaus übliche künstlerische Variante.

Antiochos IX. Philopator Kyzikenos

† 95 v. Chr. Sohn des → Antiochos VII. und der → Kleopatra Thea. König von Syrien 113–95 v. Chr.
Der in Kyzikos erzogene (daher der Beiname) Antiochos bekämpfte seinen Halbbruder Antiochos VIII. und fiel im Kampf gegen dessen Sohn → Seleukos VI. Sein Bildnis ist in einem Marmorkopf in Antalya erhalten.

Antiochos IX, Antalya

Antiochos X. Eusebes Philopator

Sohn des → Antiochos IX. König von Syrien 95–83 v. Chr.
Gegen die vier Söhne des → Antiochos VIII. mußte er seinen Thron verteidigen. Knabenhafte Züge charakterisieren seine Münzbildnisse, die denen seines Vaters angeglichen sind, um die zweifelhafte Legitimität zu beweisen.

Antiochos X.

Antisthenes

450–365 v. Chr. Sohn eines Atheners und einer thrakischen Sklavin. Griechischer Philosoph.
Das Bildnis dieses treuesten Gefährten von → Sokrates und Gründers der Kynischen Philosophenschule ist durch eine Herme aus Tivoli zweifellos bestimmt. Das etwas wilde, ungepflegte Äußere entspricht auch seiner Lebenshaltung, denn er verkündete die Lehre der Bedürfnislosigkeit. Die Wendung des Kopfes und das Tuch über beiden Schultern hat der Kopist wohl von der Originalstatue übernommen. Mit einer Kopfwendung – jedoch zur anderen Seite – und vollbekleidet gibt eine Terrakottastatuette aus Pompeji offenbar dieselbe Person wieder, nur in barock gesteigerter Form. Ihr liegt wohl

Antisthenes, Vatikan

Antisthenes, Neapel

eine spätere Umgestaltung des Antisthenes-Bildnisses zugrunde, das der pergamenischen Kunst zuzuordnen wäre. Diese Annahme scheint eine in Ostia gefundene Basis zu bestätigen; die Inschrift nennt den Namen des Antisthenes und den des Künstlers Phyromachos. Dieser ist aller Wahrscheinlichkeit nach identisch mit dem von → Plinius genannten Künstler, der im Dienst der pergamenischen Könige tätig war. Eindrucksvoller, weil nüchterner, bleibt jedoch die originale Fassung, die durch die Herme überliefert ist. Hier wird deutlich, daß Antisthenes seinem Haupt- und Barthaar keinerlei Pflege zukommen ließ. Er starb an Schwindsucht.

Antonia die Jüngere

36 v. Chr. bis 37 n. Chr. Tochter des → Antonius und der → Octavia.

Für Goethe war sie die «erste Liebschaft in Rom», und bald konnte er sagen: «. . . und nun besitze ich sie. Keine Worte geben eine Ahnung davon. Es ist wie ein Gesang Homers». Schon Winckelmann hatte den «schönsten Kopf der

Antonia d. J., Kopenhagen

Antonia d. J., Rom, Mus. Naz. Rom.

Juno aus Marmor» bewundert, von dem sich Goethe gleich einen Gipsabdruck machen ließ. Die «Juno Ludovisi» wurde als klassisch-griechisches Meisterwerk von allen Kennern der Kunst hochgeschätzt, und → Polyklet oder → Praxiteles wurden als ihre Schöpfer genannt, bis Andreas Rumpf 1941 feststellte, daß der Kolossalkopf Antonia die Jüngere darstellt, und zwar als Priesterin des vergöttlichten → Augustus. Sie war eine «schöne und tugendhafte Frau» (Plut. Ant. 87) und stand stets in hohem Ansehen. Sie war mit → Drusus dem Älteren verheiratet und Mutter des → Germanicus und → Claudius. Nach → Livias Tod im Jahre 29 n. Chr. setzte → Tiberius sie als deren Nachfolgerin im Amt der Augustus-Priesterin ein. Ihr Enkel → Caligula ließ sie vergiften (Suet. Cal. 23), doch Claudius ehrte ihr Andenken und ließ auch ihr Bildnis auf seine Münzen setzen. Daher konnten einige Bildnisse leicht identfiziert werden, auf denen sie teils sehr schlicht, teils stärker idealisiert ist. Der Kolossalkopf aus der Sammlung Ludovisi ist wohl von allen der eindrucksvollste. Als Priesterin des Augustus erscheint sie auch auf dem bekannten Relief in Ravenna aus der Zeit des Claudius; hier ist sie neben dem vergötterten Augustus plaziert.

Antoninus Pius

Titus Aurelius Fulvius Boionius Arrius Antoninus. Als Kaiser: Titus Aelius Hadrianus Antoninus. 86–161 n. Chr. Adoptivsohn des → Hadrian. Römischer Kaiser 138–161 n. Chr.

Mit Bart und lockigem Haar zeigt sich Antoninus Pius als der echte Nachfolger Hadrians. Ernst und doch freundlich ist der Ausdruck dieses Philosophenfreundes, der selbst die Christen respektierte.

Auf seinen Gütern lebte er so lange als Gelehrter, bis ihn Hadrian im Jahre 138 n. Chr. adoptierte. Mit 51 Jahren kam er auf den Thron. Der Senat verlieh ihm aufgrund seiner Tugend und Milde den Ehrennamen Pius. Die Friedenspolitik Hadrians setzte er fort, dadurch konnte in Rom für zwei Jahrzehnte eine gewisse Stabilität erreicht werden. Antoninus Pius verließ im Gegensatz zu seinem reisefreudigen Vorgänger Rom nie. Hadrians Andenken ehrte er durch

Antoninus Pius, München, Glyptothek

den Bau eines Tempels (145 n. Chr.). Als seine Frau, → Faustina die Ältere, 141 n. Chr. starb, ließ er sie unter die Götter erheben. Er weihte ihr den Tempel, der heute die Nordseite des Forum Romanum beherrscht und in dem er selbst nach seinem Tode verehrt wurde. Auf Wunsch Hadrians hatte er → Marcus Aurelius und → Lucius Verus adoptiert.

Antonius

Marcus Antonius. 82–30 v. Chr. Römischer Feldherr und Politiker.

Das markante Profil des Marcus Antonius auf seinen Münzen ist besonders durch die gerade, scharf herabgezogene Nase charakterisiert. Ebenso ist ein spöttisch-überlegener Zug um den Mund trotz der geringen Größe des Bildes deutlich zu erkennen. Nur diese Münzbilder vermitteln einen lebendigen Eindruck von diesem Mann, der die Caesarmörder bei Philippi (42 v. Chr.) besiegte, sich mit → Octavian verbündete und dessen Schwester → Octavia heiratete. Durch Massenmorde unter der römischen Oberschicht – Rache für → Caesars Ermordung – bereicherte er sich schnell und lebte, als ihm der Osten des Reiches übergeben wurde, mit allem Luxus, wie ihn die griechischen Könige ge-

Marcus Antonius

Marcus Antonius, Paris, Louvre

pflegt hatten. Er erlag den Reizen der → Kleopatra VII., die auch wie er nach seiner Niederlage bei Aktium (31. v. Chr.) Selbstmord beging. Obwohl sich das Bildnis auf den Münzen durch individuelle Züge auszeichnet, wird immer noch ein charakteristisches Porträt von Antonius vermißt. Trotz aller Bemühungen konnte bisher ein authentisches Antonius-Bildnis nicht entdeckt werden. Am eindrucksvollsten ist immer noch der Bronzekopf aus Kilikien im Louvre, Teil einer Statue, von der auch ein weit ausschreitendes Bein erhalten ist. Diese Körperhaltung beweist, daß Antonius sich also in der typischen Pose der griechischen Fürsten *(vgl. Demetrios I. Soter)* zeigte. Allerdings konnte man fälschlicherweise diesen Kopf auch für ein Porträt → Neros halten, der ja bekanntlich stolz auf seine Abkunft von Antonius war. Im Herrschaftsbereich des Marc Anton gab es natürlich viele Bildnisstatuen von ihm. Die Athener wollten auch nicht zurückstehen, doch sparten sie an den Kosten, indem sie eine Statue des → Attalos und eine des → Eumenes – wen interessierten diese pergamenischen Könige damals schon noch! – durch bloße Änderung der Inschriften in Ehrenstatuen für Marc Anton umwandelten.

Apicius

Bekannter Verschwender und Liebhaber einer feinen Küche.

Er lebte in der Zeit des Kaisers Tiberius, hieß eigentlich Gavius und führte den Beinamen Apicius, eines Ahnen aus der Zeit der Kimbernkriege. Im 4. Jh. n. Chr. erschien ein Kochbuch (De re coquinaria) mit Rezepten teils einfacher, teils raffinierter Gerichte, dessen Verfasser sich Caelius Apicius nannte. Wahrscheinlich hat dieser Caelius den Namen Apicius verwendet in der Hoffnung, seine Leser würden glauben, jener berühmte Feinschmecker habe seine Rezepte erfunden. Vielleicht war dessen Bildnis dem Text beigefügt; doch könnte es sich dann nur um ein Phantasiebildnis gehandelt haben.

Apollodoros von Damaskus, München, Glyptothek

Apollodoros von Damaskus

Um 100 n. Chr. Griechischer Architekt

Auf dem Inschrifttäfelchen einer 1820 in Rom erworbenen Büste in München steht der Name Apollodoros. Dargestellt ist also wohl der berühmte Architekt, der für → Trajan die Brücke über die Donau und das großartige Forum baute. Er trägt einen Bart, was ihn als Gelehrten ausweist, und seine Frisur folgt der trajanischen Mode. Es besteht daher kein Grund, die Identität dieses Mannes mit dem Architekten zu bezweifeln. Angeblich wurde er unter → Hadrian hingerichtet (Cass. Dio 69,4), weil der Kaiser die Kritik des Fachmannes an seinen eigenen, dilettantischen Architekturentwürfen nicht duldete. Ihm hatte Apollodoros von Damaskus sein Buch über Städtebaukunst gewidmet.

Apollonios von Tyana

3 v. Chr. bis 97 n. Chr. Neupythagoreischer Philosoph.

Ein Kontorniat aus dem 4. Jh. n. Chr. bezeichnet durch die Umschrift den lorbeerbekränzten bärtigen Kopf eines Mannes als Apollonios von Tyana. Demzufolge ist der aus Kappadokien stammende Philosoph dargestellt, der die alten Lehren des → Pythagoras erneuerte und als Zauberer und Wundertäter verehrt wurde Weissagungen, Dämonenaustreibunge, Totenerweckungen und seine Fähigkeit, plötzlich zu verschwinden und aufzutauchen, führten dazu, daß er ein bewunderter Mann wurde. Mit → Vespasian, → Titus und → Nerva war er befreundet, und nach seinem Tod wurde er wie ein Gott verehrt. → Julia Domna beauftragte Philostratos, eine Biographie des Apollonios zu verfassen. → Caracalla sah in ihm einen Heros, und → Severus Alexander stellte sein Bildnis neben denen des Abraham, Orpheus und Christus in seinem Lararium auf (Lampridius, Alex. Sev. 29,2). Keine ihm zu Ehren errichtete Statue ist erhalten. Lange Zeit wurde ein Bildnis, das eine gewisse Ähnlichkeit mit dem Kontorniaten aufweist, für eine Darstellung des Apollonios ge-

Apollonios von Tyana, Kontorniat

halten. Forschungsergebnisse belegten jedoch, daß diese Annahme falsch war – der Abgebildete war nämlich → Homer. So bleibt das kleine Medaillon das einzige Zeugnis für das majestätische Aussehen dieses Mannes, den Hierokles mit Christus verglich.

Appius Claudius Caecus

Um 300 v. Chr. Römischer Politiker.

Ein Marmorkopf im Vatikan, offenbar eine Kopie nach einem Bildnis aus der Zeit um 300 v. Chr., stellt einen Römer dar, dessen Charakter von Energie, Spott und Selbstbewußtsein geprägt ist; Eigenschaften, die zu seiner Zeit in Rom wenig gefragt waren. Appius Claudius, Censor im Jahre 312 v. Chr., war eine Persönlichkeit, die durch Geist und Geschicklichkeit fast anachronistisch wirkte. Er war der Erbauer der strategisch wichtigen Via Appia, die Rom mit dem Süden verband, und der Aqua Appia, die noch heute Rom mit Wasser versorgt. Er soll blind gewesen sein, was ausdrücklich bezeugt ist, und zwar nicht allein aufgrund seines Beinamens. Aber als «blind» galt man in einer Zeit ohne Brillen auch schon bei Kurz- oder Weitsichtigkeit oder wegen eines anderen Augenfehlers. Äußerlich mußte sich diese Schwäche jedoch nicht bemerkbar machen; doch scheint sie bei dem Porträt durch die eigentümliche Wiedergabe der Augen angedeutet zu sein. Dieses Leiden schützte Appius Claudius auch gern vor, wenn er etwas nicht zur Kenntnis nehmen wollte.

Die Vermutung, daß der Marmorkopf diese Persönlichkeit darstellt, wird durch die Ähnlichkeit mit einem Bildnis bestätigt, das auf einer Glaspaste (Glasgemme) in Berlin abgebildet ist; es handelt sich dabei um ein Schildbildnis, (Imago clipeata), das dort zusammen mit einem zweiten erscheint. Bekanntlich ließ Appius Claudius Pulcher (Konsul des Jahres 79 v. Chr.) den Tempel der Bellona, den sein Ahnherr Appius Claudius Caecus hatte erbauen lassen, mit solchen Schildbildnissen seiner Vorfahren schmücken. Von den beiden Imagines clipeatae auf der Glaspaste in Berlin stellt das vordere offenbar Appius Claudius Caecus dar. Der Marmorkopf im Vatikan ist wohl im 1. Jh. n. Chr. nach einem Original aus der Zeit um 300 v. Chr. kopiert worden. Die Familie der Claudier war eng mit der des Augustus verbunden und stellte die Kaiser. Tacitus (Ann. 1,4) bezeichnet die Arroganz als typische Eigenschaft der Familie der Claudier. Auch Appius Claudius Caecus war nicht frei davon, zumal er sich in seiner Genialität,

Appius Claudius Caecus, Vatikan

seiner nach griechischem Vorbild ausgebildeten Individualität und in seinem festen Fortschrittsglauben über seine Zeitgenossen erhaben fühlte. Als Claudier hatte er auch eine relativ niedrige, breite Stirn, wie → Tiberius und → Claudius.
Als → Augustus in seinem Forum die Statuen der Männer aufstellte, die sich um die Größe Roms besonders verdient gemacht hatten, fehlte auch die des Appius Claudius Gaecus nicht.

Apuleius

** 125 n. Chr. Aus Madaura (Numidien). Römischer Philosoph und Schriftsteller.*

Ein Kontorniat aus dem 4. Jh. n. Chr. überliefert das einzige Bildnis des Apuleius, der zu seiner punischen Muttersprache Latein und Griechisch erst erlernen mußte, dann aber zu einem vielbeachteten Schriftsteller wurde. Sein Roman «Der goldene Esel», der die Geschichte eines in einen Esel verwandelten Griechen erzählt, ist ein literarisches Meisterwerk. Berühmter wurde er jedoch, weil er als Wundertäter galt und mit → Apollonios von Tyana und Christus verglichen wurde. Als er wegen Zauberei angeklagt wurde, konnte er zwar seinen Freispruch erwirken, doch wurde ihm weiterhin nachgesagt, über besondere Kräfte zu verfügen.
Statuen wurden ihm in Karthago und in anderen Städten errichtet (Flor. 16,61). Diejenige in den Zeuxippos-Thermen in Konstantinopel war dort die einzige eines römischen Dichters neben der → Vergils. Das ist insofern bemerkenswert, als Vergil, der die Unterwelt so detailliert beschrieben hatte, ebenfalls als Zauberer galt.
Der Kontorniat bestätigt mit den jugendlich idealen Zügen des Profilkopfes, dem lockigen Haar und dem schwärmerischen Blick Apuleius' eigene Worte, der sich als «phormosus» bezeichnet (Apol. 4).

Apuleius, Kontorniat

Aratos

310–240 v. Chr. Sohn des Athenodoros und der Letophila. Aus Soloi (Kilikien), Griechischer Astronom und Dichter.

Auf dem 1884 in Trier gefundenen Mosaik des Monnus erscheint Arat – inschriftlich gesichert – neben der Muse Urania. Der Mosaikkünstler des 3. Jh. n. Chr. hat wohl ein Gemälde aus der Zeit, als Arat am Hofe des → Antigonos Gonatas in Pella wirkte, als Vorlage benutzt. Eine Münze von 163 n. Chr. aus Soloi zeigt den Profilkopf eines Mannes, der nachdenklich seine

Aratos, Rom, Villa Albani

Hand an den langen Bart legt; demnach müßte dies der große Sohn der Stadt sein. Nach diesem Münzbild konnte in der Sammlung Albani eine Marmorbüste als Bildnis Arats identifziert werden. Diese Statue stellte den Astronomen eng in einen Mantel gehüllt sitzend dar. Sein astronomisches Lehrgedicht «Phaenomena» wirkte nachhaltig und begründete seinen Ruhm, der ihm auch eine Einladung an den Hof des syrischen Königs → Antiochos Soter einbrachte. Einer seiner königlichen Gönner war wohl der Auftraggeber für die originale Statue, die etwa in der Mitte des 3. Jh. v. Chr. entstand. Die Büste Albani ist – entgegen kürzlich geäußerten Zweifeln – durchaus antik. Es handelt sich um den Rest einer Sitzstatue, und man sieht am Bart deutlich die Einbuchtung für die rechte Hand. Aus den übrigen Fragmenten der Statue wurde eine Art Herme gearbeitet, in die die «Büste» eingelassen wurde.

Archebios

Um 120 v. Chr. König von Baktrien.

Der König ist nur durch seine Münzen bekannt, die ihn teils mit einem Diadem im lockigen Haar, teils mit einem Helm darstellen, der mit Stierhörnern und Stierohren geschmückt ist.

Archebios

Archelaos

König von Makedonien 413–399 v. Chr. Sohn des Perdikkas II.

Nach dem Tod seines Vaters ermordete er seine Verwandten; Plato nennt ihn den «skrupellosesten aller Makedonen», muß aber zugeben, daß er entscheidende Schritte zur Entwicklung Makedoniens tat. Er baute nicht nur Straßen, sondern ordnete Wirtschaft und Verwaltung, stiftete sportliche und musische Wettkämpfe und berief hervorragende Vertreter der griechischen Kultur an seinen Hof in Pella, so → Euripides, der im «Archelaos» den Stammvater der Dynastie verherrlichte, den Tragiker Agathon, den Dichter und Musiker Timotheos aus Milet, den Epiker → Choirilos aus Samos, von dem er sich wohl eine Verherrlichung seiner eigenen Taten erhoffte, sowie den Maler Zeuxis, der ihm den Palast in Pella ausmalte. → Sokrates lehnte hingegen eine an ihn ergangene Einladung ab.
399 v. Chr. fiel er einer Verschwörung zum Opfer, sein Nachfolger Orestes war noch ein Knabe und wurde von seinem Vormund Aeropas ermordet, der 6 Jahre die Regierung führte. Unter diesen Umständen ist nicht damit zu rechnen, daß ein Bildnis dieses Mannes erhalten ist, der mit der bewußt betriebenen Hellenisierung Makedoniens als ein Wegbereiter → Alexanders d. Gr. gelten kann.

Archidamos III.

400–338 v. Chr. Sohn des Agesilaos II. König von Sparta 362–338 v. Chr.

Bei den Ausgrabungen von Herkulaneum zwischen 1750 und 1761 wurde in der Villa der Pisonen eine Marmorherme gefunden, die auf der Schulter eine aufgemalte Inschrift aufwies. Sie war stark verblaßt, doch glaubte man den Namen → Archimedes noch entziffern zu können. Auch Winckelmann (1717–1768) (Sendschreiben 35) glaubte, das Bildnis des berühmten Mathematikers vor sich zu haben, der im Jahre 212 v. Chr. bei der Einnahme der von ihm verteidigten Stadt Syrakus ums Leben kam. Doch paßt der Panzer durchaus nicht zu einem Gelehrten. Als

Archidamos III., Neapel

1888 Paul Wolters die Reste der Inschrift genauer untersuchte, konnte er sie zu dem Namen Archidamos ergänzen. Aufgrund des Stils dieses Porträts kann von den gleichnamigen Königen Spartas nur der dritte in Betracht kommen. Statuen dieses Archidamos waren ihm in Olympia, Delphi und an anderen Orten für seine Verdienste um die Vaterstadt errichtet worden, die er 362 v. Chr. erfolgreich gegen Epaminondas verteidigte. Als Spartaner trägt er langes Haar, das auch gut zu diesem Condottiere paßt, der sich in vielen Schlachten bewährte. Er starb auf dem Schlachtfeld, als er, von Tarent zu Hilfe gerufen, bei Manduria gegen die Lukaner und Messapier kämpfte. Gerade sein Engagement in Italien ließ wohl den spartanischen König für den Besteller der Kopie in Herkulaneum besonders interessant erscheinen.

Archilochos

Ca. 680–640 v. Chr. Sohn des Telesikles und der Sklavin Enipo. Aus Paros. Griechischer Jamben- und Elegiendichter.

Im 4. Jh. v. Chr. setzte Dokimos in Paros ein Denkmal für Archilochos, wobei er ein ionisches Kapitell verwendete, das, um 550 v. Chr. gearbeitet, bereits damals «antik» war. Ebenfalls auf Paros wurde 100 v. Chr. diesem Dichter zu Ehren eine Statue errichtet, von deren langer Inschrift einige Zeilen erhalten sind. Als Heros wurde der archaische Dichter, der die Sonnenfinsternis vom 6. April 648 v. Chr. beschrieben hatte und im Kampf zwischen Paros und Naxos gefallen war, verehrt. Eine ihm gewidmete Statue mußte ein Bildnis nach den Vorstellungen der Phantasie sein, da für einen Mann des 7. Jh. v. Chr. keine ikonographischen Überlieferungen vorhanden sein konnten. Offenbar gibt es Kopien eines solchen Phantasieporträts; sie stellen einen Mann von idealer Erscheinung dar und wurden oft als Bildnisse des → Aischylos mißverstanden.

In einem Fall ist eine derartige Darstellung mit einem Bildnis mit → Sophokles in einer Doppelherme verbunden, in einem zweiten mit → Homer. Danach ist er nicht etwa ein Tragiker, sondern vielmehr ein «Klassiker». Sophokles vertritt den tragischen Dichter, Homer den epischen, Archilochos hingegen war der klassische

Archilochos, Neapel

Archilochos (und Menander), Paris, Louvre

Jamben- und Elegiendichter. Er hatte zuerst in seinen Dichtungen ganz persönliche Empfindungen und eigene Gedanken (zum Beispiel seinen Haß gegen den bornierten Adel) ausgedrückt. Der Dichter wird in diesem im 4. Jh. v. Chr. entstandenen Bildnis mit edlen, etwas allgemein gehaltenen Zügen dargestellt, doch sein bekanntlich gefürchteter Spott kommt kaum zum Ausdruck. Die Binde im Haar muß als Zeichen seiner Heroisierung angesehen werden. Ein seltsames «Bildnis» des Archilochos befindet sich auf einem Silberbecher im Louvre; sein Name ist dort einem Reliefskelett, das zur Lyra singt, beigeschrieben – mit dem Zusatz: «aus Myrina» (!).

Archimedes

Aus Syrakus. Ca. 287–212 v. Chr. Sohn des Astronomen Pheidias.

Er studierte bei den Mathematikern in Alexandria und widmete sich nach seiner Rückkehr ganz seinen Arbeiten auf dem Gebiet der abstrakten Mathematik und der praktischen Mechanik und schrieb Bücher über Kegel und Zylinder, über Spiralen, Rotations-Paraboloide und Rotations-Ellipsoide. Als im Jahre 212 v. Chr. die Römer Syrakus eroberten, herrschte Archimedes die eindringenden Soldaten an, sie sollten nicht seine Kreise stören, d. h. nicht seine im Sand gemachten mathematischen Zeichnungen verwischen. Erscheint Archimedes hier als versponnener Gelehrter, so war er doch durchaus ein geschickter Praktiker, dessen Apparate nicht nur die Bewunderung der Zeitgenossen erregten, sondern bei der langen Belagerung der Stadt den Römern hohe Verluste brachten. Befreundet mit → Hieron II. und seinem Sohn → Gelon war er ein durchaus selbstbewußter Mann. Soll er doch gesagt haben: «Gib mit einen Ort, auf dem ich fest stehen kann, so bewege ich die Erde.» Jene römischen Soldaten zerstörten nicht nur seine «Kreise», sondern erschlugen ihn auch. Ein Mosaik, das diese Szene darstellt, ist nicht antik.

Arete

4. Jh. v. Chr. Tochter des → Aristippos des Älteren. Philosophin.

Ihr Bildnis ist mit dem ihres Vaters in einer kleinen Doppelherme vereinigt. Siehe → *Aristippos.*

Arete, Berlin

Ariarathes III.

Ariarathes III.

Sohn des Ariamnes. König von Kappadokien 230–220 v. Chr.

Die Münzbildnisse dieses mit → Antiochos II. befreundeten ersten «Königs» von Kappadokien zeigen markante Gesichtszüge; tiefe Falten ziehen sich von der Nase zu dem Mund mit vorspringender Unterlippe. Gäbe es rundplastische Bildnisse, würde man sie aufgrund dieser Merkmale leicht erkennen können.

Ariarathes V. Eusebes Philopator

Sohn des Ariarathes IV. König von Kappadokien 163–130 v. Chr.

Ariarathes V.

Ariarathes V., ehem. Sammlung Heyl

Seine Münzen weisen eine große Ähnlichkeit mit denen des → Orophernes auf, des Usurpators, der ihn zeitweilig verdrängte. Andererseits sind sie wiederum so individuell, daß nach ihnen zwei Marmorköpfe als Bildnisse dieses Ariarathes erkannt werden konnten. Sie sind von idealer Schönheit und entsprechen dem Wesen dieses Mannes, der sich Gelehrten und Philosophen verbunden fühlte, politisch gesehen sich aber die Freundschaft Roms erhielt. Als Schüler des → Karneades 463 stiftete er diesem zusammen mit → Attalos II. in Athen eine Statue.

Ariarathes VII. Philometor

Sohn des Ariarathes VI. und der Laodike. König von Kappadokien 116–101 v. Chr.

Ariarathes war, wie schon sein Beiname sagt, seiner Mutter, Tochter des Königs Mithridates V. von Pontos, besonders ergeben. Seine Münzbilder zeigen ihn mit ausgesprochen kindlichen Zügen. Er fiel durch Mörderhand.

Ariarathes VII.

Ariarathes IX. Eusebes Philopator

Sohn des → Mithridates VI. von Pontos. König von Kappadokien 100–86 v. Chr.

Nach der Ermordung des → Ariarathes VII. setzte Mithridates seinen damals achtjährigen Sohn als König von Kappadokien ein, zum zweiten Mal nach Vertreibung des Ariarathes VII.; dann ein drittes Mal im Jahre 90 v. Chr. und endlich im Jahre 88 v. Chr., zu Beginn des Ersten Mithridatischen Krieges, in dessen Verlauf Ariarathes IX. in Nordgriechenland fiel. Die runden fleischigen Formen seines von Locken umrahmten Gesichtes auf den Münzen entsprechen sehr denen des Vaters und erlauben, daß ein in Athen am Abhang der Akropolis gefundener Marmorkopf als sein Bildnis gelten kann.

Ariarathes IX., Athen

Ariobarzanes I. Philoromaios

König von Kappadokien 96–63 v. Chr.

Nachdem das Geschlecht der Ariarathe ausgestorben war, wurde Ariobarzanes mit Roms Er-

Ariarathes IX.

Ariobarzanes I.

laubnis vom Volk zum König gewählt. Seine Münzbildnisse zeigen ihn mit einem sehr markanten Profil. Er kämpfte im Mithridatischen Krieg auf seiten Roms und dankte schließlich 63 v. Chr. zugunsten seines Sohnes Ariobarzanes II. ab.

Aristides

Publius Aelius Aristides «Theodoros». 129–189 n. Chr. Sohn des Eudaimon. Aus Hadrianutherai (Mysien). Rhetor und Sophist.

Zur Zeit Papst Pius' VI. (1559–1565) wurde in Rom eine Statue gefunden und für den Vatikan erworben, die G. P. Bellori 1693 publizierte. Auf der Abbildung ist eine Inschrift zu erkennen, die an der Basis in griechischen Buchstaben, aber in lateinischer Vokalisierung den Namen «Aristides aus Smyrna» nennt. In Smyrna stand ein Denkmal dieses Mannes, der sich nach den Erdbebenzerstörungen des Jahres 178 n. Chr. bei → Marcus Aurelius für die Wiederherstellung der Stadt eingesetzt hatte. Mit dieser

Aristides, nach Bellori (1693)

Aristides, Vatikan

Statue sollte «ihrem nach Homer größten Bürger» (phil. vit. soph. 87,8) für dessen Verdienste gedankt werden.

Die Statue im Vatikan stellt zweifellos einen Philosophen dar, der – wie der Stil zeigt – zur Zeit Marc Aurels gelebt haben muß. Demnach ist wohl die Echtheit der Inschrift nicht zu bezweifeln. Allerdings ist sie heute nicht mehr vorhanden, und es bleibt rätselhaft, wie sie verschwinden konnte. Einerseits fragt man sich, warum ein Fälscher ausgerechnet eine Statue des Aristides geschaffen haben sollte, gehörte dieser doch keineswegs zu den berühmtesten Männern des Altertums.

Andererseits wäre es aber gut denkbar, daß die Smyrnaer ein zweites Exemplar ihres Aristides-Denkmals für Rom bestellten, wo dieser – wie Marc Aurel – von → Herodes Atticus ausgebildete Philosoph ihr erfolgreicher Fürsprecher gewesen war.

Aristippos der Ältere

435–360 v. Chr. Aus Kyrene. Griechischer Philosoph.

Aristippos, Berlin

Aristogeiton (und Harmoidos), Neapel

Eine Doppelherme, die aus dem Besitz Theodor Mommsens in die Berliner Museen gelangte, verbindet das Bildnis eines bärtigen Mannes mit kahler Stirn mit dem eines jungen Mädchens. Diese Kombination setzt voraus, daß nach Meinung des Kopisten oder des Auftraggebers dieser Philosoph und das Mädchen eng zueinander gehörten. Wahrscheinlich handelt es sich um Aristippos und dessen Tochter → Arete, die seine treue Schülerin war. Allerdings entwickelte Arete ihrerseits eine rege Lehrtätigkeit und unterwies ihren Sohn, Aristippos den Jüngeren, ebenfalls in Philosophie, doch war dieser im Gegensatz zu dem Älteren recht unbedeutend; und da das Verhältnis des älteren Mannes zu dem Mädchen eher das eines Vaters zu seiner Tochter ist, ist der Philosoph als der ältere Aristippos anzusprechen. Dieser war ein Philosoph von weltmännischem Lebensstil, der ihm die Kritik der Sokratiker einbrachte. Er reiste viel und gründete in Kyrene eine Schule, in der gelehrt wurde, das höchste Ziel sei der Lebensgenuß. Als Gründer des «Hedonismus» lebte er in einer Welt der Weichlichkeit und der Wohlgerüche, kleidete sich gut und liebte den Luxus.

Aristogeiton

† 514 v. Chr. Sohn des Theotimos. Aus Aphidnai (Attika). «Tyrannenmörder».

Als die Statuen zweier «Gladiatoren» im 16. Jh. bei Tivoli gefunden wurden, blieben sie lange Zeit unbeachtet; bis Carl Friederichs 1859 erkannte, daß es sich um die Tyrannenmörder → Harmodios und Aristogeiton handelte. Die beiden Freunde hatten im Jahre 514 v. Chr. ein Attentat auf den Tyrannen von Athen unternommen, aber nur dessen Bruder Hipparchos erschlagen. Harmodios wurde sofort von der Leibwache des Hippias getötet, Aristogeiton starb unter der Folter. Die Freunde hatten weniger an die Freiheit Athens als vielmehr an ihre persönliche Ehre gedacht, die sie durch den Tyrannen angetastet sahen. Erst als 510 v. Chr.

Hippias vertrieben und die Demokratie errichtet wurde, erklärte man sie zu Freiheitshelden und ehrte sie durch ein öffentliches Denkmal von der Hand des Antenor. Diese Statuen aber entführte → Xerxes 488 v. Chr. nach Persien. Kurz darauf, 477 v. Chr., wurde ein neues Denkmal für die Tyrannenmörder aufgestellt, ein Werk von Kritios und Nesiotes. Als später → Alexander der Große oder einer seiner Nachfolger die alte Gruppe wieder zurück nach Athen schaffen ließ, standen beide Gruppen nebeneinander. So sah sie Pausanias im 2. Jh. n. Chr. (1,8,5). Kopiert wurde nur die neue, die klassische Gruppe, während die alte, archaische, wohl nur aufgrund ihres besonderen Schicksals bestaunt wurde. Und jene Statuen aus Tivoli, die 1790 nach Neapel gekommen waren, sind sicher Kopien nach dieser neuen Tyrannenmördergruppe. Vorwärtsstürmend auf den nicht dargestellten Tyrannen stehen sie nebeneinander, mit gezücktem und erhobenem Schwert.

Aristogeiton, Rom, Pal. dei Cons.

Wie Harmodios und Aristogeiton aussagen, wußte man im Jahre 477 v. Chr. kaum mehr, nur daß der eine jung, der andere älter war, ergab sich aus dem Liebesverhältnis, das beide verband. Individuell aber war ihre gemeinsame Tat, die die Künstler zum Erkennungszeichen dieser Männer machten. Aristogeiton – der Kopf der Statue wurde erst mit archäologischer Raffinesse aufgefunden – trägt einen Bart; weit geöffnete Augen zeigen seinen entschlossenen Mut. Harmodios ist ein Jüngling mit kurzem Lockenhaar und nicht weniger ideal und draufgängerisch. Die Gruppe der Tyrannenmörder war die erste Ehrung dieser Art, ein öffentliches Denkmal auf der Agora, wo den Freiheitshelden «wie Göttern und Heroen» (Demosth. 19,280) Opfer dargebracht wurden.

Aristophanes

Ca. 445–385 v. Chr. Aus Athen. Dichter

Von dem großen Dichter der klassischen Komödie sind keinerlei persönliche Daten bekannt. Aus seinen Werken ergibt sich nur, daß er viel gelesen und gelernt hat und daß er die Natur und das Leben auf dem Lande schätzte. Seine erste Komödie wurde im Jahre 427 v. Chr. aufgeführt, seine letzte, «Pluto», im Jahre 388 v. Chr.

44 Stücke kannte man im späteren Altertum von ihm. In ihnen nimmt Aristophanes zu Problemen seiner Zeit Stellung. Thematisiert werden die Leiden des Volkes unter dem Peloponnesischen Krieg, die Arroganz der Militärs und Diplomaten, die Skrupellosigkeit der Politiker, Kriegsgewinnler, die Stellung der Frauen. Sein Spott richtet sich gegen Kleon, aber auch gegen → Sokrates, → Aischylos und → Euripides. Seine späten Stücke stehen im Zeichen sozialer Fragen; im «Pluto» bezeichnet er die Armut als treibende Kraft im Leben der Menschheit, als Kulturschöpferin und Erzieherin.

Seine konservative Einstellung machte ihn zum bissigen Kritiker der Zeitverhältnisse, die nach dem Tod des → Perikles zum Niedergang Athens führten.

Seine großen Erfolge und sein Nachruhm lassen vermuten, daß es Bildnisse des Dichters gibt; der Versuch jedoch, ihn in einem Bronzekopf aus Herkulaneum zu erkennen, läßt sich kaum begründen; er stellt wohl → Hesiod dar.

Aristoteles

384–322 v. Chr. Sohn des Nikomachos und der Phaistias. Aus Stageiros (Chalkidike). Philosoph.

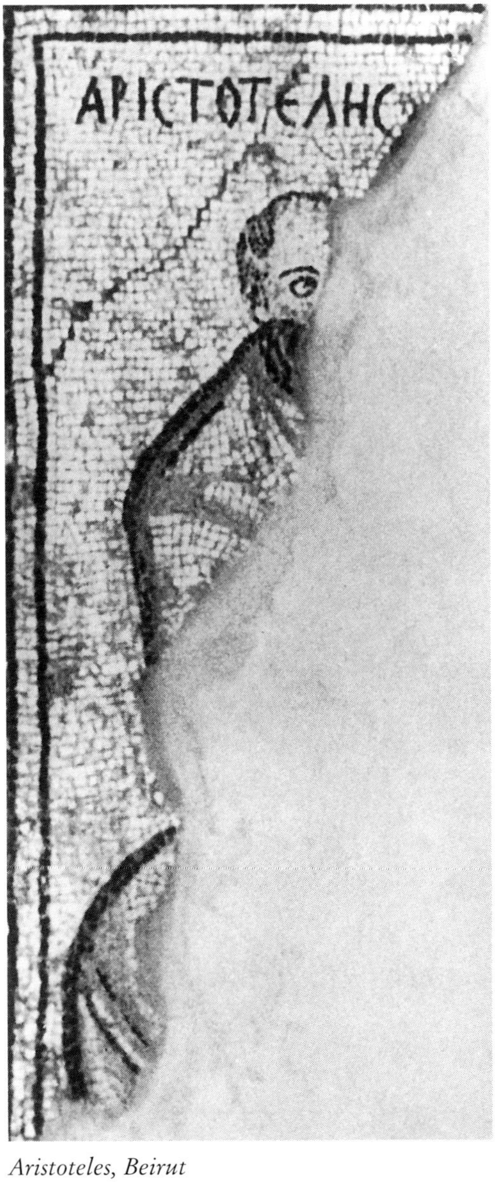

Aristoteles, Beirut

Aristoteles, Zeichnung von Th. Galle, Vatikan

Aristoteles, Erzieher → Alexanders des Großen und mit dem Makedonen-König auch später noch sehr vertraut, erscheint auf zwei Bildern, die Stationen im Leben Alexanders zum Thema haben. Das eine diente einem sehr schlecht erhaltenen Wandgemälde in Pompeji als Vorlage; dort ist nur noch der Unterkörper des sitzenden und dozierenden Aristoteles zu erkennen. Auf dem anderen, bekannt durch eine Mosaikkopie aus Baalbek, ist Aristoteles stehend dargestellt; da nur diese Figur erhalten ist, kann man weder etwas über das Gesamtwerk noch über Aristoteles' Stellenwert darin aussagen.

Hier ist wohl kaum die Erziehung Alexanders – wie in dem ersten Bild – das Thema, sondern eine Begegnung des Königs mit dem Philosophen. Alexander unterstützte ihn bei der Sammlung von Manuskripten und wissenschaftlichem Material für dessen Mitarbeiterstab und ehrte seinen Lehrer und Freund auch durch eine Statue mit der Inschrift:

Aristoteles, Rom, Mus. Naz.

«Den Sohn des Nikomachos, der alle Weisheit besitzt,
– stellte Alexander auf, den göttlichen Aristoteles.»

Dieselbe Inschrift trägt ein Hermenschaft aus Athen. Da der Kopf fehlt, bleibt als einziger Hinweis zum Porträt des Aristoteles eine Zeichnung, die Theodor Galle für eine Neuauflage der «Illustrium Imagines» des F. Ursinus machte und eine kleine Büste in dessen Besitz darstellt; auf dem zylindrischen Sockel steht der Name Aristoteles. Die Büste ist verschollen, und merkwürdigerweise erscheint sie auch nicht in der besagten Neuauflage. Doch besteht kein Grund, an der Zuverlässigkeit der Zeichnung zu zweifeln, nach der sich eine ganze Reihe von Aristoteles-Bildnissen hat auffinden lassen. Der im Umgang mit dem mächtigsten Mann seiner Zeit stets selbstbewußt gebliebene Philosoph hat strähnig in die Stirn hängendes Haar und einen kurzen Bart. Vielleicht kann man auch jenen spöttischen Zug um seine Lippen erkennen, der seinen Zeitgenossen auffiel (Ael. Var. hist. 3,19). Letztlich fühlte er sich als Schüler → Platons und im Besitz aller Kenntnisse, die die griechische Wissenschaft gewonnen hatte, selbst Alexander überlegen. Seine Aufgabe war es, diesem und den doch nur halbgriechischen Makedonen die Kultur des alten Hellas zu vermitteln in einer Zeit des Umbruches, die solche klarsehenden Geister brauchte. So wurde durch ihn das Kulturerbe des alten Griechenlands an Makedonien und die neuen Herren der Welt weitergegeben, so daß es über Rom und das Mittelalter hinweg auch der Neuzeit erhalten blieb.
Die Marmorköpfe gehen wohl alle auf dasselbe Original zurück, eben auf jene Statue, die Alexander noch zu dessen Lebzeiten aufstellen ließ. Aristoteles starb in Chalkis; dorthin war er geflohen, um seiner Verurteilung nach dem Tod Alexanders (323 v. Chr.) zu entgehen.

Arrhidaios
s. Philippos III. Arrhidaios

Arsinoe II.

316–270 v. Chr. Tochter des → Ptolemaios I. und der → Berenike I.

Schön und von Ehrgeiz getrieben erreichte sie ihr Ziel erst spät nach zwei gescheiterten Versuchen. Im Jahre 299 v. Chr. heiratete sie den betagten → Lysimachos von Thrakien, erwirkte

Arsinoe II. und Ptolemaios II.

Arsinoe II.

die Hinrichtung dessen Sohnes, um ihren Söhnen aus erster Ehe den Weg zu ebnen. Nach dem Zusammenbruch des thrakischen Reiches und dem Tod des Lysimachos heiratete sie ihren Stiefbruder Ptolemaios Keraunos, der jedoch ein noch größerer Intrigant war und zwei ihrer Söhne umbringen ließ. Sie mußte fliehen und kam 279 v. Chr. nach Ägypten zu ihrem Bruder

Arsinoe II., Alexandria

→ Ptolemaios II.; nachdem sie dessen Frau Arisnoe I. verdrängt hatte, wurde sie Königin. In einer «Zeus-Hera-Geschwisterehe» wurde sie die Frau ihres acht Jahre jüngeren Bruders «Philadelphos».
Sie wurde göttlich verehrt, und im «Arsinoeum» stand ihre 4 Ellen hohe Bildnisstatue aus Topas (Plin. 37,108). Eineinhalb Jahrhunderte zeigen die Münzen der Ptolemäer ihr Porträt. Ihre strengen, klassischen Züge kennzeichnen auch einen Marmorkopf aus Alexandria, der mit großer Wahrscheinlichkeit Arsinoe II. darstellt. Wenn der Wiener Kameo zu Recht auf Ptolemaios II. bezogen wird, so wäre das Profil im Hintergrund das der Arsinoe II. Einen Schleier über dem kostbaren Diadem trägt sie auch auf den Münzbildnissen, bei denen ein kleines Widderhorn – Symbol des Gottes Ammon – von unten her das Ohr umrahmt.

Arsinoe III.

235–205 v. Chr. Tochter des → Ptolemaios III. und der → Berenike II.
Sie heiratete im Jahre 217 v. Chr. ihren Bruder → Ptolemaios IV. Philopator und wurde an seinem Todestag ermordet. Ihr Sohn → Ptolemaios V. Epiphanes ließ sie als Göttin verehren. Die feinen Züge und der leicht melancholische

Arsinoe III.

Arsinoe III.

Ausdruck ihres Gesichtes auf den Münzen des Ptolemaios IV. sind ebenfalls auf einem Marmorkopf zu erkennen, der, zusammen mit einem Porträt des Ptolemaios IV. gefunden, nach Boston kam. Das nur skizzenhaft angelegte Haar war ehemals in Stuck ausgeführt; goldene Ohrringe – auf den Münzbildnissen sind es dreiteilige – sind zu ergänzen. Als Personifikation «Oikumene» erscheint sie neben der des «Chronos» (der die Züge des Ptolemaios IV. trägt) auf dem Relief des Archelaos von Priene bei der Verehrung des → Homer.

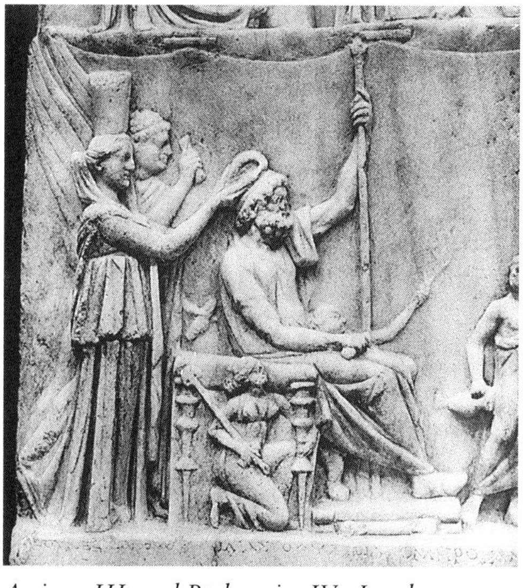

Arsinoe III. und Ptolemaios IV., London

Aspasia

Ca. 470–410 v. Chr. Zweite Frau des → Perikles. Aus Milet.

Diese ungewöhnliche, schöne und geistreiche Frau, die im Jahre 449 v. Chr. von Milet nach Athen kam, schlug nicht nur Perikles, der sich ihretwegen scheiden ließ und sie heiratete, in ihren Bann, sondern entzückte auch die Philosophen mit ihrem Wissen und ihren Ansichten. Ein Bronzerelief auf einer Truhe aus Pompeji zeigt sie zusammen mit → Sokrates. Sie sitzt ihm gegenüber, während er ihr wie ein Schüler zuhört. Daß sie über die Liebe spricht, wird durch den im Hintergrund stehenden Eros angedeutet, der eifrig mitschreibt. Aspasia trägt

Aspasia, Vatikan

Aspasia, Neapel

ein Tuch über ihrem eigentümlich wellenförmig frisierten Haar. Dieses Motiv, Frisur mit Schleiertuch, kehrt auf dem Frauenbildnis einer Herme aus Civitavecchia im Vatikan wieder, an deren unterem – später nach dem Einsetzen des Schaftes in seinen Sockel nicht mehr sichtbaren – Ende die Notiz «Aspasia» zu lesen ist. Das Schleiertuch, das in zahlreichen Bildwerken die Göttin Hera charakterisiert, paßt gut zu Aspasia, die von den wohlwollenden Zeitgenossen mit Hera verglichen wurde, so wie Perikles der «Olympier» genannt wurde. Dessen Bildnisstatue auf der Akropolis wurde von Kresilas (2. Hälfte des 5. Jh. v. Chr.) geschaffen, das gleiche darf man auch von dem Original des Aspasia-Bildnisses annehmen, das gewiß im Auftrag von Perikles aufgestellt wurde. Auch der vergleichbare Stil unterstützt diese Vermutung. Glänzend hat der Künstler den Ernst dieser in sich ruhenden Persönlichkeit erfaßt, die alle gegen sie gerichteten Injurien gelassen aufnahm. Darin war sie Perikles verwandt, der nur mit Mühe erreichen konnte, daß sie von der Anklage wegen Gottlosigkeit und Unmoral freigesprochen wurde. Diese Frau, die die altmodische – aber vielleicht zukunftweisende – Meinung vertrat, der Mann müsse seine Tugend im öffentlichen Leben, die Frau aber ihre im Rahmen des Hauses beweisen, galt als Vorkämpferin für die Gleichberechtigung der Frau. Progressiv war auch ihre Frisur, die nur sehr zögernd nachgeahmt wurde, aber im 4. Jh. v. Chr. als «Melonenfrisur» verbreitet Anklang fand. Nach Perikles' Tod (429 v. Chr.) heiratete sie wieder.

Attalos I. Soter

† 197 v. Chr. Sohn des Attalos (Neffe des → Philetairos). König von Pergamon 241–197 v. Chr.

Attalos trug den Beinamen Soter, der Retter, zu Recht, da er die Galater, die sein Reich bedrohten, entscheidend schlug. Prunkvolle Denkmäler verewigten diese Siege. Theodor Mommsen nannte ihn den «Lorenzo de Medici des Altertums» wegen seiner «herrlichen Werke im Kampf für die Freiheit Griechenlands» (Polyb. 18,41,9). Als erfolgreicher Feldherr und als weitblickender Politiker, der zum treuen Freund Roms wurde, ragt diese glänzende Gestalt unter den griechischen Fürsten hervor. Ein überlebensgroßer in Pergamon gefundener Marmorkopf wurde etwas voreilig als Bildnis des Attalos I. angesehen. Er stellt aber wahrscheinlich → Seleukos I. dar, den syrischen König, dessen Oberherrschaft über Pergamon Philetairos offiziell anerkannt hatte. Er ehrte ihn als solchen auch dadurch, daß er das Bildnis des Seleukos auf seine Münzen setzte. Ein Bildnis des Attalos I. ist also bisher nicht bekannt.

Attalos II. Philadelphos

220–139 v. Chr. Sohn des → Attalos I. König von Pergamon 159–139 v. Chr.

Attalos, seinem regierenden Bruder → Eumenes II. treu ergeben und als Feldherr und Diplomat erfolgreich, ließ in Athen 159 v. Chr. eine prächtige Stoa erbauen, die heute – von den amerikanischen Ausgräbern wiederaufgebaut – den Blick auf die Agora beherrscht. In den Ruinen dieser zweistöckigen Halle fand man einen fragmentierten Marmorkopf, der wahrscheinlich den Auftraggeber dieses Prachtbaues darstellt. Ikonographische Grundlagen gibt es nicht, da auch Attalos II. seine Münzen mit dem Bildnis des → Philetairos und nicht mit seinem eigenen prägte, doch spricht nicht zuletzt auch eine gewisse Ähnlichkeit mit seinem Bruder Eumenes für die Benennung. Seine Züge sind weicher und von einem gewissen Alter gezeichnet – beim Bau der Stoa war er 60 Jahre alt –, und die langen Locken unterstreichen den Eindruck eines eher nachdenklichen als schnell entschlossenen Mannes. Bezeichnenderweise konnte sein Bildnis als das eines Dichters mißverstanden werden – wie dasjenige seines Bruders als Priester.

Attalos II., Athen

Attalos III. Philometor Euergetes

171–133 v. Chr. Sohn des → Attalos II. und der Stratonike, jedoch von → Eumenes II. als legitimer Sohn anerkannt. König von Pergamon 138–133 v. Chr.

Der jugendliche Mann, den ein Hermenbildnis in Oslo darstellt, muß ein König von Pergamon sein, denn er trägt wie auch Herakles und → Philetairos auf den Münzbildnissen einen bindenumwundenen Lorbeerkranz. Eumenes II. kombinierte ebenfalls die Königsbinde mit dem Kranz. Da die Bildnisse der anderen Könige von Pergamon bekannt sind und auch der Stil auf eine verhältnismäßig späte Zeit hinweist, kommt nur Attalos III. in Betracht. Auch ist eine gewisse Ähnlichkeit mit seinem Vater Attalos II. zu bemerken, der 172 v. Chr. – als ein Gerücht den König Eumenes II. als ermordet meldete – dessen «Witwe» geheiratet hatte. Der Ausdruck des Kopfes bestätigt die Beurteilung, die Attalos III. durch die antiken Autoren gefunden hat. Als halbverrückter Sonderling habe er sich wenig um die Staatsgeschäfte gekümmert, sondern botanische Studien getrieben sowie Bücher über Gartenbau geschrieben. Einige Bemerkungen sind gewiß wenig schmeichelhaft, doch → Plinius nennt diesen König immerhin einen seiner

Attalos III., Oslo

Augustus, Verona

Gewährsmänner für Landwirtschaft und Medizin. Es spricht auch für seinen Verstand, daß er seinem Volk Blutvergießen ersparen wollte, indem er sein Reich testamentarisch den Römern vermachte. Der Kopf wirkt wie ein letzter, schwacher Abglanz jenes prächtigen Attalos-I.-Bildnisses, dessen kraftvolle Pose hier zu müder Schablone wurde. Sollte im übrigen der Attalos dieses Bildnisses jünger als 33 Jahre sein – Altersschätzungen sind leider sehr individuell –, so würde damit ein Argument für die Version gewonnen werden können, die → Strabo (13,624) erzählt: Eumenes II. habe nämlich den zwölfjährigen «Sohn» als seinen Nachfolger, dessen wirklichen Vater Attalos II. dagegen nur als Vormund für den Minderjährigen eingesetzt, was diesen nicht hinderte, auch nach dessen Volljährigkeit die Herrschaft zu behalten.

Augustus

Gaius Octavius Thurinus. Nach der Adoption durch → Caesar: Gaius Julius Caesar. Seit 27 v. Chr.: Imperator Caesar Divi Filius Augustus. 63 v. Chr. bis 14 n. Chr. Sohn des Gaius Octavius und der Atia. Römischer Kaiser 30 v. Chr. bis 14 n. Chr.

Obwohl Augustus auch nach seinem Tode bis zum Ende der Antike eine Idealgestalt blieb, die als Vorbild galt, sind doch fast alle seine Bildnisse in seiner Zeit oder unter seinen direkten Nachfolgern entstanden. Sie zeigen ihn in verschiedenen Lebensaltern. Ein Bildnis des Kaisers als Kind gibt es freilich nicht, denn der «jugendliche Augustus» im Vatikan hat sich als eine Erfindung napoleonischer Zeit erwiesen. Kopien, die im 19. Jh. von diesem damals vielbewunderten Knabenbildnis gemacht wurden gelten nur noch in den Museen von Karlsruhe und Mainz als antik. Die frühesten Bildnisse zeigen ihn als jungen Mann, als den Rächer seines Adoptivvaters, der Caesars Namen führte und nicht gerne hörte, wenn man ihn Octavianus nannte. Einige Exemplare dieses Bildnisses sind erhalten; sie entstanden in der Zeit, als er aus Rache für Caesars Ermordung Hunderte römischer Bürger umbringen ließ und sich auf diese Weise ungeheuer bereicherte, bei Philippi (42 v.

Augustus, Rom, Mus. Naz. Rom

Augustus, Rom, Mus. Cap.

Chr.) → Brutus und → Cassius besiegte und sich durch seinen Sieg über → Marcus Antonius und → Kleopatra VII. bei Aktium (31 v. Chr.) die Alleinherrschaft sicherte. Die Bildnisse lassen etwas von seiner Rücksichtslosigkeit, seinem Ehrgeiz und seinem feurigen Temperament ahnen. Als «Princeps civium», als erster Bürger im Staat, stand er nun an der Spitze Roms. Mit dieser Staatsform des «Principats» distanzierte er sich bewußt von den orientalisch gefärbten griechischen Vorstellungen, die noch Caesar vorschwebten. Statt dessen setzte er sich für die «Romanitas» ein, eine Rückwendung zu den alten, guten, römischen Sitten – dachte er doch sogar daran, den Namen Romulus anzunehmen! Die Bildnisse des Kaisers betonen das Römische; gern trägt er die feierliche Toga, die er wieder zu Ehren brachte. Die etwas wirren Haare der Jugend fallen nun in Strähnen schlichter in die Stirn, wodurch die Rückkehr zu altitalischen Formen dokumentiert wird. Das ist der Kaiser, der seit dem Jahre 27 v. Chr. den Namen Augustus, der Glückliche, trug. Daß er durch Grausamkeit und Brutalität sein Ziel erreichte, gerät nun in Vergessenheit, er ist Garant der «Pax Augusta», des so ungewohnten Friedens, der seine 45jährige Regierungszeit zu einer der glücklichsten Epochen des Altertums machte. Er selbst war weniger glücklich. Seine Begegnung mit → Livia Drusilla führte zur Auflösung der beiderseitigen bestehenden Ehen und im Jahre 38 v. Chr. zum gemeinsamen Bund. Eigene Söhne hatte Augustus nicht, um so mehr protegierte aber die kühle und machtbesessene Livia ihren Sohn aus erster Ehe, → Tiberius. Da seine Enkel → Gaius Caesar und → Lucius Caesar – Söhne seiner Tochter → Julia und des → Agrippa –, die er als Nachfolger vorgesehen hatte, früh verstarben, erfüllte er wider seinen Willen allein aus Staatsräson Livias Wunsch und adoptierte Tiberius als seinen Nachfolger. Diese Enttäuschungen und die Sorge um seine Tochter, die seine Hoffnungen nicht erfüllte, prägten die Züge des alternden Augustus. Resignation überschattet das Bild des so Erfolgreichen, der auf der Höhe des äußeren Erfolges den trügerischen Glanz des Glücks erkennen mußte. So sind seine Altersbildnisse erschütternde Zeugnisse von der Tragik dieses «Glücklichen». Alle Bildnisse des Augustus sind von einer Schlichtheit, die aus

Aurelian (Rom dankt Aurelian für die Mauer), Rom, Mus. Naz. Rom

der «Romanitas» resultiert. Keinerlei Attribute weisen auf seine Macht hin. Diese rein auf den Menschen konzentrierten Bildnisse bleiben für die folgenden Kaiser verbindlich, bis der «Principat» mit seiner so eindrucksvollen Menschlichkeit wieder einem absoluten Herrschertum orientalisch-griechischer Prägung weichen mußte.

Aurelian

Lucius Claudius Domitius Aurelianus. 214–275 n. Chr. Römischer Kaiser 270–275 n. Chr.

Aurelian

Seine Münzbildnisse zeigen ihn mit der Strahlenkrone, mit kurzem auf den Hals übergreifenden Bart und gefurchter Stirn. Gern wüßte man mehr über das Aussehen dieses Kaisers, der durch den Bau der römischen Stadtmauer Unsterblichkeit erlangte. Noch in letzter Minute konnte er die von Norden eindringenden Sarmaten, Vandalen, Iuthungen und Alemannen aufhalten und mit der 18,8 km langen «Aurelianischen Stadtmauer» Rom zu einer sicheren Festung machen. Auf einem Gemälde, das in kleinen Reliefkopien aus Ton erhalten ist, wird der Kaiser als der Retter des dankbaren Rom gefeiert. Als einfacher Soldat hatte er angefangen, führte glückliche Feldzüge, in denen er auch → Vabalathus und → Zenobia besiegte, und trug als Sieger golddurchwirkte Gewänder, die mit Juwelen besetzt waren. Er selbst hielt sich für die Verkörperung des von ihm als Staatsgott eingeführten «Sol invictus», des unbesiegten Sonnengottes, auf Erden. Sein Nachfolger → Tacitus war sich bewußt, daß Aurelian Rom vor einer Katastrophe bewahrt hatte, und befahl, daß jedermann ein gemaltes Bild seines Vorgängers besitzen solle (Hist. Aug. Tac. 9). Rundplastische Bildnisse fehlen; ein Marmorkopf in Istanbul wurde fälschlicherweise mit seinem Namen in Verbindung gebracht.

B

Balbinus

Decimus Caelius Calvinus Balbinus. 178–238 n. Chr. Römischer Kaiser 238 n. Chr.

Mit kurzgeschnittenem Haar und unrasiertem Bart erscheint Balbinus auf einer Gemme in St. Petersburg auf der die drei Kaiser → Pupienus, → Gordian III. und Balbinus vereinigt sind. Nach dem Tod von → Gordian I. und II. wurden sie vom Senat eingesetzt, doch gerieten Balbinus und Pupienus bald in Streit. Beide wurden von der Garde ermordet, nachdem sie 99 Tage regiert hatten. Der Sarkophag des Kaisers ist in den Katakomben Roms erhalten geblieben – ein einmaliger Fall. Die Marmorfigur des Kaisers lagert zusammen mit der seiner Frau, deren Namen unbekannt ist. auf dem Deckel des Sarkophages, dessen Relief das Paar bei der Eheschließung und beim Opfer darstellt.

Balbinus, Gordian III. und Pupienus, St. Petersburg

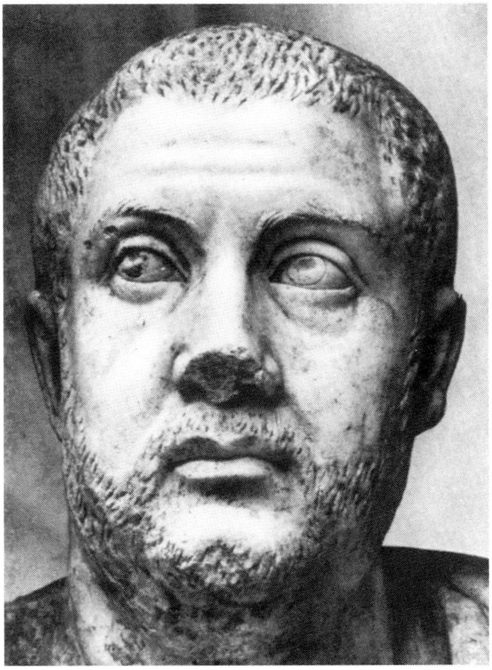

Balbinus, Rom, Museo Pretestato

Berenike I.

† 279 v. Chr. Tochter des Magas.

Sie war seit 317 v. Chr. die Frau von → Ptolemaios I. Ihr Profilbild erscheint hinter dem des Königs auf einem Stuckrelief in Alexandria

Berenike I. und Ptolemaios I.

(s. Ptolemaios I.), einer billigen Ausfertigung eines Kameenbildes, das als Geschenk des Königspaares für besondere Verdienste Verwendung fand. Das Doppelprofil von Ptolemaios und Berenike schmückt auch Goldmünzen, die → Ptolemaios III. zu Ehren dieser «Götter» prägen ließ.

Berenike II.

Um 250 v. Chr. Tochter des Magas von Kyrene und der Apama.

Ihr Titel lautete: «Schwester und Frau des Königs», und sie wurde zusammen mit → Ptolemaios III. bereits zu Lebzeiten göttlich verehrt. Als der König in den Krieg zog, weihte Berenike den Göttern eine Locke, die jedoch auf mysteriöse Weise aus dem Tempel verschwand. → Kallimachos schrieb ein Gedicht des Inhalts, die «Locke der Berenike» sei als Sternbild an den Himmel versetzt worden, wie der Astronom Konon behauptet hatte. 21 Originalverse und die Übersetzung von → Catull sind davon erhalten. Blond sei die Locke gewesen, und Reste von einer Goldauflage fanden sich in den Haaren eines Marmorkopfes aus Kyrene, der aufgrund der Ähnlichkeit mit den Münzbildnissen ein Porträt von Berenike II. sein dürfte. Als sie nach dem Tode von Ptolemaios III. (221 v. Chr.) Mitherrscherin werden wollte, brachte ihr Sohn → Ptolemaios IV. sie um.

Berenike II., aus Kyrene, Bengasi

Berenike II.

Bias

Um 600 v. Chr. Sohn des Teutamos. Aus Priene. Einer der Sieben Weisen. Staatsmann.

Bias, Beirut

Bias, Vatikan

Er strebte nach Gerechtigkeit, doch die Bilanz seiner Erkenntnisse zeigt: «Die meisten Menschen sind schlecht.» Diese Weisheit steht auch auf dem Hermenschaft aus Tivoli, der heute im Vatikan steht. Er trägt den Porträtkopf des Bias, eine Kopie nach einem Phantasiebildnis, das im 4. Jh. v. Chr. geschaffen wurde. Man sieht an den recht allgemeinen Zügen, daß Bias damals keine konkret faßbare Persönlichkeit mehr war. Die originale Statue stand vielleicht in dem «Teutameion», dem Heiligtum, das die Bürger von Priene ihrem bedeutenden Bürger errichtet hatten.
Der Künstler des Mosaiks aus Baalbek (s. oben, Vorbemerkungen) ging offensichtlich eigene Wege, denn er stellte Bias mit kahler Stirn und langem Bart dar.

Biton s. Kleobis

Britannicus

Tiberius Claudius Caesar Britannicus. 41–55 n. Chr. Sohn des → Claudius und der → Messalina.
Als Zweijähriger erhielt er nach dem «Sieg» des Claudius in Britannien seinen Beinamen. Der unglückliche Kaisersohn wurde, nachdem Claudius R Nero adoptiert hatte, zurückgesetzt und als Epileptiker und Idiot verleumdet. Nero ließ ihn nach seiner Thronbesteigung vergiften.
Münzbilder von ihm geben nur eine unzuverlässige Grundlage zur Bestimmung eventuell vorhandener Porträts. Am wahrscheinlichsten ist, daß er im Zusammenhang mit jenen Gruppen zu finden ist, die Claudius an vielen Stellen des Reiches aufstellen ließ, und in denen die Mitglieder des julisch-claudischen Herrscherhauses vereint waren. Daher könnte der mit

Britannicus, Parma

einer Toga bekleidete Knabe aus Velleia in Parma den Britannicus darstellen. Seine Porträts können auf jeden Fall leicht mit denen des jungen Nero verwechselt werden, trugen doch beide die Haare in gleicher Weise glatt in die Stirn gekämmt.

Brutus

Lucius Iunius Brutus. Um 500 v. Chr. «Erster römischer Konsul».

Marcus Iunius → Brutus, der Caesarmörder, hatte in seinem Haus ein Bildnis des Mannes, der nach der Sage Rom von der tyrannischen Herrschaft der Tarquinier befreit hatte. Lucius Brutus war sein großes Vorbild, und um dies zu demonstrieren, ließ er Münzen mit dem Bild des Freiheitshelden aus alter Zeit prägen. Das Bildnis in seinem Hause und das auf den Münzen waren gewiß Nachbildungen jener berühmten Bronzestatue, die die Römer «in alten Zeiten» auf dem Kapitol neben die Gruppe der Könige gestellt hatten; sie zeigte ihn mit gezücktem Schwert (Plut. Br. 1,1). Das Profil der Münzen weist den Weg zu einem Marmorkopf in der Villa Albani in Rom, der als Kopie jener Bronze auf dem Kapitol angesehen werden kann. Daß dieser so eindrucksvoll häßliche Kopf ein Werk des 5. Jh. v. Chr. wiedergibt, wurde nie bezweifelt: Adolf Furtwängler dachte an Myron als Meister, Luigi Polacco (1955) an Pythagoras. Auf jeden Fall handelt es sich um das Werk eines griechischen Künstlers aus der Zeit um 460/50 v. Chr., der den besonderen Charakter des damals bereits toten Brutus mit brutaler Offenheit enthüllt. Das ist der Mann, «der selbst vor der Hinrichtung seiner Söhne nicht zurückschreckte und unnachgiebig war, wie kaltgeschmiedetes Eisen» (Plut. Br. 11). Das Schwert in Brutus' Hand ist nach der landläufigen Überlieferung bei der Bronzestatue unangebracht; vielleicht aber gab es damals eine Version, nach der Brutus Rom mit dem Schwert die Freiheit verschaffte. Die Kopie – sie ist die einzige erhaltene – ließ sich wohl ein Römer anfertigen, der wie der Caesarmörder Brutus die Freiheit Roms durch einen neuen Tyrannen bedroht sah.

Lucius Iunius Brutus, Rom, Villa Albani

Brutus

Marcus Junius Brutus. 85–42 v. Chr. Römischer Politiker und Caesarmörder.

Marcus Iunius Brutus

Die Goldmünzen, die Brutus in den Jahren 44 bis 42 v. Chr., also unmittelbar nach der Ermordung → Caesars, prägen ließ, tragen sein Bildnis; damit übernahm er ein Privileg des von ihm so gehaßten Caesar. Diese Tatsache ruft Zweifel hervor, ob Brutus wirklich ein so redlicher und lauterer Mann war, wie Plutarch (Br. 1) behauptet.

Der Bart auf dem Profilbild überrascht sehr und stellt wohl weniger ein Zeichen der Trauer dar als vielmehr des festen Entschlusses, die Republik auch gegen Lepidus, → Antonius und → Octavian zu verteidigen. Sobald dieses Ziel erreicht sei, sollte der Bart dann wieder fallen. Dazu kam es nicht, denn in der Schlacht bei Philippi im Jahre 42 v. Chr. wurde Brutus von Antonius und Octavian (→ Augustus) besiegt und beging Selbstmord.

Es ist bisher nicht gelungen, aufgrund eines Vergleichs mit dem doch sehr guten Münzbildnis rundplastische Bildnisse des Brutus nachzuweisen.

C

Caesar

Gaius Caesar. 20 v. Chr. bis 4 n. Chr. Sohn des → Agrippa und der → Julia.

Zahlreiche Inschriften bezeugen die Existenz von Statuen des Gaius Caesar und des → Lucius Caesar, der Enkel und Adoptivsöhne des → Augustus. Dieser hatte gehofft, in ihnen seine Nachfolger gefunden zu haben, doch starben sie bereits lange Zeit vor ihm. Wahrscheinlich waren sich die beiden Brüder an sich schon ähnlich; auf jeden Fall haben die Künstler noch zusätzlich diese Ähnlichkeit unterstrichen. Daher sind die Bildnisse der Prinzen nur schwer zu unterscheiden, denn bei beiden sollte schon rein äußerlich die Verwandtschaft mit Augustus vor Augen geführt werden. Statuen des Bruderpaares sind in Korinth erhalten, beide im Typus einer klassischen Jünglingsfigur. Als Kuriosität sei erwähnt, daß der «Mainzer Augustuskopf», eine Kopie aus dem 19. Jh. nach dem «jugendlichen Augustus» im Vatikan, jetzt als Gaius Caesar bezeichnet wird, wodurch er freilich auch nicht antik wird.

Caesar

Gaius Julius Caesar. 100–44 v. Chr. Sohn des Gaius Julius Caesar und der Aurelia. Römischer Feldherr und Politiker.

Caesar war der erste Römer, der das Recht besaß, sein eigenes Bildnis auf die Münzen zu setzen, so wie es die griechischen Könige taten. Nach diesen Münzbildnissen konnte ein in Tusculum gefundener Marmorkopf als Porträt Cae-

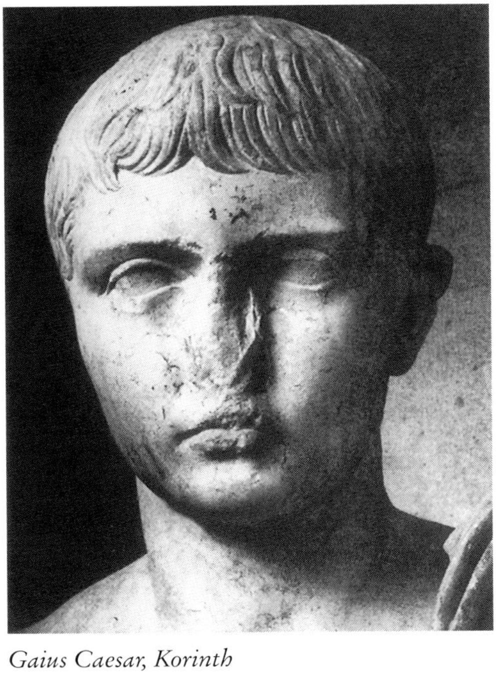

Gaius Caesar, Korinth

Gaius Julius Caesar, Kopf aus Tusculum, Turin

Gaius Julius Caesar, Vatikan

sars erkannt werden. Diese Tatsache kann nicht unberücksichtigt bleiben, sobald die Bedeutung Caesars diskutiert wird. Ist dieser Caesar ein Abenteurer gewesen, einer von vielen in seiner Zeit, der im Zusammenbruch der Römischen Republik seine eigenen Interessen verfolgte und nach der Macht im Staate strebte? War er ein skrupelloser Menschenverächter, der, jeder Schandtat und jeden Verbrechens fähig, sich über alle Moralbegriffe hinwegsetzte? Oder war er der kluge, weitblickende Politiker, der als echter Römer nur die Interessen des Staates im Auge hatte und mit allen seinen Kräften versuchte, diesen in seinem Bestand zu sichern? War er der geniale Politiker, der nur durch die Dolchstiche der Verschwörer an den Iden des März 44 v. Chr. daran gehindert wurde, sein Werk zum Glück der Römer zu vollenden? Caesars Bild schwankt in der Geschichte, und jeder Historiker sieht ihn mit seinen Augen. Der Marmorkopf aber erlaubt vielleicht objektiver, als es die antiken Autoren sind, Caesars Wesen zu erkennen. Das ist durchaus der Feldherr, der «kam, sah und siegte», der entschlossen und im Bewußtsein der Konsequenzen den Rubikon überschritt (49 v. Chr.), der vier Triumphe (über Gallien, Ägypten, Pontus und Afrika) feierte und Diktator auf Lebenszeit wurde (44 v. Chr.). Weniger glaubt man diesem überlegenen Politiker, daß er den Reizen der → Kleopatra VII. erlag. Viel näher liegt die Vermutung, daß rein staatsmännische Überlegungen ihn so eng mit ihr verbanden. Konnte er sich nicht in Ägypten als griechischer König fühlen, als Alleinherrscher, wie er es sich auch für Rom erträumte? Gerade aber diese orientalisch-griechische Form der Alleinherrschaft mit ihrer gottähnlichen Stellung des Königs war den Römern so verhaßt, daß sie durch die Ermordung Caesars dieser Gefahr zuvorkamen. Die Dolche der Verschwörer trafen einen Mann, der mit zu hohem Einsatz gespielt hatte, und da in der Geschichte nur der Erfolg die Größe eines Politikers bestätigt, zählt nur, was er erreichte, nicht, was er wollte. Als Verfasser des «Gallischen Krieges» und des «Bürgerkrieges», aber auch durch den «Iulianischen Kalender» – in dem sein Geburtsmonat Quintilis in Iulius umbenannt wurde –, durch die Basilica Iulia auf dem Forum Romanum und durch sein Forum Iulium mit dem Venus-Tempel machte er sich unsterblich. Das Bild des Menschen Caesar wurde nach dessen Tod verdrängt und idealisiert. Sein Adoptivsohn Octavian (→ Augustus) ließ ihn unter die Götter erheben. Bildnisse dieses «Divus Caesar» unterdrücken, was an hoher Eitelkeit, kaltem Egoismus und zynischer Ironie dem authentischen Porträt abzulesen war. Ja selbst die kahle Stirn, die dem Diktator so ärgerlich war, wird wieder bedeckt. So ist die in zahlreichen Exemplaren verbreitete augusteische Fassung des Caesar-Bildnisses das Ergebnis einer Verklärung, eine Divinisierung – ein Bild frei von menschlichen Schwächen. So wollte Augustus, daß man seinen Vater sähe. Damit war das Caesar-Bild festgelegt, verbindlich auch für Neuschöpfungen, von denen der Kolossalkopf aus der Zeit Trajans in Neapel die bekannteste ist. Diese grandiose Vision eines großen, weisen

Gaius Julius Caesar, Neapel

Lucius Caesar, Korinth.

und guten Caesar ist der Beurteilung, die dieser bei Theodor Mommsen fand, sehr ähnlich. Doch nur der Kopf aus Tusculum zeigt, wie Caesar wirklich aussah.

Caesar

Lucius Caesar. 17 v. Chr. bis 2 n. Chr. Sohn des → Agrippa und der → Julia (s. Gaius Caesar).
Die Frisur der beiden Prinzen ist eine Variation derjenigen des → Augustus. Es scheint, daß Lucius die typische Lockengabel über dem linken Auge trug, während sie bei Gaius stark nach rechts verschoben ist. Allerdings ist das natürlich auch eine Schematisierung des Bildnistypus, die den tatsächlichen Fall der Haarsträhnen keineswegs genau wiedergibt.

Caldus

Gaius Cloelius Caldus. Römischer Konsul 94 v. Chr.
Cloelius Caldus setzte als Volkstribun im Jahre 107 v. Chr. die «lex tabellaria» durch; danach hatte die Abstimmung bei Hochverratsprozessen mit Stimmtäfelchen zu erfolgen und nicht mehr durch Handzeichen. Sein Enkel C. Cloelius Caldus, der 55 v. Chr. Konsul war, setzte das Bildnis dieses Mannes auf seine um 55 v. Chr. geprägten Denare. Hinter dem Profil erscheint ein Täfelchen mit den Buchstaben L (= Freispruch) und D (= Schuldspruch).

Gaius Cloelius Caldus

Caligula, Kopenhagen

Caligula

Gaius Caesar Germanius. 12–41 n. Chr. Sohn des → Germanicus und der → Agrippina der Älteren. Römischer Kaiser 37–41 n. Chr.

Sueton (Gaius 50) sagt von Caligula, er habe «erschreckend und widerwärtig» ausgesehen. Das ist keineswegs verwunderlich bei diesem Kaiser, der seine Jugend bei → Tiberius auf Capri verbrachte und diesen während seiner Regierungszeit als «schlechter» Kaiser noch übertraf! Doch die Münzbildnisse strafen Sueton Lügen; sie zeigen ein edles Profil. Auch die Marmorbildnisse weisen Caligula eher als einen gutaussehenden Mann mit vollem Haar, also ohne Glatze aus, die der Historiker ihm nachsagte. Er hat die breite Stirn der Claudier und eine Frisur, die ähnlich wie diejenige des Tiberius die altrömische des → Augustus variiert. «Caligula» nannten ihn liebevoll die Soldaten, weil er in der Kleidung eines einfachen Soldaten im Feldlager erzogen wurde und die typischen «Stiefelchen» trug. Das war zu der Zeit, als sein Vater Germanicus noch lebte. Später ließ er sich unter verschiedenen Namen als Gott verehren und verlor jede Kontrolle über sich. Das schöne Bildnis in Kopenhagen, dessen ursprüngliche Bemalung wenigstens an einem Auge noch erhalten ist, läßt etwas Lauerndes in seinem Blick erkennen. Doch stellt sich die Frage, ob das nur an der Einseitigkeit dieses farbigen Akzentes liegt. Auch der Mund ist seltsam geformt, möglicherweise sollte dadurch seine Unberechenbarkeit ausgedrückt werden. Unbekannt ist die Krankheit, die im Oktober des Jahres 37 n. Chr. seine bis dahin maßvolle Regierung in despotische Willkür umschlagen ließ. Verhaßt von allen, endete er unter den Dolchen der Verschwörer. Sein Andenken wurde verflucht, alle seine Bildnisse sollten zerstört werden. Trotz der «Damnatio memoriae» sind aber einige erhalten geblieben, vielleicht gerade weil sie so schnell unter die Erde kamen. Erschütternde Denkmäler eines kranken jungen Mannes, der römischer Kaiser war.

Caracalla

Marcus Aurelius Antoninus Bassianus. 186–217 n. Chr. Sohn des → Septimius Severus und der → Julia Domna. Römischer Kaiser 211–217 n. Chr.

Caracalla erhielt seinen Beinamen nach dem gallischen Mantel, den er einführte. Er wollte →

Caracalla, München, Glyptothek

Caracalla, Berlin

Alexander dem Großen gleichen (Herodian 4,8) und ließ daher eine Doppelherme errichten, so daß seine Zeitgenossen Gelegenheit hatten, beider Porträts vereint zu bewundern. Aber sie werden kaum eine Verwandtschaft zwischen dem großen Makedonen und diesem brutalen Mann entdeckt haben, der seinen Bruder → Geta, seine Frau Plautilla und deren angebliche Anhängerschaft ermorden ließ und ein Schreckensregiment führte. Seine Bildnisse verraten schon in frühester Jugend die pathologischen Züge seines Wesens, denen er nach der Thronbesteigung freien Lauf ließ. Es ist erstaunlich, daß ein Künstler ungestraft den Charakter dieses Kindes so schonungslos bloßlegen konnte. Die Porträts des Kaisers bedeuten einen Bruch mit der Bildnistradition, die seit → Hadrian bestimmend war. Ganz ohne Vorbild verkörpern sie ein neues Ideal, das der kraftvollen Brutalität. Der Bart ist kurzgeschnitten oder nur unrasiert, das Haupthaar bleibt teils noch kurzlockig, bildet aber auch schon eine nur grob gegliederte Kappe. Dieses vom Vorbild Alexanders so grundsätzlich abweichende Ideal prägt aber die Bildnisse der Folgezeit, besonders das der «Soldatenkaiser». Ein Rest klassischer Bindung ist noch bei der Büste in Berlin zu erkennen, denn Drapierung und Kopfwendung sind einer griechischen Diomedes-Statue des 5. Jh. v. Chr. nachgebildet. Nicht nur in der Bildniskunst markiert Caracalla einen Wendepunkt, seine Regierung erschütterte auch Roms Stellung so stark, daß sich das Reich davon nicht wieder erholen konnte. Ein Schritt von weitreichenden Folgen war die Verleihung des römischen Bürgerrechts an alle Einwohner des Reiches. Diese von Caracallas Haß auf alle Privilegierten inspirierte Verordnung beseitigte mit einem Federstrich die besonderen Rechte und Pflichten des römischen Bürgers, die bisher als Stützpfeiler des auf die «Romanitas» gegründeten Weltreichs galten. Caracallas Gardepräfekt → Macrinus ließ ihn in Edessa (Syrien) ermorden und gleichzeitig zum Gott erheben.

Carinus

Marcus Aurelius Carinus. Ca. 252–285 n. Chr. Sohn des → Carus. Römischer Kaiser 283–285 n. Chr.

Carinus, Rom, Pal. dei Cons.

Von eindrucksvoller Dynamik ist das Bildnis des Carinus; die kurzen Haare des Soldaten, der in Germanien und Britannien kämpfte, stehen im Kontrast zu den sorgfältigen Locken seines Bartes. Im schlimmsten Niedergang des Reiches war er zunächst neben seinem Vater Mitregent, nach dessen Tod sein Nachfolger; den zum Gegenkaiser proklamierten → Diokletian konnte er an der Donaumündung schlagen, wurde aber von seinen eigenen Soldaten getötet. Damit war für Diokletian der Weg für den grandiosen Versuch frei, das Reich zu stabilisieren.

Carus

Marcus Aurelius Carus. † 283 n. Chr. Römischer Kaiser 282–283 n. Chr.

Unter → Probus stieg er zum höheren Offizier auf und wurde von den Soldaten zum Kaiser ausgerufen; auf die Bestätigung durch den Senat verzichtete er. Er starb auf seinem Feldzug gegen die Perser.
Seine Münzbildnisse zeigen ihn mit kahlem Kopf und kurzem Bart. Marmorbildnisse sind bisher nicht bekannt. Allerdings besteht auch wenig Hoffnung auf einen derartigen Fund, denn er regierte nur zehn Monate.

Carus

Cassiodor

Flavius Magnus Aurelius Cassiodorus. Ca. 485–580 n. Chr. Staatsmann und Gelehrter.

Er stammte aus einer alten hochangesehenen Senatorenfamilie, die in Scylaceum (Squillace) an der Meerenge von Messina ansässig war. Sein Vater unterstützte Theoderich bei der kampflosen Eroberung Siziliens, und er selbst dichtete ein Loblied auf den westgotischen König. Dieser nahm ihn daraufhin in seine Dienste als Privatsekretär mit der Aufgabe, seine Verfügungen in elegantem Latein zu formulieren. Er wurde Konsul (514) und Patricius (533). Als einer der letzten großen Vertreter und Verteidiger der alten Kultur nutzte er seine Stellung zu dem Versuch, Goten und Römer zu versöhnen und den neuen Herren den Wert der alten Kultur deutlich zu machen. Er schrieb eine «historia gothorum», um die Römer mit diesem Volk vertrauter zu machen, und erwirkte ein Gesetz zum Schutz der antiken Denkmäler Roms. Ihm ist es letztlich zu verdanken, daß mit dem Untergang des römischen Reiches die alte Kultur nicht völlig vergessen wurde. Nach dem Niedergang der Gotenherrschaft zog er sich zurück, schrieb theologische Werke und ermahnte die Mönche, die Werke antiker Autoren zu kopieren und dadurch für die Nachwelt zu erhalten.

Cassius

Gaius Cassius Longinus. Caesarmörder.

Im Bürgerkrieg zwischen → Caesar und → Pompeius war Cassius, der sich im Kampf gegen die Parther bewährt hatte, Parteigänger des Pompeius. Nach dem Sieg Caesars bei Pharsalos (Thessalien) im Jahre 48 v. Chr. zeigte sich dieser großzügig, begnadigte ihn und nahm ihn in seine Dienste. Verbittert widmete sich Cassius philosophischen Studien bei → Cicero und wurde der Anstifter zu der Verschwörung des Jahres 44 v. Chr. In seinem Haus kamen die Caesargegner zusammen, um das Attentat zu planen, das bei der folgenden Senatssitzung verübt wurde. Cassius soll Caesar am Gesicht verletzt haben. Nach der Beseitigung Caesars hielt Cassius auch die Ermordung des → Antonius für geboten, doch stellte sich Brutus diesem Plan entgegen. Cassius verließ daraufhin Rom, wurde Statthalter in Nordafrika, kämpfte in Asien. Zusammen mit Brutus verlor er die Schlacht bei Philippi (42 v. Chr.) gegen Antonius und Octavian (→ Augustus) und beging Selbstmord.

Cassius Dio

Aus Nicaea (Bithynien), Sohn des Senators Cassius Apronianus. Geschichtsschreiber.

Er bekleidete verschiedene Ämter und wurde unter → Commodus Senator, unter → Severus Alexander, der ihn förderte, Konsul (229 n. Chr.). Danach zog er sich aus dem öffentlichen Leben nach Nicaea zurück und arbeitete 12 Jahre an seiner «Römischen Geschichte», die mit Aeneas beginnend bis in die Gegenwart reichte. Die 80 Bücher sind nur sehr lückenhaft erhalten. Cassius Dio gilt als einer der verläßlichsten Geschichtsschreiber der Antike.

Catilina

Lucius Sergius Catilina. † 62 v. Chr. Römischer Politiker.

Als Verschwörer und Umstürzler erlangte er hauptsächlich seine Berühmtheit durch die Anklage → Ciceros, der dessen Staatsstreich verhinderte und sich als Retter Roms fühlte.

Nachdem sich Catilina als Statthalter in Afrika schamlos bereichert hatte, beteiligte er sich an dunklen Umtrieben. Dreimal bewarb er sich um das Konsulat, und als er auch im Jahre 63 v. Chr. keinen Erfolg hatte, plante er, mit Gewalt an die Macht zu kommen. Unzufriedene und verschuldete Adlige machten mit ihm gemeinsame Sache, Bewaffnete wurden an verschiedenen Stellen gesammelt. Cicero entdeckte die Pläne, erhob Anklage und bewirkte das Todesurteil gegen die Verschwörer. Catilina selbst, der sich in Etrurien aufhielt, versuchte, nach Norden zu entkommen, fiel aber im Jahre 62 v. Chr. bei Pistoria.

Cato

Marcus Porcius Cato Censorius. 234–149 v. Chr. Aus Tusculum. Römischer Politiker.

Der streitbare Politiker war griechisch gebildet, widersetzte sich gleichwohl dem Vordringen der griechischen Kultur und verteidigte altrömische Tradition gegen alle Verfallserscheinungen. 195 v. Chr. war er Konsul, 184 Censor und zeichnete sich dabei durch strenge Amtsführung aus. In glänzenden Reden beeinflußte er wesentlich die Geschichte seiner Zeit; er pflegte sie mit dem Aufruf zu beenden, daß Karthago zu zerstören sei. Sein Werk über römische Geschichte von der Gründung der Stadt (751 v. Chr.!) bis in seine Zeit ist verloren; erhalten ist seine Schrift über den Ackerbau, die älteste lateinische Prosaschrift.

Gewiß gab es Bildnisse dieses Mannes, dessen «Romanitas» Späteren ein Vorbild war. Bisher läßt sich jedoch kein Cato-Porträt nachweisen. Man darf es aber wahrscheinlich nicht unter den Römerbildnissen mit einfach-bäuerlichen Zügen suchen, denn der Künstler brachte in seinem Werk sicher zum Ausdruck, wie geistreich und kultiviert dieser Cato war, dessen glänzend formulierte Gedanken gerne von den Gebildeten zitiert wurden.

Cato

Marcus Porcius Cato Uticensis. 95–46 v. Chr. Urenkel des → Cato Censorius. Römischer Politiker.

Im Jahre 1944 hat Eduard Schmidt die beiden berühmten Kolossalköpfe in der Münchner Glyptothek als Bildnisse der beiden Catones vorgestellt; der mit den kurzen Haaren sei Cato Censorius (234–149 v. Chr.), der berühmte Censor des Jahres 184 v. Chr., der mit den lan-

Cato, Rabat

gen Haaren der jüngere Cato Uticensis. Fast gleichzeitig wurde diese Behauptung widerlegt, denn im Winter 1943/44 wurde in Volubilis (Marokko) eine Bronzebüste gefunden, die laut der mit Silber eingelegten Inschrift auf dem Bruststück Cato darstellt. Nach dem Stil dieses Bildnisses kann es sich nur um den jüngeren Cato handeln, den Mann, der, aus Verzweiflung über den Untergang der Republik, von → Caesar geschlagen, in Utica Selbstmord beging. Am Strande der nordafrikanischen Stadt stand auf dem Grab seine Bildnisstatue mit dem Schwert in der Hand (Plut. Cato min. 71). Caesar ließ es sich nicht nehmen, in seinem Triumph über Libyen ein Gemälde mitzuführen, das Catos Selbstmord darstellte. Als «letzter Republikaner» lebt Cato im Gedächtnis der Nachwelt weiter, und wer sein Bildnis besaß, mußte es in den Zeiten der Tyrannis, wie unter → Domitian, versteckt halten (Plin. Ep. 1,17,3). So mag es zahlreiche Kopien seines Bildnisses gegeben haben, weil sich in ihm die Unbeugsamkeit und der unbeirrbare Einsatz für das Recht symbolisierte. Für den Besitzer der Villa in Volubilis war Cato ein Idealist, der römischen Verrat und die Tücke der Mächtigen erfahren mußte, ebenso wie → Massinissa, dessen Bildnis das Pendant zu dem Catos war. Auch ein Pompejaner sah in diesem ein Ideal, das er verehrte. Die Bronzebüste aus der «Casa del chitarrista» stand seit vielen Jahren im Museum in Neapel, und noch 1951 hielt A. de Francisci sie für ein Bildnis des Hausherrn Lucius Popidius Secundus. Allerdings fehlte die Inschrift, die an der Büste aus Volubilis Klarheit schaffte. Die Porträtsforschung hat eben ihre Tücken. Bisher gibt es leider keinen Hinweis auf ein Bildnis von Cato Censorius – der zweite Kopf in München ist nach wie vor ein «unbekannter».

Catull

Gaius Valerius Catullus. Ca. 84 v. Chr. bis bald nach 55 v. Chr. Aus Verona. Lyrischer Dichter.

Während sein Vater mit → Caesar befreundet gewesen war, steht er mit der geistigen Elite zu diesem in Opposition.

Es ist nur wenig aus dem Leben des Dichters bekannt, so, daß er 57 v. Chr. sich ein Jahr lang in Bithynien aufhielt.

Seine Berühmtheit verdankt er seinen 116 lyrischen Gedichten, meist Liebesgedichten, die um die Gestalt der geliebten Lesbia kreisen. Sie zeichnen sich durch Lebensnähe aus, so daß sie den Eindruck machen, als seien sie spontan entstanden.

Chilon

1. Hälfte des 6. Jh. v. Chr. Sohn des Damagetos. Aus Sparta. Einer der Sieben Weisen. Staatsmann.

Der Spruch «Erkenne dich selbst» wird ihm zugeschrieben, und man wußte, daß er als Staatsmann in Sparta die alte lykurgische Verfassung reformierte. Drei Mosaikbilder und ein gemaltes Medaillon zeigen, wie man ihn sich vorstellte; über das Typische eines Weisen hinaus sind eine weite vorspringende Hakennase und lan-

Chilon, Beirut

Chilon, Köln

ges, in der Mitte gescheiteltes Haar sowie ein stechender Blick charakteristisch. Danach stellt auch ein Marmormedaillon aus Aphrodisias Chilon dar. Die späte und vergröbernde Arbeit kopiert wohl ein Original aus dem 4. Jh. v. Chr.

Choirilos

Circa † 400 v. Chr. Aus Samos. Griechischer Epiker.

Eine Doppelherme in Neapel verbindet einen Griechen und einen Römer miteinander. Vom Typus ausgehend, ist der Grieche als Dichter dargestellt – sein Bart ähnelt sogar dem des → Sophokles –, und seine Zeit wird durch den Stil bestimmt. Der Dichter muß gegen Ende des 5. Jh. v. Chr. gewirkt haben, allerdings gehört er nicht zu den bekannten. → Aristophanes, dessen Bildnis schmerzlich vermißt wird, kommt nicht in Betracht; daher kann eigentlich nur Choirilos von Samos hier gemeint sein. Dieser Dichter, der in der Kunst schon «alle Wiesen abgeweidet» vorfand, wurde selbstbewußt zum

Chilon, Medaillon Aphrodisias

Erfinder des historischen Epos. In Hexametern schilderte er den «Sieg der Athener über Xer-

Choirilos, Neapel

xes» zum Lob und Preis Athens. Und wenn Lysander ihn um sich zu haben wünschte, so war Choirilos wohl auch nicht abgeneigt, zum Ruhm einzelner zu dichten. Deswegen holte ihn → Archelaos von Makedonien (413–399 v. Chr.) an seinen Hof, wo er mit → Euripides und dem Maler Zeuxis zusammentraf. Dort ist er auch gestorben. Als Epiker, der Ereignisse der jüngsten Vergangenheit im Stil der Heroentaten verherrlichte, wurde er Vorbild für viele Dichter bis in die Spätantike. Zu diesen gehörte auch → Naevius, dessen Bildnis wohl der Römerkopf ist, der zusammen mit Choirilos die Neapler Doppelherme bildet.

Chrysippos

Ca. 280–205 v. Chr. Sohn des Apollonios. Aus Soloi (Kilikien). Griechischer Philosoph.

Auf der Agora in Athen stand eine Statue des Philosophen, der nach → Kleanthes' Tod das Haupt der Stoa war. Eubulides (Plin. 34,88) stellte in seinem Werk Chrysippos sitzend dar, mit ausgestreckter Hand und «mit den Fingern

Chrysippos, London

zählend». Nach diesen Beschreibungen vermutete bereits 1819 Carlo Fea, daß die Marmorstatue, die aus der Sammlung Borghese in den Louvre gelangt war, eine Kopie jener Statue sei. E. Q. Visconti widersprach, weil der Kopf zu dieser Theorie nicht passe. Den Kopf des Chrysippos sah man nämlich auf Münzen abgebildet, die 163 n. Chr. die Stadt Soloi geprägt hatte; auf beiden Seiten der Münze erscheint je ein Profilbildnis. Inschriften fehlen; da aber Soloi nur zwei berühmte Männer hervorgebracht hat, Chrysippos und → Aratos, konnten nur diese Namen mit den Bildnissen verbunden werden, die sich im wesentlichen nur durch die Länge des Bartes unterscheiden. Zur weiteren Klärung trug eine 1902 gefundene Büste des Chrysippos bei, obwohl sie kopflos war; denn es stellte sich heraus, daß Chrysippos einen kurzen Bart hatte. Damit erwiesen sich die Marmorköpfe, die schon A. Gercke 1890 nach dem Münzbildnis des Kurzbärtigen erkannt hatte, als Bildnisse des Chrysippos. Dieses Chrysippos-Porträt war nun in der Tat ein anderes als das der Pariser Statue; doch erwies sich, daß deren Kopf erst in späterer Zeit willkürlich aufgesetzt worden war. Im Gipsabguß hatte ihn A. Milchhöfer schon 1893 durch einen jener Köpfe ersetzt, die sich als Bildnisse Chrysippos' erwiesen. So scheint es, als sei von der Statue des Eubulides auf der Agora von Athen auf diese Weise eine Vorstellung zu gewinnen. Merkwürdig bescheiden und in sich gekehrt sitzt Chrysippos auf einem einfachen Klappstuhl, seine Gedanken begleitet er mit dem Spiel seiner Hände.

Cicero

Marcus Tullius Cicero. 106–43 v. Chr. Sohn des Marcus Tullius Cicero und der Helvia. Römischer Politiker, Redner und Schriftsteller.

Das aus der späten Kaiserzeit stammende Mosaik des Monnus in Trier zeigte auch ein Bildnis des Cicero; dieses ist durch die Inschrift gesichert, doch leider sehr stark zerstört. Nur ein volles Gesicht und ein Doppelkinn sind noch zu erkennen. Mehr Aufschluß gibt eine kleine

Cicero, Florenz, Uffizien

Marmorbüste, die seit dem 16. Jh. bekannt ist und sich heute in einer englischen Privatsammlung befindet. Auf dem kleinen Täfelchen am Büstenfuß steht der Name Cicero. Das ist überraschend, weil man eigentlich den vollen Namen Marcus Tullius Cicero – wie auf dem Mosaik – erwartet hätte, doch ist die Inschrift trotz geäußerter Bedenken wohl antik. Die Bildnisse, die sich aufgrund dieser – stark ergänzten – Büste als Darstellungen Ciceros erwiesen, passen gut zu der Person dieses Mannes. Die Behauptung Plutarchs (Dem. 1,6), Cicero habe gern gelacht und gespottet, sein Gesicht habe eine heitere, ruhige Miene gehabt, findet sich allerdings kaum bestätigt; eher wirkt Cicero hier verdrießlich, unentschlossen und in einem inneren Zwiespalt, der in seiner Liebe zum Griechischen einerseits und seinem römischen Pflichtbewußtsein andererseits begründet war. Auf den Höhen seines Ruhmes, als er im Jahre 63 v. Chr. die Verschwörung des Catilina aufdeckte oder als er im Jahre 44 v. Chr. Führer der Senatspartei gegen → Antonius war, wird es nicht an Ehrenstatuen für den erfolgreichen Politiker gefehlt haben. Nachdem der politisch Gescheiterte auf der Flucht ermordet worden war, bestand kein Grund, jene zu beseitigen. Die Kopien, die angefertigt wurden, sind kaum ein Zeugnis dafür, daß der Staatsmann Nachruhm genoß. Vielleicht sollten sie daran erinnern, wie leicht ein redlich Denkender Opfer seiner skrupellosen Gegner werden kann. Der Literat Cicero, der unerreichte Meister der lateinischen Sprache, der glänzende Redner, mag in späterer Zeit bereits zu den «Klassikern» gehört haben und konnte daher den Griechen gleichwertig an die Seite gestellt werden. Wenn allerdings ein kleines Bild des Cicero auch im Lararium des Kaisers → Severus Alexander stand, so aufgrund seiner Schriften über die Götter, über die Wahrsagung, über das Schicksal und seiner Beschreibung von Scipios Traum.

Claudia Octavia

42–62 n. Chr. Tochter des → Claudius und seiner 3. Frau → Messalina. 1. Frau → Neros.

Die bald nach ihrer Geburt beschlossene Verlobung mit L. Silanus wurde 49 n. Chr. gelöst zu-

Claudia Octavia, Olympia

gunsten Neros, den Claudius 50 n. Chr. adoptierte. Die Ehe mit Nero, der 54 Kaiser wurde, war seit ihrer Schließung im Jahre 53 nur eine formale und wurde gelöst, als Nero → Poppaea heiratete. Octavia wurde nach Kampanien verbannt und nach einem Aufstand des Volkes, das die Claudius-Tochter verehrte und ihre Statuen mit Blumen schmückte, die der Poppaea dagegen umstürzte, ermordet. Ihr abgeschlagener Kopf wurde der Poppaea überbracht. Nach Neros Ende brachte ein unbekannter Dichter die Tragödie dieser Frau auf die Bühne.

Claudius

Tiberius Claudius Drusus Germanicus. 10 v. Chr. bis 54 n. Chr. Sohn des → Drusus des Älteren und der → Antonia der Jüngeren. Römischer Kaiser 41–54 n. Chr.

Kaiser wurde er, weil er der einzige noch lebende Angehörige des julisch-claudischen Hauses war, nicht weil sein bisheriger Lebenslauf ihn dazu prädestiniert hätte. Unsicher und in der Furcht, man könne die Legitimität seiner Herrschaft anzweifeln, ließ er überall im Reich Statuengruppen aufstellen, die ihn im Kreise seiner Vorgänger und Verwandten zeigten. Aber selbst dort, wo er sich in Gestalt des Jupiter dem Volke präsentierte, bot er ein Bild der Unzulänglichkeit. Zu lange hatte man ihn, der beim Tod des → Augustus immerhin bereits 23 Jahre alt war, am Hofe bespöttelt und verachtet, weil er im Gegensatz zu allen anderen wissenschaftliche Studien trieb und schrieb: 41 Bücher über die Geschichte seiner Zeit, acht Bücher über die Geschichte der Karthager und 20 Bücher über die Etrusker (deren Sprache er noch verstand!) sowie einen Essay über das Würfelspiel. Leider ist davon nichts erhalten, so daß man kein Urteil über diese Werke hat, doch genügte bereits diese Tätigkeit als Gelehrter, um ihn am Hofe unmöglich zu machen. So mag man Claudius einiges nachsehen, auch daß er stark unter den Einfluß der → Messalina, die er schließlich umbringen ließ, und der → Agrippina der Jüngeren geriet, die ihrerseits, nachdem sie ihren Sohn →

Claudius und Familie, Wien

Claudius, Vatikan

Nero genügend protegiert hatte, Claudius ermorden ließ.

Die Hochzeit von Claudius und Agrippina der Jüngeren im Jahre 48 n. Chr. sollte der Anfang einer glücklichen Zeit werden; das ist der Sinn der sich überkreuzenden Füllhörner mit den Büsten des Paares und denen von → Germanicus und → Agrippina der Älteren auf dem Prachtkameo, der anläßlich dieses Ereignisses geschnitten wurde. Nero machte diese Hoffnung zunichte.

Claudius Gothicus

Marcus Aurelius Claudius. 219–270 n. Chr. Aus Illyrien. Römischer Kaiser 268–270 n. Chr.

Obwohl von geringer Herkunft, kam der fähige, einfach denkende Feldherr auf Wunsch des sterbenden → Gallienus auf den Thron. Er bekämpfte die in Griechenland eingefallenen Goten erfolgreich (269 n. Chr.) und nannte sich seither Gothicus. Mit großer Wahrscheinlichkeit stellt ihn eine Bronzebüste dar, die in Bre-

Claudius Gothicus, Brescia

scia zusammen mit anderen Bronzen – u. a. der berühmten Victoria – gefunden wurde und Spuren ehemaliger Vergoldung aufweist.

Clodius Albinus

Decimus Clodius Septimius Albinus. † 197 n. Chr. Aus Hadrumetum (Afrika). Römischer Kaiser 193–197 n. Chr.

Seine Bildnisse werden oft mit denen des → Septimius Severus verwechselt, was angesichts der Ähnlichkeit der Münzbildnisse beider Kaiser verständlich ist. Jedoch konnte kürzlich ein

Clodius Albinus

Clodius Albinus, Vatikan

Marmorkopf im Vatikan mit Sicherheit als Porträt des Clodius Albinus identifiziert werden. Septimius Severus hatte ihn zum Erben eingesetzt und adoptiert, diesen Akt aber bald widerrufen, worauf Clodius ihm als Rebell und «Kaiser von Gallien» entgegentrat. Schließlich wurde er geschlagen und fiel auf der Flucht. Albinus nannte sich aufgrund seiner weißen Haut, auf die er – gebürtig aus Nordafrika! – besonderen Wert gelegt zu haben scheint.

Clodius Caldus s. Caldus

Columella

Lucius Junius Moderatus Columella. Lebte unter Kaiser Claudius (41–54 n. Chr.). Aus Spanien.

Nach seiner Tätigkeit als Militärtribun (36 n. Chr.) in Kleinasien und Syrien zog er sich zurück und lebte auf seinen Gütern. Hier schrieb er 12 Bücher über Landwirtschaft, die er als ehrlichste Erwerbsquelle pries, aber auch als schwere Aufgabe bezeichnete. Darin behandelt er den Aufbau eines Gutshofes, Ackerbau, Obstbäume, Haustiere, Gartenbau, Pflichten des Verwalters und verstand es, diese nüchterne Materie in einem eleganten Stil vorzutragen. Ihm lag daran, das schwindende Interesse an der Landwirtschaft zu beleben.

Commodus

Marcus Lucius Aelius Aurelius Antonius Commodus. 161–192 n. Chr. Sohn des → Marcus Aurelius und der → Faustina der Jüngeren. Römischer Kaiser 180–192 n. Chr.

Er habe einen «blöden Ausdruck wie die Trinker» gehabt, sagt Lampridius (Hist. Aug. Com. 17), und seine Bildnisse bestätigen dies. Schon die Jugendbildnisse zeigen die vorquellenden Augen – ein Erbteil seiner Mutter –, die besonders zu diesem Eindruck beitragen. Man bewundert die Künstler, die den bereits mit 15 Jahren zum «Imperator» ernannten Commodus so schonungslos porträtierten, so daß man in diesem unheimlichen Knaben bereits den Schreckensherrscher der Zukunft ahnen kann. Es rächte sich, daß → Marcus Aurelius die seit

Commodus, Rom, Mus. Cap.

→ Nerva praktizierte Adoptionspolitik durchbrach und seinen Sohn zum Nachfolger bestimmte. Commodus war daher der erste «purpurgeborene» römische Kaiser. Mit 16 Jahren bestieg er als Mitkaiser den Thron, drei Jahre später wurde er Alleinherrscher. Seine zwölf Regierungsjahre sind gewissermaßen mit denen von → Nero und → Domitian zu vergleichen; auch sie Tyrannen und die letzten einer Dynastie. Dem Terrorregiment des Kaisers fielen seine Frau → Crispina, seine Schwester → Lucilla und viel andere zum Opfer, auch unschuldige Römer, die im Amphitheater saßen; er erschoß sie mit Pfeilen, verkleidet als Herakles, für dessen Reinkarnation er sich hielt; die Römer galten ihm als stymphalische Vögel!

Den «Hercules Romanus» stellt die Marmorbüste im Konservatorenpalast in Rom dar, die ein technisches Meisterwerk und ein Kunstwerk ersten Ranges zugleich ist. Das Löwenfell über den Kopf gezogen und die Tatzen vor der Brust verknotet, hält er die Keule in der Rechten, die Hesperidenäpfel in der Linken. Sie weisen auf das «Saeculum aureum Commodianum» hin, ebenso wie die auf gekreuzten Füllhörnern ruhende Weltkugel, die zusammen mit einem Amazonenschild und zwei knienden Victorien die Stütze der Büste verdecken. Die ungewöhnlich weit nach unten reichende Büste – mehr eine Halbfigur – ist ein erschütterndes Denkmal dieses geistig nicht Zurechnungsfähigen, der sich auch in vielerlei Gestalt als Gott verehren ließ. Die Locken waren wohl mit Gold belegt, so wie Commodus sich Goldstaub in die Haare streute, um deren Glanz zu erhöhen. Das berichtet Herodian (1,7,17), von dem auch zu erfahren ist, Commodus sei der schönste Mann seiner Zeit gewesen. Eine Christin, Marcia, die am Hofe fast wie eine Kaiserin lebte, gehörte zu den Verschwörern, die ihn umbrachten. Der «Damnatio memoriae» entgingen nicht wenige Bildnisse, darunter zum Glück auch die monumentale, 1,18 m hohe Büste.

Constans

Flavius Iulius Constans. 323–350 n. Chr. Sohn → Konstantins d. Gr. und der → Fausta. Römischer Kaiser 337–350 n. Chr.

333 n. Chr. zum Caesar ernannt, verwaltete er

Commodus, Rom, Pal. dei Cons.

Constans, New York

Italien. Als nach dem Tod des Vaters dessen Söhne das Reich teilten, glaubte → Constantinus II. seinen erst 15jährigen Bruder Constans bevormunden zu müssen. Es kam zum Kampf, in dem Constantinus 340 bei Aquileia besiegt und getötet wurde. Danach herrschte Constans über ein Reich, das er durch die Abwehr der eingefallenen Franken 341 n. Chr. und durch seine ständige Anwesenheit an gefährdeten Stellen sicherte.

Als Christ beschenkte er die Kirchen reichlich, ging gegen Heiden und Juden vor und nahm im arianischen Glaubensstreit die Partei des Athanasius.

Anfangs beliebt, verspielte der Kaiser die Sympathien durch luxuriöse Lebensweise, Geldgier und Strenge. So liefen seine Soldaten zu → Magnentius über, der sich 350 n. Chr. von den Soldaten zum Kaiser ausrufen ließ. Den flüchtigen Constans holten die ausgesandten Mörder an der spanischen Grenze ein. Sein Bildnis hält sich in den Grenzen des Typischen und läßt an Individuellem wohl nur eine gewisse Dekadenz erkennen.

Constantinus der Große s. Konstantin der Große

Constantinus II.

Flavius Claudius Constantinus. 316–340. Römischer Kaiser 337–340. Ältester Sohn → Konstantins d. Gr. und der → Fausta.

Unter seinem Vater war er Präfekt von Gallien mit Residenz in Trier. Nach dessen Tod 337, als die Brüder das Reich unter sich aufteilten, fiel ihm der Westen zu. Er glaubte jedoch seinen Bruder bevormunden zu können, der über Italien, Illyrien und Afrika herrschte, und marschierte 340 in Italien ein, um seine Ansprüche durchzusetzen. Er fiel in der Schlacht gegen → Constans.

Der Kolossalkopf im Konservatorenpalast in Rom (H. des Gesichtes 45 cm) stellt den 15–18jährigen Constantinus dar, als Caesar un-

Constantinus II., Rom, Pal. dei Cons.

ter seinem Vater Konstantin. Daher trägt er auch kein Diadem.

Constantius II.

Flavius Iulius Constantius. 2. Sohn → Konstantins d. Gr. und der → Fausta. 317–361 n. Chr. Römischer Kaiser 337–361 n. Chr.

Nach dem Tod seines Vaters beseitigte er alle Verwandten, die hätten Ansprüche stellen können, in einer beispiellosen Welle von Morden und Hinrichtungen. Danach teilten die drei Brüder das Reich unter sich auf. Constantius erhielt Asien und Ägypten. Nachdem der Streit seiner Brüder mit dem Tod des → Constantinus II. (340) endete und → Constans, gegen den sich → Magnentius erhoben hatte, auf der Flucht getötet worden war (350), konnte er auch diesen Usurpator, der nach mehreren Niederlagen schließlich Selbstmord beging (353), ausschalten. So wurde er Alleinherrscher des Reiches und damit echter Nachfolger seines Vaters. Seine Bildnisse betonen die Ähnlichkeit mit ihm. Aktiv beteiligte er sich an der Kirchenpolitik

Constantius II., Berlin

und an den theologischen Auseinandersetzungen im arianischen Glaubensstreit, der auch durch die Synoden von Arles (353), Mailand (355), Sirmium (357) und Ariminum (359) nicht beigelegt werden konnte. Im Osten stand er in ständigem Kampf gegen die Sassaniden unter Schapur II. Als sein Vetter → Julian 360 in Paris zum Kaiser ausgerufen wurde, war er gezwungen, Frieden zu schließen, und zog nach Westen, um seine Herrschaft zu sichern. Auf dem Marsch starb er in Kilikien an Fieber.

Constantius I. Chlorus

Gaius Flavius Valerius Constantius. Ca. 250–306 n. Chr. Römischer Kaiser 305–306 n. Chr.

Wegen seiner blassen Hautfarbe erhielt er seinen Beinamen. Er war niederer Abkunft, behauptete später jedoch, mit dem Kaiser → Claudius Gothicus verwandt zu sein. Bevor er 293 n. Chr. als Caesar in die Tetrarchie des → Diokletian aufgenommen wurde und Theodora, die Stieftochter von Kaiser → Maximianus heiratete, hatte ihm die Gastwirtin Helena bereits den Sohn → Konstantin geboren. Dieser zerstörte dann das System der Viererherrschaft und führte die absolute Monarchie ein. Als Kaiser bekämpfte er erfolgreich Usurpatoren, Franken und Alemannen sowie Picten und Scoten. Er starb in Britannien. Mehrfach unternommene Versuche, Marmorbildnisse des Constantius nachzuweisen, konnten nicht überzeugen; es bleiben nur seine markanten Münzbildnisse, die etwas mehr Individualität haben als die typische Gestalt des Constantius innerhalb der Tetrarchengruppen *(s. Diokletian).* Zu seinem gutmütigen Ausdruck passen die Nachrichten über eine sehr laxe Durchführung der Christenverfolgungserlasse Diokletians.

Constantius Chlorus

Crassus

Marcus Licinius Crassus Dives. Ca. 115–53 v. Chr. Römischer Politiker

Er galt als der reichste Mann Roms, und er nutzte sein riesiges Vermögen für sein Ziel, ein mächtiger Mann zu werden. Er schlug den Aufstand des Spartakus nieder, bekleidete hohe Ämter, so im Jahre 70 v. Chr. das Konsulat zusammen mit → Pompeius. Er war in die Verschwörung des → Catilina verwickelt. Als er im Jahre 60 abermals Konsul war, mit → Caesar, schlossen sie sich mit Pompeius zum Triumvirat zusammen. Auf einem Feldzug gegen die Parther wurde er bei Carrhae geschlagen, verlor sein Leben und die römischen Feldzeichen, die erst → Augustus durch Verhandlungen wieder zurückgewann (19 v. Chr.).

Crispina

Bruttia Chrispina. † 178 n. Chr. Tochter des Lucius Fulvius Rusticus. Frau des → Commodus.

Auf Wunsch des → Marcus Aurelius heiratete sein Sohn → Commodus diese schlichte, schöne Frau; nach seiner Thronbesteigung klagte er sie des Ehebruches an, verbannte sie nach Capri und ließ sie hinrichten. Sie waren charakterlich wohl zu verschieden; ihr melancholischer Ernst vertrug sich kaum mit den schon krankhaften Vorstellungen des Commodus, der sich für die Wiedergeburt des Herakles hielt und mit dem Goldglanz seiner Locken prunkte.

Crispina, Rom, Mus. Naz. Rom.

D

Dareios III. Codomannus

† 330 v. Chr. Sohn des Arsames. Großkönig von Persien 336–330 v. Chr.

Mit weit aufgerissenen Augen auf → Alexander den Großen starrend, sieht man den persischen Großkönig auf dem Alexander-Mosaik in Neapel. Voller Angst und nur auf die eigene Rettung bedacht, flieht er auf seinem Wagen rücksichtslos über die Getreuen seiner Umgebung hinweg. Das Gemälde der Alexander-Schlacht konzentriert sich auf das Gegenüber der so ungleichen Exponenten der beiden Mächte. Zwar überragt Dareios auf seinem hohen Wagen die Szene, doch führt dessen Zurückblicken auf die Gestalt Alexanders, der in den vordersten Linien seiner Makedonen kämpft, ohne Rücksicht auf Gefahren. Für ihn war der Großkönig, der nach dem Tod seines Feldherrn Memnon selbst den Befehl über das Perserheer übernahm, kein gleichwertiger Gegner. Bei Issos (333 v. Chr.) und bei Gaugamela (331 v. Chr.) gab Dareios selbst das Zeichen zur Flucht, auf der er wegen persönlicher Feigheit ermordet wurde. Wenn Alexander ihn mit allem königlichen Prunk bestatten ließ, so war das weniger ein Zeichen von echter Pietät, sondern seines Wunsches, den besiegten Großkönig als einen ihm würdigeren Gegenspieler hinzustellen. Der unbekannte Maler des Schlachtenbildes, von dem das Mosaik in Neapel eine recht getreue Kopie ist, zeigt Dareios in seiner ganzen Jämmerlichkeit. Die hohe Tiara ist das Zeichen des Großkönigs *(s. Xerxes).*

Dareios III., Neapel

Decebalus

† 105 n. Chr. König der Daker.

Schon → Domitian zog gegen ihn zu Felde (85–90 n. Chr.), und → Trajan zwang ihn nach einem Krieg (101 bis 102 n. Chr.) zum Frieden. Doch hielt er die Abmachung nicht ein, so daß Trajan 105 n. Chr. erneut gegen ihn vorging. Die Auseinandersetzungen führten zur völligen Unterwerfung Dakiens, das nun römische Provinz wurde, und zum Freitod von Decebalus, dessen abgeschlagenen Kopf der römische Kaiser in Rom im Triumph mitführte. Schätze, die Decebalus in Berghöhlen und im Flußbett der Sargetia verborgen hatte, spürte Trajan auf und brachte sie in seinen Besitz.

Die Reliefs der Trajan-Säule, ein Denkmal für die Daker-Kriege, zeigen wiederholt die Gestalt des dakischen Königs, der aufgrund hervortre-

Decebalus, Rom, Trajans-Säule

tender Backenknochen und des flachen Profils wie ein Mongole aussieht und der eine typische Mütze aus weichem Material trägt.

Demetrios Poliorketes

337–283 v. Chr. Sohn des → Antigonos I. und der → Stratonike. König von Makedonien 306–285 v. Chr.

Der «Städteeroberer» Demetrios, der das zerfallende Alexander-Reich wiederherzustellen versuchte, fühlte sich wie sein Vorbild als Gott. Seine Münzbildnisse zeigen daher zwischen den Locken kleine Stierhörner, gewissermaßen als Hinweis auf den Gott Dionysos. Als er und sein Vater im Jahre 307 v. Chr. Athen eroberten, wurden sie als «Rettende Götter» gefeiert. Eine Marmorbüste aus Herkulaneum wird durch die ebenso diskret zwischen den Haaren versteckten wie doch deutlich erkennbaren Stierhörner als Bildnis des Demetrios Poliorketes gekennzeichnet. Vielleicht ist sie eine Kopie nach der Statue des Königs, die Teisikrates schuf (Plin. 34,67). Für den großen Eroberer standen natürlich auch in anderen Städten Ehrenstatuen. Nachdem er Athen «befreit» hatte, wurden ihm goldene Statuen neben der Gruppe der Tyrannenmörder aufgestellt; diese können ebenfalls als Vorlagen für die Kopie gedient haben. Wahrscheinlich ist auch eine Bronzestatuette in Neapel, die einen Jüngling – der sein rechtes Bein ausruhend auf einen Felsen stützt – im Reisemantel und mit Schuhen darstellt, eine verkleinerte Wiedergabe einer Demetrios-Statue. Auch hier sind die Stierhörnchen zu sehen. Daß der Herrscher hier wie dort so ideal und jung aussieht, entspricht dem Stil der Zeit und dem Vorbild des früh verstorbenen → Alexander des Großen. Vermutlich ist auch auf dem bekannten Gemälde aus Boscoreale Demetrios neben seiner Braut → Lanassa dargestellt, die er im Jahre 290 v. Chr. auf Korkyra heiratete. Leider fehlt der Kopf der thronenden selbstbewußten Gestalt neben der kräftig gebauten Lanassa. Demetrios war als Frauenheld bekannt – daher auch das Angebot der Herrin von Korkyra –, aber auch ein großer Feldherr. Nur Rhodos leistete seinen Belagerungskünsten Widerstand (305 v. Chr.) und konnte aus dem Erlös der Belagerungsmaschinen die Kosten für den «Koloß von

Demetrios Poliorketes, Neapel

Demetrios Poliorketes, Neapel

Rhodos» aufbringen. Kunstwerke respektierte er, verbot er doch den Einsatz schwerer Geschütze, um ein Gemälde des Protogenes in der Stadt Jalysos nicht zu gefährden, und verzichtete lieber auf den militärischen Erfolg (Plut. Dem. 22). Das Ende seines abenteuerlichen Lebens verbrachte er am Hofe des → Seleukos I., dem er sich letztlich unterwerfen mußte.

Demetrios I. Soter

Ca. 200–150 v. Chr., Sohn des → Seleukos IV. Philopator, König von Syrien 162–150 v. Chr.

Von seinem Vater wurde der junge Prinz nach Rom als Geisel geschickt und lernte dort den jüngeren Scipio und den Historiker → Polybios kennen. Nach dem Tod von → Antiochos IV. (164 v. Chr.) wies er den Senat vergebens auf seine Thronrechte hin. In dieser Zeit ist wohl die bekannte Bronzestatue entstanden, die 1884 auf dem Quirinal in Rom gefunden wurde und sicher einen griechischen Fürsten darstellt. Verschiedene Namen wurden genannt (u. a. auch Sulla!), doch hatte wohl Wilhelm Schick bereits 1914 den richtigen gefunden. Daß dieser heroisch nackte Jüngling mit leichtem Bartflaum Demetrios darstellen soll, legt einen Vergleich mit seinen Münzbildnissen nahe. Auch wenn das Diadem als Abzeichen des Königs vermißt wird, so ergibt sich aus der historischen Situation, daß Demetrios hier eben nicht als König, sondern als Geisel in Rom abgebildet ist; Demetrios wird den Bart abrasieren, sobald sein Ziel, den Thron von Syrien zu erlangen, erreicht ist. Die Statue ist gewiß an keiner anderen Stelle entstanden, denn soviel Kunstwerke die Römer auch erbeuteten, bei Bildnissen besiegter Gegner lag es viel näher, diese einzuschmelzen. So darf die 2,22 m hohe Bronzestatue wohl als ein

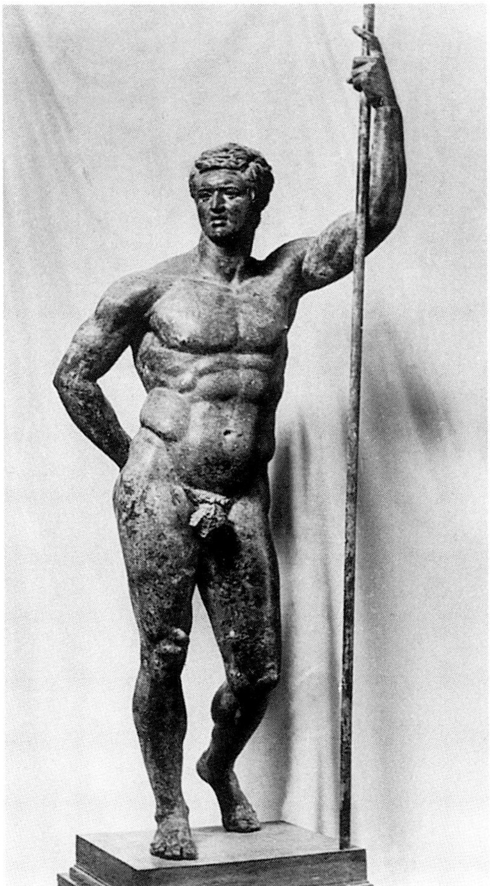

Demetrios I., Rom, Mus. Naz. Rom.

Demetrios I.

Bildnis des Demetrios während seiner Anwesenheit in Rom angesehen werden. Bis 162 v. Chr. blieb er dort, dann gelang ihm mit Hilfe des Polybios die Flucht. Demetrios besiegte in Syrien den von Rom unterstützen → Antiochos V., fiel aber in der Schlacht gegen → Alexander I. Balas, der von seinem Freund → Attalos II. von Pergamon Unterstützung erhielt.

Demetrios II. Nikator Philadelphos

† 125 v. Chr. Sohn des Demetrios I. von Syrien. König von Syrien 146–139 v. Chr. und 129–125 v. Chr.

Demetrios II.

Wie schon sein Vater lernte er Rom als Geisel kennen und mußte sich ebenfalls in Kämpfen gegen verschiedene Gegner behaupten. Im Jahre 139 v. Chr. wurde er von dem Parther-König Mithridates I. gefangengenommen, dessen Tochter Rhodogune er dann heiratete. Phraates II. setzte ihn 129 v. Chr. als Rivalen gegen → Antiochos VII. ein, doch wurde Demetrios nach dessen Tod von → Alexander Zabinas geschlagen. Bald danach fand er bei Tyros den Tod.

Demetrios II.

Die Münzbildnisse zeigen den König in seiner ersten Herrschaftsepoche als idealen Jüngling, in der zweiten als einen vornehmen Mann mit Vollbart. Vielleicht folgte er damit der Tradition der Parther, hatte er doch zehn Jahre seines Lebens bei ihnen verbracht.

Demetrios III. Philopator

† nach 78 v. Chr. Sohn des → Antiochos VIII. Grypos. König von Syrien 95 bis 88 v. Chr.

Er regierte zusammen mit seinem Bruder Philippos, mit dem er sich verfeindete. Im Kampf unterlag er und wurde dem Partherkönig → Mithridates dem Großen ausgeliefert, an dessen Hof er starb. Die Münzbildnisse zeigen eine starke Ähnlichkeit mit seinem Vater; den Wangenbart ließ er sich wohl nur in der Absicht

Demetrios III.

wachsen, ihn erst wieder abzunehmen, wenn er die Alleinherrschaft errungen haben würde.

Demetrios I.

Sohn des → Euthydemos I. König von Baktrien und «der Inder».

Mit der Kopfhaut eines Elefanten läßt sich der König auf seinen Münzen darstellen, sicher nicht ohne Anspielung auf entsprechende Münzbildnisse → Alexanders des Großen. Dieser energisch blickende König drang bis zum Ganges vor und fiel im Kampf gegen den Usurpator → Eukratides. Unter seiner Regierung lebten Griechen, Iranier und Inder in bestem Einvernehmen.

Demetrios I.

Demetrios II.

Sohn des → Demetrios I. König von Baktrien nach 190 v. Chr.

Die Münzbildnisse zeigen den König entweder barhäuptig mit dem Diadem oder mit einer weit ausladenden Kopfbedeckung, die eine gewisse Ähnlichkeit mit der makedonischen Kausia *(s. Antigonos)* hat und auch von → Antimachos getragen wurde.

Demetrios II.

Demokrit

Ca. 460 bis ca. 370 v. Chr. Aus Abdera (Thrakien). Philosoph.

Auf der Suche nach Erkenntnissen war er 50 Jahre auf Reisen und kam nach Ägypten und Babylonien.

Keine seiner Schriften ist erhalten, nur wenige Aussprüche, wie etwa, daß es in Wahrheit nur die Atome gäbe und das Leere. Im menschlichen Dasein forderte er einen Ausgleich aller Kräfte zur Erziehung der «Euthymie».

Er soll viel gelacht haben, und ein Gemälde stellte ihn mit lachend geöffnetem Mund dar.

Als «lachenden» Philosophen stellten die Römer ihn dem «weinenden» Heraklit gegenüber. Dieselbe Antithese glaubte man bei zwei Bronzebüsten aus Herkulaneum erkennen zu können, wo freilich der Unterschied so gering ist, daß die Entscheidung, wer denn nun Demokrit und wer Heraklit sei, schwerfiel. Auch wurden

Demokrit (?) Neapel

andere Namen, wie Solon und Empedokles, genannt. Die beiden Bildnisse bleiben bisher anonym.

Demosthenes

384–322 v. Chr. Sohn des Demosthenes und der Kleobule. Athenischer Redner.

Im 18. Jh. wurde in Kampanien eine Marmorstatue gefunden, die einen ernst vor sich hinblickenden Mann in griechischem Mantel zeigt, der seine Arme vor den Körper gelegt hat. Schnell waren die fehlenden Hände ergänzt mit einer Schriftrolle, was nahelag, sich aber als falsch erweisen sollte. 1770 kam die Statue nach England, 1929 wurde sie für die Ny Carlsberg Glyptotek in Kopenhagen erworben. Inzwischen konnte der Dargestellte auch benannt werden, denn 1753 war bei den Ausgrabungen in Herkulaneum in der Villa der Pisonen eine kleine Bronzebüste gefunden worden, die offensichtlich eine Kleinkopie nach demselben Original war. Hier stand der Name auf dem Bruststück: Demosthenes. Diese kleine Bronzebüste, zu der sich eine zweite – ohne Inschrift – und eine kleine Marmorbüste, beide aus Pompeji, gesellten, entspricht in Art und Größe

Demosthenes, Kopenhagen

wohl derjenigen, die → Cicero in der Villa des M. Brutus in Tusculum sah (Cic. or. 110).
Nachdem sich nun die Statue in Kopenhagen als ein Bildnis des Demosthenes erwiesen hatte und eine zweite ebenfalls fast vollständige Replik 1823 in den Vatikan gelangte, konnte eigentlich kein Zweifel bestehen, daß beide Kopien jener Bronzestatue seien, die 280 v. Chr. auf Veranlassung von Gorgias, einem Neffen des Demosthenes, auf Volksbeschluß in Athen errichtet wurde (Plut. Dem. 30 f., Paus. 1,82). Auf der Basis stand:

> «Wäre deine Stärke, o Demosthenes, so
> groß gewesen wie deine Einsicht,
> so hätte der makedonische Ares
> nie über Hellas geherrscht.»

Die Statue erinnert also nach einem guten Menschenalter an die antimakedonische Tätigkeit des Redners, der im Gegensatz zu seinem Konkurrenten → Aischines die drohende Gefahr aus dem Norden für die Freiheit Griechenlands gesehen und stets seine warnende Stimme erhoben hatte. Im Jahre 280 v. Chr., im Zuge einer antimakedonischen Welle, gedachte man des vorausblickenden Redners nicht ohne Selbstkritik. Wenn aber die Statue erst fast 40 Jahre nach dem Tod des Demosthenes geschaffen wurde, so erhebt sich die Frage, ob denn dieses Bildnis authentisch sein kann. Ein Blick jedoch auf den Kopf des Demosthenes zerstreut jeden Zweifel; ein so ausdrucksvolles Porträt kann nur nach dem Leben geschaffen sein. Hat der Künstler, dessen Namen mit Polyeuktos überliefert ist, also ein zeitgenössisches Bildnis als Grundlage verwendet und selbständig nur die Statue als solche geschaffen? Diese Möglichkeit besteht, sie ist aber nicht wahrscheinlich, weil die schlichte Erscheinung des Redners – man vergleiche sie mit der Pose des → Aischines – von einem Gefühl der Ohnmacht, der Resignation und Besorgtheit spricht. Das alles ist in der Zeit seiner Aktivität und seines Scheiterns verständlich, während bei dem Demosthenes, der sich als besserer Kenner und weitblickender Politiker erwiesen hatte, 280 v. Chr. ein Hinweis auf die Erfüllung seiner Voraussagen nicht fehlen sollte. Da aber darauf verzichtet wurde, spricht alles dafür, daß der sonst auch ganz unbekannte Polyeuktos nur damit beauftragt wurde, eine Bronzekopie einer älteren Statue herzustellen, die auf der Agora von Athen aufgestellt werden sollte. Die Ehrung ist dabei das wichtige. → Plutarch (Dem. 30) erzählt eine Geschichte, die beweisen sollte, daß Demosthenes selbst noch in Gestalt der Statue sich durch Redlichkeit und Unbestechlichkeit ausgezeichnet habe: ein Soldat habe in den gefalteten Händen der Statue sein Erspartes versteckt und, als er nach langer Zeit wieder zurückkam, sein Geld vollzählig dort wieder vorgefunden. Darüber wurde sogar ein Epigramm in Umlauf gesetzt.

Archäologisch wichtig ist an dieser rührenden

Demosthenes, Kopenhagen

Geschichte, daß der Demosthenes dieser Statue mit gefalteten Händen dastand. Sie hielten also keine Rolle, wie die Ergänzer – auch jene der Statue im Vatikan! – als geradezu selbstverständlich angenommen hatten. Nachdem man dies erkannt hatte, fanden sich auch im Palazzo Barberini 1903 zwei derart verschränkte Hände und ein Fuß, beides Reste einer weiteren Statuenkopie; denn die Hände passen weder zu der einen noch der anderen der bekannten Repliken. Doch konnten diese nun richtig ergänzt werden, und die Bildnisstatue des Demosthenes war erst damit richtig wiedergewonnen.

Finsteren Ernst habe Demosthenes zur Schau getragen, und sein Ausdruck sei sorgenvoll und nachdenklich gewesen, sagt Plutarch; seine Feinde nannten ihn mürrisch und starrsinnig. Sorgen und das Bewußtsein, nichts ändern zu können, prägen das Gesicht des Demosthenes-Bildnisses, und dazu paßt die insgesamt so auf Einfachheit und Geschlossenheit konzipierte Gestalt. Wenn es eine recht stattliche Menge Kopien gibt, so waren es Kunstkenner, die sich die ganze Statue kopieren ließen, während sich die Freunde des großen Redners, der → Philippos von Makedonien mit dem Wort bekämpfte, mit einer Büste begnügten.

Diadumenian

Marcus Opellius Antoninus Diadumenianus. 208–218 n. Chr. Sohn des → Macrinus. Römischer Kaiser 218 n. Chr.

Als Macrinus, der die Verschwörung zur Ermordung → Caracallas angezettelt hatte, Kaiser wurde, ernannte er seinen neunjährigen Sohn zum Caesar und ließ auch Münzen mit dessen Bildnis prägen. Eine Kappe kurzer Haare, die über der Stirn sich ein wenig sträuben, bedeckt den runden Kopf des Knaben, dessen Profil bestätigt, daß er sehr schön gewesen sein muß; blondes Haar und schwarze Augen soll er gehabt haben. Als → Julia Maesa den → Elagabal zum Kaiser machen wollte, meuterten seine Truppen, aber auch die Erhebung Diadumenians zum Kaiser konnte Elagabal nicht aufhalten.

Diadumenian

Didius Julianus

Marcus Didius Severus Julianus. 133–193 n. Chr. Römischer Kaiser 193 n. Chr.

Nur zwei Monate regierte dieser von der Garde ausgerufene und vom Senat anerkannte Kaiser, der sich nach der Ermordung von → Pertinax gegen → Clodius Albinus in Britannien, → Pescennius Niger im Orient und → Septimius Severus durchzusetzen versuchte. Nachdem Verhandlungen mit letzterem gescheitert waren, wurde er ermordet.

Didius Julianus, Rom, Mus. Cap.

Seine Münzbildnisse haben eine erstaunliche Ähnlichkeit mit denen des Septimius Severus. Kurze krause Locken bedecken den Kopf und bilden den Bart, der bei ihm vielleicht etwas länger ist als bei seinem Gegner.

Diodotos I. Soter

König von Baktrien um 260 v. Chr.

Diodotos I.

Diodotos war zunächst Statthalter des → Antiochos II. Theos in Baktrien, nahm dann aber selbst den Königstitel an und setzte sein Bildnis auf seine Münzen. Es hat große Ähnlichkeit mit dem des Antiochos II.

Diodotos Tryphon

Syrischer Gegenkönig 142–139 v. Chr. Aus Kasiane bei Apameia.

Stratege und Abenteurer, der von → Demetrios I. zu → Alexander Balas überging, 145 Antiochos VI. zum König von Syrien machte und diesen 142 v. Chr. beseitigte, ließ sich vom Herr zum König ausrufen. Er fand nicht die Anerkennung durch Rom und wurde von Antiochos VII. 138 v. Chr. bei Apameia besiegt und endete durch Selbstmord.

Der Usurpator, der sich auf seine Abstammung von den makedonischen Königen berief und den Namen Tryphon (der Prächtige) annahm, ließ sich offenbar nach dem Vorbild → Alexanders d. Gr. darstellen, wie sein durch Vergleich mit den Münzbildnissen identifizierter Marmorkopf aus Larisa am Orontes zeigt.

Diodotos Tryphon

Diodotos Tryphon, Basel

Diogenes

414–323 v. Chr. Sohn des Hiketas. Aus Sinope (Pontos). Griechischer Philosoph.

So wie man sich Diogenes vorstellt, nämlich «im Faß», zeigen ihn einige Gemmen und das Mittelbild eines Mosaiks in Köln. Ein großes Tongefäß, ein Pithos, auch dieser bereits rissig, dient dem absolut Bedürfnislosen als Behausung. Denn Diogenes predigte nicht nur die Rückkehr zur Natur und ein Leben ohne Kultur und Luxus, sondern er lebte auch danach. Kahl und mit einem langen Bart wie dieser Diogenes ist auch der etwas gebückt daherkommende nackte Mann, den eine Marmorstatuette in der Villa

Diogenes, Köln

Albani zeigt. An seiner Seite steht ein Hund, Symbol der Kyniker. Ein Hund auf einer Säule bezeichnete auch die Grabstätte des Philosophen in Korinth. So erkannte man in der Statuette schon im 18. Jh. Diogenes. Der Hund ist freilich fast ganz ergänzt, ebenso wie die Füße des Mannes. Diese «fehlenden» Teile befinden sich heute in New York als echte Bestandteile einer Diogenes-Statuette! Es läßt sich noch feststellen, daß kurz vor 1767 die ursprünglich komplette Statuette der Villa Albani zerbrach – oder zerbrochen wurde? – und daß man aus den Teilen nicht mehr die eine, sondern zwei Statuetten mit entsprechenden Ergänzungen herstellte. Die eine wurde verkauft und gelangte schließlich in das Metropolitan Museum in New York. So geschäftstüchtig war man damals! Aber es sind auch noch Reste einer zweiten antiken Diogenes-Statuette erhalten, im Magazin der vatikanischen Museen; auf der Plinthe sind der rechte Fuß, das linke Bein des Diogenes sowie der stützende Baumstamm erhalten, an dessen Ast eine Wandertasche hängt. Beides, hier die Tasche, dort der Hund, sind Zutaten der Kopisten; das Bronzeoriginal, vielleicht eine der Bronzestatuen des Diogenes in Sinope (Diog. Laert. 6,78), benötigte weder solche technischen Stützen noch Symbole für die kynische Philosophie. Der Hund aber erscheint auch auf dem seit 1726 bekannten Reliefbild der Villa Albani, das die Begegnung → Alexanders des Großen mit Diogenes darstellt. Alexander ist zwar nur aus wenigen Originalteilen ergänzt, doch wird die Existenz dieser Gestalt durch sie gesichert. Es

Diogenes und Alexander d. Gr., Rom, Villa Albani

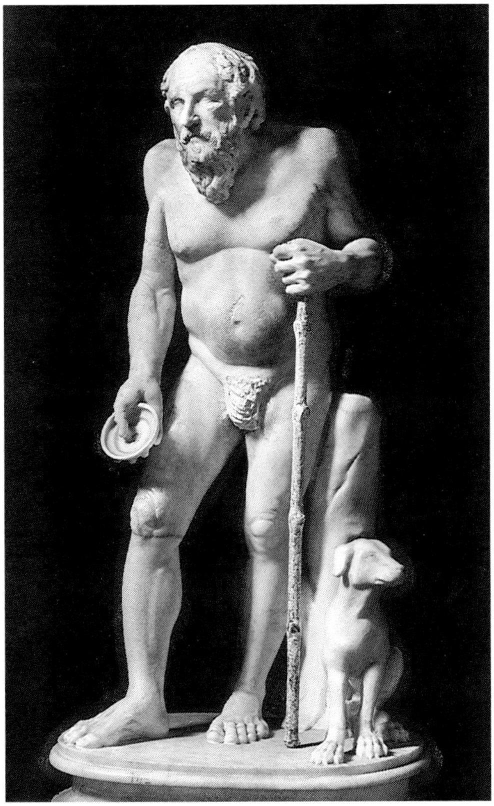

Diogenes, Rom, Villa Albani

Diokletian und Maximianus, Venedig, S. Marco

ist die von Diogenes Laertius (6, 20 ff.) im 2. Jh. n. Chr. beschriebene Szene, in der sich zwei Welten treffen: auf der einen Seite der geltungsbedürftige Eroberer mit seinen weiten Zielen, auf der anderen der mit dem Nötigsten Zufriedene in seinem engen Kreis. Diogenes' Wunsch, Alexander möge ihm aus der Sonne gehen, klingt überzeugend, derjenige Alexanders, er möchte Diogenes sein, wenn er nicht Alexander wäre, weniger; er ist, da an eine zu starke Prämisse gebunden, typisch arrogant. Das Relief ist wohl eine Kopie eines Gemäldes, das vielleicht bald nach dem Jahre 323 v. Chr., dem gemeinsamen Todesjahr der so unterschiedlichen Repräsentanten ihrer Zeit, entstanden ist.

Diokletian

Gaius Valerius Aurelius Diocletianus. 239–313 n. Chr. Römischer Kaiser 284–305 n. Chr.

Nach kurzem Kampf gegen → Carinus bestieg der aus Dalmatien gebürtige Diokletian den Thron und teilte seine Macht mit → Maximianus Herculius, der gleichberechtigt neben ihm stand. Gleichzeitig wurden → Galerius und → Constantius Chlorus zu «Caesares», zu Nachfolgern, bestimmt. Damit schuf Diokletian die «Tetrarchie», ein System von vier Herrschern, das die Wirren der Zeit der «Soldatenkaiser» beenden sollte. Es ist erstaunlich, daß sich Diokletian tatsächlich, wie vorgesehen, zusammen mit Maximianus Herculius im Jahre 305 n. Chr. ins Privatleben zurückzog. Die Reformen des Diokletian waren einschneidend; Berufe wurden erblich, Höchstpreise für alle Gegenstände wurden festgesetzt, um die Inflation zu stoppen, und die angedrohten drastischen Strafen entsprachen der absoluten Herrschaft des «Dominus», des Herrn über Leben und Tod. Die Rigorosität, mit der er die traditionellen Zustände veränderte, verlangte auch ein völliges Zurücktreten individueller Persönlichkeiten zugunsten einer gleichmäßigen Masse der Untertanen. Doch nicht nur dies, selbst die Herrscher verlieren ihre Eigenart und werden zu Symbolen der von ihnen vertretenen Machtstellung. Denkmäler der vier Herrscher wurden allerorts aufgestellt, und der purpurfarbene Porphyr war dabei das bevorzugte und den Tetrachen vorbehaltene Material. Sie demonstrieren die «Concordia dominum» und unterstreichen daher auch in der Gleichheit der äußeren Erscheinung und in ihrer Umarmung die Harmonie ihrer Gesinnung und damit die Macht, die sie verkörpern. Zwei solcher Denkmäler sind erhalten. An zwei Säulen, die seit 1479 den Triumphboden der Kapelle des Sixtus IV. im St. Peter in Rom stützten und sich heute in der vatikanischen Bibliothek befinden, sind die Paare der Kaiser und die der «Caesares» angebracht *(s. Maximianus);* die Plumpheit der Gestalten und die Gleichheit ihrer Erscheinung lassen das geringe Interesse an künstlerischer Form erkennen; die puppenhaften Figuren sind keine Porträts mehr. Künstlerisch qualitätvoller sind die Tetrarchen-Gruppen, die, von Porphyrsäulen abgeschnitten, von dem Dogen Dandolo 1204 aus Konstantinopel nach Venedig gebracht wurden und die Front der Markuskirche schmücken. Der dort fehlende und in Marmor ergänzte Fuß wurde inzwischen in Istanbul gefunden! Bei beiden erhaltenen Tetrarchen-Denkmälern ist es nicht möglich, die vier Herrscher zu unterscheiden und einzeln zu benennen. Auffallend sind die kronenartigen Kopfbedeckungen, die ehemals in der Mitte eine kostbare Agraffe trugen; auf den Münzbildnissen erscheint nur der einfache Kranz – letzte Erinnerung an den «Principat» des Augustus!

Diokletian

Dionysios I.

Ca. 432–367 v. Chr. Sohn des Hermokrates. Tyrann von Syrakus 405–367 v. Chr.

Wie alle Tyrannen ließ sich natürlich auch Dionysios Denkmäler setzen. Und als – in unbekannter Zeit – Metallmangel die Syrakusaner veranlaßte, solche Bildnisse ihrer Herrscher einzuschmelzen, ließen sie die des Dionysios (und des → Gelon) unangetastet, wie Dion Chrysostomos (Cor. 36,21,22) berichtet. Dionysios I., der als Verteidiger des Griechentums gegen die Karthager – deren Führer damals auch Hannibal hieß! – sich als großer Feldherr und auch als Wegbereiter römischer Macht erwiesen und auch gegen die Etrusker erfolgreich gekämpft hatte, war auch in späterer Zeit durchaus eine Gestalt von Interesse. Es ist daher anzunehmen, daß es Kopien seines Bildnisses geben könnte. Drei Repliken – von unterschiedlicher Qualität – eines Bildnisses, das aller Wahrscheinlichkeit nach Dionysios darstellt, sind erhalten; die beste befindet sich im Museo Capitolino in Rom. Dieser Kopf eines Mannes mit struppigem Bart und einem prächtig verzierten Helm erhielt schon manchen Namen, von G. Bottari 1750 → «Massinissa», von E. Q. Visconti 1824 → «Miltiades», von Erwin Bielefeld 1964 «Lysandros», aber auch an den Gott Ares oder einen Heros dachte man. Der Stil des Kopfes und die Pracht des Helmes weisen auf Großgriechenland und auf die Zeit gegen Ende des 5. Jh. v. Chr. hin. Der Stern, der den Helm an so auffälliger Stelle schmückt, ist der Hesperos, der Morgenstern, Symbol des Westens, des Griechentums in Un-

Dionysios I., Rom, Mus. Cap.

Domitia, Rom, Mus. Naz. Rom.

teritalien und Sizilien. Er erscheint auf syrakusanischen Münzen wie Wappen der Stadt. Damit ist der Krieger als ein Herrscher von Syrakus in der Zeit um 400 v. Chr. bestimmt – es kommt also nur Dionysios I. in Betracht. Bestätigt wird diese Vermutung durch den ganz individuellen Schmuck der Rückseite des Helmes. Dort stehen sich auf dem Nackenschirm ein Stier und ein Löwe kampfbereit gegenüber. Der Stier ist Symbol der griechischen Städte in Unteritalien, der Löwe Sinnbild des Königtums. Wenn der Schöpfer des Bildnisses einen Helm wiedergibt, den der König wirklich getragen hat, so ließ dieser ihn um 390 v. Chr. anfertigen, als er nach Stabilisierung seiner Macht in Sizilien sein Reich auch auf die Städte Unteritaliens ausdehnen wollte. Ist der Helmschmuck Erfindung des Künstlers, so würde ebenfalls eindeutig auf diese Unternehmungen des Dionysios hingewiesen. Dieser war damals 40 Jahre alt; das entspräche nicht nur dem Eindruck des Bildnisses, sondern auch den überlieferten Beschreibungen seines Aussehens. Relativ lang ist sein Haar, wohl entsprechend der spartanischen Sitte, vielleicht aber auch als Folge seiner Furcht vor der Schere. Denn Plutarch (Dion. 9) berichtet, daß Dionysios in ständiger Angst vor Attentaten dem Friseur den Gebrauch scharfer Instrumente untersagte und sich die Haare mit glühenden Kohlen abbrennen ließ. Grund zur Vorsicht bestand wohl, denn er hatte viele Feinde. Seine Grausamkeiten versuchte später → Plutarch (de sera num. vind. 7) gegen seine politischen Erfolge aufzurechnen; doch führten damals die Betroffenen den Dolch im Gewande. Schillers Ballade «Die Bürgschaft» hat hier ihren historischen Hintergrund.

Domitia

Domitia Longina. Ca. 54 bis ca. 135 n. Chr. Tochter des Gnaeus Domitius Corbulo. Frau → Domitians 72–96 n. Chr.

Die Bildnisse der Domitia gleichen denen der → Julia Titi – in der aufgebauschten Lockenpartie über der Stirn. Am Hinterkopf sind die Haare teils zu einem Zopf – wie bei den Frauen der julisch-claudischen Familie –, teils zu einem komplizierten Lockennetz zusammengefaßt. Ihrem Ausdruck fehlt allerdings der Charme der Julia, ihrer Konkurrentin in der Gunst des Domitian, der sie im Jahre 72 heiratete und 81 n. Chr. zur «Augusta» ernannte. Die strengen Gesichtszüge ihrer Bildnisse bezeugen ihr Selbstbewußtsein und die Unnahbarkeit dieser «Romana Juno», wie Statius (Silv. 3,4,18) sie nennt. Wegen ihres Ehebruchs mit → Titus und mit einem Tänzer namens Paris wurde sie 84 n. Chr. verbannt, kam aber bald zurück und beteiligte sich an der Verschwörung gegen Domitian. Seit dem Jahre 96 n. Chr. führte die Frau, die Domitian einst ihrem ersten Ehemann Lucius Aelius Lamia buchstäblich entführt hatte, ein langes Witwenleben.

Domitian, Rom, Pal. dei Cons.

Domitian

Titus Flavius Domitianus. 51–96 n. Chr. Sohn des → Vespasian und der → Flavia Domitilla. Römischer Kaiser 81–96 n. Chr.

Gewiß war Domitian ein erfolgreicher Feldherr. Seine Siege über die Chatten und die Daker sicherten dem Reich neue Provinzen und bereiteten die Ausdehnung der römischen Macht unter → Trajan vor. Auch erwarb er sich große Verdienste beim Wiederaufbau Roms nach dem Brand des Jahres 80 n. Chr. Der Tempel des Jupiter Capitolinus wurde unter ihm schnell wiederhergestellt, auf dem Palatin entstand der große Palast, auf dem Forum der Titus-Bogen und der Vespasian-Tempel, auf dem Marsfeld der Isis- und Serapis-Tempel; sein Stadion bestimmt noch heute die Form der Piazza Navona.

Wenn dennoch sein Ruf so negativ ist, so weil er gegen den Senat eine neue Herrschaftsform durchsetzte, in der er unumschränkte Macht besaß. Er beanspruchte «Dominus et Deus» zu sein, zerstörte damit die Grundprinzipien des «Principats», die seit Augustus verbindlich waren, zugunsten eines griechisch-orientalischen Königtums, in dem der Herrscher göttlich verehrt wurde. Die Opposition wurde rigoros bekämpft, die Philosophen aus Italien verbannt, die Christen verfolgt, Gegner hingerichtet. Mißtrauisch sah er Feinde überall und ließ einen Knaben hinrichten, nur weil er dem Paris – einem Tänzer, mit dem seine Frau → Domitia ein ehebrecherisches Verhältnis hatte – ähnlich sah. Wenn heute die Tendenz besteht, das Bild Domitians positiver zu sehen, so sollte man dabei seine Bildnisse nicht vergessen. Sie enthüllen so eindeutig einen von Reizbarkeit, Grausamkeit und Mißtrauen bestimmten Charakter, daß man diesen doch wohl psychisch kranken Menschen nur → Caligula und → Nero an die Seite stellen kann. Wie letzterer trug er die Haare über der Stirn in scharfen Wellen – wie ein äußeres Zeichen dafür, wer sein Vorbild sei. «Auf der Stirn lag Hochmut und in den Augen Jährzorn», sagt → Plinius der Jüngere (Paneg. 48) mit Recht. Nach seinem gewaltsamen Tode fielen seine Bildnisse der «Damnatio memoriae» zum Opfer, darunter auch das riesige Reiterstandbild auf dem Forum, das Statius (Silv. 1,1) besungen hat. Doch sah Prokop noch im 6. Jh. n. Chr. eine Statue des Domitian in Rom.

Drakon

Gesetzgeber in Athen. 7. Jh. v. Chr.

Um 621 erhielt Drakon Sondervollmachten für die Kodifizierung von Gesetzen. Er stand schon in höherem Alter und genoß offenbar hohes Ansehen. Die Gesetze waren ein Zugeständnis des Adels an das Volk. Wichtig war, daß bei Morden die Bestrafung durch den Staat erfolgte und damit die Blutrache verboten wurde. Seine angedrohten Strafen galten als «drakonisch» – hart, doch unterschied er zwischen vorsätzlichem Mord, Totschlag und nichtstrafbarer Tötung mit genauen Definitionen und entsprechend abgestuften Strafen.

Unwahrscheinlich ist die Vermutung, Drakon habe dem Staat eine neue Verfassung gegeben.

Drusus der Ältere

38–9 v. Chr. Sohn des Tiberius Claudius Nero und der → Livia. Römischer Feldherr.

Drusus, der drei Monate nach der Eheschließung von → Augustus und Livia zur Welt kam, ist eine der wenigen sympathischen Erscheinungen in dieser Zeit. Als Feldherr war er erfolgreich gegen Chatten und Sugambrer und führte die Legionen bis an die Elbe. Als er auf dem Rückmarsch vom Pferde fiel und starb, trauerten alle um ihn. Ein unbekannter Dichter schrieb die 237 Distichen «Consolatio ad Liviam» mit der Schilderung der Bestattung in Rom, der Klage der Mutter Livia, dem Lob des Drusus und den Tröstungen. Allgemein hoch geachtet, von Augustus geschätzt und mit seinem Bruder → Tiberius in unerschütterlicher Treue verbunden, ist er sicher durch zahlreiche Statuen geehrt worden. Erhaltene Bildnisse sind aufgrund der Ähnlichkeit der Brüder schwer von denen des Tiberius zu unterscheiden. Ein schöner Bronzekopf, der im Tiber in Rom gefunden wurde, ist sicher ein Porträt des Drusus. Unverkennbar ist die Ähnlichkeit sowohl mit seinem Bruder als auch die mit seinem Sohn → Germanicus, in dem der vornehme Charakter seines Vaters weiterlebte. In den Familiendenkmälern des → Claudius nahm die Statue seines

Drusus d. Ä., Rom, Mus. Naz.

Vaters Drusus wohl einen bevorzugten Platz ein. Kleine Glasmedaillons, wohl militärische Ehrenzeichen aus dem Germanen-Feldzug (39 n. Chr.), zeigen Drusus umgeben von seinen Söhnen Germanicus und Claudius sowie seiner Tochter Livilla.

Drusus der Jüngere

Drusus Julius Caesar. Ca. 13 v. Chr. bis 23 n. Chr. Sohn des → Tiberius und der Agrippina. Römischer Feldherr.

→ Augustus scheint ihn wenig geschätzt zu haben, jedenfalls sollte nicht er, sondern → Germanicus möglicher Nachfolger des Tiberius werden; so jedenfalls bestimmte es Augustus bei der Adoption seines Vaters. Doch hielt Drusus die Leichenrede für Augustus und Germanicus. Er bewährte sich als Feldherr des Tiberius im Pannonischen Aufstand (14 n. Chr.) und als Statthalter in Illyricum. Er wurde ein Opfer des Seian, der erst seine Frau Livilla – die Tochter → Drusus des Älteren – zum Ehebruch, dann zum

Drusus d. J., Madrid.

Dynamis, St. Petersburg

Giftmord anstiftete. Seine Bildnisse unterscheiden sich von denen seines Vaters durch vollere, ausgeglichenere Gesichtsformen. Die Haare fallen sichelförmig in die Stirn, ganz nach altrömischem Vorbild und als Zeichen wahrer römischer Gesinnung.

Dynamis

63 v. Chr. bis 7 n. Chr. Tochter des Pharnakes. Königin des bosporanischen Pontus 17 v. Chr. bis 7 n. Chr.

Im Jahre 1898 wurde in Noworossijsk zusammen mit allerlei Bronzegerät auch eine kleine Bronzebüste gefunden, das Bildnis einer Frau mit «phrygischer» Mütze. Die Funde stammen aus der Zeit des → Augustus. Die auffallende Kopfbedeckung der Frau ist mit Sternen und Blüten geschmückt und von einem Diademband eingefaßt; demnach ist hier eine Königin dargestellt, die aufgrund eines Vergleichs mit Münzbildnissen als Dynamis benannt werden konnte. Diese Königin, Enkelin des → Mithridates VI. Eupator, hatte den Mörder ihres Vaters, Asandros, nach dessen Ermordung den Scribanius, und als schließlich auch dieser umgebracht war, auf Wunsch des Augustus Polemon I. geheiratet. Nach dessen Ermordung wurde Dynamis von Augustus als Königin eingesetzt. Volle orientalische Formen kennzeichnen diese Frau, die eine einfache Scheitelfrisur wie → Livia trägt, jedoch mit Schulterlocken angereichert. Im Gegensatz zu Livia und den Frauen der römischen Kaiser trägt sie Ohrringe.

E

Elagabal

Marcus Aurelius Antoninus Varius Avitus Bassianus. 205–222 n. Chr. Sohn des Sextus Varius Marcellus und der → Julia Soaemias. Römischer Kaiser 218–222 n. Chr.

Bevor er durch die geschickte Politik seiner Mutter und Großmutter auf den römischen Thron gelangte – er behauptete, ein Sohn → Caracallas zu sein –, war er Oberpriester des Baal in Emesa. Als Kaiser behielt der 13jährige Elagabal die purpurnen und goldenen Gewänder und die Kränze aus künstlichen Blumen, Gold und Edelsteinen bei, die er als Priester getragen hatte. Er ließ den Heiligen Stein des Baal aus Emesa nach Rom bringen und dort als höchste Gottheit verehren. Schlimmste Verbrechen hat er begangen, die sogar diejenigen eines → Nero und → Domitian in den Schatten stellten. Mit 17 Jahren wurde er zusammen mit seiner Mutter ermordet, weil er → Severus Alexander nach dem Leben trachtete.

Elagabal, Rom, Mus. Cap.

Ein aus der Sammlung Albani stammender Marmorkopf im Museo Capitolino ist von J. J. Bernoulli schon 1894 als Porträt des Elagabal erkannt worden. Dieses Meisterwerk, das effektvoll die glänzend polierte Marmoroberfläche gegen die rauheren Haarpartien absetzt, ist eines der eindrucksvollsten Bildnisse, das einen tiefen Einblick in die Psyche dieses jungen Mannes erlaubt.

Ebenso wie Nero wurde auch er von der ehrgeizigen Mutter gezwungen, die Last der Verantwortung für das Reich zu tragen. Da er diesem Anspruch nicht gewachsen war, wurde auch diesem Jüngling die Machtfülle zum Verhängnis.

Elpinike

Ca. 500 bis nach 457 v. Chr. Tochter des → Miltiades.

Nicht nur die Tatsache, daß sie mit ihrem Stiefbruder Kimon zusammenlebte, brachte sie ins Gerede, sondern sie galt auch sonst als eine Frau von leichten Sitten. So hieß es, daß sie ein Verhältnis mit dem Maler Polygnot habe: «. . . daher sagt man auch, daß dieser, als er in der Stoa Poikile die Trojanerinnen malte, der Laodike die Züge der Elpinike gegeben habe» (Plut. Kim. 4). Man zeigte sich also dies «versteckte» Bildnis und tuschelte darüber. Ähnliche Darstellungen waren später am Schild der Athena Parthenos des → Phidias zu sehen *(s. Perikles, Anakreon,*

Elpinike, Neapel

Xanthippos) sowie auch in der Malerei und sogar in der Vasenmalerei. So schrieb der Vasenmaler, der sich selbst den Namen des großen Polygnot zugelegt hatte, auf einem seiner Gefäße einer schönen Flötenspielerin den Namen Elpinike bei. Diese spielt hier einer Tänzerin auf, die durch Tracht und Kopfschmuck als Spartanerin gekennzeichnet ist. Damit wird auf verdächtige Beziehungen zu Sparta angespielt, die man damals ihrem Bruder Kimon nachsagte. Elpinike, von der das Vasenbild natürlich kein Porträt liefert, muß große Anziehungskraft besessen haben; sie heiratete – trotz ihres schlechten Rufes – den reichen Kallias, wodurch endlich die Zahlung der Buße möglich wurde, die als Schuld auf dem Andenken des Miltiades lastete. Zudem besaß sie so viel Einfluß auf → Perikles, daß sie den Freispruch Kimons im Jahre 463 v. Chr. und dessen Rückkehr aus der Verbannung (457 v. Chr.) erreichen konnte.

Empedokles

Ca. 494–434 v. Chr. Sohn des Meton aus Akragas Redner, Politiker, Priester, Arzt, Philosoph und Dichter..

Er stammte aus einer vornehmen Familie, und seine Heimatstadt soll ihm die Königswürde angetragen haben, die er ablehnte. Er führte ein Wanderleben, kam dabei auch gleich nach der Gründung der Stadt (445 v. Chr.) nach Thurioi. Da ihm seine Gegner die Rückkehr nach Akragas verwehrten, ging er nach Griechenland und starb auf der Peloponnes. Seine Lehre von den vier Elementen, Feuer, Wasser, Luft und Erde, aus denen durch Mischung alles entstehe, versucht zwischen den Meinungen → Heraklits und des → Parmenides zu vermitteln. Seine Philosophie berührt sich sehr stark mit der des → Pythagoras.

Um seinen Tod rankten sich zahlreiche Legenden, am bekanntesten ist, er habe sich in den Krater des Ätna gestürzt.

Ennius

Quintus Ennius. 239–169 v. Chr. Römischer Dichter.

Der in Rudiae (Apulien) geborene Messapier mußte die griechische und lateinische Sprache erst erlernen. Marcus Porcius → Cato holte ihn 204 v. Chr. nach Rom, und dort wurde er, 184 v. Chr. mit dem römischen Bürgerrecht geehrt, zum großen Nationaldichter der Römer. Seine «Annales» in 18 Büchern besangen in Hexametern die römische Geschichte seit Ankunft des Aeneas in Italien; außerdem schrieb er Dramen, von denen 24 Titel bekannt sind.

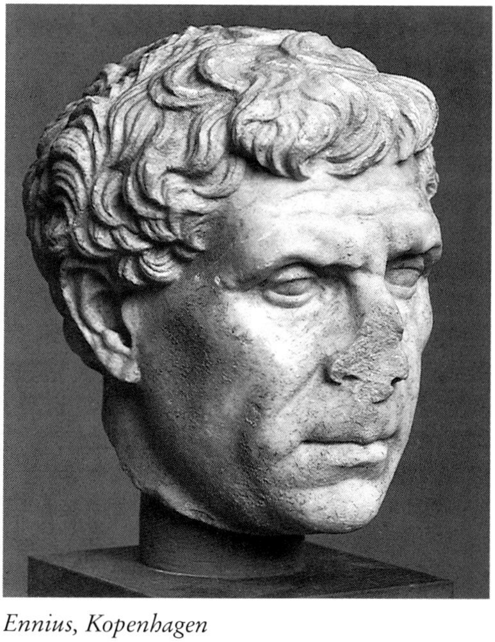

Ennius, Kopenhagen

Ennius, Trier

Im Rom bezeugt eine kopflose Herme mit der Inschrift Q. ENNIUS, daß es sich lohnt, nach seinen Bildnissen Umschau zu halten. Ein dem Stil nach in das 2. Jh. v. Chr. gehörendes Bildnis, von dem einige Kopien bekannt sind, muß aus folgenden Gründen als ein Porträt des Ennius angesehen werden: Die Physiognomie des Dargestellten deutet keineswegs auf einen Griechen, sondern auf einen Italiker hin, und die Verbindung seines Bildnisses mit dem des → Hesiod beweist, daß er gleichsam dessen Gegenstück innerhalb der lateinischen Dichtung ist. Hesiod galt als der erste eigentlich griechische Dichter, der Boioter, der den homerischen Hexameter der Heldenepen auf einfachere und realere Themen übertrug. Wie er war auch Ennius durch sein geschichtliches Epos ein Bahnbrecher der Weltliteratur. Schließlich besteht zwischen diesem Bildnis und dem inschriftlich bezeichneten Mosaikbildnis in Trier soviel Ähnlichkeit, daß die Benennung jenes Bildnisses bestätigt wird. Ein volles, durchfurchtes Gesicht, ein Doppelkinn und Querfalten am Hals entsprechen durchaus den – wenn auch knappen – überlieferten Beschreibungen. Beim Dichten ließ er sich durch Weingenuß anregen, wurde stets von Gicht geplagt und starb auch an dieser Krankheit.

Epaminondas

4. Jh. v. Chr. Sohn des Polymnis. Feldherr.

Als glänzender Feldherr und Taktiker siegte er 371 v. Chr. bei Leuktra mit der «schiefen Schlachtordnung» über die Spartaner. Zusammen mit seinem Freund → Pelopidas Vorkämpfer für die Macht Thebens. Viermal drang er mit seinem Heer gegen Sparta vor und besiegte 362 v. Chr. bei Mantinea mit der gleichen Taktik den Feind, fiel aber im Kampf. Die führerlos gewordenen Thebaner verloren im Frieden von 362/361 v. Chr. ihre Vormachtstellung. Auf der Kadmeia, der Burg von Theben, stand seine Bildnisstatue, deren Inschrift besagte, ganz Griechenland verdanke ihm die Freiheit. Als «erster aller Griechen» genoß er auch später hohes Ansehen.

Epikur

342–270 v. Chr. Sohn des Neokles und der Chairestrate. Aus Samos. Griechischer Philosoph.

Als Begründer der epikureischen Lehre – das Vergnügen, das heißt die Freiheit von Schmerz, die Ruhe des Gemütes, sei das höchste Gut – fand er Anhänger unter seinen Zeitgenossen und besonders auch unter den Römern, die sein Bildnis im Schlafzimmer aufstellten bzw. es mit sich herumtrugen (Plin. 35,5) oder auf Ringen und Bechern anbringen ließen (Cic. de fin. 5,1). Drei kleine Büsten sind, gleichsam als Bestätigung dieser Nachrichten, in Pompeji und Herkulaneum gefunden worden, darunter auch eine, die auf dem Sockel die Inschrift Epikur trägt. Damit hat die Epikur-Ikonographie eine sichere Grundlage, die zusätzlich gestützt wird durch eine ebenfalls mit Inschrift versehene Doppelherme im Museo Capitolino in Rom. Nach diesen Bildnissen konnte eine sehr große Zahl unterschiedlich guter Repliken aufgefunden werden, die alle ein und dasselbe Original kopieren. Aus der antiken Literatur ist nur eine Statue des Epikur bekannt, die Bronzestatue in Samos (Diog. Laert. 10,9), seinem Geburtsort. Gewiß gab es aber auch Statuen in Athen, wo seit dem Jahre 306 v. Chr. die Schule Epikurs

Epikur, New York

Wißbegierige, auch Frauen, anzog. Möglicherweise kann auch die Statue vollständig wiedergewonnen werden. In der Villa Ludovisi in Rom zeichnete Preisler 1732 eine Sitzstatue «Epicurus philosophus»; diese Statue – jetzt mit einem anderen, sicher nicht zugehörigen Kopf ergänzt – steht heute im Garten der amerikanischen Botschaft in Rom, nur trägt sie keinerlei Inschrift! Wie kam Preisler dazu, die Statue auf Epikur zu beziehen? Zwei Gründe sprechen allerdings für die Glaubwürdigkeit von Preislers Angaben. Erstens paßt das Gewandstück, das die Doppelherme andeutet, sehr gut zu dem über der linken Schulter der Statue liegenden Teil des Mantels; zweitens wurde eine Replik der Statue als Gegenstück zu einer ähnlichen des → Hermarchos gefunden, woraus man schließen darf, daß diese – leider kopflose – eben den Epikur darstellte. Eitel, selbstgefällig, aber liebenswürdig und konziliant sei Epikur gewesen, sagen antike Autoren; auch sei er lange krank gewesen. Das alles mag man in seinem Bildnis wiederfinden.

Etruscilla
s. Herennia Etruscilla

Eukleides

Ca. 450–380 v. Chr. Aus Megara. Philosoph.

Er war Schüler des → Sokrates und bot nach dessen Tod dessen Anhängern, die in Athen Verfolgung zu befürchten hatten, in Megara Zuflucht, u. a. auch → Platon. Er gründete in seiner Heimat die «megarische Schule».

Um 100 v. Chr. prägten die Megareer Münzen mit dem Bildnis eines Philosophen mit einem Schleier über dem Kopf. Daß damit Eukleides gemeint ist, ergibt sich aus der Überlieferung, dieser habe in Frauentracht und mit einem Schleier über dem Kopf Sokrates aufgesucht (Gell. 4,10.).

Eukleides

Eukleides

Um 300 v. Chr. Mathematiker.

Durch seine Schrift «Stoicheia» (Elemente) erlangte er schon im Altertum den Ruf des größten Mathematikers. Er hatte darin das Wissen seiner Vorgänger systematisch zusammengefaßt und damit den Grundstein für die Mathematik aller Völker und Zeiten gelegt. Leicht verständlich ist das Werk freilich nicht, und König → Ptolemaios I. tat sich schwer mit ihm. Als er Euklid fragte, ob es denn keinen einfacheren Weg

zur Mathematik gäbe, antwortete dieser, auch für Könige gäbe es keinen bequemeren.
Über das Leben Euklids weiß man so gut wie nichts. Er soll jünger gewesen sein als die Schüler → Platons, aber älter als → Archimedes (287–212 v. Chr.). Seine Ausbildung erhielt er wohl in Athen bei den Platonikern, seine Wirkungsstätte war Alexandria. Was arabische Quellen berichten, ist reine Erfindung.

Eukratides I.

König von Baktrien ca. 175 bis ca. 150 v. Chr.
Obwohl von unbekannter Herkunft, erhob sich Eukratides um 175 v. Chr. zum König von Baktrien und verdrängte → Demetrios I., den Sohn des Dynastiegründers → Euthydemos I., nach Indien. Er kämpfte gegen Demetrios, die Sogdianer, Arachoten, Drangen, Areier und Inder. Um 150 v. Chr. wurde er von seinem Sohn ermordet. Seine Münzbilder zeigen ihn mit einem breitkrempigen Helm, an dem Stierohren und Stierhörner befestigt sind, oder in Kampfpose, und zwar von der Rückseite aus gesehen.

Eukratides I.

Eukratides I.

Eukratides II.

Sohn des → Eukratides I. König von Baktrien nach 150 v. Chr.
Seine Münzbildnisse zeigen den König, von dem kaum etwas bekannt ist, mit kurzem lockigem Haar und der Königsbinde.

Eukratides II.

Eumenes II.

221–159 v. Chr. Sohn des → Attalos I. und der Apollonis. König von Pergamon 197–159 v. Chr.
Da Eumenes seine Münzen in der Regel mit dem Bildnis des → Philetairos versah, bietet nur eine schlecht erhaltene Silbermünze, die offenbar sein eigenes Porträt trägt, eine gewisse Grundlage zur Auffindung seiner Bildnisse. Danach läßt sich ein Marmorkopf im Vatikan mit Eumenes in Verbindung bringen. Früher wurde fälschlicherweise der Dargestellte auf-

Eumenes II., Vatikan

grund seiner kameogeschmückten Binde für einen Priester gehalten. Die Binde aber ist mit Lorbeerblättern geschmückt, eine Kombination, die auch bei den Münzbildnissen des Philetairos zu beobachten ist; also ist hier ein besonders pergamonisches Herrscherabzeichen zu sehen. Speziell auf Eumenes führt die Tatsache, daß der Kameo ein Bildnis des → Scipio trägt, dem Pergamon seine Blütezeit verdankt. Der pergamenische König schmückte sein Diadem mit diesem Kameo als Zeichen der Dankbarkeit für Scipios Hilfe in der Schlacht bei Magnesia am Sipylos im Jahre 190 v. Chr. und als Hinweis auf seine unverbrüchliche Treue dem römischen Bundesgenossen gegenüber. Unter dem Diadem liegende Weinblätter bezeugen seine Verbindung zu Dionysos, vielleicht zu Dionysos Kathegemon, dem Familiengott der Attaliden und ihrem Stammvater, vielleicht auch nur allgemein mit Dionysos, dem Schutzgott der Kultur und Kunst. Eumenes ist der Erbauer des großen Altars von Pergamon, des Athena-Bezirkes und der Bibliothek; er machte Pergamon so zu einem Zentrum der Kultur. Das Porträt ist wohl bald nach 190 v. Chr. entstanden. → Polybios (32,22) nennt Eumenes liebenswürdig, hebt auch seine Klugheit und Tatkraft hervor und «seine große Seele, die alle Schwäche überwand». Zart und leidend, mußte er sich oft in der Sänfte tragen lassen.

Euripides

Ca. 480–406 v. Chr. Sohn des Mnesarchos und der Kleito. Aus Salamis. Griechischer Tragödiendichter.

Der große Dichter, der als erster die menschlichen Konflikte, die sich aus der Individualität ergeben, auf die Bühne brachte, der die Götter als dämonische Wesen aus dem Reich der Vernunft verbannte und eine sinnvolle Weltordnung bezweifelte, stand stark im Schatten des erfolgreicheren → Sophokles. Unbefriedigter Ehrgeiz (er siegte nur viermal!) ließ ihn zu einem mürrischen Pessimisten werden, der Athen verließ und an den Hof des Makedonenkönigs → Archelaos nach Pella ging. Einen unmittelbaren Eindruck dieses Euripides vermittelt ein zeitgenössisches Bildnis, das in mehre-

Euripides, London

ren Kopien erhalten ist. Die Identifizierung beruht auf einigen Versen aus der euripideischen Tragödie «Alexandros», die auf dem Bruststück einer in Rieti gefundenen Herme zu lesen sind. Ganz real und ohne Beschönigung ist der Dichter hier porträtiert, so wie ihn seine Zeitgenossen kannten. Die antike Literatur schweigt allerdings über eine Statuenehrung des Euripides im 5. Jh. v. Chr. und erwähnt nur eine postume. Diese Statue stand im Dionysos-Theater von Athen, dort, wo einst seine Tragödien aufgeführt wurden, und zwar zusammen mit Statuen auch des → Aischylos und Sophokles. Kopien dieser Statue aber scheint es nicht zu geben. Wohl aber ist eine Umgestaltung des alten Euripides-Bildnisses bekannt, das in der Zeit des ausgehenden 4. Jh. v. Chr. geschaffen wurde. Damals war Euripides nicht mehr umstritten, sondern ein Klassiker, und dementsprechend wurde sein Aussehen verschönt. Eine Herme in Neapel mit dem Namen Euripides sichert dieses zweite, spätklassische Euripides-Bildnis. Da ist nichts mehr von Unmut, aber auch nichts Unedles mehr in dem Gesicht des Dichters zu sehen, der ja nicht aus einer vornehmen Familie

Euripides, Neapel

Euripides, Istanbul

stammte. Lang fallen nun die Haare herab und bedecken die Ohren, wodurch der Kopf eine edle Form erhält; sanft und abgeklärt ist der Ausdruck des Gesichtes. Man möchte vermuten, daß dieses Bildnis in Makedonien, vielleicht unter → Alexander dem Großen, entstand, der stets besonders die alten Kulturbeziehungen zu Athen betonen wollte. Euripides war ja sogar in Makedonien gestorben und begraben.

Diese neue Fassung des Euripides-Bildnisses fand in römischer Zeit großen Anklang, wie die Fülle der Kopien zeigt. Doch fehlt eine Kopie der vollständigen Statue. Nur ein Relief in Istanbul zeigt den Dichter in ganzer Gestalt, und man könnte vermuten, daß hier die Statue als Vorbild diente. Der Stuhl mit dem Lederkissen paßt gut in diese Zeit. Anders, einfacher ist eine Marmorstatuette des Dichters im Louvre, kopflos, aber durch die an der Rückwand eingemeißelten Tragödientitel als Euripides-Bildnis gesichert.

So muß man sich mit den beiden Kopfporträts begnügen, die den Dichter einerseits als Zeitgenossen, andererseits als längst verstorbenen Klassiker wiedergeben.

Euthydemos I.

Aus Magnesia. König von Baktrien 222–187 v. Chr.

Um das Jahr 200 v. Chr. erkannte → Antiochos III. die Unabhängigkeit Baktriens an. Das Land erreichte unter dem König Euthydemos und seinem Sohn nach erfolgreichen Kämpfen gegen die Nachbarn und die Einverleibung von Sogdiana, Arachosien, Drangiana und Areia eine beachtliche Machtstellung.

Auf seinen Münzen erscheint Euthydemos als ein Kraftmensch voller Energie und Selbstbewußtsein. Eine gewisse Ähnlichkeit mit einem Marmorkopf in der Sammlung Torlonia, Rom, führte zu der Meinung, dieser stelle den baktrischen König dar. Für den breitkrempigen Hut aber, den dieser Mann trägt, fand sich keine Erklärung. Dieser Kopf gehört wohl eher in den Bereich der Römerbildnisse, wenn nicht überhaupt die alte Bezeichnung «alter Fischer» richtig war.

Euthydemos II.

Sohn des → Demetrios I. König von Baktrien um 190 v. Chr.

Dieser Enkel des → Euthydemos I. war unter seinem Vater Herrscher in Baktrien und Sogdiana. Er ist nur aufgrund seiner Münzen bekannt. Sein Profil ist durch den stark vorspringenden zusammengepreßten Mund und eine fliehende Stirn charakterisiert.

Euthydemos I.

Euthydemos II.

F

Fausta

Flavia Maxima Fausta. Ca. 295–326 n. Chr. Tochter des → Maximianus Herculius und der Eutropia. Frau → Konstantins des Großen.

Konstantins Verlobung mit Fausta war das Thema eines Gemäldes im Palast des Maximian in Aquilea; dort sah man die Braut ihrem Verlobten einen Helm mit Pfauenfedern überreichen (Eumen. paneg. 6,6,7). Die Hochzeit fand 307 n. Chr. statt, um Konstantins Bindung an Maximianus zu festigen. 325, im Jahre des Konzils von Nicaea, wure Fausta zur «Augusta» ernannt, im folgenden Jahr jedoch von Konstantin ermordet, der in ihr die treibende Kraft im Komplott gegen seinen Stiefsohn, den er ebenfalls hatte ermorden lassen, erkannte. Von ihrem Palast in Rom sind Reste gefunden worden, mit Gemälden, die Angehörige des Kaiserhauses – auch Konstantin – darstellen. Eine schöne Marmorstatue in Ostia hat Raissa Calza als Bildnis der Fausta nachgewiesen; die schlanke Gestalt ist vollständig in ein Gewand gehüllt, das auch den Hinterkopf bedeckt; das Gesicht ist voll und wird von gewelltem Haar umrahmt, um das ein dreifaches Zopfband gelegt ist.

Fausta, Ostia

Faustina die Ältere

Annia Galeria Faustina. 105–141 n. Chr. Tochter des Annius Verus und der Rupilia Faustina. Frau des → Antoninus Pius.

Als Frau des Kaisers erhielt sie sofort (138 n. Chr.) den Titel «Augusta»; drei Jahre danach starb sie und wurde unter die Götter erhoben. Antoninus Pius ließ ihr den Tempel auf dem Forum bauen, in dem er selbst nach seinem Tode verehrt wurde und der noch heute aufrecht steht. Capitolinus (Ant. P. 3) sagt ihr nach, sie habe ein ausschweifendes Leben geführt, in ihren Bildnissen erscheint sie aber eher bieder, doch glaubt man, daß sie derb und geistlos war. Phantasie entwickelte sie freilich bei ihrer Frisur; in einem raffinierten System von Geflechten sind die Haare am Hinterkopf nach oben ge-

Faustina d. Ä., Dresden

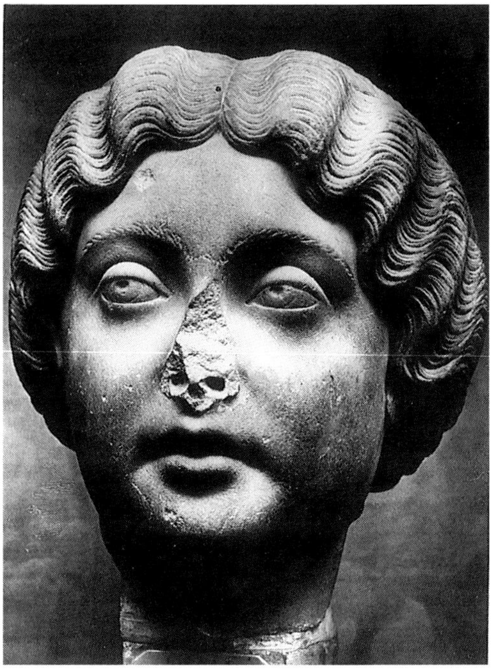

Faustina d. J., Rom, Mus. Naz. Rom.

führt, wo sie ein großes Nest bilden. Das war damals etwas ganz Neues und scheint auf einen persönlichen Einfall der Faustina zurückzugehen.

Faustina die Jüngere

Annia Galeria Faustina. 130–176 n. Chr. Tochter des → Antoninus Pius und der → Faustina der Älteren. Frau des → Marcus Aurelius.

Zunächst mit → Lucius Verus, nach dem Tod → Hadrians mit Marcus Aurelius verlobt, heiratete dieser sie im Jahre 145 n. Chr. Aus dieser Ehe gingen 13 Kinder hervor, darunter → Commodus. Schamlosigkeit und Ehebruch wurden ihr nachgesagt, ebenso soll sie Aridius Cassius angestiftet haben, sich der Herrschaft zu bemächtigen und sie zu heiraten (Dio. 71,22,3). Im Gegensatz zu ihrer Mutter frisierte sich die Tochter recht schlicht; ihre gescheitelten Wellenhaare vereinigen sich am Hinterkopf in einem Knoten. Auffallend sind ihre vorquellenden Augen, die sie auch dem Commodus vererbte. Die Mutter konsultierte den großen Arzt → Galen, um ein Halsleiden des Commodus heilen zu lassen (Gal. 14,662), als er noch ein kleines Kind war. Offenbar aber litt auch Faustina an der Basedowschen Krankheit.

Flamininus

Titus Quinctius Flamininus. 228–174 v. Chr. Sohn des Titus Quinctius Flamininus. Römischer Feldherr.

Als Befreier Griechenlands ließ er sich im Jahre 196 v. Chr. von den Hellenen feiern, die sich bei Korinth zu den Isthmischen Spielen versammelt hatten. Ein Jahr zuvor hatte er den Makedonenkönig → Philippos V. bei Kynoskephalae geschlagen und ihn zur Räumung Griechenlands gezwungen. Rom war nun der Garant der griechischen «Freiheit». Für seine Erfolge wurde er nicht nur in Rom durch eine Bronzestatue mit einer Inschrift in griechischen Buchstaben geehrt (Plut. Titus 1,1), sondern auch in Griechenland; dort blieb der Rest einer Basis in Delphi erhalten, die eine Flamininus-Statue trug. Aber weitaus bekannter wurde sein Aussehen durch Goldmünzen mit seinem Bildnis. Sie sind die ersten, die einen Römer zeigen; in Rom selbst wäre das ganz unmöglich gewesen. In Griechenland aber konnte geschehen, was in Rom als eine unerhörte Provokation empfunden worden wäre; möglicherweise waren auch Griechen die offiziellen Auftraggeber für diese Münzen. Sie dienten kaum als Zahlungsmittel, sondern vielmehr als Geschenk für verdiente Männer, wie zum Beispiel auch die Kameenbildnisse und ihre Nachbildungen. Überraschend an dem Münzbildnis des Flamininus ist die Ähnlichkeit mit griechischen Königen und speziell mit Philippos V., der ebenfalls einen keineswegs üblichen Bart trug. Verglichen mit dem Makedonen wirkt Flamininus merkwürdig temperamentvoll; vergleichbar muß auch jene Statue in Rom gewirkt haben, von der → Plutarch (Titus 1) sagt, man habe ihr angesehen, daß Flamininus von feuriger Natur, einer in Liebe und Haß gleich heftigen Leidenschaft und von maßloser Ehr- und Ruhmsucht gewesen sei. Eine Kopie dieser Statue stand später auf dem Forum des → Augustus in der Reihe jener Männer, die Roms Größe mitgestalteten. Davon ist vielleicht ein allerdings nur sehr unansehnlicher Rest des Kopfes erhalten geblieben.

Flamininus

Flavia Domitilla

Tochter → Vespasians und der Flavia Domitilla d. Ä.

Die Schwester des → Titus und → Domitian starb wie ihre Mutter vor der Thronbesteigung Vespasians im Jahr 69 n. Chr. Ihr Geburtsdatum ist nicht bekannt, auch das Jahr ihres Todes nicht. Während ihre Mutter offenbar keinerlei Ehrungen erfuhr, versetzte Domitian seine Schwester unter die Götter und verlieh ihr den Titel Augusta. Er hatte wohl ein besonders enges Verhältnis zu ihr gehabt und prägte sofort nach seinem Regierungsantritt Münzen mit ihrem Bildnis. Danach läßt sich ein kolossaler Marmorkopf in Kopenhagen als ein Porträt der Domitilla nachweisen, an dem eine große Ähnlichkeit mit Domitian auffällt.

Ihre gleichnamige Tochter war Christin; sie wurde auf die Insel Pontia verbannt und starb in der Regierungszeit des → Nerva den Märtyrertod. Ihr Name ist mit der Domitilla-Katakombe verbunden.

Flavia Domitilla, Kopenhagen

Florianus

Marcus Annius Florianus. † 276 n. Chr. Römischer Kaiser 276 n. Chr.

Nach der Ermordung seines Stiefbruders → Tacitus wurde er im Westen von den Soldaten als Kaiser ausgerufen; dort kämpfte er gegen → Probus. Bald wurde er aber von seinen Soldaten in Kilikien ermordet.

Das grobe und brutale Gesicht, das die Münzbildnisse zeigen, kehrt meisterhaft konzentriert bei einem kleinen Marmorkopf wieder, ebenso der kurze Bart und die krausen Locken, so daß dieser als ein Bildnis des Florianus angesehen werden darf.

Florianus, Kunsthandel

G

Galba

Servius Sulpicius Galba. 3 v. Chr. bis 69 n. Chr. Sohn des Gaius Sulpicius Galba und der Mummia Achaica. Römischer Kaiser 68–69 n. Chr.

Unter → Caligula trat er als Sieger über die Chatten hervor und begleitete → Claudius auf dessen Feldzug in Britannien. Er war bereits 72 Jahr alt, als der Senat ihn nach dem Tode → Neros als Kaiser aufstellte. Doch bald wurden seine Statuen in Mainz von den Legionären umgestürzt (Tac. 1,55,3) und er selbst auf dem Forum Romanum ermordet. Sein sehr markantes Profil auf den Münzen erinnert an die alten Römer der Republik, deren Eigenschaften – strenge Härte und Sparsamkeit – ihm zum Verhängnis wurde. Eine Kolossalstatue in der Rotonda des Vatikan, in der J. J. Winckelmann glaubte, den Galba erkennen zu können, restaurierte Cavaceppi in diesem Sinne. Sie zeigt einen Herrscher in der Pose des Jupiter, was nichts Ungewöhnliches ist; im Atrium seines Hauses hatte Galba seinen Stammbaum aufgehängt, in dem seine Abkunft von Zeus und Pasiphae demonstriert war (Sueton, Galba 2).

Galba

Galba, Vatikan

Galen

129–199 n. Chr. Aus Pergamon. Arzt und Philosoph

Als Sohn eines Mathematikers studierte er schon mit 14 Jahren Philosophie und Mathematik, dann mit 16 in Alexandria Medizin. 161 n. Chr. kam er nach Rom, wo er bald berühmt wurde und einflußreiche Freunde gewann. Als im Jahre 166 n. Chr. von den aus dem Osten zurückkehrenden Soldaten des Lucius → Verus die Pest eingeschleppt wurde, entzog er sich der Gefahr durch Rückkehr nach Pergamon. Bald danach kehrte er zurück, um Leibarzt des Kaisers → Marc Aurel zu werden, der besonders die von ihm hergestellte, opiumhaltige Wunderdroge Theriak schätzte. Auf den Feldzügen gegen die Markomannen begleitete er den Kaiser nicht, sondern blieb in Rom. Er schrieb über Anatomie, Hygiene, Diät, Pathologie, Pharmakologie und verfaßte Kommentare zu den Schriften des → Hippokrates. Bis in das 16. Jh. galt Galen als unbestrittene Autorität.
In der Wiener Dioskurides-Handschrift befindet sich ein Miniaturbild des Galen. Danach hat man versuchsweise auch in einem Marmorkopf des Museums von Rochester ein Porträt des großen Arztes erkennen wollen.

Galen (?), Rochester

Galerius und Galeria Valeria, Bonn

Galeria Valeria

† 313 n. Chr. Tochter des → Diokletian. Frau des → Galerius.

Um innerhalb der Tetrarchie des Diokletian die Bande enger zu gestalten, verheiratete dieser seine Tochter im Jahre 293 mit Galerius, der ihr 305 n. Chr. den Titel «Augusta» verlieh. Das Ehepaar ist auf einer Gemme dargestellt, wonach Galeria die Haare in zwei dichten Zöpfen zusammengefaßt trug, die unter den Ohren ansetzen und bis zur Stirn geführt waren. Versuche, nach dieser Gemme und aufgrund ihrer Münzbildnisse rundplastische Porträts zu identifizieren, sind bisher nicht geglückt.

Galerius

Gaius Galerius Valerius Maximianus. Ca. 250–311 n. Chr. Römischer Kaiser 305–311 n. Chr.

Als Sohn eines illyrischen Bauern diente er unter → Aurelian und → Probus als Soldat und wurde unter → Diokletian Offizier. Als Diokletian die Tetrarchie einrichtete, wurde Galerius im Jahre 293 zum Caesar ernannt und mit dessen Tochter verheiratet.
Eine Gemme zeigt ihn vis à vis mit seiner Frau → Galeria. Münzbildnisse ließen einen aus Saloniki stammenden Marmorkopf als Bildnis des Kaisers erkennen, der seit 305 den östlichen Teil des Reiches regierte und in Saloniki seine Residenz hatte. Dort erinnern ansehnliche Reste ei-

nes reliefverzierten Bogens und sein in eine Kirche verwandeltes Mausoleum noch heute an ihn. Anders als sein «Bildnis» innerhalb der Tetrarchen-Gruppen aus Porphyr *(s. Diokletian und Maximianus)* gibt der Kopf aus Saloniki durchaus persönliche Züge wieder. Der düstere Ausdruck ist wohl durch seine Krankheit begründet; er starb in Saloniki an Krebs. Als Zeichen seines kaiserlichen Ranges trägt er einen Eichenkranz, geschmückt mit einer kostbaren Agraffe. Sympathische Milde zeichneten ihn aus, und auch das Christentum erkannte er als «erlaubte Religion» an. Vielleicht hängt es damit zusammen, daß Galerius keinen Bart trägt, der seit → Hadrians Zeiten üblich war, wenn auch immer stärker reduziert. Erst → Konstantin der Große kehrt entschieden zu der von → Alexander dem Großen initiierten Bartlosigkeit zurück. Auf den Münzbildnissen des Galerius sowie auf dem Gemmenbild sieht man ihn durchaus noch mit einem Bart; demnach könnte der Marmorkopf ein Zeugnis dafür sein, daß der Kaiser zuletzt dem Christentum näherstand, als man annimmt.

Gallien

Publius Licinius Egnatius Gallienus. 218–268 n. Chr. Sohn des → Valerianus. Römischer Kaiser 360–268 n. Chr.

Die relativ lange Regierungszeit des Gallien bedeutete in der turbulenten Geschichte des 3. Jh. n. Chr. eine ruhige und besinnliche Zeit, wozu der Kaiser das Seine beitrug. Er gab die Christenverfolgung auf und versuchte selbst in die Geheimnisse der Philosophie und Mystik einzudringen. Er und seine Frau → Salonina gehörten zu den Verehren von → Plotin, der die platonische Philosophie erneuerte. Eingeweiht in die eleusinischen Mysterien, identifizierte er sich mit der Demeter. Als Philhellene, wie einst → Hadrian, steht er isoliert in der Reihe der «Soldatenkaiser»; auch sein Bildnis ragt in dieser Zeit weit über das Übliche hinaus. Schwärmerisch ist sein Blick nach oben gerichtet, gepflegt seine Erscheinung. Einen Purpurmantel mit goldenen edelsteinbesetzten Schließen trug er gewöhnlich über einem goldgestreiften Purpurgewand (Malalas 12,298,4 ff.). Doch war Gallien nicht nur gebildet, sondern er erkannte

Galerius, Athen, Sammlung Kanellopulos

Gallien, Rom, Mus. Naz. Rom.

auch seine Aufgabe, den offensichtlichen Niedergang der Kultur nach Kräften aufzuhalten; daher rief er zum Sammeln und Bewahren alten Kulturgutes auf. Dennoch war dieser sensible Kaiser auch auf dem Schlachtfeld erfolgreich, und zwar in den Kämpfen gegen Markomannen, Goten und die in Griechenland eingefallenen Heruler. Vor Mailand wurde er ermordet.

Gelon

Ca. 276–215 v. Chr. Sohn des → Hieron II. und der → Philistis. König von Syrakus, zusammen mit seinem Vater, 240–215 v. Chr.

In der Zeit zwischen dem Ende des Ersten Punischen Krieges und dem Beginn des Zweiten (218 v. Chr.) hielt er – wie auch sein Vater – Rom die Treue. Die damals in Syrakus herrschende Blütezeit ist auch sein Verdienst.

Auf seinen Münzbildnissen läßt sich eine überaus große Ähnlichkeit mit seiner Mutter erkennen.

Gelon

Germanicus

Germanicus Julius Caesar. 15 v. Chr. bis 19 n. Chr. Sohn des → Drusus des Älteren und der → Antonia der Jüngeren. Römischer Feldherr.

Als glänzender Feldherr allgemein beliebt und als Neffe des → Tiberius, Vater des → Caligula und der → Agrippina der Jüngeren sowie als

Germanicus, Wien

Bruder des → Claudius stand er im Mittelpunkt der julisch-claudischen Familie. Germanicus ist einer ihrer erfreulichsten Mitglieder. Tiberius hatte ihn auf Wunsch des → Augustus zu adoptieren – wodurch dessen eigener Sohn → Drusus der Jüngere von der Nachfolge ausgeschlossen wurde –, so daß die Münzumschriften ihn Sohn des Tiberius und Enkel des Augustus nennen können. Claudius ehrte seinen Bruder besonders durch Münzen mit seinem Bildnis und durch Statuen. Auch auf dem großen Kameo in Wien *(s. Claudius)*, der anläßlich der Hochzeit von Claudius mit Agrippina der Jüngeren 48 n. Chr. entstand, erscheint sein Profil gegenüber dem des Kaisers, zusammen mit dem von → Agrippina der Älteren. Marmorbildnisse des Germanicus fallen durch die Kleinheit des Mundes und des Kinns auf sowie durch die Breite der Stirn; das sind nicht nur Eigenarten seines Vaters Drusus, sondern auch seines Onkels Tiberius, nur treten sie hier in besonders scharfer Form hervor. Seine Frisur ist eine Variante von der des Augustus sowie auch der des Tiberius. Für diesen kämpfte er erfolgreich in Germanien und erhielt daher seinen Beinamen.

Germanicus, Rom, Mus. Cap.

Von einer Mission in den Orient kehrte er nicht mehr zurück. In Antiochia erkrankte und starb er, allgemein tief betrauert.

Geta

Lucius Publius Septimius Geta. 189–212 n. Chr. Sohn des → Septimius Severus und der → Julia Domna. Römischer Kaiser unter seinem Vater und seinem Bruder 208–212 n. Chr.

Geta und Caracalla (links)

Geta, Tripolis

Das Verhältnis der beiden Brüder → Geta und Caracalla war immer schlecht. «Jeder von beiden ließ kein Mittel unversucht, sich des Bruders zu entledigen und die Alleinherrschaft an sich zu reißen» (Herold. 4,3). Schließlich gelang es Caracalla, den sonst als gütig und menschenfreundlich geschilderten Geta in den Armen seiner Mutter zu ermorden. Zum Staatsfeind erklärt, wurden alle seine Bildnisse zerstört, aus Gemälden herausgekratzt *(s. Septimius Severus)*, von Reliefs abgeschlagen. Auch in Leptis Magna wurde von dem großen «Concordia»-Relief der Familie des Septimius Severus an der Attika des Triumphbogens das Gesicht des Geta entfernt – aber sorgfältig der Erde anvertraut. Dort wurde es dann bei den Ausgrabungen wiedergefunden und konnte Bruch an Bruch wieder angefügt werden. Ein Fall später Rehabilitation! Doch – welch Ironie des Schicksals! – der Reliefkopf Getas ist wieder verschwunden, und nur ein Gipsabguß kann das im Zweiten Weltkrieg gestohlene Original ersetzen. Da die beiden Brüder sich sehr ähnlich waren, ist sonst eine Unterscheidung ihrer Bildnisse sehr schwierig.

Gordian I.

Marcus Antonius Gordianus Sempronianus Romanus Africanus. 159–238 n. Chr. Sohn des Maecius Marullus und der Ulpia Gordiana. Römischer Kaiser 238 n. Chr.

Als Statthalter in Afrika erhob er sich gegen Kaiser → Maximinus Thrax und nahm zusammen mit seinem Sohn den Purpur. Obwohl vom Volk und Senat anerkannt, konnten sich die beiden Gordiane nicht durchsetzen. Der Vater erhängte sich nach der Niederlage gegen Capellianus. Das Bildnis des Gordian fällt durch die vornehme Erscheinung gegenüber denen seiner Konkurrenten besonders auf. Haar und Bart sind kurz geschnitten. Allerdings fehlten diesem Mann die damals notwendigen Eigenschaften, Rücksichtslosigkeit, Grausamkeit und brutale Energie.

Gordian II., Rom, Pal. dei Cons.

Gordian II.

Marcus Antonius Gordianus Sempronianus Romanus Africanus. Ca. 192–238 n. Chr. Sohn des → Gordian I. Römischer Kaiser 238 n. Chr.

Gordian I., Castle Howard (Yorkshire)

Zusammen mit seinem Vater als Kaiser eingesetzt, verlor er die Schlacht gegen Capellianus und fiel. Der etwa 46jährige gleicht in seinen Bildnissen seinem 33 Jahre älteren Vater erstaunlich, allerdings drücken Blick und Mundstellung keineswegs Resignation aus. Seine Züge verraten viel eher Tatkraft und Energie.

Gordian III.

Marcus Antonius Gordianus. 225–244 n. Chr. Sohn des Iunius Balbus und der Schwester → Gordians II. Römischer Kaiser 238–244 n. Chr.

Auf Verlangen des Volkes wurde Gordian den Kaisern → Balbinus und → Pupienus als Caesar zur Seite gestellt. Nach deren Ermordung erhoben die Prätorianer noch im gleichen Jahr den 13jährigen zum Kaiser. Gegen Schapur I. führte er Krieg und errang Erfolge gegen die Perser. → Plotin, der Philosoph, begleitete ihn. Bei Zaitha am Euphrat wurde er von → Philippus Arabs ermordet. Heiter und liebenswürdig nennt ihn Capitolinus (Gord. Tert. 31), wie auch klug und

Gordian III., Rom, Mus. Naz. Rom.

beliebt. Eher verschlagen wirkt er auf seinen Bildnissen, die den Jüngling mit dem ersten Bartflaum und kurzen Haaren darstellen. Als Kind ist er auf einem geschnittenen Stein abgebildet, zwischen den bärtigen Kaisern Balbinus (s. dort) und Pupienus.

Gorgias

Ca. 480–380 n. Chr. Aus Leontinoi. Sohn des Charmantidos. Lehrer der Beredsamkeit.

Er zeigte den Griechen, welche Macht ein Redner gewinnen kann, hielt Festreden in Olympia und Delphi. Als Lehrer der Rhetorik erregte er in Athen Aufsehen und Kritik durch seine Ansicht, ein Redner könnte durch sein Geschick jede gewünschte Wirkung auf seine Zuhörer erreichen. Die Höhe seiner Honorare verschaffte ihm einen beachtlichen Reichtum. Er kleidete sich in Purpur und stiftete sein eigenes Bildnis in das Heiligtum von Delphi, eine vergoldete Bronzestatue, die im 2. Jh. n. Chr. dort noch zu sehen war.

Eventuelle Kopien danach scheinen nicht erhalten zu sein.

Gracchus

Tiberius Sempronius Gracchus. Volkstribun des Jahres 133 v. Chr.

Nach Bewährung im Kriegsdienst wurde er 137 v. Chr. Praetor; er erkannte die Not der Bauern und die schwindende Wehrkraft und hoffte, durch eine Sozialreform die Situation zu verbessern. Als Volkstribun forderte er aufgrund alter Gesetze eine Einschränkung des Großgrundbesitzes und eine Verteilung der freiwerdenden Ackerfläche an Neusiedler. Dies brachte ihm die Gegnerschaft des Senates ein, die sich unter dem Pontifex Maximus Scipio Nasica formierte. Gracchus und 300 seiner Anhänger wurden auf dem Capitol erschlagen.

Gracchus

Gaius Sempronius Gracchus., 153–121 v. Chr Jüngerer Bruder des .→ Tiberius Sempronius Gracchus, Volkstribun der Jahre 123/122 v. Chr..

Er erkannte wie sein Bruder die innenpolitischen Probleme der Zeit und versuchte mit Reformen Abhilfe zu schaffen, u. a. durch Anlage neuer Kolonien.

Was Gracchus als Volkstribun 123 und 122 v. Chr. erreichen konnte, wurde von der Senatsopposition bekämpft, seine Gesetze sollten 121 v. Chr. wieder aufgehoben werden. Es entstand ein Volksaufstand, und auf dem Aventin wurde gekämpft. Gracchus floh und ließ sich von einem Sklaven töten. Die Senatsherrschaft hatte gesiegt.

Gratianus

Flavius Gratianus. 359–383 n. Chr. Sohn des späteren Kaisers → Valentinian und der Marina. Weströmischer Kaiser 367–383 n. Chr.

Als 8jähriger wurde Gratian Augustus. Nach dem Tod seines Vaters herrschte er selbständig. Der Dichter Ausonius, sein Lehrer, beeinflußte ihn günstig. Gratian bekämpfte die Heiden und ließ auf Betreiben des Ambrosius jene Victoria aus der römischen Curia beseitigen, die einst → Augustus dort aufgestellt hatte und seither als Symbol der goldenen Zeit Roms galt. Er hatte gegen Goten und Alamannen zu kämpfen und wurde schließlich von den Soldaten, die dem Usurpator Maximus zuliefen, auf der Flucht ermordet.

Sein Bildnis aus Trier, wo er seit 375 residierte, zeigt einen energischen, kraftvollen Herrscher, der als Christ aktiv an theologischen Fragen interessiert war, Häretiker wie Heiden bekämpfte und dem Bischof Ambrosius so nahestand, daß dieser ihm seine Abhandlung über den Glauben und den heiligen Geist widmete.

Gratianus, Trier

H

Hadrian

Publius Aelius Hadrianus. 76–138 n. Chr. Sohn des Publius Aelius Hadrianus und der Domitia Paula. Römischer Kaiser 117–138 n. Chr.

Der angebliche Adoptivsohn → Trajans verzichtete, als das Heer ihn zum Kaiser ausrief, auf eine zusätzliche Ausdehnung des Reiches, das unter seinem Vorgänger die weitesten Grenzen erreicht hatte. Unsichere Provinzen im Osten gab er sogar auf. Sein Ziel war eine innere Festigung und das Wohl des Staates. Neuen Auftrieb erhoffte er sich durch Wiederbelebung griechischer Ideale, die gegenüber der «Romanitas» seit → Augustus in den Hintergrund getreten waren. Das bedeutete keinen Rückfall in die griechisch-orientalische Welt der Nachfolger → Alexanders des Großen, sondern ein Zurückgehen in die eigentlich klassische Zeit des Griechentums. Daher trug er, wie die Bildnisse zeigen, einen Bart, als erster wieder, nachdem Alexander auf ihn verzichtet hatte. Die Nachfolger Hadrians folgten seinem Beispiel, bis der Bart – in der Zeit → Konstantins des Großen etwa – zum Zeichen des Heidentums wird und wieder verschwindet. Philhellene und Romantiker war Hadrian, der seinen Blick besonders auf den Osten des Reiches richtete, den er zweimal ausführlich bereiste. Überall kam er als Wohltäter, baute in Athen eine neue «Hadrians-Stadt», vollendete das Olympieion, das seit dem 6. Jh. v. Chr. unfertig dastand, und hinterließ in ganz Griechenland und Kleinasien Spuren seines Wirkens. Er fühlte sich so sehr als Grieche, daß er auch einen Freund hatte, den bithynischen Knaben → Antinous, den er, nachdem er im Nil ertrunken war, göttlich verehren ließ. Seine Frau → Sabina war von dieser altgriechischen Sitte weniger angetan. Als Kosmopolit rüttelte er mit seiner Abkehr vom Römischen an den Grundfesten des Reiches, doch wenn er jetzt als «Graeculus», als Griechlein, beschimpft wurde (Spartian. vit. 1,5), so fand er doch keine ernstlichen Kritiker. Er konnte es sich sogar erlauben, selbst zu malen und zu modellieren (Cass. Dio 69,3) und familiär mit Malern zu verkehren (Spartian. vit. 16,10). Die freien Locken seines Haares stehen daher nicht zufällig im Gegensatz zu den strengen Strähnen römischer Art bei Trajan.

Hadrian, Rom, Mus. Naz. Rom.

Hannibal

246–183 v. Chr. Sohn des Hamilkar Barkas. Feldherr Karthagos im Zweiten Punischen Krieg (218–202 v. Chr.)

Hannibal, Madrid.

Sein im Altertum von allen Seiten anerkanntes Feldherrngenie zeigte Hannibal durch die Alpenüberquerung mit seinem Heer in 15 Tagen, die Vernichtung des römischen Heeres am Trasimenischen See (217 v. Chr.) und durch die klassische Einkreisungsschlacht von Cannae (216 v. Chr.), die Roms Untergang zu besiegeln schien. Noch heute gilt sie den Militärs als Beweis höchster Kriegskunst. So stritt man sich im Altertum, wer der größte Feldherr gewesen sei, → Alexander der Große, Hannibal oder → Scipio; und bei diesem Interesse an ihm wird man Kopien von Statuen erwarten können, die ihm in den Städten Unteritaliens errichtet wurden. Bekanntermaßen wurden nicht weniger als drei solcher Ehrenstatuen nach Rom gebracht, und zwar als Mahnmale, als historische Dokumente für die Gefahr, als «Hannibal ad portas» stand, aber auch als Zeichen des Sieges (Plin. 34,32). Gegenüber seinem Gegner, dem faszinierenden Scipio, sei Hannibal von «überraschend eindrucksvoller Schönheit gewesen, der etwas Schreckliches und Verschlossenes beigemischt war» (Suda s. v. Scipio). Auch habe sein eines Auge als Folge einer Erkältungskrankheit seine Sehkraft verloren (Corn. Nep. de vit. ill. 23,4). Nach diesen Aussagen dürfte ein Marmorkopf in Madrid ein Bildnis Hannibals sein. Der Stil führt in seine Zeit, die Rassenmerkmale deuten auf einen Nordafrikaner, und in den Augen kann wohl auch jener Sehfehler entdeckt werden. Sosehr der Schöpfer des Originals, ein Grieche in Unteritalien, die Andersartigkeit dieses «Barbaren» hervorhob, so bleibt doch auch der griechisch Gebildete sichtbar, ebenso wie sein Soldatentum. Er war ein Feldherr vom Schlage des von ihm geschätzten → Marcellus und sicher auch nicht barbarischer als dieser, wenn es Gegner zu bekämpfen galt. Auf der Höhe seines Erfolges müssen jene Statuen in unteritalischen Städten entstanden sein, also bevor Hannibal 203 v. Chr. von Karthago zurückbeordert und dort ein Jahr später von Scipio Africanus bei Zama geschlagen wurde. Als Landflüchtiger bei König → Antiochos III. intrigierte er weiter gegen Rom – jedoch erfolglos; er floh zu → Prusias I., doch bald sah er keinen Ausweg mehr; er endete durch Selbstmord. Dies seltsame Schicksal des Hannibal mag ihn für den Auftraggeber der Kopie interessant gemacht haben, und nicht nur das Feldherrngenie, das ihn als Pendant zu Alexander oder Scipio geeignet erscheinen ließ.

Harmodios

Freund des → Aristogeiton und Tyrannenmörder im Jahre 514 v. Chr.

Er, genauer Hipparchos' Zuneigung zu ihm, war Anlaß der Verschwörung, der Hipparchos zum Opfer fiel (über die Tyrannenmördergruppe von Kritios und Nesiotes s. unter *Aristogeiton*). Der Kopf der Harmodios-Statue, der in der Kopie in Neapel ungebrochen aufsitzt, ist auch in einer Replik in New York bekannt. Kurzlockig und mit einem schweren Untergesicht, entspricht die Erscheinung des Harmodios dem damaligen Ideal. Wie der im Jahre 514 v. Chr. getötete junge Tyrannenmörder wirklich aussah, darüber kann das über ein Menschenalter später errichtete Denkmal kaum etwas aussagen.

Harmodios, New York

Helena, Rom, Mus. Cap.

Helena

Flavia Iulia Helena. 257–337 n. Chr. Mutter → Konstantins des Großen.

Die aus Bithynien stammende Gastwirtin war Konkubine des → Constantius Chlorus und wurde Mutter Konstantins, an dessen Hof sie seit 306 n. Chr. hoch geehrt war und 325 den «Augusta»-Titel erhielt. Als fromme Christin gründete sie Kirchen in Konstantinopel und unternahm eine Pilgerfahrt ins Heilige Land. Von der Auffindung des Kreuzes weiß Eusebios in seiner Lebensbeschreibung von Konstantin nichts zu berichten. Der prächtige Porphyrsarkophag, in dem sie begraben wurde, befindet sich heute im Vatikan. Nach den Münzbildnissen hat R. Calza 1955 eine Statue der Helena im Museo Capitolino entdeckt, die bisher den Namen Agrippina trug. Der Kopf ist mit einer Sitzfigur verbunden, die eine Kopie einer klassischen Aphrodite-Statue ist; diese Identifizierung der Christin Helena mit der heidnischen Göttin ist gewiß erstaunlich. Verfehlt ist die Bezeichnung Helena für ein Gemälde, das Teil des Deckenschmuckes im Kaiserpalast in Trier war; es handelt sich vielmehr um die Personifikation einer Tugend.

Helena, Rom, Mus. Cap.

Heliokles I. Dikaios

Sohn des → Eukratides. König von Baktrien ca. 156–130 v. Chr.

Angeblich hat er seinen Vater so glühend gehaßt, daß er ihn ermordete und unbeerdigt ließ (Iustin. 41,6,5). Er verlor größere Teile des Rei-

Heliokles I.

ches, das langsam unter dem Ansturm der Yuetschi zu zerfallen begann. Daher ist er der letzte bedeutende griechische König von Baktrien. Sein Münzbildnis ist mit dem durch eine recht dicke Nase charakterisierten Profil nicht sehr schmeichelhaft; der König wirkt eher einfältig.

Heliokles II.

König von Baktrien nach 130 v. Chr.

Vermutlich als Sohn des → Heliokles I., regierte er über Teile von Baktrien und Indien. Seine Münzbildnisse zeigen deutlich sein knochiges Gesicht im Gegensatz zu dem vollen seines Vaters; er trägt einen prächtigen Helm mit Stierhörnern und -ohren.

Heliokles II.

Heraklit

535–475 v. Chr. Sohn des Blyson. Aus Ephesos. Griechischer Philosoph.

Der aus königlicher Familie stammende Heraklit, der seine Erkenntnisse so schwer faßbar formulierte, daß er der «Dunkle» genannt wurde, sah im Feuer den Anfang aller Dinge und erkannte, daß «alles im Fluß» sei. In seiner Heimatstadt stand eine Statue, die an den großen Sohn erinnerte, und in den Jahren um 150 n.

Heraklit, Heraklion

Chr. wurden ihm zu Ehren Münzen geprägt. Inschriftlich bestätigt erscheint dort sein Bild in ganzer Gestalt, dozierend und mit einem knotigen Stock in der Hand. Diesem Bild entspricht eine Marmorstatue aus Gortyn aus der Zeit um 200 n. Chr., offenbar eine Kopie nach einem Original aus klassischer Zeit; auch hier hält der bärtige Philosoph einen knotigen Gegenstand in der Linken, allerdings ist es eine kleine Keule. Darin ist wohl eine Anspielung auf das Attribut des Herakles zu sehen, dessen Name in dem des Heraklit anklingt. Die sicher sehr vergröbernde Statue gibt demnach wohl eine Heraklit-Statue wieder, deren Entstehungszeit schwer bestimmbar ist. Zwar besteht kein Grund, von einer späten, klassizistischen Erfindung zu sprechen; das Original entstand gewiß bald nach dem Tod des Philosophen, vielleicht in Ephesos. Eine Gemme mit dem Bild einer Heraklit-Herme in Athen ist nicht antiken Ursprungs.
Die Vermutung, die eine der beiden Bronzebüsten aus Herkulaneum stellte den «weinenden» Philosophen Heraklit dem «lachenden» → Demokrit gegenüber, ist unbegründet.

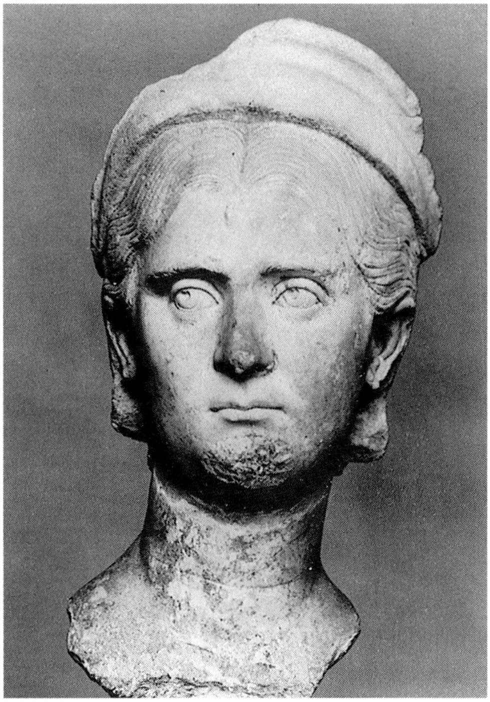

Herennia Etruscilla, Rom, Mus. Naz. Rom

Herennia Etruscilla

Herennia Cupressenia Etruscilla. Um 250 n. Chr. Frau des → Trajanus Decius.

Die aus vornehmer italischer Familie stammende Etruscilla ist, wie der Vergleich mit ihren Münzbildnissen zeigt, in einem Marmorkopf des Museo Nazionale Romano porträtiert. Die Haare, in der Mitte gescheitelt, fallen in weichen Wellen hinter die Ohren und sind rückwärts bandartig bis auf den Oberkopf geführt. Ein hohes Diadem schmückt die energisch blickende Frau, die Mutter des → Herennius Etruscus und des → Hostilianus.

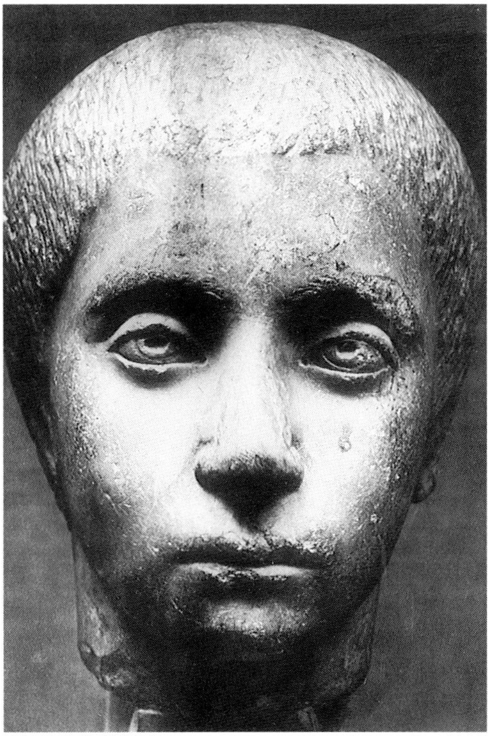

Herennius Etruscus, Rom, Mus. Naz. Rom.

Herennius Etruscus

Quintus Herennius Etruscus Messius Decius. Sohn des → Trajanus Decius und der → Herennia Etruscilla. Mitkaiser seines Vaters 250–251 n. Chr.

Vater und Sohn fallen im Kampf gegen die Goten in der Dobrudscha, Herennius Etruscus erlag einem Pfeilschuß. Durch einen Vergleich mit Münzbildnissen erweist sich der Marmorkopf eines kränklich wirkenden Knaben im Museo Nazionale Romano als Bildnis des Herennius Etruscus.

Hermarchos

342–260 v. Chr. Sohn des Agemortos. Aus Mytilene. Griechischer Philosoph.

Hermarchos, der von der Rhetorik zur Philosophie kam, war eng mit → Epikur befreundet und wurde nach 40jähriger Zusammenarbeit dessen Nachfolger als Haupt der epikureischen Schule. Seine Wertschätzung in späterer Zeit, von der die antike Literatur jedoch nichts berichtet, beweisen zahlreiche Kopien seines Bildnisses. Zwei kleine Bronzebüsten wurden in der Villa der Pisonen in Herkulaneum gefunden, auf einer von ihnen ist auf dem Rundsockel der Name Hermarchos zu lesen. Es zeigt sich, daß die Züge des Hermarchos denen des Epikur recht ähnlich sind, so wie auch die Bildnisse des Hermarchos von denen des Epikureers → Metrodoros schwer zu unterscheiden sind. Hier wirkt sich die gleiche Philosophie offenbar prägend auf das Aussehen aus, und der Wunsch, dem Schulgründer auch äußerlich ähnlich zu sein, wird außerdem dazu beigetragen haben. Eine kleine Marmorstatue in Florenz gibt die ganze Gestalt wieder, der Philosoph sitzt hier in nachdenklicher Haltung, ganz ähnlich wie Epikur, zu dessen Statue diese einst das Pendant war. Das Original wird in der Zeit um 270 v. Chr. entstanden sein, als Hermarchos Nachfolger Epikurs wurde.

Hermarchos, Budapest

Herodes Atticus

101–177 n. Chr. Sohn des Tiberius Claudius Atticus Herodes und der Vibulla Alcia. Aus Marathon. Griechischer Sophist und Rhetor.

Er war einer der reichsten Männer seiner Zeit, da der Kaiser → Nerva seinem Vater erlaubte, einen Schatzfund in seinem Hause als Eigentum zu behalten; zudem heiratete Herodes eine wohlhabende Frau, Annia Regilla. Seinen Reichtum verwendete er zum öffentlichen Wohl; die Wasserleitung in Olympia mit einer Exedra, das Stadion in Delphi, das Marmorstadion in Athen zeugen heute noch davon. Als Regilla starb (160 n. Chr.), weihte er das Odeion am Fuß der Akropolis von Athen ihrem Andenken. Güter besaß er in Rom an der Via Appia und in Marathon, wo er sich hauptsächlich aufhielt. Dort – bei Probalinthos, in der Nähe Marathons – wurde in den 80er Jahren des 18. Jh. eine Porträtbüste gefunden, in der schon Louis François Sébastian Fauvel ein Bildnis des Herodes Atticus vermutete, nicht zuletzt weil sie zusammen mit Porträts von → Marcus Aurelius und Lucius → Verus zutage kam, mit denen Herodes in freundschaftlichem Verhältnis stand. Wie richtig diese Kombination war, zeigte sich 1919, als man eine Herme mit der Inschrift fand: «Herodes pflegte hier spazierenzugehen.» Sie kam bei Einsturz der Eisenbahnbrücke über den Kanal von Korinth zum Vorschein; dabei wurde der Kopf abgebrochen und fortgeschleudert, droh-

Herodes Atticus, Paris, Louvre

te im Wasser zu versinken, konnte aber noch in Sicherheit gebracht und der Herme wieder aufgesetzt werden. So konnten die Büste aus Probalinthos im Louvre und andere Marmorköpfe nunmehr sicher benannt werden. Das Bildnis des Herodes Atticus entspricht wenig den Vorstellungen, die man bei einem mit allen Glücksgütern gesegneten Mann erwarten würde. Doch hatte sein Leben auch Schattenseiten. Aufgrund seiner Schroffheit hatte er viele Sympathien einbüßen müssen und stand in Rom wie auch in Athen vor Gericht. Sein Schwager Bradua bezichtigte ihn sogar, am Tod der Regilla nicht schuldlos gewesen zu sein, die er in maßloser Trauer so prächtig geehrt hatte. Sein Leben wurde auch überschattet durch den Tod seines Sohnes Regillus, seiner Töchter Elpinike und Athenais sowie den frühen Verlust seiner Schüler → Polydeukes, Achilleus und → Memnon. 14 Statuen des Herodes schmückten allein Athen; die erhaltenen Kopien sind wohl noch zu seiner Zeit entstanden, denn seine Taten begeisterten die Nachwelt nicht, wohl aber hatten zahlreiche Zeitgenossen Anlaß, ihren Gönner zu ehren.

Herodot

484–430 v. Chr. Sohn des Lyxes. Aus Halikarnassos. Griechischer Historiker, «Vater der Geschichtsschreibung».

Drei Marmorbildnisse tragen seinen Namen, eine Herme in Neapel, eine in New York und eine Doppelherme in Neapel, die ihn zusammen mit → Thukydides zeigt. Daher ist die Ikonographie des Herodot sehr gut gesichert. Freilich wurde auch die Meinung vertreten, das durch diese und andere Kopien überlieferte Bildnis des Historikers sei ein reines Phantasiegebilde aus späterer Zeit. Das ist aber schon deswegen unwahrscheinlich, weil mit einem Porträt Herodots bereits während seines Lebens zu rechnen ist. Er genoß in Griechenland hohes Ansehen, man wußte das ganz Neue seines Tuns zu würdigen. Festvorlesungen aus seinem Werk über die Perserkriege in Athen und Olympia machten ihn zu einem bekannten Mann, und er erfreute sich der Freundschaft des → Sophokles

Herodot, New York

und des → Perikles. Einzelheiten des Herodot-Bildnisses zeigen, daß dem Künstler sehr wohl ganz persönliche Details bekannt waren. Das gescheitelte Haar und der zweigeteilte Bart sind gewiß echte Porträtzüge, wohl auch der freundlich-gütige Gesichtsausdruck. Die Stirnhaare symmetrisch zu ordnen, gefiel etwa auch → Heraklit, und zwei senkrecht gedrehte Locken findet man auch am Bart des → Sophokles. Wenn diese bei Herodot prägnanter in Erscheinung treten, so erinnern sie fast an orientalische Bärte. Und Herodot kannte den Orient durch seine Reisen, die ihn bis nach Ägypten, Mesopotamien, aber auch bis ins Land der Skythen führten. Überall dort sammelte er Material für sein Geschichtswerk, das die Auseinandersetzung der Griechen mit den Barbaren zum Inhalt hat. Allerdings geben die meist erst in antoninischer Zeit entstandenen Kopien nur eine schwache Vorstellung von dem Original des 5. Jh. v. Chr., jedoch eine bessere als die Münzbilder, die Halikarnassos in der Zeit von 125 bis 150 n. Chr. dem großen Sohn widmete.

Hesiod

Um 700 v. Chr. Sohn des Dios (?) und der Pykideme (?). Aus Askra (Boiotien). Erster Dichter des griechischen Mutterlandes.

Aus seinen Lebensdaten ergibt sich, daß ein Bildnis des Hesiod nur aus der Phantasie späterer Zeit geschaffen werden konnte. Die älteste Statue des Hesiod befand sich innerhalb einer mehrfigurigen Gruppe in Olympia, die Mikythos aus Rhegion um 460 v. Chr. hatte aufstellen lassen und zu der auch eine Statue → Homers gehörte (Paus. 5,26,2). Aus späterer Zeit werden eine Sitzstatue im Museion auf dem Helikon (Paus. 9,30,3) erwähnt, die Hesiod mit einer Kithara auf den Knien zeigte, eine Bronzestatue auf dem Marktplatz von Thespiae (Paus. 9,27,5) und eine weitere, die sich im Zeuxippos von Konstantinopel befand und den Dichter singend darstellte (Christod. Ecphr. 38 ff.). Dennoch ist die Ikonographie des Hesiod leider sehr problematisch, denn das einzige mit

Hesiod, Neapel

Inschrift versehene Bildnis des Hesiod in dem Mosaik des Monnus in Trier führt offensichtlich in die Irre. Hesiod kann dieser Mann mit einer Binde im Haar nicht sein, denn ein Heros war er nicht – im Gegensatz zu Homer, dessen Bildnis Monnus wahrscheinlich falsch beschriftete. Der als Schafhirt von den Musen zur Dichtkunst berufene Hesiod blieb mit seinem berühmtesten Gedicht «Werke und Tage» im schlichten bürgerlichen Milieu und preist die Landarbeit, die schwer, aber redlich ist. Er wollte damit seinen Bruder Perses, der im Erbstreit die Richter bestach, bekehren und auf die rechte Bahn zurückführen. So muß das Mosaik des Monnus als Beweis für eine Darstellung des Hesiod ausscheiden. Und andere direkte Hinweise auf Hesiod-Bildnisse gibt es nicht. Doch ist der Gedanke von Gisela Richter, die in dem «Pseudoseneka» Hesiod erkennen möchte, wohl kühn, zugleich aber bestechend. Dieses in zahlreichen Kopien bekannte Bildnis, am besten durch die Bronze aus Herkulaneum repräsentiert, stellt sicher nicht → Seneca dar, wie man früher glaubte, sondern einen Dichter, wie der vom Kopisten hinzufügte Efeukranz einer Replik nahelegt. Über 25 Namen wurden bereits genannt, alle kaum begründet, so daß dieses Bildnis ein altes und vieldiskutiertes Problem geblieben war. Was Gisela Richter 1962 vortrug, ist vielleicht angetan, dieses zu lösen. Sie sah in diesem sicher erst in spätgriechischer Zeit entstandenen Bildnis ein Gegenstück zu dem gleichzeitigen Homer-Porträt. Hesiod sei hier als der «Dichter der Bauern» dem «Dichter der Könige» Homer gegenübergestellt – der schlichte Mensch dem Heros. Das hitzige Temperament des Hesiod, der sich über den treulosen Bruder ereiferte, der Bauer mit schweißnassem ungepflegtem Haar und durchfurchtem Gesicht, das alles paßt sicher gut zum Bilde Hesiods, der nicht nur seinen Zeitgenossen näher war als der Sänger der Ilias. 38 Repliken des Bildnisses sind bekannt, vielleicht bringt einmal die Ausgrabung einer weiteren – die eine Inschrift trägt! – die Bestätigung für diese Theorie.

Hieron II.

306–215 v. Chr. Sohn des Hierokles. König von Syrakus 269–215 v. Chr.

Den tüchtigen Feldherrn, der sich schon unter Pyrrhos (278–275 v. Chr.) auszeichnete, riefen die Soldaten zu ihrem Führer aus. Bald wurde er durch einen Staatsstreich König und festigte seine Stellung durch die Ehe mit → Philistis, der Tochter des Leptines, der ein einflußreicher Mann war. Als Sieger über die Mamertiner plante er den Krieg gegen Karthago, als die Römer 264 v. Chr. nach Sizilien übersetzten und der Erste Punische Krieg begann. Hieron wurde treuer Bundesgenosse der Römer und ermöglichte damit eine über 20jährige Blütezeit der Stadt. Gewaltige Verteidigungsanlagen lassen seinen Weitblick erkennen, Tempelbauten, ein Monumentalaltar, das große Theater und sein Palast sowie ein Prunkschiff zeigen, wie sehr er den griechischen Königen des Ostens nacheiferte.

Hieronymos

230–214 v. Chr. Sohn des → Gelon und der Nereis. König von Syrakus 215–214 v. Chr.

15jährig wurde er Nachfolger seines Vaters und versuchte, in den Auseinandersetzungen des Zweiten Punischen Krieges Verbindung mit → Hannibal aufzunehmen, in der Absicht, zusammen mit ihm und Ägypten Krieg gegen Rom zu führen. Zum Glück der Römer fiel er einer Verschwörung zum Opfer. Anders als sein Vater und Großvater soll er ein prunkvolles Leben sowie ein Willkürregiment geführt haben. Als er starb, hatte wohl bereits die Belagerung von Syrakus begonnen, die 212 v. Chr. zur Einnahme

Hieron II.

Hieronymos

der Stadt durch → Marcellus führte. Seine Münzbildnisse zeigen einen jungen Mann von sehr vollen Formen und einem energischen Ausdruck.

Hipparcheia

Gemahlin des → Krates.

Hippokrates

460–375 v. Chr. Sohn des Herakleides und der Phainarete. Aus Kos. Griechischer Arzt.

Hippokrates hielten schon seine Zeitgenossen für einen besonders großen Arzt, und → Platon erwähnt ihn lobend in seinen Schriften. Als Begründer der wissenschaftlichen Medizin blieb er unvergessen, und noch heute leistet jeder junge Arzt den «Eid des Hippokrates». Es mußten also alle Voraussetzungen vorhanden sein, daß sich ein Bildnis des Hippokrates auffinden lassen sollte, doch ist dies bislang nicht geglückt. Münzbilder des 1. Jh. n. Chr. aus Kos zeigen zwar seinen Kopf, auch seine ganze Gestalt, die auf einem Klappstuhl sitzt. Die Münzen genügen aber nicht als Ausgangspunkt zur Identifizierung eventuell vorhandener Bildnisse. Der Phantasie waren folglich kaum Grenzen gesetzt, und so wurde eine klassische Marmorstatue, nur weil sie auf Kos gefunden wurde, zum Bildnis des großen Arztes erklärt. Auch die Theorie, daß eine in einem Grab in Ostia gefundene Büste Hippokrates darstelle, kam zu Fall. Man hatte die Inschrift auf einem Marmorschaft, der ebenfalls in diesem Grabe gefunden wurde, als Hippokrates-Zitat mißverstanden – es waren aber Verse des → Euripides! Hippokrates konnte aber dieser Mann ohnehin nicht sein, weil ihm eine Binde fehlt, die jenen kennzeichnet, der nach seinem Tod wie ein Gott verehrt wurde. Das Bildnis, das erst im späten 3. Jh. v. Chr. entstanden sein kann, stellt wahrscheinlich → Kleanthes dar. Von Hippokrates aber sollte ein zeitgenössisches Bildnis die Grundlage für spätere Kopien sein, von denen eine kleine Büste im Besitz eines Arztes von Lukian (Philops. 21) erwähnt wird. Bisher fehlt jede Spur davon. Beachtung verdient aber der Gedanke von Ludwig Curtius, der 1944 die auf einem Klappstuhl sitzende Gestalt auf einem pompejanischen Gemälde Hippokrates nannte. Bisher war dieser als Asklepios gedeutet worden, weil auch der Heilgott Apollon und der heilkundige Kentaur Chiron anwesend sind, doch ist der Sitzende, der nachdenklich sein Haupt in die Hand stützt, wohl eher der «Princeps medicinae» (Plin. 7,171). Er würde die menschliche Artzkunst vertreten, neben der göttlichen des Apollon und der volkstümlichen des Chiron.

Ebenfalls Hippokrates ist offenbar der in einen weißen Mantel gehüllte ältere Mann, der am Meeresstrande sitzend zu dozieren scheint, während sich Asklepios zu Schiff der Insel Kos nähert und von einem Landmann begrüßt wird. Dieses aus dem 2. Jh. n. Chr. stammende Mosaik in einem Privathaus auf Kos fügte wohl drei,

Hippokrates, Neapel

Hippokrates, Kos

Homer, München, Glyptothek

Homer, Modena, Museo Estense

dem Künstler aus anderen Bildern bekannte Gestalten zu diesem «Besuch des Asklepios auf Kos» zusammen.

Homer

8. Jh. v. Chr. Wohl aus der Gegend von Smyrna. Griechischer Dichter.

Man hat im Altertum nicht daran gezweifelt, daß die großen Epen, die «Ilias» und die «Odyssee», Werke eines Mannes, nämlich des Homer, sind, auch schrieb man ihm die Epen des «Kyklos», die «Homerischen Hymnen» und den «Frosch-Mäuse-Krieg» zu. Doch war wenig von ihm bekannt; vielleicht wirkte er am Fürstenhof der Glaukiden oder der Aeneaden in der Troas, vielleicht auch auf der Insel Chios. Auf Ios soll er begraben sein, aber nicht einmal über seinen Geburtsort herrschte Einigkeit. Als im 5. Jh. v. Chr. der Wunsch nach einem Homer-Bildnis entstand, wußte man natürlich nichts Authentisches mehr über sein Aussehen. Nur daß Homer blind war, schloß man aus dem «blinden Mann aus Chios» im Apollon-Hymnus und aus der Blindheit des Sängers Demodokos in der Odyssee. Eine Statue des Homer stand zusammen mit anderen – auch eine von → Hesiod war dabei – im großen Weihgeschenk des Mikythos in Olympia, das um 460 v. Chr. entstand (Paus. 5,26,2). Vielleicht existieren Kopien dieses frühen Homer-Bildnisses, denn zweifellos geben die stilistisch ältesten erhaltenen Homer-Bildnisse ein Original dieser Zeit

Homer

Homer, Neapel

Homer, Paris, Louvre

wieder. Man hatte früher angenommen, es sei Epimenides dargestellt, jener kretische Seher, der 40 oder gar 75 Jahre in einer Höhle schlief, doch der Kopf gehört zu einer aufrechten Statue – die aber leider unbekannt ist –, und so müßten die geschlossenen Augen ein Zeichen der Blindheit sein. Das Kunstwerk ist von großer Geschlossenheit und erreicht mit einfachen Mitteln die stärkste Wirkung: der blinde Dichter, der mit seinem inneren Auge und mit Hilfe der Musen alles sieht und von ihnen inspiriert Verse verfaßt. Die Binde im Haar zeichnet den als Heros oder Gott verehrten Dichter aus.

Dennoch blieb es nicht bei dieser Auffassung von Homer, und als im 4. Jh. v. Chr. neue Homer-Denkmäler entstanden, änderte sich das Bild. Damals wurde das Grab des Dichters Theodektes von Phaselis († 334 v. Chr.) mit Statuen geschmückt, von denen in späterer Zeit nur noch die des Homer übrig geblieben war (Ps.

Homer, London

Plut. Vit. Isocr. 10). Vielleicht gehört in diese Zeit auch die Bronzestatue Homers aus der Vorhalle des Tempels in Delphi (Paus. 10,24,2) und eine Bronze in Argos mit metrischer Inschrift (Certam. Hom. et Hes. 18). Jedenfalls stellte man im 4. Jh. v. Chr. Homer nicht mehr als Blinden mit geschlossenen Augen dar. Eine kleine Bronzebüste in Modena, die den Namen Homers auf dem Bruststück trägt, ist eine Umstilisierung des alten Homer-Bildnisses entsprechend dem Zeitgeschmack und variiert dies durch die Öffnung der Augen. Die großartige Wirkung des frühklassischen Bildnisses ging dadurch zweifellos verloren. Als ein zeushafter idealer Kopf erscheint Homer auf einer Münze aus Ios vom 4. Jh. v. Chr. Um so erstaunlicher ist eine Homer-Interpretation, die in zahlreichen Kopien bekannt ist und früher irrtümlich mit → Apollonios von Tyana in Verbindung gebracht wurde. Daß wirklich Homer gemeint ist, ergibt sich aus dem Vergleich mit einer Münze aus Amastris und anderen Argumenten. Völlig neu gegenüber dem frühen Homer-Bildnis sind nicht nur die offenen Augen, sondern auch die Form der Haare über der Stirn, die lang in den Nacken fallenden Locken und die eingefallenen Wangen. Letzteres ist der einzige Hinweis auf das hohe Alter des Dichters. Ob der bei den Marmorkopien feststellbare merkwürdige Blick bei dem Original aus Bronze durch die dort üblichen farbigen Einlagen der Augen noch stärker auf Blindheit hindeutete, kann fast vermutet werden. Dieses gegen Ende des 4. Jh. v. Chr. entstandene Homer-Bildnis war noch nicht das letzte, das die griechische Kunst erdachte. In der Spätzeit wurde wiederum ein Homer-Bildnis geschaffen, zwar völlig anders in seiner Auffassung als das frühere, doch keineswegs weniger großartig. Über 20 Kopien dieses Werkes sind bekannt, das heißt, in ihm fand auch die spätere Zeit die eindringlichste Darstellung des Dichters. Man wird bewundern, mit welcher auf anatomischen Studien beruhenden Kennerschaft der Künstler das Alter und die Blindheit der halbgeöffneten Augen erfaßte und mit welcher Einfühlung er die Erhabenheit des Dichters zum Ausdruck brachte; in ihm sah die damalige Zeit nicht nur den großen Epiker, sondern den Begründer jeder Art von Dichtung. Der Stil und die weite Verbreitung dieses Werkes sprechen dafür, daß das Original jene berühmte Homer-Statue war, die → Ptolemaios IV. Philopator (222–204 v. Chr.) als Kultbild in dem Homer-Tempel in Alexandria aufstellen ließ. Dort thronte er, umgeben von den Statuen der Städte, die beanspruchten, Homers Geburtsstädte zu sein. In diesen Tempel führt der untere Streifen des Reliefs des Archelaos von Priene, der hier offenbar ein Gemälde als Vorlage verwendete; man sieht vor einem an den Säulen aufgespannten Vorhang den thronenden Homer, Ilias und Odyssee zu seinen Seiten, hinter ihm stehen die «bewohnte Welt» und die «Zeit», Personifikationen mit den Zügen von Ptolemaios IV. Philopator und der → Arsinoe III. Davor sind plaziert, als Opfernde und Gestalten des Opferzuges, Personifikationen der verschiedenen Dich-

Homer, Kenchreae

tungsarten, der Geschichte, der Weisheit, des Gedächtnisses und der Tugend – ein Bild, typisch für die gelehrte Welt in Alexandria, die im Kult Homers ihren Mittelpunkt fand. So steht am Anfang und am Ende der klassischen Kunst Griechenlands ein Homer-Bildnis als Kunstwerk ersten Ranges. Doch waren sie beide in der späten römischen Kaiserzeit wohl halb vergessen; rein ideal und mit sehenden Augen ist Homer in einer Marmor-Intarsia aus Kenchreae dargestellt, an einen zepterartigen hohen Stab gelehnt, eine Tasche in der linken Hand und mit der Rechten den Bart fassend.

Horatius Cocles

Horatius Cocles

Römischer Held im Porsennakrieg (507 v. Chr.)

An der Spitze der Beispiele römischer Tugend steht Horatius Cocles; → Polybios (55,1 ff.) erzählt die Geschichte des tapferen Einzelkämpfers, der die einzige Tiberbrücke gegen die Etrusker so lange verteidigte, bis sie hinter ihm abgebrochen wurde, um dadurch das Eindringen der Feinde in Rom zu verhindern. Die Römer ehrten diese Tat durch die Errichtung einer Statue, die Horatius Cocles vollgerüstet darstellte (Dion. Hal. 5,25,2). Sie stand zunächst auf dem Comitium, dem ältesten Teil des Forum Romanum, dann auf dem Vulcanal. Dort war sie noch im 2. Jh. n. Chr. zu sehen. Ein Marmorkopf in München, der einen Mann mit Bart und einem korinthischen Helm darstellt, ist wohl eine Kopie dieses Horatius-Cocles-Bildes. Denn offenbar ist dieser Mann auf dem einen Auge blind, was ein entsprechendes Verziehen des Mundes zur Folge hat. Und einäugig war eben Horatius, wie sein Beiname Cocles verrät und antike Autoren auch bestätigen. Das Porträt, das A. Furtwängler noch für ein → Miltiades-Porträt gehalten hatte, weist einen merkwürdigen Mischstil aus aeginetischen, attischen und großgriechischen Elementen auf und muß in der Zeit zwischen 490 und 480 v. Chr. entstanden sein. Des Horatius Cocles Heldentat wird stets in das Jahr 507 v. Chr. datiert, doch ist die Chronologie dieser römischen Frühzeit recht schwankend. Aber nach seinem Tod – sei es, daß er bei seiner Tat umkam, sei es, daß er überlebte – und nachdem die → Porsenna-Episode glücklich überstanden war, da erinnerten die Römer an diesen Helden durch Statue und lobende Inschrift. Das mag also zehn oder 20 Jahre nach

Horatius Cocles, München, Glyptothek

der Tat gewesen sein. Der Künstler, ein Grieche, der mit seinem altmodischen Stil in Athen keinen Anklang mehr fand, in Rom jedoch dankbar aufgenommen wurde, hat offenbar mit dem damals üblichen Stand- und Spielbeinmotiv beide Füße der Gestalt gleichmäßig ganz aufstehen lassen. Da der Held sich wohl auf seine Lanze stützte, konnte später der Eindruck entstehen, Horatius habe gehinkt. Dies behauptet auch Plutarch (Pobl. 16,7) und führt das auf eine Verwundung zurück, die der Held schwimmend im Tiber erlitt. Daß es von dieser Statue Kopien gab, ist höchst wahrscheinlich, da Horatius Cocles als Musterbeispiel römischen Mutes, Standhaftigkeit und Aufopferung für das Volk galt. Entstanden wäre die Statue in einer Zeit, in der nach Varro (b. Plin. 35,154) die etruskische Kunst in Rom durch die griechische abgelöst wurde; die ersten griechischen Künstler, die er nennt, sind Damophilos und Gorgasos, die im Jahre 493 v. Chr. am Tempel der Ceres arbeiteten und wohl aus Unteritalien kamen. Erst damit war die etruskische Epoche Roms überwunden, Porsenna der letzte Etrusker in Rom. Das Bildnis des Horatius Cocles ist das älteste bekannte eines Römers. Seine Tat selbst schildert ein Bronzemedaillon, das unter → Antoninus Pius geprägt wurde.

Horaz

Quintus Horatius Flaccus. 65–8 v. Chr. Aus Venusia. Römischer Dichter.

In einer Stadt an der Grenze zwischen Apulien und Lukanien wurde er als Sohn eines Freigelassenen geboren und erhielt in Rom – wohin seine Familie eigens deshalb umsiedelte – eine sorgfältige Erziehung, die er dann in Athen vervollständigte. Durch die Freundschaft mit Maecenas gewann er auch das Wohlwollen des → Augustus, der ihm ein Gut schenkte. Berühmt wurde er durch seine Carmina (Oden), Epistel, Satiren, Epoden und durch seine epikureische Philosophie. Ehrenstatuen gab es für ihn gewiß viele, doch weiß man davon nichts. Auch ist offenbar unter den vielen Porträtköpfen keiner

Horaz, Kontorniat

des Dichters. Nur ein Kontorniat des 4. Jh. n. Chr. zeigt eine Profilbüste des Horaz in prächtig geschmücktem Gewand. Wahrscheinlich benutzte der Kontorniat eine gute Vorlage, denn die einfache Haarfrisur des sehr jugendlich wirkenden Dichters entspricht der Mode seiner Zeit. Daß er klein und wohlbeleibt war und deswegen von Augustus oft verspottet wurde, sieht man nicht, ebensowenig die schwarze Farbe seines Haares, das bei ihm aber schon mit 45 Jahren grau war. Den Unverheirateten, auf einfache Lebensweise Bedachten quälten Depressionen und Rheuma. So ist das Bild des Kontorniaten doch wohl ein ideales Bild des Horaz, der, zu seiner Zeit als Herold des Venus- und Bacchuskultes beliebt, im Mittealter jedoch verhaßt war.

Hortensius Hortalus

Quintus Hortensius Hortalus. 114–50 v. Chr. Gerichtsredner

Schon mit 19 Jahren bewies er seine Redekunst vor Gericht und wurde neben → Cicero der bedeutendste römische Redner, den dieser als Gegner ebenso schätzte wie später als Mitstreiter. Er begeisterte die Jugend durch den neuen Stil seiner Reden (Asianismus) und nannte sich selbstbewußt «König der Gerichte». Da nur wenige Proben seiner Kunst erhalten sind, ist man auf die Charakterisierung angewiesen, die Cice-

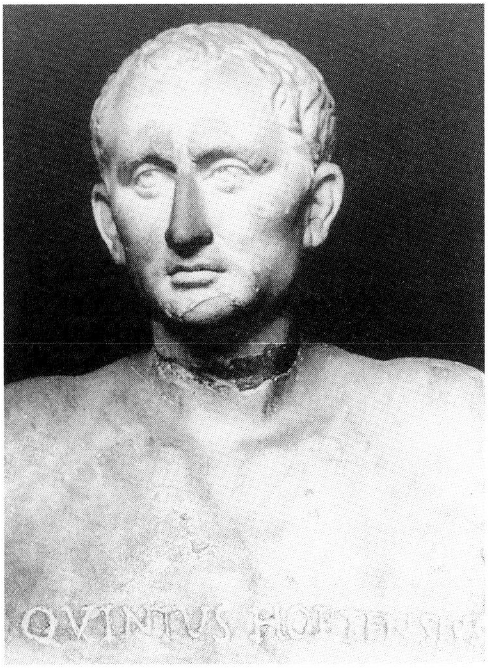

Hortensius Hortalus, Rom, Villa Albani

ro vom Stil des Hortensius gab. In der Villa Albani, Rom, befindet sich eine Bildnisherme mit der Aufschrift «Quintus Hortensius», doch wird die Echtheit des Kopfes, der Inschrift oder des Ganzen in Zweifel gezogen. Vielleicht liegt aber doch gute Überlieferung vor, denn das Profil des Kopfes ist dem Porträt sehr ähnlich, mit dem der gleichnamige Sohn des Redners, als er 44–42 v. Chr. Statthalter in Griechenland war, seine Münzen schmückte; doch bleibt ungewiß, ob dieses den berühmten Vater oder seinen ehrgeizigen Sohn darstellt.

Hostilianus

Gaius Valens Hostilianus Messius Quintus. † 251 n. Chr. Sohn des → Trajanus Decius und der → Herennia Etruscilla. Römischer Kaiser 251 n. Chr.

Nach dem Tod des Decius vom Senat als Kaiser anerkannt, versuchte er sich gegen → Trebonianus Gallus durchzusetzen. Bald darauf starb er an der Pest, also nicht auf dem Schlachtfeld, auf dem er sich kaum bewährte. Dennoch hat Helga von Heintze den siegreichen Feldherrn des großen Schlachtsarkophages der Sammlung Ludovisi Hostilianus nennen wollen. Die kreuzförmige Narbe, die dieser als Kennzeichen der Zugehörigkeit zu einer Sekte auf der Stirn trägt, kehrt auch an zwei rundplastischen Bildnissen wieder. Hostilianus kann aber auf diesen Darstellungen nicht gemeint sein, denn er trug, wie seine Münzbildnisse zeigen, weder eine solche Narbe noch einen Bart – wie der Feldherr des Sarkophages. So hat sich die einst freudig begrüßte «Identifizierung» als Irrtum erwiesen. Allein die Münzbildnisse zeigen, wie Hostilianus aussah.

Hostilianus

Hypereides

389–322 v. Chr. Sohn des Glaukippos. Aus Kollytos (Attika). Athenischer Redner.

Ähnlich wie → Demosthenes warnte er vor der makedonischen Gefahr, führte aber als sehr erfolgreicher Redner und aufgrund seines beträchtlichen Vermögens ein luxuriöses Leben. Sechs Reden hielt er zur Verteidigung von Hetären. Nach dem Lamischen Krieg hielt er die Grabrede für die Gefallenen und wurde kur-

Hypereides, Kopenhagen, National Museum

ze Zeit später auf Befehl des Antipatros grausam hingerichtet. Nach der Befreiung Athens von der makedonischen Vorherrschaft im Jahre 307 v. Chr. wurde sein Andenken durch Statuen geehrt.

Auf die Spur des Hypereides-Bildnisses führte eine Doppelherme in Compiègne, bei der ein Mann und eine Frau vereinigt sind. Da die Frau der Haartracht nach eher eine Hetäre ist und der Mann einen weltgewandten Eindruck macht, ist der Gedanke von F. Poulsen wohl richtig, der 1913 in den beiden Hypereides und → Phryne erkannte. Die Hetäre Phryne, die bekannteste der damaligen Zeit und zugleich auch das begehrteste Modell für Maler und Bildhauer, war seine berühmteste Klientin. Überliefert ist auch, wie er die unrechtmäßig gegen sie erhobene Anklage durch Entblößung ihres makellosen Körpers entkräftete. Eine verschollene Statuenbasis der Villa Mattei in Rom trug die Aufschrift: «Der Redner Hypereides – ein Werk des Zeuxiades». Auf ihr stand also eine Kopie jener Statue, die Zeuxiades, der Schüler des Silanion, geschaffen hat. Zeitlich würde das der Nachricht entsprechen, daß er postum geehrt wurde.
Nach der Doppelherme konnten andere Kopien ermittelt werden, die ein treues Bild von dem Original vermitteln; Charakter und Lebensart des Hypereides sind dabei treffend erfaßt.

I

Isokrates

436–338 v. Chr. Sohn des Theodoros und der Hedyto. Aus Erchia (Attika). Athenischer Redner.

Im Jahre 1767 wurde in Rom eine kleine Marmorbüste gefunden, die leider stark überarbeitet 1785 in die Sammlung Albani gelangte. Wie aus der Inschrift hervorgeht, ist dies ein Bildnis des Isokrates. Er wirkt schüchtern, wie er in der antiken Literatur geschildert wird, der Redner mit der schwachen Stimme, der nie selbst öffentlich auftrat, sondern Reden nur verfaßte und das Reden lehrte. Der General Timotheos, der ihn besonders schätzte, ließ eine Bronzestatue des Meisters von Leochares anfertigen und in Eleusis aufstellen (Ps. Plut. Vit. Isocr.). Sie trug die Inschrift: «Timotheos weihte der Gottheit die Statue des Isokrates als Zeichen seiner Verehrung und Bewunderung für seinen Freund. Es ist ein Werk des Leochares.» Nach seinem Tod errichtete sein Adoptivsohn Aphareus in Athen eine Bildnisstatue seines Vaters auf einer Säule (Paus. 1,18,7). Beide Statuen kommen als Original für die Büste Albani in Betracht, die eine, als Werk eines berühmten Künstlers, die andere, weil sie in Athen stand. Von der Kunst des Leochares läßt die dürftige Kopie freilich wenig ahnen, hingegen vermittelt sie eine ungefähre Vorstellung von diesem Redner, der seine Kunst als einen Anstand und Redlichkeit verstand und in der vollendeten Rede einen erzieherischen Faktor von hohem Wert erkannte. Er war das Oberhaupt einer angesehenen Schule, aus der bedeutende Politiker wie Timotheos und Lykurgos hervorgingen und Redner wie → Demosthenes sowie Historiker wie Ephoros und Theopompos entscheidend geprägt wurden. Später schätzte man die Reden des Isokrates, von denen zahlreiche erhalten sind, wegen des ausgewogenen Stils und verwendete sie zu Lehrzwecken. Es ist sehr zu hoffen, daß eines Tages eine weitere Kopie seines Bildnisses gefunden wird, eine in Lebensgröße und besserer Qualität.

Isokrates, Rom, Villa Albani

J

Jamblichos

Aus Chalkis (Koilesyrien). Ca. 250 bis ca. 330 n. Chr. Neuplatonischer Philosoph, wohl Schüler des Porphyrion.

Er machte aus der Philosophie des → Pythagoras und → Platon durch Theologisierung eine Gegenreligion gegen das Christentum. Seine philosophischen Spekulationen basieren auf dem Dualismus von Gott und Materie, auf Polytheismus und pythagoreischer Zahlenmystik. Er schrieb eine Biographie des Pythagoras und ein Werk über dessen Philosophie, in dem er dessen Seelenwanderungstheorie einschränkte und nur einen Seelenabstieg als Strafe gelten ließ. Kaiser → Julian schätzte ihn und nutzte seine Lehren im Kampf gegen das Christentum.

Josephus Flavius

37/38–Anfang 2. Jh. n. Chr. Jüdischer Historiker.

Er stammte aus einer vornehmen Familie in Jerusalem; seine Muttersprache war aramäisch und seine Erziehung rein jüdisch. Im Jahre 64 n. Chr. war er in einer politischen Mission in Rom, und als er 66 nach Jerusalem zurückkehrte, war dort bereits die Revolte gegen die Römer ausgebrochen. Zehn Jahre später schrieb er «Bellum Judaicum» in griechischer Sprache und schildert darin auch, wie er die Stadt Jotapata verteidigte, die sich nach 47tägiger Belagerung → Vespasian ergeben mußte. Da er diesem voraussagte, er würde einst Kaiser, wurde er verschont und, als seine Prophezeiung eintraf, von Vespasian freigelassen. Nach dem Fall von Jerusalem ging er mit → Titus nach Rom, wo er als Schriftsteller eine kaiserliche Pension bezog und auch noch die Gunst → Domitians genoß. Außer dem «Jüdischen Krieg» schrieb er auch eine jüdische Archäologie von der Urzeit bis zum Jahr 73 n. Chr. Er war stets bestrebt, die Juden gegen den Antisemitismus zu verteidigen. Er starb unter Kaiser → Trajan.

Juba I.

Sohn des Hiempsal II., König von Numidien ca. 50–46 v. Chr.

In den Kämpfen zwischen → Pompeius und → Caesar stand Juba auf der Seite der Pompeianer. Nach Caesars Sieg bei Thapsus (46 v. Chr.) endete er durch Selbstmord. → Cicero (de leg. agr. 2,22,59) bewunderte die Haarfülle des jungen Juba, die als Charakteristikum auch auf den Münzbildnissen erscheint. Der grausame und machtgierige König hielt offensichtlich an alter lokaler Tradition fest. Die dichten, in das Gesicht fallenden krausen Haare sichern einen Marmorkopf als Porträt des Juba. Dieses wurde in Cherchel gefunden, der Hauptstadt → Caesarea des → Juba II., die dieser reich ausschmücken ließ; Bildnisse seines Vaters werden dort nicht

Juba I.

Juba I., Paris, Louvre

gefehlt haben, so daß auch von dieser Seite die Benennung des Kopfes bestätigt wird. Nach Jubas Tod wurde sein Land die Provinz «Africa nova».

Juba II.

Gaius Iulius Juba. Ca. 50 v. Chr. bis 23 n. Chr. Sohn des → Juba I. König von Mauretanien 25 v. Chr. bis 23 n. Chr.

Juba II.

Nach dem Tod seines Vaters kam er als Gefangener nach Rom, wurde dort erzogen und erhielt von → Augustus das römische Bürgerrecht und das Königreich Mauretanien. Stolz nennt er sich auf seinen Münzen «Rex Juba». Im Gegensatz zu seinem Vater gibt er sich wie ein Römer, von dem ihn nur das Königsdiadem unterscheidet. Marmorköpfe, die in Haltung und Ausdruck den Münzbildern entsprechen, lassen deutlicher erkennen, daß Juba sogar die Frisur des Augustus nachahmte. Diese von schwärmerischem Idealismus ebenso wie von Resignation geprägten Bildnisse sind wohl entstanden, als der etwa 25jährige König wurde. Mit → Kleopatra Selene verheiratet, die über Kyrene und Libyen herrschte, und unter dem Schutz der Römer konnte sich Juba seinen Passionen hingeben. Er sammelte Kunstwerke, baute seine Hauptstadt Caesarea zu einem kulturellen Mittelpunkt aus und schrieb Bücher. Über römische Geschichte, Kulturgeschichte, Theorie des Theaters, über Libyen, Arabien, Assyrien trug er zusammen, was für ihn an Quellen erreichbar war.

Juba II., Paris, Louvre

Julia

39 v. Chr. bis 14 n. Chr. Tochter des → Augustus und der Scribonia.

Die Augustus-Tochter wurde wohl oft durch Statuen geehrt; Gelegenheiten dafür gab es jedenfalls genug. So als sie → Marcellus, den Sohn der → Octavia, heiratete, dann anläßlich ihrer Eheschließung mit → Agrippa, bei der Geburt ihrer Söhne Gaius und Lucius → Caesar – und als sie dann mit → Tiberius ihre dritte Ehe schloß. Über derartige Ehrungen wird auch im einzelnen berichtet, doch sind die meisten Denkmäler absichtlich zerstört worden. Augustus' Tochter machte ihrem Vater nicht nur wegen ihres lockeren Lebenswandels – der im Widerspruch zur «Romanitas» stand, der er sich verschrieben hatte! – Sorgen, sondern auch, weil sie an einer Verschwörung gegen Tiberius und sogar ihren eigenen Vater beteiligt war. Augustus schied die Ehe mit Tiberius und schickte Julia in die Verbannung. Als Tiberius Kaiser wurde, verschärfte er die Bedingungen für sie, und bald darauf starb sie an Hunger und Auszehrung. Dennoch scheint ein Bildnis dieser Tochter des Augustus vorhanden zu sein. Ein Marmorkopf in Berlin kann aufgrund der Ähnlichkeit mit kleinen und schlecht erhaltenen Münzbildnissen als Bildnis der Julia angesehen werden. Sie trägt eine altmodische Frisur mit einem Knoten über der Stirn. Deutlich erkennbar ist die Ähnlichkeit mit ihrem Vater, dem sie charakterlich so wenig entsprach.

Julia, Berlin

Julia Domna

† 217 n. Chr. Tochter des Baal-Priesters Bassianus. Aus Emesa (Syrien). Frau des → Septimius Severus.

Im Jahre 185 n. Chr. heiratete Septimius Severus die Julia Domna, was unübersehbare Folgen hatte, nicht nur weil ihre beiden Söhne → Geta und → Caracalla sich tödlich haßten und der überlebende Caracalla das Reich ruinierte, sondern weil ihre Verwandtschaft, ihre Schwester → Julia Maesa und deren Töchter → Julia Soaemias und → Julia Mamaea, Rom in das Chaos der «Soldatenkaiser» stürzte. Das aber konnte der damalige Statthalter in Gallien nicht ahnen, der von dieser Frau aus Syrien um so mehr fasziniert war, als ihr Horoskop sie als «für den Thron bestimmt» auswies. Begeistert war der selbst Gebildete von dieser Frau, weil sie an philosophischen und religiösen Fragen ungewöhn-

Julia Domna, mit Caracalla und Geta

Julia Domna, München, Glyptothek

Julia Maesa

lich stark interessiert war und ganz im Banne orientalischer Mystik stand. Ebenso war er von ihrer Schönheit angetan, die nach den Münzbildnissen und besonders nach dem meisterhaften Bildnis in München ebenfalls ungewöhnlich gewesen ist. Die vollen Haare fallen weich bis auf die Schultern und sind hinten in ein Nest aufgesteckt; sie bilden für das intelligente, ebenmäßige Gesicht einen wirkungsvollen Rahmen. Ihr Sohn Geta wurde im Auftrag des zweiten, Caracalla, in ihren Armen ermordet, für Caracalla führte sie die Regierungsgeschäfte bei dessen Abwesenheit. Sie hielt sich in Emesa bei ihrer Schwester und deren Töchtern auf, als Caracalla in Rom ermordet wurde, und als ihr diese Nachricht überbracht wurde, beging sie Selbstmord.

Julia Maesa

Ca. 160–226 n. Chr. Tochter des Baal-Priesters Bassianus. Aus Emesa (Syrien). Schwester der → Julia Domna.

Bis 217 n. Chr. lebte sie am römischen Hof bei ihrer Schwester und floh nach der Ermordung → Caracallas nach Emesa. Dort konnte sie eine Legion für sich gewinnen, die ihren Enkel → Elagabal zum Kaiser ausrief. In Rom führten sie und ihre Tochter → Julia Mamaea die Regierung für Elagabal und → Severus Alexander. Die Münzbildnisse zeigen ihr strenges, altes Gesicht.

Julia Mamaea

185–235 n. Chr. Tochter des Julius Avitus und der → Julia Maesa. Mutter des → Severus Alexander.

Mit ihrer Schwester Julia Soaemias → war sie verfeindet und schützte vor deren Nachstellung ihren Sohn Severus Alexander, den sie sorgfältig erzog. Nachdem Julia Maesa und ihr Sohn → Elagabal ermordet worden waren und Severus Alexander den Thron bestiegen hatte, führte sie für diesen die Regierungsgeschäfte. Gebildet und dem Christentum gegenüber wohl mehr als tolerant, scheiterte sie an ihrem Geiz. Meuternde Soldaten erschlugen sie und ihren Sohn in einem Vorort von Mainz. Ihre Bildnisse zeigen sie mit den seit → Julia Domna Mode gewordenen Wellenhaaren und dem Zopfnest; ein volles Untergesicht und der lauernde Blick sind für sie charakteristisch. Als letzte der «syrischen Frau-

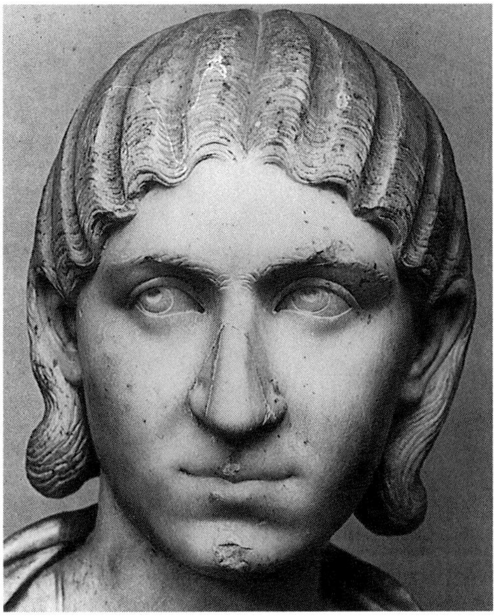

Julia Mamaea, Rom, Mus. Cap.

Julia Paula, Rom, Pal. dei Cons.

en» hinterließ sie das Römische Reich in einem Zustand der Auflösung.

Julia Paula

Ca. 195–222 (?) n. Chr. Tochter des Julius Cornelius Paulus. Frau des → Elagabal 219–220 n. Chr.
Sie war die erste Frau des Elagabal, der damals 15 Jahre alt war. Im folgenden Jahr wurde sie von ihm verstoßen, angeblich wegen eines Leberflecks, der ihre Schönheit entstellte. Die Bildnisse der jungen Frau zeigen sie in einer etwas verspielten Variante der Julia-Domna-Frisur und lassen aufgrund der großen traurigen Augen unter zusammengewachsenen Brauen und dem kleinen Mund auf einen sympathischen Charakter schließen.

Julia Soaemias

† 222 n. Chr. Tochter des Julius Avitus und der → Julia Maesa. Mutter → Elagabals.
Mit ihrer Mutter brachte sie durch die Schlacht von Antiochia (218 n. Chr.) ihren Sohn auf den Thron, für den sie die Regierung führte. Sie erregte durch ihr sittenloses Leben Anstoß und wurde zusammen mit Elagabal ermordet. Nach ihrem Münzbildnis, wo sie ihrer Mutter sehr ähnlich ist, erweist sich ein Marmorkopf aus den Barbara-Thermen in Trier als Porträt dieser Frau, deren hohe Stellung durch ein jetzt verlorenes Metalldiadem angedeutet war.

Julia Soaemias, Trier

Julia Titi

Flavia Julia. Ca. 65–89 n. Chr. Tochter des → Titus und der Marcia Furnilla.

Die sehr schöne Tochter des Titus überrascht durch den hohen Lockenaufbau ihrer Haare, die hinten in einem breiten Knoten zusammengefaßt sind. Damit bestimmte sie die Mode der Zeit. Diese Haartouren, die möglicherweise unter Zuhilfenahme fremden Haarmaterials zustande kamen, stehen in merkwürdigem Kontrast zu den einfachen Frisuren der Männer. Zahlreiche Bildnisse der Julia sind erhalten; sie alle vermitteln durch die ebenmäßigen Züge und die großen fragenden Augen den Eindruck eines guterzogenen, sittenstrengen Mädchens. Doch trügt hier der Schein; denn ihrem Ehemann Titus Flavius Sabinus war sie keine treue Frau. Ihr Onkel → Domitian dankte ihr für erwiesene Liebesdienste, indem er sie nach ihrem Tod unter die Götter versetzen ließ. Fülliger erscheint sie auf dem von Euolos signierten Aquamarin in Paris – als große Dame, die sich mit einem verzierten Diadem, mit Ohrringen und einer Halskette schmückt.

Julia Titi, Paris, Bibl. Nat.

Julian Apostata

Flavius Claudius Iulianus. 331–363 n. Chr. Sohn des Julius Constantius und der Basilina. Römischer Kaiser 360–363 n. Chr.

Sein anachronistisches Unternehmen einer heidnischen Renaissance, voller Idealismus betrieben, konnte die Geschichte nicht aufhalten. Christlich erzogen, doch philosophisch gebildet, trägt Julian, der sich im Jahre 351 offiziell vom Christentum lossagte, den Bart des Philosophen als äußeres Zeichen seiner Verbundenheit mit der alten Kultur. Julian trägt seine Haare so wie zuletzt → Trajan, schlicht, einfach in die Stirn hängend. Trajan stand noch in der altrömischen von → Augustus initiierten Tradition, die unter → Hadrian beendet wurde.

Das Münzbild zeigt den Kaiser in prachtvoller Toga. Daher ist es unwahrscheinlich, daß zwei Statuen in Paris, die als Bildnisse des Kaisers galten, wirklich Julian darstellen. Die schlichte Toga und der Kopfschmuck sprechen eher für einen Priester. Fälschlich galt aufgrund einer mittelalterlichen Inschrift als Bildnis Julians eine Büste im Museo Capitolino in Rom. Obwohl man weiß, daß diese Büste eine Kopie

Julian Apostata

nach einem Bildnis des 5. Jh. v. Chr. ist, wird sie auch heute noch gelegentlich auf Julian bezogen, was nur als Kuriosität erwähnt sei.

Juvenal

D. Iunius Iuvenalis. Ca. 58–138 n. Chr. Satiren-Dichter

Von seinem Leben ist nichts Sicheres bekannt; er lebte eine Zeitlang in Aquinum (Kampanien), vielleicht stammte er auch von dort. Daß er verbannt wurde, wohl unter → Domitian, weil er seine Günstlinge verspottet hatte, und daß er von → Nerva begnadigt aus dem fernen Ägypten wieder nach Rom zurückkehren konnte, ist nicht sicher überliefert. Er betätigte sich als Redner und Deklamator; erst in höherem Alter schrieb er die 16 Satiren, die ihn berühmt machten. In ihnen erweist er sich als pessimistischer Gesellschaftskritiker, der mit grimmigem Humor gegen den moralischen Verfall, Geldgier, Überheblichkeit, Schwelgerei, Vertrauensschwund, falsche Erziehung, Mißachtung geistiger Arbeit und auch gegen die Frauen zu Felde zieht.

Julian Apostata (?), Paris, Louvre

K

Kallimachos

310–235 v. Chr. Sohn des Battos. Aus Kyrene. Griechischer Elegiendichter.

Nach Studien in Athen kam Kallimachos nach Alexandria und wurde dort im Jahre 260 v. Chr. Direktor der berühmten Bibliothek. Als Philologe («Grammatiker») war er auch Hofdichter des → Ptolemaios Philadelphos und wurde durch sein Gedicht «Die Locke der → Berenike» berühmt. Er galt als der Klassiker der Elegiendichtung, «Princeps elegiae» nennt ihn Quintilian (10,1,58), und als solcher steht er in einer Gruppe kleiner Bronzebüsten aus Livorno neben → Homer, → Sophokles und → Archilochos, die das Epos, die Tragödie und die Lyrik klassisch vertreten. Der Stil des Bildnisses paßt zu der Zeit des Kallimachos, das nüchterne Aussehen, die einfache Frisur und der kurze Bart scheinen dem Bibliotheksdirektor angemessen. Eine Replik des Bildnisses wurde in Alexandria gefunden. Die späteren Leiter der Bibliothek erhielten Kallimachos ein ehrendes Andenken.

Kallimachos, Florenz, Mus. Archeologico

Kallistus

155–222 n. Chr. Papst 217–222 n. Chr.

Ein aus dem 4. Jh. n. Chr. stammendes Goldglas nennt in der Umschrift den abgebildeten Mann Kallistus; das kann kein anderer sein als der Papst gleichen Namens. Er war in den Jahren 186–189 n. Chr. zu Bergwerksarbeiten in Sardinien verurteilt und kam durch Fürsprache einer Konkubine des Kaisers → Commodus frei. Als Diakon unterstand ihm die Pflege der Gräber an der Via Appia. 217 wurde er Papst. Das Goldglasmedaillon könnte auf eine gute

Kallistus, Paris, Bibliothèque Nationale

Tradition zurückgehen und zeigt ein Porträt des Papstes, das damals etwa 100 Jahre alt gewesen wäre. Auffallend ist die sehr persönliche Form des Bartes und der Glatze, auch wenn diese ähnlich bei → Petrus vorkommt; jedenfalls ist das Bildnis nicht einfach aus der Phantasie geschaffen.

Karneades

215–130 v. Chr. Sohn des Epikomos. Aus Kyrene. Philosoph der «Akademie».

Seinen dialektischen Scharfsinn, seine Arbeitswut und seine Belesenheit bewunderte man nicht weniger als seine Redekunst. Diese stellte er während seines Aufenthaltes in Rom (156/55 v. Chr.) unter Beweis, indem er an einem Tage für, am nächsten gegen die Gerechtigkeit sprach – zum Erstaunen der biederen Römer! → Cato bewirkte daher auch seine Vertreibung. In Athen war er Leiter der «Mittleren Akademie», und hier ehrten ihn Attalos und Ariarathes, Bürger von Athen, durch eine Statue, deren Basis 1880 auf der Agora von Athen gefunden wurde. Eine durch Inschrift gesicherte Bildnisbüste des Karneades befand sich bis 1805 in Rom in der Sammlung Ludovisi. Seither ist sie verschollen, aber Galleus hat sie gezeichnet, und E. Q. Visconti kannte 1808 einen Gipsabguß – aber auch dieser verschwand. Dafür wurde ein zweiter Gipsabguß gefunden, der nach Kopenhagen in das kunsthistorische Museum gelangte. Danach war es möglich, eine Reihe von Repliken zu identifizieren, die alle dasselbe Original, wohl jene Statue in Athen, wiedergeben. Das Bildnis ist eine glänzende Leistung der späten Porträtkunst; als kühl, klar und nur vom Verstand geleitet und voller Skepsis ist dieser Mann geschildert, der mithalf, das griechische Kulturerbe den Römern zu vermitteln. → Cicero schätzte ihn sehr.

Karneades, Gipsabguß, Kopenhagen

Kleanthes

331–231 v. Chr. Sohn des Phanias. Aus Assos (Troas). Griechischer Philosoph.

Er stammte aus armer Familie, lebte in Athen als Werkstudent und schloß sich der Stoa an. Als Schüler → Zenons wurde er im Jahre 262 v. Chr. dessen Nachfolger als Haupt der stoischen Philosophenschule. Unter seinen Schülern war → Chrysippos. Ehrenstatuen von ihm werden erwähnt (Sid. Apoll. Ep. 9,14; Juven. 2,7), doch gibt es nur einen Hinweis, der für das Auffinden von Kopien nützlich sein könnte; Kleanthes war körperlich so robust, daß er als «zweiter Herakles» unter den Philosophen auffiel. Das ist zwar wenig, doch wie die Epikureer sich äußerlich stark ähnelten, so kann man das auch bei den Stoikern vermuten. Daher ist der Gedanke von Thuri Lorenz recht bestechend, der 1965 in jener Büste in einem Grab in Ostia, die

Kleanthes, Ostia

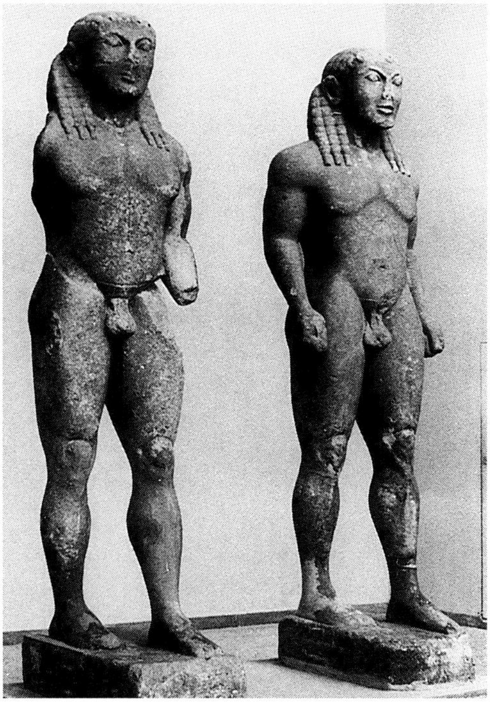

Kleobis und Biton, Delphi

man fälschlich für einen → Hippokrates hielt, ein Bildnis des Kleanthes vermutete. Die kräftige Statur wird auch in der Büste sichtbar; und die Verwandtschaft mit seinem Schüler Chrysippos bestätigen die Benennung. Demetrios, der in dem Grab in Ostia bestattet wurde, war offenbar ein Anhänger der Stoa, mit deren Lehren sich die auf dem Pfeiler angebrachten Euripides-Verse wohl vertragen. Kleanthes schied freiwillig aus dem Leben.

Kleobis und Biton

Ende des 7. Jh. v. Chr. Söhne der argivischen Hera-Priesterin Kydippe.

→ Herodot (1,31) erzählt die Geschichte von Kleobis und Biton, die, weil die Zugkühe für den Wagen ihrer Mutter ausfielen, sich selbst ins Joch spannten, damit diese rechtzeitig am Tempel erscheinen konnte. Als Lohn für ihre Tat erflehte Kydippe das Beste für ihre Söhne von der Göttin; sie starben im Schlaf. Statuen von ihnen wurden im Heiligtum der Hera in Argos und in Delphi errichtet; → Pausanias (2,20,3) sah sie noch. Und bei den Ausgrabungen von Delphi kamen zwei kolossale Marmorstatuen im Kurosschema zutage, im Stil des ausgehenden 7. Jh. v. Chr., und Reste einer Inschrift, die über die Oberseiten der Plinthen läuft und damit die iso-

Kleobis und Biton, Rom, Mus. Naz. Rom.

lierten Statuen gleichsam verbindet, nennen die Namen Kleobis und Biton und auch ihre Tat, die Anlaß für die Bildwerke war. Sie sind natürlich keine Porträts im späteren Sinne, sondern nur typische Gestalten, durch die Inschrift individualisiert. Wenn sie besonders kraftvoll erscheinen, so muß dies nicht unbedingt auf ihren Kraftakt hinweisen. Wegen seines rücksichtslosen Selbsteinsatzes für seine Mutter war das Brüderpaar noch in römischer Zeit ein leuchtendes Beispiel. Den Wagen ihrer Mutter ziehend, sieht man sie auf dem Relief eines römischen Altares.

Kleobulos, Köln

Kleobulos

Anfang 6. Jh. v. Chr. Sohn des Euagoras. Aus Lindos. Tyrann und «Weiser».

Man weiß wenig von ihm, nur daß er die Meinung vertrat: «Maßhalten ist das Beste.» Dieser Spruch steht auch auf einer Herme aus Tivoli im Vatikan, die aber leider ebenso kopflos ist wie eine inschriftlich gesicherte Kleobulos-Statuette in der Villa Doria Pamphili in Rom. Zusammen mit seiner Maxime erscheint Kleobulos auch auf dem Mosaik aus Baalbek, und zwar als älterer Mann mit Bart. 70 Jahre soll er alt geworden sein. Dagegen stellt ihn das Mosaik aus Köln als Jüngling ohne Bart dar. Alles sind reine Phantasiebilder. Natürlich werden sich auch die Marmorbildnisse, wenn sie einmal identifiziert sein werden, als solche erweisen, da vor dem 4. Jh. v. Chr. nicht mit Bildnissen der «Sieben Weisen» zu rechnen ist.

Kleopatra I.

204–176 v. Chr. Tochter des → Antiochos III. Frau des → Ptolemaios V.

Die «Syrerin», wie sie in Ägypten genannt wurde, heiratete im Jahre 193 v. Chr. Ptolemaios V., der damals 16 Jahre alt war – sie zählte elf! Das

Kleobulos, Beirut

Kleopatra I.

Königspaar ließ sich göttlich verehren. Ihr Sohn → Ptolemaios VI. wurde 186 v. Chr., bald danach der zweite Sohn → Ptolemaios VIII. geboren. Für den ersteren, der im Alter von sechs Jahren Nachfolger seines 180 v. Chr. verstorbenen Vaters wurde, führte sie die Regierung. Eine damals geprägte Goldmünze im Wert von 8 Drachmen zeigt auf der einen Seite den König, auf der anderen das schöne Profil Kleopatras mit dem Zepter der Regentin. Sie starb mit 28 Jahren.

Kleopatra II.

† 115 v. Chr. Tochter des → Ptolemaios V. und der → Kleopatra I.

Der Geschwisterehe mit → Ptolemaios VI. folgte eine zweite mit → Ptolemaios VIII. Diese war dadurch getrübt, daß Ptolemaios auch ihre Tochter Kleopatra III. heiratete und zur Mitregentin erhob. Nach dem Tod des Ptolemaios regierte sie zusammen mit ihrer Tochter Kleopatra III. und dem Enkel → Ptolemaios IX. Bei der komplizierten Situation verwundert es nicht, wenn man bei den Münzbildnissen kaum unterscheiden kann, ob Mutter oder Tochter gemeint ist. Infolgedessen bleibt diese Frage auch bei einem Marmorkopf, der im Louvre zu sehen ist, unbeantwortet.

Kleopatra VII. Philopator

69–30 v. Chr. Tochter des → Ptolemaios XII. Königin von Ägypten 51–30 v. Chr.

Mit 17 Jahren kam die mit ihrem 12jährigen Bruder Ptolemaios XIII. verheiratete Kleopatra auf den Thron. «Ihr Zauber beruhte weniger auf wirklicher Schönheit als auf ihrem Geist und ihrer ganzen Persönlichkeit», sagt → Plutarch (Ant. 27). Schön war sie wirklich nicht, und die Münzbildnisse verbergen nicht die große Hakennase und das spitze Kinn. Ein Marmorporträt der Kleopatra entdeckte L. Curtius 1933 im Vatikan, wohl eine Kopie einer Statue, die → Caesar anläßlich ihrer Besuche in Rom in den Jahren 46 bis 44 v. Chr. anfertigen und im Tempel der Venus aufstellen ließ (Dio Cass. 51,22). Wer das Bild einer schönen Frau gesucht hatte, mußte enttäuscht sein; wer jedoch die Stelle bei Plutarch kannte, fand diese bestätigt. Dennoch kann man angesichts dieses Marmorkopfes verstehen, daß diese Persönlichkeit auch Caesar in ihren Bann schlug, der nicht nur Heiratspläne schmiedete, sondern auch einen Sohn (Kaisarion) mit ihr hatte. Die Iden des März 44 v. Chr. machten aber alle Pläne zunichte. Nun betörte sie, als Aphrodite und neue Isis verkleidet, → Antonius, der sich für den neuen Dionysos hielt (Plut. Ant. 26) und sie zur «Königin der Könige» ernannte. Die Seeschlacht bei Aktium (31 v.

Kleopatra II.

Kleopatra VII.

Kleopatra VII., Vatikan

Chr.) riß beide in die rauhe Wirklichkeit zurück, Antonius beging Selbstmord, Kleopatra tötete sich durch den Biß einer Schlange, um nicht im Triumph Octavians (→ Augustus) mitgeführt zu werden. Mit 39 Jahren starb sie, das «fatale monstrum», wie → Horaz sie wenig galant titulierte. Dichtern und Malern lieferte ihr Schicksal noch lange Stoff für ihre Kunstwerke.

Kleopatra Selene

Ca. 40 v. Chr. bis 11 n. Chr. Tochter des → Antonius und der → Kleopatra VII. Königin von Libyen und Kyrene.

Anders als ihre Mutter, die dieser Schmach durch Selbstmord entging, wurde ihre Tochter im Jahre 29 v. Chr. in Octavians (→ Augustus) Triumph mitgeführt. Doch wurde sie von Octavian aufgenommen und erzogen und 20 v. Chr. mit → Juba II. von Numidien und Mauretanien verheiratet. Auf den Münzbildnissen trägt sie die einfache Scheitelfrisur der → Livia.

Kleopatra Thea

† 121 v. Chr. Tochter des → Ptolemaios VI. und der → Kleopatra II.

Im Jahre 150 v. Chr. heiratete sie → Alexander Balas, 146 v. Chr. → Demetrios II. und 138 v. Chr. → Antiochos VII. Nach dessen Tod regierte sie zunächst allein, dann, ab 126 v. Chr., zusammen mit ihrem Sohn → Antiochos VIII. Dieser ließ sie bald danach umbringen. Die Münzbildnisse zeigen eine Frau von fülligen, fast männlichen Formen, das Gesicht von Korkenzieherlöckchen eingerahmt. Diese wohl einheimisch-ägyptische Frisur kehrt an einem Bronzekopf aus Herkulaneum wieder, der dem-

Kleopatra Selene

Kleopatra Thea

Kleopatra Thea, Neapel

nach ein Bildnis dieser Kleopatra sein dürfte. Sie war als Mutter von Antiochos VIII. Grypos, → Antiochos VI. Epiphanes Dionysos und → Antiochos IX. Philopator Kyzikenos eine zentrale Gestalt am Königshof von Syrien. Als Königin trägt sie in diesem Bildnis ein Diademband.

Konstantin der Große

280–337 n. Chr. Sohn des → Constantius Chlorus und der → Helena. Römischer Kaiser 306–337 n. Chr.

Die Gestalt Konstantins steht an der Wende vom demokratisch kontrollierten römischen Kaisertum zur byzantinischen, uneingeschränkten Monarchie, vom Heidentum zum Christentum und von der Antike zum Mittelalter. Die entscheidende Schlacht gegen → Maxentius an der Milvischen Brücke 312 n. Chr. gewann er unter dem Zeichen des Kreuzes. Seine Mutter war fromme Christin, und er selbst nahm die neue Religion an. Äußeres Zeichen für diesen Wandel ist der Verzicht auf einen Bart, der seit → Hadrian üblich, aber ein Zeichen griechisch-heidnischer Philosophen war. Christus stellte man sich damals jugendlich und ohne Bart vor. Seine Bildnisse bedeuten eine Absage an die Tradition, die den Kaiser als «Princeps» auffaßte und ihn menschlich darstellte. Der Kaiser von Gottes Gnaden steht nun weit über dem Volk und zeigt sich diesem als Personifikation der absoluten Macht, als Wesen einer höheren Welt und ohne jeglichen Kontakt zu den Menschen. Die berühmte kolossale Sitzstatue aus der von Konstantin umgebauten Basilika des Maxentius in Rom bedeutet einen Höhepunkt in der von → Diokletian eingeleiteten neuen Funktion des Bildnisses. Jedes Leben, jede menschliche Bewegung ist erstorben, nur ein Symbol der Machtposition und der Unnahbarkeit sieht der Betrachter, der sich diesem gegenüber ganz klein vorkommen soll. Er soll auch vergessen, daß dieser Kaiser erst seinen Sohn Crispus, dann auch seine Frau → Fausta umbringen ließ (326 n. Chr., ein Jahr nach dem Konzil von Nicaea!). Eusebios von Caesarea verklärte die Gestalt Konstantins zu dem Idealbild eines sendungsbewußten Herrschers, dessen Reformen das Römische Reich auf eine neue Grundlage

Konstantin d. Gr., Rom, Pal. dei Cons.

stellten und der diesem durch seine neue Hauptstadt Konstantinopel neuen Glanz verlieh. Betrachtet man seine Bildnisse, so ist zu bemerken, daß deren monumentale Starrheit an die altorientalischen Bilder der Herrscher-Götter erinnert, daß sie einen Rückfall in das Archaische bedeuten; das «Humanum», die Voraussetzung für die Entstehung und den Bestand des antiken Bildnisses, existiert nicht mehr.

Korinna

Tochter des Achelodoros und der Prokratia. Aus Tanagra. Griechische Dichterin unbestimmter Zeit.

Angeblich sei sie Zeitgenossin → Pindars gewesen, diese boiotische Dichterin, die nur durch Legenden bekannt ist. Der große Porträtist Silanion schuf von ihr im 4. Jh. v. Chr. eine Bildnisstatue (Tatian. 34,16). Die Inschrift Korinna steht auf dem Sockel einer Marmorstatuette in Compiègne, die die Dichterin im vornehmen Gewand und mit einer Buchrolle in den Händen zeigt. Vielleicht ist diese Statuette eine kleine Nachbildung jenes Meisterwerkes des Silanion. Danach lassen sich lebensgroße Repliken des Kopfes auffinden. Sie geben ein Mädchen mit Melonenfrisur und einem zweigeteilten Halsband wieder. Diese Frisur, die → Aspasia in der Mitte des 5. Jh. v. Chr. eingeführt hatte, wurde im 4. Jh. v. Chr. allgemein getragen. Das Bildnis des Silanion wird aber auf alle Fälle ein Werk ohne ikonographische Unterlagen gewesen sein, aus der Phantasie geschaffen, so wie man sich die lyrische Dichterin nach ihren erzählenden Gedichten vorstellte.

Korinna, Berlin

Krates

Ca. 360 bis ca. 270 v. Chr. Sohn des Askondas. Aus Theben. Griechischer Philosoph.

Als Schüler des → Diogenes verschenkte er sein großes Vermögen und lebte völlig bedürfnislos

Korinna, Compiègne, Mus. Vivenel

auf Wanderschaft. Hipparcheia teilte sein Wanderleben und führte mit ihm eine gänzlich unkonventionelle Ehe. Beide sind wahrscheinlich auf einem kleinen Gemälde aus der Villa Farnesina dargestellt. Die beiden Gestalten, die man vordem als «Reisendes Volk» («Popolani in viaggio») interpretierte, hat H. Fuhrmann 1940 näher betrachtet; in dem etwas verwildert aussehenden Mann mit Knotenstock, einem Tragholz mit Sack und Tasche, bekleidet mit einfachem Mantel und einem Fell hat er Krates erkannt, und in dem vornehm gekleideten Mädchen, das ihm folgt und das Nötigste in einem Korb auf dem Kopf trägt, Hipparcheia. Sie streckt ihre Hand nach Krates aus, der vorangeht, als Zeichen, daß sie ihm folgen werde. Das kleine Bild ist wohl eine Kopie eines anspruchsvolleren Gemäldes; das Porträt des Krates ist aber nicht präzise genug wiedergegeben, als daß sich danach etwa Marmorbildnisse ausfindig machen ließen.

Kroisos

1. Hälfte des 6. Jh. v. Chr. Sohn des Alyattas. König von Lydien.

So sprichwörtlich sein Name und sein Reichtum sind, so wenig Konkretes weiß man von ihm. Mit ihm ist das bezeichnend «dunkle» Orakel der Pythia verbunden, er würde ein großes Reich zerstören, wenn er den Halys-Fluß überschreite – was zutraf, aber auf sein eigenes Reich! Er war freigebig den griechischen Heiligtümern gegenüber, und eine Inschrift auf einer der reliefgeschmückten Säulentrommeln des ephesischen Artemis-Tempels bezeugt noch heute seine finanzielle Unterstützung bei diesem Riesenbau. Sein Ende liegt im dunkeln. Nach dem Fall seiner Hauptstadt Sardes im Jahre 547 v. Chr., als ihn sein Gegner Kyros zum Tod auf dem Scheiterhaufen verurteilt hatte, erinnerte er sich daran, was ihm einst → Solon gesagt hatte: «Niemand ist vor seinem Tode glücklich zu preisen!» Als Kyros davon erfuhr,

Krates, Rom, Mus. Naz. Rom.

Kroisos, Paris, Louvre

schloß er darauf hin dauernde Freundschaft mit Kroisos. So steht es bei → Herodot (1,80). Andere erzählen, ein Regenschauer habe die Flammen des Scheiterhaufens gelöscht, und Kroisos sei von Apollon entrückt worden. Eine Keilschriftchronik weiß nur von einem Tod des Kroisos durch Kyros.

Eine um 500 bis 490 v. Chr. bemalte attische Amphora bringt das Bild des festlich und griechisch gekleideten Königs, auf dem brennenden Scheiterhaufen thronend, wie er das letzte Opfer darbringt. Ob Kroisos auf diese Weise starb oder ob der Versuch der Selbstverbrennung in letzter Minute verhindert wurde, bleibt ungeklärt. So stellt das griechische Vasenbild nur eine neue Variante um den Tod des Mannes dar, der als der reichste des Altertums galt, nicht aber als der glücklichste.

L

Labienus

Quintus Labienus. ?–39 v. Chr. Römischer General und Abenteurer.

Im Bürgerkrieg nach der Ermordung → Caesars 44 v. Chr. stand er auf seiten des → Brutus und → Cassius. Diese schickten ihn zum parthischen König Orodes (43 v. Chr.), um diesen um Unterstützung zu bitten. Als die Caesarmörder nach der Schlacht bei Philippi 42 v. Chr. vernichtet waren, blieb Labienus bei den Parthern und überredete den König dazu, die Römer anzugreifen. Er wurde von diesem zusammen mit dem Königssohn Pakoros an die Spitze der Angreifer gestellt, die Syrien und Kleinasien erobern konnten, Gebiete, die der Herrschaft des → Antonius unterstanden. Labienus prägte jetzt Münzen mit seinem Bildnis und der Umschrift Imperator parthicus und beherrschte als solcher ein beachtliches Reich. Als jedoch Antonius zum Gegenangriff überging und seinen Legaten Ventidius Bassus gegen Labienus entsandte, konnte das Partherheer das eroberte Gebiet nicht halten; es wurde vernichtet, und Labienus fand zusammen mit Pakoros den Tod. Als ein Abenteurer, der die verworrenen Zustände nach Caesars Ermordung nutzte, um sich den veränderten Verhältnissen anpassend und sogar im Bund mit Roms schlimmsten Feinden ein Reich zu gewinnen, ist er eine bezeichnende Gestalt vom Ende der römischen Republik, doch fügte er sich auch in die Reihe der Usurpatoren im Seleukidenreich.

Labienus

Lanassa

1. Hälfte des 3. Jh. v. Chr. Tochter des Agathokles von Syrakus.

Der König von Syrakus hatte seine Tochter im Jahre 295 v. Chr. mit → Pyrrhos von Epiros verheiratet; doch wollte Lanassa sich nicht damit abfinden, die Gunst des Königs mit anderen zu teilen. Sie zog sich auf ihr Erbgut zurück, auf die Insel Korkyra – wo einst die Phäaken lebten! Bei ihren Überlegungen, wie sie denn wieder die Frau eines Königs werden könne, fiel ihre Wahl auf → Demetrios Poliorketes. Sie fragte bei ihm an, ob er sie nicht heiraten wolle. Er wollte, nicht nur weil er überhaupt weiblichem Charme gegenüber wehrlos war, sondern auch, weil ihm der Besitz von Korkyra verlockend erschien. Er, der ebenso wie sein Vater von einem griechischen Großreich träumte, richtete nämlich den Blick nach Westen, in der Hoffnung, → Alexanders Plan, Italien zu erobern, in die Tat umzusetzen. So heiratete Demetrios die Lanassa, ungeachtet seiner Ehe mit Phila und der im Jahre 307 v. Chr. geschlossenen mit Deidameia, der Schwester des Pyrrhos; zudem war er seit 297 v. Chr. mit Ptolemais verlobt!

Diese Hochzeit mit Lanassa ist das Thema eines Gemäldes im Aphrodite-Saal der Villa von Bos-

Lanassa, New York

Laodike und Mithridates IV. von Pontos

coreale, das, 1900 entdeckt, 1903 in Paris versteigert, in das Metropolitan Museum in New York gelangte. Die kräftige Gestalt der Braut, die so selbstbewußt neben Demetrios Poliorketes sitzt, paßt gut zu dieser Frau, die energisch und erfolgreich die Initiative ergriffen hatte. Die drei Frauen, die das Paar umgeben, gehören offenbar zu Lanassas Hofstaat in ihrem männerlosen Inselreich. Das Vorbild des Wandgemäldes wird im Jahre 290 v. Chr. anläßlich der Hochzeit gemalt worden sein; das Pendant dazu zeigt die verstorbenen Eltern des Demetrios, Antigonos, → Monophthalmos und → Stratonike, im Elysium, flankiert von den Unterweltsrichtern, von denen nur der eine erhalten ist.

Laodike

169–150 v. Chr. Tochter des → Mithridates III. von Pontos. Frau und Schwester des → Mithridates IV. von Pontos.

Aus der Inschrift der Rückseite geht eindeutig hervor, daß das Doppelbildnis auf der Vorderseite der Münze König Mithridates und Königin Laodike darstellt. Die Münze wurde um 165 v. Chr. in Sinope geprägt, wohl anläßlich der Eheschließung.

Laodike

2. Jh. v. Chr. Tochter des → Seleukos II. Frau des → Heliokles I. von Baktrien.

Das Herrscherpaar auf der Münze ist mit den Namen bezeichnet. Laodike war die Schwester von → Antiochos III und Mutter von → Eukratides.

Laodike und Heliokles I.

Leonidas

† 480 v. Chr. Sohn des Anaxandridas. König von Sparta 488–480 v. Chr.

Leonidas, Sparta

Der spartanische Krieg, der mit 7000 Mann im Jahre 480 v. Chr. den Thermopylenpaß gegen die Perser verteidigte und durch Verrat umkam, ist Sinnbild patriotischer Selbstaufopferung. «Wanderer, kommst Du nach Sparta, verkündige dorten, Du habest uns hier liegen gesehn, wie das Gesetz es befahl», dichtete → Simonides. Und in Sparta wurden seine sterblichen Reste – → Xerxes I. hatte die Leiche verstümmeln lassen – erst 40 Jahre später feierlich beigesetzt, ein Grabmonument errichtet und jährlich Festspiele angeordnet. 1925 wurde in Sparta auf der Akropolis der Marmortorso eines Kriegers gefunden – ein in Sparta ganz seltenes Kunstwerk aus der Zeit um 480 v. Chr. – und erhielt spontan den Namen Leonidas, wohl nicht zu Unrecht. Der prächtig verzierte Helm zeichnet den Krieger aus, die Nacktheit entspricht einer Heroisierung, der Fundort spricht für ein Ehrendenkmal; da liegt der Gedanke an Leonidas schon nahe. Und ein Waffenläufer kann dieser Mann nicht sein, weist seine Haltung doch eindeutig auf einen Kämpfenden hin. Wenn der Stil für die Zeit ein wenig altertümlich ist, so muß man bedenken, daß es sich nicht um ein attisches Werk handelt und daß Sparta – auch sonst betont traditionsgebunden – wohl erst langsam den Anschluß an die Entwicklung der klassischen Kunst gefunden hat. Der Künstler hat den Blick des Leonidas besonders betont, indem er – wie sonst bei Bronzestatuen – die Augen in farbigem Material einsetzte.

Lepidus

Marcus Aemilius Lepidus. 90–12 v. Chr. Triumvir.

Der eher unbedeutende Lepidus verdankte seinen Aufstieg → Caesar, mit dem er 46 v. Chr. zusammen Konsul war. Er war mit Junia verheiratet, der Schwester des Caesar-Mörders M. → Brutus. Bei ihm war Caesar am 14. 3. 44 v. Chr. zu Gast, doch war er bei dessen Ermordung nicht zugegen. In den folgenden Wirren ergriff er die Partei des → Antonius und vermittelte zwischen diesem und Octavian (→ Augustus) und wurde mit diesen einer der «Dreimänner», denen die «Wiederherstellung des Staates»

Lepidus

anvertraut wurde, zunächst von 43–38, dann von 38–36 v. Chr. Als er sich mit Octavian verfeindete, verlor er alle Würden bis auf die des Pontifex maximus. Sein Bildnis erscheint ca. 42 v. Chr. auf dem von L. Mussidius Longus geprägten Aureus; die Beischrift verweist auf dessen Würde als Triumvir.

Licinius

Lucius Valerius Licinianus Licinius. 250–324 n. Chr. Römischer Kaiser 308–324 n. Chr.

Der von → Diokletian adoptierte Sohn eines dakischen Bauern wurde von → Galerius zum Kaiser erhoben. Um die Alleinherrschaft zu erlangen, rottete er die Familien des → Maximinus Daia, des Galerius, und des → Serverus aus und versuchte, auch → Konstantin umzubringen. Doch dieser besiegte ihn 314 n. Chr., machte ihn zwei Jahre später zum Mitkaiser und verheiratete ihn mit seiner Tochter Constantia.

In dieser Zeit des Friedens wurde der Kopf → Hadrians in dem Reliefmedaillon mit dem Hercules-Opfer, das Konstantin von einem hadrianischen Jagddenkmal zum Schmuck seines Triumphbogens verwendete, zu einem Porträt des Licinius umgearbeitet. Später flammte der Streit wieder auf, Licinius wurde vernichtend geschlagen und von Konstantin zum Tode verurteilt.

Licinius, Rom, Kostantinsbogen

Livia

Livia Drusilla. 58 v. Chr.–29 n. Chr. Tochter des Marcus Lucius Drusus Claudianus und der Alfidia. Frau des → Augustus.

Ihr Sohn → Tiberius widmete dem Wohl der erkrankten Livia Münzen mit dem Profil einer Frau und der Umschrift «Salus Augusta». Livia hieß, nachdem Augustus sie in seinem Testament adoptiert hatte, mit vollem Namen Julia Augusta. Die Frau auf den Salus-Münzen stellt also wohl Livia dar, idealisiert, aber doch mit individuellen Zügen. Danach konnten einige rundplastische Porträts identifiziert werden, unter denen der Marmorkopf in Kopenhagen immer noch der eindrucksvollste ist. Von ebenmäßiger Schönheit, mit großen Augen, vorspringender Nase und kleinem Mund erscheint diese Frau beherrscht und willensstark. In der Frisur, die an alte italische Vorbilder anknüpft, zeigt Livia dieselbe Rückwendung auf alte römische Tradition wie Augustus. Die schlichte Scheitelfrisur mit einem Nackenknoten ist durch eingesteckte Löckchen an den Schläfen aufgelockert. – Das also ist die Frau, die Augustus so faszinierte, daß er sich von Scribonia scheiden ließ, die Scheidung der Livia von Tiberius Claudius Nero durchsetzte und sie heiratete. Nach drei Monaten kam → Drusus der Ältere zur Welt, der fünf Jahre später zusammen mit seinem älteren Bruder Tiberius im Haus des Augustus aufgenommen wurde. Einen «Odysseus im Weibergewand» nennt sie Sueton (Cal. 23), weil sie so klug und berechnend die Kinderlosigkeit ihrer Ehe mit Augustus dazu benutzte, um ihren Sohn Tiberius zu protegieren. Endlich mußte Augustus gegen seinen Willen die Adoption vollziehen und Tiberius damit zu seinem Nachfolger bestimmen. Das Alter der

Livia, Kopenhagen

Livia in dem Kopenhagener Bildnis ist schwer zu schätzen; die relative Jugendlichkeit mag ein Kompliment des Künstlers sein. Doch bringt er auch die Tragik dieser Frau zum Ausdruck, der die letzten Worte des Augustus galten: «Livia, gedenke unserer glücklichen Ehe und lebe wohl!» Sie wurde die Priesterin des unter die Götter versetzten Augustus, mußte aber auch das Schreckensregiment des Tiberius erleben, für das sie sich zu Recht mitverantwortlich fühlte.

Livius Andronicus s. Andronicus

Livius

Titus Livius. 59 v. Chr. bis 17 n. Chr. Aus Patavium (Padua). Geschichtsschreiber.

Als Sohn einer begüterten Familie genoß er eine sorgfältige Erziehung, hielt sich aber vom politischen Leben fern. 40 Jahre seines Lebens widmete er der Arbeit an seinem großen Geschichteswerk «Ab urbe condita», das er wohl in Rom verfaßte, wo ihm die nötigen Unterlagen zur Verfügung standen. Denn er fand etwa ein Dutzend Darstellungen der römischen Geschichte vor, die es zu verarbeiten galt. Er tat dies nicht ohne Kritik und sorgfältig abwägend, ließ sich wohl von Patriotismus, nicht aber durch Parteinahme leiten. Da er → Pompeius recht positiv beurteilte, nannte ihn → Augustus, mit dem er in persönlicher Beziehung stand, spöttisch einen «Pompeianer». Als 27–25 v. Chr. die ersten Bücher des Werkes erschienen, war der Erfolg so groß, daß die Arbeiten seiner Vorgänger in Vergessenheit gerieten. Von den insgesamt 142 Büchern (bis zum Tod des → Drusus, 9. v. Chr.) sind nur etwa ein Viertel (Buch 1–10, 21–45) erhalten. Der klassische Stil wird bewundert, aber auch bedauert, daß dem Livius die erforderliche Sachkenntnis fehlte, die ihn staatsmännische und militärische Leistungen hätte gerecht beurteilen lassen. Groß war sein Ruhm im Altertum, so daß in den Bibliotheken neben den Bildnissen der Klassiker und Vergils auch das seinige zu sehen war.
Seine Miniaturbildnisse in den Handschriften sind verschieden und unbestimmt.

Lucilla

Annia Aurelia Galeria Lucilla. 149–182 n. Chr. Tochter des → Marcus Aurelius und der → Faustina der Jüngeren. Frau des Lucius → Verus.

Dio Cassius (72,4) stellt dieser Frau das Zeugnis aus, sie sei nicht besser gewesen als ihr Bruder → Commodus. Es besteht auch eine gewisse äußere Ähnlichkeit der Geschwister. Die scharf gebrannten Wellen ihres vollen Haares umrahmen das hübsche Gesicht, das eine gewisse naive Verschlagenheit verrät, und sind im Nacken in einem Knoten zusammengefaßt. Im Jahre 164 n. Chr. wurde sie die Frau des Lucius Verus und «Augusta». Kaiserliche Ehren standen ihr auch zu, als sie 169 n. Chr. nach Lucius Verus' Tod gegen ihren Willen Claudius Pompeianus heiratete. Als Commodus Kaiser wurde, fühlte sie

Lucilla, Rom, Antiquario communale

sich durch dessen Frau → Crispina zurückgesetzt, zettelte eine Verschwörung an, die aufgedeckt wurde; ihr Bruder verbannte sie nach Capri und ließ sie hinrichten.

Lucullus

Lucius Licinius Lucullus. 117–56 v. Chr. Staatsmann.

Obwohl er sich im Bundesgenossenkrieg bewährte und wesentlich an der Niederwerfung des → Mithridates VI., der seit einem halben Jahrhundert mit Rom im Kampf stand, beteiligt war, beruht sein Ruhm vielmehr auf seinem Reichtum und dem Luxus, den zu entfalten er liebte. Er war einer der reichsten – nach → Crassus – Männer seiner Zeit und wendete ihn offenbar mit erstaunlichem Geschmack an. Er förderte Wissenschaftler und Künstler, sammelte Statuen und Gemälde in seinen zahlreichen großartigen Villen. In Rom legte er die berühmten Horti Luculliani auf dem Pincio an. Bewundert wurde das große Vogelhaus seiner Villa in Tusculum, in dem man auch speiste. Von seinem Feldzug im Osten brachte er aus Kerasos die Kirsche mit, die er damit in Europa einführte. Vom politischen Leben hatte er sich zurückgezogen, als er in geistiger Umnachtung starb.

Eine leider ohne Kopf erhaltene Herme in Arrezzo bezeugt den Nachruhm des Lukull, dem, wie eine Basis in Athen beweist, auch dort durch eine Statue geehrt worden war. Die Eloge auf dem Hermenschaft läßt ahnen, wie sehr seine Bildnisse Denkmäler seines Ruhmes waren.

Lukian von Samosata

Ca. 120–180 n. Chr. Sophist. Verfasser satirischer Dialoge.

Als Syrer mußte er die griechische Sprache erst erlernen, die er dann so meisterlich beherrschte. Als Wanderredner begeisterte er seine Zuhörer mit Prunkreden in Makedonien, Italien, Gallien und Griechenland, wo er auch in Olympia auftrat. Später verfaßte er die satirischen Dialoge, die ihn berühmt machten. Aus der Warte seiner hohen Bildung bespöttelte er alles, teils giftig eifernd, teils herablassend und nachsichtig. Ziel seiner Angriffe sind Aberglaube, falsche Philosophen und menschliche Schwächen, wie Wundergläubigkeit und Streben nach Reichtum und Ruhm.

Lukrez

Titus Lucretius Carus. 97–44 v. Chr. Dichter.

Über seine Person ist nichts bekannt. Vielleicht stammt er aus ländlichen Verhältnissen, denn er hat ein Auge für die Natur und die Tierwelt und ist vom Glanz der Großstadt Rom staunend beeindruckt.

Seine pessimistische Weltanschauung legte er in dem Gedicht «Über die Natur» nieder. Sie ist bestimmt durch die Ereignisse seiner Zeit, die Kriege der Bundesgenossen, den Sklavenkrieg und den Bürgerkrieg. Aufklärerisch und religionsfeindlich schildert er in Hexametern das Werden der Welt bis hin zu dem Kulturstand, den das Menschengeschlecht erreichte.

Das bekannte Bronzeporträt in Neapel, in dem man heute → Hesiod vermutet, galt lange Zeit als ein Bildnis des Lukrez.

Lutatius Catulus, Paris, Louvre

Lutatius Cerco, Paris, Louvre

Lutatius Catulus

Gaius Lutatius Catulus. Sohn des Gaius Lutatius Catulus. Römischer Konsul 242 v. Chr.

Im Ersten Punischen Krieg übernahm Lutatius Catulus den Oberbefehl über die neuerbaute römische Flotte, mit der er bei den Ägatischen Inseln im Jahre 241 v. Chr. den entscheidenden Sieg über die Karthager errang.

Als Feldherr und in Siegerpose ist er auf einem Relief in Paris dargestellt, und zwar anläßlich des Opfers für Mars. Das Relief gibt wahrscheinlich ein Gemälde wieder, das anläßlich seines Triumphes im Oktober des Jahres 241 v. Chr. entstanden ist, und bildete wohl den Schmuck eines prächtigen Familiengrabmals. Der Kopf des Lutatius Catulus ist ergänzt.

Lutatius Cerco

Quintus Lutatius Cerco. † 236 v. Chr. Bruder des → Lutatius Catulus. Römischer Konsul 241 v. Chr.

Nach dem Ende des Ersten Punischen Krieges hatte Lutatius Cerco die Zivilverwaltung in der ersten römischen Provinz, in Sizilien, einzurichten. Als Vertreter des römischen Senates steht er mit der Toga bekleidet bei dem großen Siegesopfer für Mars auf der anderen Seite des Altars, also seinem Bruder, dem siegreichen gepanzerten Feldherrn, gegenüber. Das Relief gehörte wohl zusammen mit einem zweiten Fries, der die errungene Seeherrschaft symbolisiert – das wichtigste Ergebnis des Sieges – zum Schmuck des Familiengrabes der Lutatier; beide geben Triumphalgemälde wieder, die im Jahre 241 v. Chr. entstanden sind. Der Kopf des Lutatius Cerco wurde im 18. Jh. ergänzt.

Lysias

Ca. 445–380 v. Chr. Sohn des Kephalos. Aus Athen. Griechischer Redner.

Nach dem Tod seines Vaters, der aus Syrakus stammte, wanderte der 15jährige nach Thurioi aus, kehrte aber im Jahre 412 v. Chr. nach Athen zurück und eröffnete eine Rednerschule. Er wurde von den «30 Tyrannen» verfolgt und floh

Lysias, Rom, Mus. Cap.

nach Megara. Nach der Befreiung Athens war er ein begehrter Anwalt.
Statuen von ihm werden nicht erwähnt, doch ist sein Bildnis in zwei Kopien bekannt. Die eine in Neapel trägt den Namen auf den Falten des Gewandes, ist aber wohl modern stark überarbeitet, die andere, im Museo Capitolino im Rom, gibt in trockener Weise die Eigenart des Bronzeoriginals wieder, das aus dem Anfang des 4. Jh. v. Chr. stammen muß.

Lykurgos

Sagenhafter Gesetzgeber von Sparta.

Die Griechen der historischen Zeit glaubten, Lykurgos habe im 11.–8. Jahrh. v. Chr. gelebt, doch ist er wohl keine geschichtliche, sondern eher eine mythische Figur. Den Streit zwischen dem Volk und dem König schlichtete er durch seine neuen Gesetze, die ihm entweder das Delphische Orakel verkündet oder die er selbst aufgrund seiner Erfahrungen auf zahlreichen Reisen geschaffen hatte. Mit dem spartanischen Doppelkönigtum, dem Rat der Alten und der Heeresversammlung schuf er die Grundlagen für die Macht Spartas. Er verpflichtete seine Landsleute, diese Verfassung nicht zu ändern,

Lykurgos

bevor er nicht von seiner Reise zurückkäme; er starb im Ausland. Man verehrte ihn in Sparta in einem Tempel, wo ihm, wie einem Gott, geopfert wurde. Eine Statue von ihm stand auf einer Brücke, die zu einem mit einem Wassergraben umgebenen Sportplatz führte, als Gegenstück zu einer Heraklesstatue.
Von einer durch die Inschrift gesicherten Bildnisherme des Lykurgos, die in Tivoli gefunden wurde, ist leider nur die Basis erhalten.
Wie man sich später den Lykurgos vorstellte, zeigt eine Münze von Sparta.

Lysias Aniketos

König von Indien ca. 145–135 v. Chr.

Lysias Aniketos

Die Münzbildnisse zeigen den König, von dem kaum etwas bekannt ist, nach dem Vorbild → Alexanders des Großen, mit der Kopfhaut eines Elefanten und dem darunterliegenden Königsdiadem. Aufgrund seiner Gesichtszüge kann man vermuten, daß er pedantisch war.

Lysimachos

361–281 v. Chr. Sohn des Agathokles. König von Thrakien 305–281 v. Chr., von Makedonien 286–281 v. Chr.

Der Freund und Leibwächter → Alexanders des Großen versuchte sein thrakisches Reich, das ihm nach Alexanders Tod zufiel, zu vergrößern. Er eroberte auch Teile Kleinasiens, fiel aber, als er seine Herrschaft auch auf Griechenland ausdehnen wollte, im Kampf gegen → Seleukos I. Sein Reich brach auseinander. Seine Münzen schmückte er mit dem Bild Alexanders, doch erscheint sein Bildnis auf Kupfermünzen der von ihm gegründeten Stadt Lysimacheia (Chersones). Danach konnten zwei Marmorköpfe als Bildnisse des Lysimachos identifiziert werden. Sie zeigen die wilde Natur dieses Mannes, der in Sidon und Sogdiana mit Löwen kämpfte und bei Sangala verwundet wurde. Er verstieß seine Frau Amastris und ermordete, angestiftet von seiner zweiten Frau, → Arsinoe II., seinen Sohn Agathokles. Da auch der Stil des Bildnisses in

Lysimachos, Privatsammlung

diese Zeit weist, dürfte die von Otto Brendel 1928 vorgetragene Identifizierung des Porträts wohl zutreffen.

In neuerer Zeit wurde sie angezweifelt und statt dessen der Name → Demetrios Poliorketes genannt; zugleich wurde behauptet, ein Kopf aus Ephesos sei ein Bildnis des Lysimachos. Da dieser jedoch Herakles darstellt, also kein Porträt ist, entfällt dieser Gedanke.

M

Macrinus

Marcus Opellius Severus Marcrinus. 164–218 n. Chr. Aus Mauretanien. Römischer Kaiser 217–218 n. Chr.

Als Gardepräfekt → Caracallas ließ er diesen in Edessa (Syrien) ermorden. Obwohl zum Kaiser ausgerufen, hat er Rom nie betreten. Die Frauen aus der Verwandtschaft der → Julia Domna bereiteten ihm bei Antiochia eine Niederlage, und bald darauf wurde er ermordet. Er war der erste römische Kaiser aus nichtsenatorischem Stand. Nach Herodian (5,2,3–4) imitierte Macrinus den → Marcus Aurelius, besonders auch hinsichtlich der Bartpflege. Dieser war, wie die Bildnisse erkennen lassen, in der Tat stattlich, doch hat dieser Maure sonst keine Ähnlichkeit mit dem Philosophenkaiser. Nackt, in heroischer Pose scheint eine Statue im Vatikan den Macrinus darzustellen; der Körper, so kräftig er ist, beansprucht nichts Porträthaftes, sondern ist traditioneller Ausdruck der Überhöhung des Menschen.

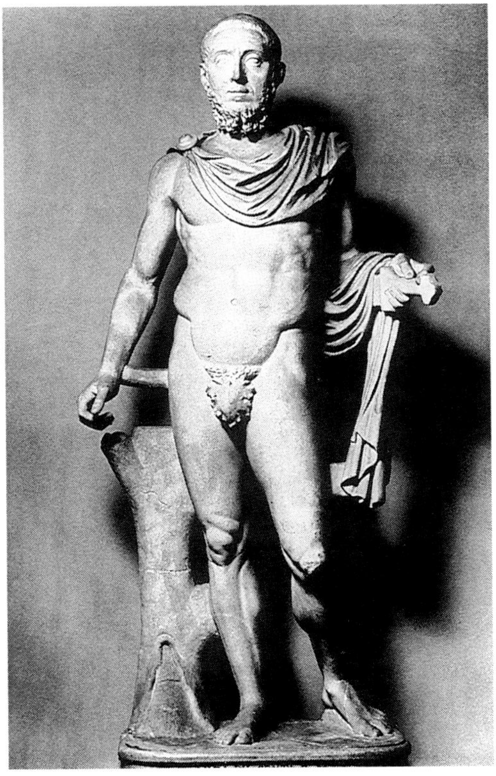

Macrinus, Vatikan

Maecenas

Gaius Cilnius Maecenas. † 8 v. Chr. Aus Arretium. Staatsmann

Er stammte angeblich aus einem etruskischen Königsgeschlecht; der Name ist etruskisch, auch die Beifügung des mütterlichen Familiennamens (Cilnius) entspricht etruskischer Sitte. Er kämpfte in der Schlacht bei Philippi im Jahre 42 v. Chr. mit und war seither Vertrauter, Ratgeber und Begleiter des → Augustus. Seinen Reichtum nutzte er nicht nur zu einer luxuriösen Lebensweise, sondern auch zur Förderung von Künstlern und Wissenschaftlern. → Horaz, → Vergil und → Properz genossen seine Gunst. Der Philosoph → Seneca warf dem Maecenas sein Wohlleben vor und hielt ihn für einen verweichlichten, degenerierten Lebemann. Er war mit Terentia verheiratet, deren Gunst Augustus mehr als die der → Livia zu schätzen wußte. Es kam zur Scheidung der Ehe und nach 23 v. Chr. zu einer Entfremdung zwischen Maecenas und Augustus. Dennoch vermachte Maecenas seinen ganzen Reichtum, u. a. auch seine Villa auf dem Esquilin, dem Augustus. Er starb nach langer Krankheit. Trotz vieler Versuche ist es bisher nicht gelungen, ein Bildnis des Maecenas zu entdecken.

Magnentius, Vienne

Marcellus, Berlin

Magnentius

Flavius Magnus Magnentius. Römischer Kaiser 350–353

Sohn eines Briten und einer fränkischen Mutter, nahm an der Verschwörung gegen → Constans teil und wurde 350 zum Kaiser ausgerufen. Er herrschte über Gallien und Italien, nachdem Constans auf der Flucht ermordet worden war, doch besiegte ihn dessen Bruder, → Constantius II., bei Mursa (Pannonien). Er floh 352 nach Gallien, wo seine Lage 353 so aussichtslos wurde, daß er Selbstmord beging.

Eine in Vienne gefundene Marmorbüste stellt diesen Usurpator dar, dessen Züge durch seine Münzbildnisse bekannt sind.

Marcus Antonius s. Antonius

Marcellus

Marcus Claudius Marcellus. 268–209 v. Chr. Römischer Feldherr.

Sein Nachkomme Publius Cornelius Lentulus Marcellinus setzte im 1. Jh. v. Chr. auf seine Münzen das Profil des berühmten Marcellus, an dessen fünf Konsulate die Inschrift der Rückseite erinnert. Dort sieht man Marcellus die «Spolia opima», die im persönlichen Kampf dem Gallierfürsten Virodomarus abgenommenen Waffen, dem Jupiter weihen; dieser Zweikampf zwischen den Heerführern fand bei Clastidium im Jahre 222 v. Chr. statt. Nach dem Profilbildnis der Vorderseite erweist sich ein kleines Marmorrelief als Porträt des Marcellus; ursprünglich mit Hals etwa 20 cm hoch, war dieses Profil auf einer dunklen Unterlage befestigt und wirkte so wie ein Kameo. Dieses Medaillon ist sicher ein zeitgenössisches Porträt des Feldherrn und war als ein Geschenk, als Belohnung für erwiesene Dienste geschaffen. Es zeigt Marcellus wie erwartet als einen Condottiere, den rauhen Kriegsmann, der sich in 39 Schlachten bewährte. Sein Gegenspieler → Hannibal schätzte ihn als ebenbürtigen Widersacher und ehrte ihn nach seinem Tod auf dem Schlachtfeld. Frei von moralischen und religiösen Vorurteilen, grausam und treulos, wie sich sein Bild in der Geschichte bietet, vollbrachte er doch durch die Eroberung von Syrakus im Jahre 212 v. Chr. und den Abtransport der dortigen griechischen Kunstschätze nach Rom eine zukunftsweisende

Tat. Seither schätzten die Römer die Schönheit dieser bisher nur verachteten Gemälde und Statuen. Ein sizilischer Künstler hat das erhaltene Relief geschaffen, das in Rom, weil es an griechische Sitte anknüpft, als ungehörig angesehen worden wäre. An seinem Grabe wurde die Tragödie «Clastidium» von → Naevius aufgeführt, und sein Sohn hielt die Trauerrede, die berühmt wurde. An diese knüpfte → Augustus an, als er seinen Schwiegersohn, den letzten → Marcellus, begrub.

Marcellus

Marcus Claudius Marcellus. 42–23 v. Chr. Sohn des Gaius Claudius Marcellus und der → Octavia.

Der letzte Sproß der berühmten Familie starb früh und machte damit die Hoffnung des → Augustus, in ihm einen Nachfolger gefunden zu haben, zunichte. Seine Ehe mit → Julia war kinderlos geblieben. Nach seinem Tod erlosch fast jegliches Interesse für ihn, und es ist daher nicht mit vielen Bildnissen des jungen Mannes zu rechnen. Münzbildnisse gibt es nicht. Doch stand in Pompeji auf dem Forum triangolare eine Statue des Marcellus, wie eine Inschrift bezeugt. Daher ist es nicht unwahrscheinlich, daß ein dort gefundener Marmorkopf, wie A. Maiuri 1939 vermutete, den Marcellus darstellt. Eine gewisse Ähnlichkeit mit → Augustus und der Eindruck der Kränklichkeit können zugunsten dieser Benennung angeführt werden. Ein zweites Porträt in der Sammlung Torlonia, Rom, ist dem des Augustus derart ähnlich, daß man es trotz der individuellen Frisur des Marcellus für ein Bildnis des Octavian gehalten hat. Die Gedenkinschrift für den Neffen des Augustus, dem der Kaiser die Grabrede hielt, fand man im Mausoleum des Augustus. Ihm zu Ehren hat er das Marcellus-Theater bauen lassen, seine Mutter Octavia eine Bibliothek.

Marciana

Ulpia Marciana. Ca. 48–114 n. Chr. Schwester des → Trajan.

Im Jahre 105 n. Chr. erhielt sie den Titel «Augusta» und das Ehrenmünzrecht. Die Münzbildnisse zeigen eine verhältnismäßig alte Frau mit

Marcellus, Rom, Museo Torlonia

Marciana, Ostia

einer kunstvollen Frisur; über einem schmalen Haarstreifen an der Stirn erheben sich in zwei Etagen die – wohl künstlichen – Locken vor einem Diadem, am Hinterkopf sind die Haare zu einem hohen Flechtennest aufgesteckt. Durch den Vergleich mit den Münzbildern erweist sich ein Marmorkopf in Ostia als ihr Porträt. Es zeigt deutliche Ähnlichkeit mit ihrem Bruder Trajan. Da ihre Tochter → Matidia die Frisur der Mutter übernimmt, entscheiden bei der oft strittigen Benennung der Bildnisse eben diese Ähnlichkeit und das höhere Alter zugunsten der Mutter.

Marcus Aurelius

Marcus Aurelius Antoninus. 121–180 n. Chr. Sohn des Marcus Annius Verus und der Domitia Lucilla. Römischer Kaiser 161–180 n. Chr.

Als Adoptivsohn von → Antoninus Pius und als sein Nachfolger war Marc Aurel der «Philosoph auf dem Thron». Chalkis und Cornelius Fronto hatten seine Erziehung überwacht, und durch → Rusticus wurde er in die stoische Philosophie eingeführt. Seine «Selbstbetrachtungen», Gespräche mit sich selbst – die ersten in der griechischen Literatur! –, sind ein Denkmal, das sein Andenken nicht weniger verewigte als die Reliefsäule mit der Darstellung seiner Kriege gegen die Markomannen, und die berühmte Reiterstatue auf dem Kapitol in Rom. Diese 5,12 m hohe vergoldete Bronzestatue – ehemals mit der kleinen Figur eines besiegten Partherkönigs unter dem erhobenen Pferdehuf – schmückte wohl einen Ehrenbogen als Denkmal für den Sieger über die Parther (164–166 n. Chr.) und seine glückliche Rückkehr. Erfolgreich bekämpften Marc Aurel und sein Mitkaiser Lucius → Verus die äußeren Feinde, aber es zeigten sich unter seiner Regierung bereits die ersten Risse im Gefüge des Römischen Reiches. Avidius Cassius wurde im Osten als Gegenkaiser ausgerufen, doch war er bereits ermordet, als Marc Aurel in Syrien eintraf. Die Bildnisse des Kaisers, besonders diejenigen, die ihn in jüngeren Jahren darstellen, sind von einer gewissen melancholischen Verschleierung des Ausdrucks – einem typischen Kennzeichen für die Schüler des → He-

Marcus Aurelius, Rom, Mus. Cap.

Marcus Aurelius, Rom, Mus. Naz. Rom.

rodes Atticus. Marc Aurel lernte bei ihm die griechische Rhetorik. Als der etwa 20jährige, seit 138 n. Chr. Adoptivsohn von Antoninus Pius, 140 n. Chr. zum ersten Mal Konsul wurde, stand er noch ganz unter dem Eindruck dieses Herodes. Ein Marmorkopf vom Forum Romanum zeigt ihn während dieser Zeit. Für die nächsten 40 Jahre läßt sich sein Lebensweg anhand von Bildnissen verfolgen. Es muß unendlich viele gegeben haben, hielt man doch denjenigen «für einen Gottesverächter, der nicht ein Bild von ihm in seinem Hause hatte, wenn seine Verhältnisse es zuließen» (Hist. aug. Anton. 18). Die philosophische Schulung ermöglichte ihm, seine Krankheiten zu besiegen, und «seine Herrschaft über sich selbst ging so weit, daß seine Gesichtszüge sich nie veränderten, weder bei Kummer noch bei Freude» (a. a. O. 16). Ergreifend ist das Bildnis des alten Marc Aurel, das nach vielen Kriegsjahren zu einer Zeit entstand, in der er schrieb: «Nahe ist die Zeit, da du alle vergessen haben wirst, nahe ist die Zeit, da dich alle vergessen haben werden» (Selbstb. 7,21).

Marius

Gaius Marius. Ca. 158/157–86 v. Chr. Sohn des C. Marius und der Fulcinia. Staatsmann und Feldherr.

Als «dritter Gründer Roms» gefeiert, stand er nach seinem Sieg über die Kimbern und Teutonen (102–101 v. Chr.) auf dem Höhepunkt seiner politischen Erfolge. Sie begannen mit der Niederwerfung des Jugurtha (107 v. Chr.) und dessen Auslieferung. Getrübt wird das Bild dieses vom Streben nach Macht und Ansehen geprägten Mannes durch seine Intrigen gegen → Sulla, die zum Bürgerkrieg führten. Marius mußte vor Sulla, der Rom besetzte, nach Afrika fliehen, als Geächteter. Zurückgekehrt stellte er ein Heer aus Sklaven und Samniten zusammen, zog gegen Rom, das durch Hungersnot und Seuchen zur Kapitulation gezwungen wurde. Im Jahre 86 v. Chr. wurde er zum siebten Mal zum Konsul gewählt und bereitete einen Feldzug nach dem Osten vor, als er starb. Gewiß gab es zahlreiche Statuen des Germanensiegers, doch fielen sie wohl seiner Ächtung zum Opfer. Ein Marmorkopf in München wird ohne ausreichenden Grund als ein Bildnis des Marius angesehen, so wie ein «Pendant» als das des Sulla (vgl. S. 10).

Martial

Marcus Valerius Martialis. 38/41–104 n. Chr. Aus Bilbilis (Spanien). Dichter.

Um das Jahr 64 übersiedelte er nach Rom, wo er ein bescheidenes Leben führte. Er war mit → Juvenal befreundet, → Titus und→ Domitian bedachten ihn mit Ehrungen. Zur Einweihung des Kolosseums (80/81 n. Chr.) verfaßte er ein Gedicht. Sein Hauptwerk sind die Epigramme, in denen er das Großstadtleben kritisch betrachtet, Luxus, Geiz und Protzerei anprangert, ohne bestimmte Personen anzugreifen. Sein Werk hatte bei seinen Zeitgenossen erheblichen Erfolg, doch entschloß sich Martial 98 n. Chr. zur Rückkehr nach Spanien, wozu er sich das Reisegeld von → Plinius d. J. schenken lassen mußte. Dort lebte er bis zu seinem Tod von der Gunst seiner Freunde.

Massinissa

240–148 v. Chr. Sohn des Massylerfürsten Gaia. König von Numidien und Mauretanien 201–148 v. Chr.

Münzbildnisse des Königs gibt es nicht, da er das Bild des Herakles-Melqart für seine Prägungen verwendete; so ist man auf andere Methoden angewiesen. Der Kopf eines jugendlichen Mannes mit nordafrikanischem Einschlag und Königsbinde ist durch elf Repliken bekannt; eine Bronzebüste aus Volubilis ist die schönste. Sie war in einer dortigen Villa Gegenstück zu der Büste des → Cato, des «letzten Republikaners», der aus Verzweiflung über den Untergang der Republik Selbstmord beging. Traurigkeit und Enttäuschung kennzeichnen auch die Züge des jungen Königs. Nach dem Stil des Bildnisses steht fest, daß es in der Zeit Massinissas entstanden ist. Man hatte sich diesen bisher

Massinissa, Rabat

zu sehr als wilden Reiterführer vorgestellt und hinter dem Feldherrn den Politiker vergessen. Weitblickend schuf er als Wirtschaftsreformator die Grundlage für die Blüte Nordafrikas in römischer Zeit, indem er die Bevölkerung seßhaft machte und die Latifundienwirtschaft einführte. Derselbe König aber wurde dann in wesentlich fortgeschrittenerem Alter noch einmal dargestellt, wie ein Kopf im Louvre beweist. Massinissa wurde über 90 Jahre alt, daher mußte das jugendliche Bildnis durch ein dem Alter entsprechendes ersetzt werden. Daß man mit Recht in diesem Bildnis Massinissa erkennen darf, ergibt sich außerdem durch die Ähnlichkeit mit dem Massinissa auf einem pompejanischen Wandgemälde. Dort ist das tragische Ende der → Sophoniba dargestellt, die, um ihrer Vorführung im Triumph des → Scipio zu entgehen, den Freitod durch Gift wählte. Massinissa steht hinter ihr, seiner Braut in jungen Jahren, die er nach der Gefangennahme ihres Mannes, des Syphax, wohl heiratete, aber dem eitlen Egoismus des Scipio opfern mußte. Und diesem römischen Bundesgenossen hatte er freundschaftlich vertraut! Enttäuschung und Resignation werden in dem Bildnis ausgedrückt, überraschen uns aber ebensowenig wie die Gegenüberstellung mit Cato. Noch einmal mußte Massinissa den Undank der Römer erleben, die ihn in den letzten Jahren seines Lebens im Stich ließen; auch das Altersbildnis ist ein nicht weniger eindrucksvolles Zeichen dafür, wie rücksichtslos in der römischen Politik auch mit Freunden verfahren wurde.

Matidia

68–119 n. Chr. Tochter des Gaius Salonius Matidius Patruinus und der → Marciana.

Seit dem Jahre 112 war sie «Augusta», sie begleitete ihren Onkel → Trajan auf seinen Reisen in den Orient und brachte 117 n. Chr. dessen Asche nach Rom. Unter → Hadrian wurde sie nach ihrem Tod vergöttlicht, und ihr zu Ehren wurde ein Tempel errichtet. Die Bildnisse der Matidia sind denen ihrer Mutter sehr ähnlich, nur hat die Tochter ein junges, volles Gesicht und kaum mehr Ähnlichkeiten mit ihrem Onkel Trajan. Besonders mit dem kunstvollen Aufbau der Frisur ahmt sie ihr Vorbild, die Mutter, sehr genau nach.

Matidia, Rom, Pal. dei Cons.

Maxentius

Marcus Aurelius Valerius Maxentius. 279–312 n. Chr. Sohn des → Maximianus Herculius und der Eutropia. Römischer Kaiser 306–312 n. Chr.

In den Wirren nach der Abdankung → Diokletians im Jahre 305 n. Chr. wurde Maxentius von den Prätorianern und dem Pöbel Roms zum Kaiser ausgerufen. Er kämpfte gemeinsam mit seinem Vater, der 307 n. Chr. noch einmal die politische Bühne betrat, gegen andere Prätendenten und besonders gegen → Konstantin, dem Maxentius in der Schlacht an der Milvischen Brücke unterlag.

Maxentius, Ostia

Eine Statue des Kaisers in der Toga des römischen Bürgers, die in Ostia gefunden wurde, müßte zwischen 306 und 312 n. Chr. entstanden sein. Maxentius versuchte altrömische Traditionen wiederzubeleben, den Kult des Mars und der Stadtgründer Romulus und Remus zu erneuern. Seinen Sohn nannte er Romulus. Die Maxentius-Basilika, die Konstantin umbaute, sowie seine Villa an der Via Appia in Rom sprechen für seine Verbundenheit mit Rom.

Maximianus Herculius

239–310 n. Chr. Marcus Aurelius Valerius Maximianus. Römischer Kaiser 285–305 n. Chr.

Sich in Eintracht umarmend – so stellen sich die Kaiser → Diokletian und Maximianus dem Volk zur Schau in Porphyrsäulendenkmälern *(s. Diokletian)*, die in den Hauptstädten die Präsenz des Kaiserpaares symbolisierten. Deren «Concordia» überdeckt alle Verschiedenheiten ihres Aussehens, die zweifellos vorhanden waren. Diokletian war der stärkere, er hat Maximian zum Mitkaiser in seiner Tetrarchie ernannt, trat aber im Jahre 305 n. Chr. für immer zurück. Maximian hingegen ließ sich von seinem Sohn → Maxentius verleiten, noch einmal Anspruch auf den Thron zu erheben. Von → Konstantin dem Großen geschlagen, erhängte er sich, während Diokletian in Spalatum (Split) seinen großartigen Palast bewohnte, prächtigen Kohl erntete und in schönstem Frieden starb.

Maximianus Herculius und Diokletian, Vatikan

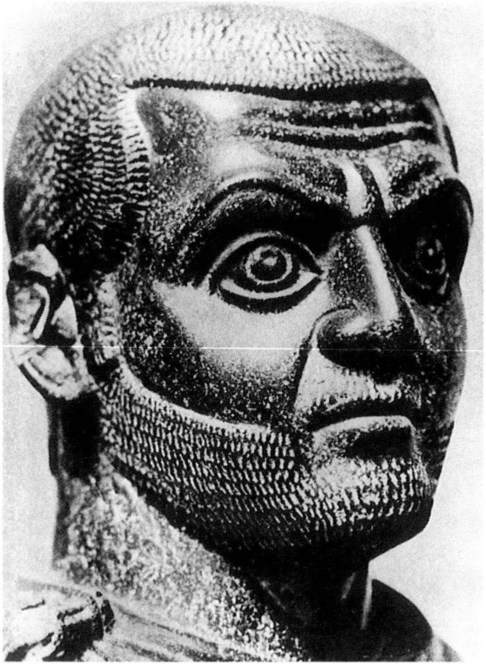

Maximinus Daia, Kairo

Maximinus Thrax, Kopenhagen

Maximinus Daia

Gaius Galerius Valerius Maximinus. † 313 n. Chr. Römischer Kaiser 309–313 n. Chr.

Als 305 n. Chr. → Diokletian abdankte, setzte er den Neffen seines Mitkaisers → Maximianus zum Caesar für den Orient und Ägypten ein. Seine Soldaten riefen ihn 309 zum Kaiser aus. Der untüchtige, tyrannisch regierende Maximinus verfolgte die Christen auch noch mit großer Härte, nachdem → Galerius 311 n. Chr. sein Toleranzedikt erlassen hatte. Die christlichen Autoren malen daher von ihm ein düsteres Bild. Eine Porphyrbüste in Kairo muß aufgrund des Materials einen Kaiser darstellen – und nach den vereinfachten Gesichtszügen einen der Tetrarchen. Sie ist wohl ein Bildnis des Maximinus Daia, zu dessen Herrschaftsgebiet Ägypten gehörte. Typologisch gehört es zu den Diokletian-Bildnissen.

Maximinus Thrax

Gaius Julius Verus Maximinus. 173–238 n. Chr. Römischer Kaiser 235–238 n. Chr.

Der thrakische Hirte, Sohn eines Goten und einer Alanin, war so groß und stark, daß das Armband einer Frau für ihn gerade als Fingerring taugte (Herodian Max. 6). In den Wirren nach der Ermordung des → Severus Alexander gelangte der bewährte Feldherr auf den Thron. Er kam nie nach Rom und wurde bald von seinen Soldaten erschlagen. Die Gegenkaiser → Gordian I. und → II. regierten in Afrika, → Pupienus und → Balbinus in Rom. Ein Marmorkopf in Kopenhagen bestätigt Herodians (7,1) Bemerkung, daß sein «Anblick überaus furchterregend» war. So brutal er die Christen verfolgte und die Wirtschaft ausbeutete – um den Sold für seine Soldaten zusammenzubringen –, so erfolgreich kämpfte er gegen Germanen, Sarmaten und Daker.

Memnon

Mitte des 2. Jh. n. Chr. Schüler des → Herodes Atticus.

Wie die anderen Schüler des Herodes Atticus trug auch dieser Aithiopier den Namen eines aus

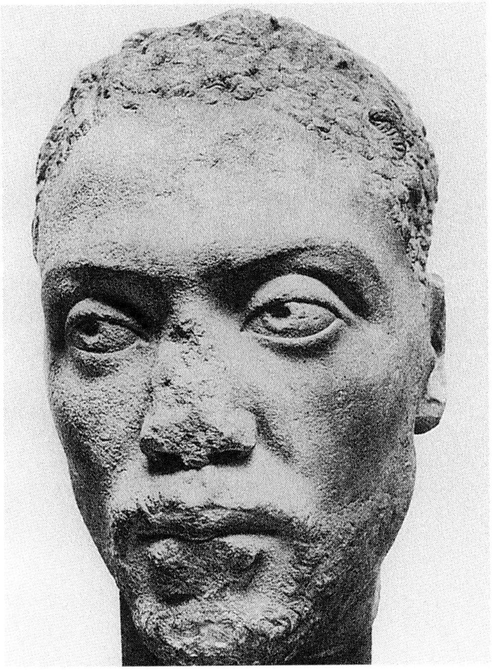

Memnon, Berlin

der alten Sage berühmten Helden; Memnon hieß der König der Aithiopier, der auf seiten der Trojaner kämpfte. In Kephissia, wo Herodes Atticus ein Gut besaß, wurde zusammen mit einem Bildnis des → Polydeukion ein aus schwarzem Stein gearbeiteter Arm gefunden, der offenbar von der Statue eines Negers stammt. Beide waren in jungen Jahren verstorben und von ihrem Lehrer tief betrauert und hochgeehrt. Der Kopf eines Negers in Berlin kann daher als ein Bildnis des Memnon angesehen werden, zumal auch sein Gesicht von der besonderen Melancholie gezeichnet ist, die den Schülern des Herodes Atticus eigen war. Der Kopf stammt aus der Thyreatis (Peloponnes), wo dieser ebenfalls Güter besaß.

Menander

342–293 v. Chr. Sohn des Diopheithes. Aus Kephissia (Attika). Attischer Komödiendichter.

Übereinstimmend geben ein Wandgemälde in Pompeji und das Mosaik des Monnus in Trier Menander – beide Male inschriftlich beglaubigt – als einen jungen Mann mit vollem Gesicht, dichten schwarzen Haaren und einem Kranz wieder. Auf dem Gemälde sitzt er lässig auf einem bequemen Lehnstuhl. Menander war stets elegant gekleidet, von schönem Äußeren, leidenschaftlich Frauen gegenüber, verwöhnt, verzärtelt und zu geistreichen und zweideutigen Scherzen aufgelegt (Phaedrus 5,1). Athenaeus (248) nennt ihn schlicht den «Schönen». Das paßt recht gut zu diesen Bildern und wohl auch zu einem zweiten Mosaik aus Mytilene, das freilich wenig aussagekräftig ist. Völlig anders zeigen ihn dagegen zwei Marmormedaillons, von denen das eine verschollen und nur durch die Abbildung bei Fulvius Ursinus bekannt ist, das andere zu einer englischen Privatsammlung gehört; beide tragen die Bezeichnung «Menander». Das des Fulvius Ursinus bleibt problematisch, da weder die Lesung der Inschrift noch die Zugehörigkeit des Kopfes nachgeprüft werden kann. Das andere Medaillon, bei dem die Inschrift «ziemlich verscheuert am unteren Rand» lesbar gewesen sein soll, ist modern stark überarbeitet. Beide bildeten 1918 den Ausgangspunkt für den Versuch Franz Studniczkas, in einem in zahlreichen Kopien erhaltenen Bildnis

Menander, Pompeji

Menander, Trier

das des Menander nachzuweisen. Eine Statue des Komödiendichters gab es im Dionysos-Theater von Athen (Paus. 1,21,1), deren Basis erhalten ist und die Signatur der Praxiteles-Söhne Timarchos und Kephisodotos trägt. Doch entspricht der Stil des Bildnisses zweifellos nicht der praxitelischen Kunst, sondern weist auf eine Entstehung im 1. Jh. v. Chr., womit die Benennung Menander natürlich hinfällig wird. Daran kann auch die kaum lesbar eingeritzte Inschrift auf einer kleinen Bronzebüste in Malibu nichts ändern, da sie offenbar erst in neuerer Zeit eingeritzt wurde. Das Bildnis stellt, wie J. Fr. Crome 1935 nachzuweisen versuchte, wahrscheinlich → Vergil dar. Das Aussehen des Menander wird also in erster Linie durch das Gemälde in Pompeji vermittelt, das in Übereinstimmung mit den literarischen Überlieferungen gut das Wesen des Begründers der «Neuen Komödie» wiedergibt. Seine Werke, die den Alltag schildern, sind durch die Nachahmungen des → Terenz und → Plautus, teils auch durch Papyri bekannt. 108 Stücke hat er geschrieben und war mit → Theophrast und → Epikur befreundet. Neben → Archilochos erscheint er auf einem Silberbecher in Paris – als Skelett *(s. Archilochos).*

Menandros Soter

König von Indien 155–130 v. Chr.

Menandros Soter

Menandros Soter

Seine Regierung bedeutet einen Höhepunkt der indo-germanischen Macht. Er habe mehr indische und andere Stämme unterworfen als → Alexander der Große, sagt Apollodoros (bei → Strabo 11,516). Seine Münzbildnisse zeigen ihn zum Teil mit einem reichverzierten Helm, zum Teil schlicht mit einem Diadem.

Messalina

Valeria Messalina. Ca. 25–48 n. Chr. Tochter des Valerius Messalla Barbatus und der Domitia Lepida. Dritte Frau des → Claudius.

Als 14jährige wurde sie die Frau des 30 Jahre älteren Claudius, der sich völlig von ihr beherr-

Messalina, Paris, Cabinet des Medailles

Messalina, München, Glyptothek

schen ließ und zunächst auch tatenlos ihr ungewöhnlich skandalöses Leben mit ansah. Im Bordell war sie, nur notdürftig mit einer blonden Perücke getarnt, unter dem Künstlernamen Lycisca bekannt, und wer ihre Liebesdienste zurückwies oder mit Enthüllungen drohte, riskierte sein Leben. Viele angesehene Männer und Frauen kamen aufgrund ihrer Launen zu Tode. Schließlich ließ Claudius sie umbringen, mit 23 Jahren! – Münzbildnisse gibt es von ihr nur auf provinziellen Prägungen, deren ikonographischer Wert sehr gering ist; sie gleicht dort → Agrippina der Älteren. Aber sehr wahrscheinlich stellt ein Kameo, der dem Stil nach in diese Zeit gehört, Messalina dar; die beiden Büsten auf den gekreuzten Füllhörnern zeigen nämlich ein Mädchen und einen Knaben – die im Jahre 41 n. Chr. geborene Octavia und den ein Jahr später geborenen → Britannicus. Aufgrund der Ähnlichkeit mit dem Kameo ist auch ein Marmorkopf in München ein Bildnis dieser Frau, deren Schönheit beeindruckend gewesen sein muß. Hier besteht Ähnlichkeit mit → Octavia, der Schwester des Augustus, die väterlicher- wie mütterlicherseits Urgroßmutter der Messalina war. Die geknotete Wollbinde in ihrem Haar wird das äußere Zeichen des ihr im Jahre 43 n. Chr. verliehenen Rechtes sein, das sie praktisch mit den Vestalischen Jungfrauen (!) gleichstellte. Darauf wird sie – die keine «Augusta» war – besonderen Wert gelegt haben, zumal dieselbe Ehrung auch der → Livia zuteil geworden war.

Metrodoros

330–277 v. Chr. Sohn des Athenaios und der Sande. Aus Lampsakos. Griechischer Philosoph.

Der treue Freund des → Epikur, der sich von diesem nur für kurze Zeit trennte und seinen Sohn Epikur nannte, ist in einer Doppelherme im Museo Capitolino in Rom mit seinem Meister vereinigt dargestellt; beide sind durch Inschriften ausgewiesen. Eine zweite Doppelherme von Epikur und Metrodoros, allerdings ohne Inschriften, befindet sich im Louvre. Hier wird deutlich, daß Metrodoros nicht nur Epikur äußerlich ähnlich war, sondern daß sein Bildnis auch nicht leicht von denen des → Hermarchos zu unterscheiden ist. Die Übereinstimmung der auf den Büsten angegebenen Gewandfalten mit denen einer Sitzstatue in Kopenhagen läßt vermuten, daß diese einst den Kopf des Metro-

Metrodorus, Athen

Metrodorus, Rekonstruktion, Kopenhagen

doros trug. Die Ergänzung des fehlenden Kopfes durch einen Abguß des Metrodoros-Bildnisses führt zu einem überzeugenden Ergebnis. Die Sitzstatuen von Epikur, Hermarchos und Metrodoros ähneln einander sehr. Eine Replik des Metrodoros-Bildnisses wurde 1966 in Velia gefunden; zu Unrecht wurde sie mit einer Herme verbunden, die – 1963 gefunden – laut Inschrift einst den Kopf des Parmenides von Elea getragen hat.

Milon von Kroton

2. Hälfte des 6. Jh. v. Chr. Der berühmteste Athlet des Altertums.

Er war angeblich Schüler des → Pythagoras und siegte sechsmal in Olympia, sechsmal in Delphi, zehnmal bei den Isthmien und neunmal bei den Nemeischen Spielen. Zahllos sind die Legenden, die von Proben seiner Kraft erzählen. So soll er seine eigene Bronzestatue siegessicher nach Olympia getragen haben.

Miltiades

Ca. 550–488 v. Chr. Sohn des Kimon. Athenischer Staatsmann. Sieger von Marathon.

Schon unter den Peisistratiden war er politisch tätig und zog sich zwischen 521 und 513 v. Chr. auf den thrakischen Chersonnes zurück, wo er Hegesipyle, die Tochter des Königs Oloros, heiratete. Wie ein Fürst kehrte er 493 v. Chr. mit eigenen Schiffen nach Athen zurück. 490 v. Chr. war er Stratege und schlug die Perser bei Marathon. Als aber eine anschließend unternommene Expedition nach Paros fehlschlug, wurde ihm der Prozeß gemacht; da er die 50 Talente, zu denen er verurteilt wurde, nicht aufbringen konnte, kam er ins Gefängnis, wo er bald an einer bei Paros erlittenen Verwundung starb. Erst sein Sohn Kimon zahlte die Schuld und rehabilitierte den Sieger von Marathon. In der Stoa Poikile sah man seine Gestalt, wie er die Griechen bei Marathon zum Kampf anfeuert, und auch unter den Statuen des großen Marathon-Weihgeschenkes in Delphi fehlte seine

Statue nicht (Paus. 10,10,2). In seinem Porträtwerk bildete Fulvius Ursinus zwei Hermen mit der Inschrift Miltiades ab; die 1553 gefundene zeigt Miltiades mit lockigem Haar, und auf dem Schaft erkennt man längere Inschriften. Gerade aber diese erweckten Verdacht über die Zuverlässigkeit der Abbildungen, da so etwas kaum belegbar ist. Dazu kam, daß die zweite Herme bei Ursinus einen ganz anderen Kopf – mit gescheiteltem Haar – trägt. Beide Hermen blieben unauffindbar. Doch 1940 wurde eine der Hermen an der Mündung des Po di Primario aus dem Wrack eines Schiffes geborgen, und die Zuverlässigkeit der Ursinus-Abbildungen erwies sich als zu Unrecht angezweifelt. Selbst die Inschriften sind vorhanden. Die lateinischen Verse lauten:

> «Der die Perser besiegte auf Marathons Fluren
> ging ohne Dank der Mitbürger und des Vaterlandes zugrunde.»

Miltiades nach F. Ursinus

Miltiades, Ravenna

Die griechischen:

> «Alle kennen des Miltiades Kriegserfolge.
> Die Perser und Marathon sind Zeugen Deiner Tapferkeit.»

Außerdem ist eine griechische Inschrift auf der rechten Seitenfläche der Herme angebracht, die jedoch kaum mehr lesbar ist.

Diese wiederentdeckte Herme, zu der sich Repliken fanden, ist wohl die zuverlässigste Kopie eines Bildnisses, das dem Stil nach in der Zeit entstand, als Kimon das Andenken seines Vaters von der Schmach gereinigt hatte, also in den 60er Jahren des 5. Jh. v. Chr. Damals wurde wohl auch erst die Miltiades-Statue im Marathon-Weihgeschenk in Delphi (s. o.) aufgestellt, nach Pausanias ein Werk des → Phidias.

Mithridates III.

König von Pontos 220–185 v. Chr.

Seine Münzbildnisse sind von großer Individualität und geben ohne Idealisierung das eigenartige Profil des Mannes mit seinen aufgeworfenen Lippen und dem ungewöhnlichen kurzen Bart wieder.

Mithridates III.

Mithridates IV. Philopator Philadelphos

Sohn des → Mithridates III. König von Pontos 170–150 v. Chr.

Nach seinen Münzbildnissen war er seinem Vater, dem er nachstrebte, sehr ähnlich. Er war mit seiner Schwester → Laodike verheiratet, konnte sich also mit Recht Philadelphos nennen. Er war Freund und Bundesgenosse Roms und half → Attalos II. gegen → Prusias II.

Mithridates VI. Eupator Dionysos, der Große

132–63 v. Chr. Sohn des Mithridates V. Enkel des → Mithridates IV. König von Pontos 120–63 v. Chr.

Der zähe Gegner Roms, der sich als Befreier der griechischen Welt von den Römern berufen fühlte, war selbst nur ein äußerlich hellenisierter Barbar, der seinen Kampf mit erbitterter Grausamkeit führte. Im Ersten Mithridatischen Krieg (89–84 v. Chr.), in dem er an einem einzigen Tag 80 000 Römer und Italiker in Kleinasien ermorden ließ, unterlag er Sulla, im Dritten Mithridatischen Krieg (74–63 v. Chr.) kämpfte → Lucullus gegen ihn, doch erst → Pompeius konnte den entscheidenden Sieg erringen. Als er sah, daß sein Plan, mit 36 000 Mann über den Balkan und die Alpen in Italien einzufallen, am Aufstand der Griechen scheitern mußte, ließ er sich von einem keltischen Söldner erstechen. Der grausame Despot fühlte sich als Herakles,

Mithridates IV.

Mithridates VI.

der die Welt von den Übeln befreite. So stellt ihn ein Relief aus Pergamon dar, wie er als Herakles den am Kaukasus gefesselten Prometheus erlöste. Von einer Statue des Mithridates als Herakles stammt der berühmte Kopf im Louvre. Aus dem Fall des Löwenfelles ergibt sich, daß er kämpfend dargestellt war; in eben dieser Haltung zeigt ihn auch eine Bronzestatuette in Neapel. Vielleicht stammt das Original aus der Zeit, als Mithridates in Pergamon herrschte (88–85 v. Chr.), denn Telephos, der Gründer Pergamons, war ein Sohn des Herakles. Leider erfährt man von den Statuen des Mithridates, die Lucullus und Pompeius in ihren Triumphen dem staunenden Volk zeigten, nur, daß sie sehr groß und von edlem Material waren.

Mithridates VI., Paris, Louvre

N

Nabis

König von Sparta 207–192 v. Chr.

Der abenteuernde Söldnerführer machte sich 207 v. Chr. zum Tyrannen von Sparta und zerstörte durch seine sozialen Reformen die Grundlage des Spartanertums. Im Kampf um Griechenland zwischen → Philippos V. und den Römern paktierte Nabis teils mit diesem, teils mit jenen. Rom erkannte ihn als König von Sparta an und machte ihn offiziell zum Bundesgenossen; Philippos V. überließ ihm Argos, als er sich 197 v. Chr. mit ihm verbündete. Seine beträchtliche, auf die Gunst der Massen sich stützende Macht geriet ins Wanken, nachdem T. Quinctius Flamininus nach dem Sieg über Philippos die Freiheit Griechenlands verkündete und einen Befreiungsfeldzug gegen Nabis führte. Dessen Tyrannis in Sparta blieb aber bestehen, doch verlor er Argos und seine Flotte. Als er sich im Streit der Römer mit → Antiochos III. auf die Seite des syrischen Königs stellte, wurde der lästig gewordene Abenteurer ermordet. Damit endete Spartas Selbständigkeit. Nabis, dessen lorbeerbekränztes Haupt seine Münzen schmückte, war ein Tyrann, der durch radikales Ausgleichen der sozialen Gegensätze die Massen für sich gewann und seine Macht mit brutaler Gewalt und Terror sicherte.

Nabis

Naevius

Gnaeus Naevius. 280/270–201 v. Chr. Römischer Dichter.

Der aus Kampanien stammende Naevius, der selbst am Ersten Punischen Krieg (264–241 v. Chr.) teilgenommen hatte, schildert diesen in seinem Epos «Bellum poenicum» und wurde damit zum römischen Nationaldichter. Die Versform, den Saturnier, übernahm er von → Livius Andronicus, der diesen für seine Übersetzung der Odyssee verwendete. Außerdem brachte Naevius auch Zeitereignisse auf die Bühne, so des → Marcellus Sieg über die Gallier bei Clastidium. Auch verfaßte er Lobgedichte auf Zeitgenossen sowie Spottgedichte, was ihm erhebliche Unannehmlichkeiten eintrug. Sucht man nach einem Pendant zu ihm in der griechischen Literatur, so käme man auf → Choirilos aus Samos, der ein nationales Epos von Athens Sieg über → Xerxes I. verfaßte. In einem der beiden Männer, sicher einem Griechen vom Ende des 5. Jh. v. Chr., der in einer Doppelherme in Neapel mit einem zweiten, offenbar einem Italiker, verbunden ist, möchte man diesen Choirilos vermuten – und in seinem Gegenstück den Naevius. Die Doppelherme ist gewiß

Naevius, Neapel

eine Gleichung mit zwei Unbekannten, doch scheinen sich die Hypothesen gegenseitig zu stützen. Der Stil des Italiker-Bildnisses weist eindeutig in die Zeit des Naevius; in seinen scharfen Zügen zeichnen sich nicht nur Spottlust und Aggressivität ab, die Naevius bei den Metellern und bei → Scipio höchst unbeliebt machten, sondern auch die Spuren seiner Leiden, die er in Gefängnis und Verbannung ertragen mußte.

Nero

Nero Claudius Caesar Drusus Germanicus Caesar. 37–68 n. Chr. Sohn des Gaius Domitius Ahenobarbus und der → Agrippina der Jüngeren. Römischer Kaiser 54 –68 n. Chr.

Den Intrigen seiner zielstrebigen Mutter verdankte der 17jährige, daß er als Nachfolger des → Claudius den Thron bestieg. Die Neigungen des Knaben hatten sich vordem auf die Künste gerichtet, auf Musik und Gesang, und ein eher verträumtes Kind ist Nero in den Bildnissen, die zwischen seiner Adoption durch Claudius und der Thronbesteigung entstanden. Unglücklicherweise behielt er seine künstlerischen Interessen auch als Kaiser bei; denn in Rom war derlei suspekt und galt als unwürdig. So wurde er zum Gespött der Römer, zumal er sich auf Kunstreisen in Griechenland stürmisch feiern ließ. Ob er ein schlechter Sänger war, wie behauptet wird, sei dahingestellt; auch ein guter wäre als römischer Kaiser fehl am Platze gewesen. Aus der Diskrepanz von Neigungen und Pflichten und aus der unbeschränkten Macht, die ihm als Kaiser zukam, resultiert wohl sein Abgleiten in die abscheulichsten Verbrechen. Opfer seines Caesarenwahns wurden u. a. → Britannicus, → Seneca, seine Mutter Agrippina die Jüngere, seine Frauen Octavia, → Poppaea sowie der Dichter Lucan. Ja, man traute ihm sogar zu, daß er Rom in Brand gesteckt habe. Äußeres Zeichen des Wandels ist die Veränderung seines Aussehens; feist und aufgedunsen ist sein Gesicht, in die Haare sind «stufenweis geordnete Locken» (Suet. Nero 51) gebrannt, womit er deutlich gegen die Tradition verstieß. In dem Gesicht Neros spiegelt sich einerseits seine Herkunft von → Antonius ebenso wie die

Nero, München, Glyptothek

Nero, Rom, Mus. Naz. Rom

von → Agrippa wider, andererseits aber auch seine Verschlagenheit und seine Unberechenbarkeit. Seiner Selbsteinschätzung entsprechen kolossale Bildnisse, wie ein von → Plinius (35,51) erwähntes Gemälde auf Leinwand, das 120 Fuß hoch war, oder der Bronzekoloß, der bei seiner «Domus Aurea» stand und dem Kolosseum den Namen gegeben hat. Trotz der «Damnatio memoriae» haben sich einige Bildnisse erhalten, so auch das Knabenbildnis, das verstümmelt und von einem großen Reliefbild abgeschlagen wurde. Man sieht an diesem, wie Nero sich in den 14 Jahren seiner Regierung veränderte, die ihn zu dem am meisten berüchtigten Mann der Antike werden ließ.

Nerva

Marcus Cocceius Nerva. 31–98 n. Chr. Sohn des Marcus Cocceius Nerva und der Servia Plautilla. Römischer Kaiser 96–98 n. Chr.

Der vornehme Senator war bereits 65 Jahre alt, als Heer und Senat ihn zum Kaiser erhoben.

Nero, Privatsammlung

Nerva, Rom, Mus. Naz. Rom

Nach der Schreckensherrschaft des → Domitian versuchte er, mit Milde und Güte nach Möglichkeit die verursachten Schäden wiedergutzumachen, die politischen Verhältnisse zu stabilisieren und dem Volk zu dienen. Seine Bildnisse aus jüngeren Jahren – er war unter → Vespasian dessen Mitkonsul gewesen – zeigen ihn mit einer Frisur, die der → Neros und Domitians entspricht und von der «römischen» der julisch-claudischen Herrscher grundsätzlich verschieden ist. Als Kaiser kehrt er aber zu der einfachen römischen Art zurück. Sein markanter schmaler Kopf mit dem kleinen Mund macht die Grenzen dieses Mannes ebenso wie seine Qualitäten deutlich. Gebrechlich wie er war, übergab dieser einsichtsvolle Kaiser dem Feldherrn → Trajan, den er adoptiert hatte, freiwillig die Herrschaft. Mit seiner Adoptionspolitik bescherte er dem Römischen Reich eine lange glückliche Zeit.

Nikagoras

Ca. 175–238 n. Chr. Sohn des Mnesaios. Aus Athen. Griechischer Sophist und Rhetor.

Unter der Regierung von → Severus Alexander war Nikagoras Inhaber des kaiserlichen Lehrstuhls für Rhetorik in Athen. Er gehörte der Philosophenschule an, die das Gedankengut → Platons neu belebte. Er schrieb auch Biographien berühmter Männer und eine Gesandtschaftsrede an den Kaiser → Philippus Arabs. Er war «Herold» bei den Mysterien in Eleusis. Dort wurde auch die Basis einer Ehrenstatue für ihn gefunden und in der Nähe ein Kopf, der daher als Bildnis des Nikagoras angesehen werden kann.

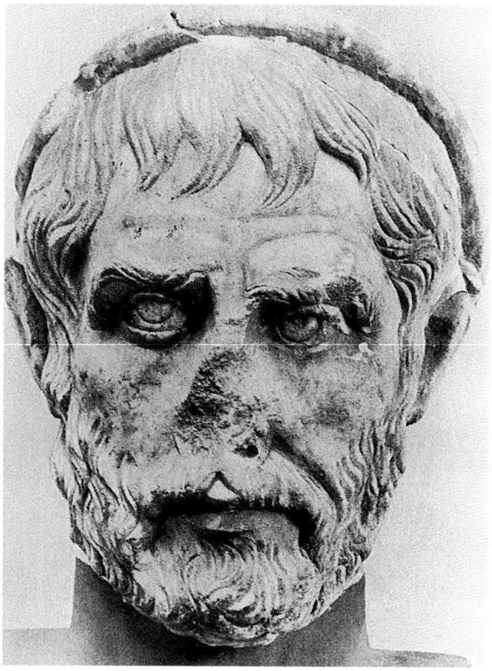

Nikagoras, Eleusis

Nikias

Sohn des Nikeratos. Vor 469–413 v. Chr. Athenischer Feldherr und Staatsmann.

Fortsetzer der Politik des → Perikles und mehrmals Stratege im Peloponnesischen Krieg, als der er nach einigen Erfolgen den nach ihm benannten Frieden (421 v. Chr.) durchsetzte. Als Gegenspieler des → Alkibiades gelang es ihm

Nikias, Madrid

nicht, die von diesem geforderte Expedition nach Sizilien zu verhindern, und er mußte diese widerstrebend leiten. Nach der katastrophalen

Niederlage vor Syrakus wurde er gefangengenommen und hingerichtet. Eine Doppelherme in Madrid vereinigt die Köpfe des Nikias und des Alkibiades, Kopien nach zeitgenössischen Bildnissen. Der scheue, trotz seines Reichtums unpopuläre Zauderer und Pessimist Nikias auf der einen Seite, auf der anderen der charismatische Liebling der Massen, der Abenteurer Alkibiades.

Nikokreon

König von Salamis 331–310 v. Chr.
s. Anaxagoras

Nikomedes I.

Sohn des Zipoites. König von Bithynien 280–255 v. Chr.
Als Nachfolger seines Vaters war er Verbündeter des → Antigonos Gonatas und unterwarf im Kampf gegen seinen Bruder Zipoites ganz Bithynien und Teile Phrygiens, vornehmlich mit Hilfe gallischer Söldner, die sich als Galater in Kleinasien niederließen und für lange Zeit Unruhe stifteten. Im Jahre 265 v. Chr. gründete er die Stadt Nikomedeia. Von ihm sind nur Münzbildnisse bekannt.

Nikomedes I.

Nikomedes II. Epiphanes

Sohn des → Prusias II. König von Bithynien 149–128 v. Chr.
Sein Vater, der ihn wegen eines Streites mit → Attalos II. nach Rom geschickt hatte, wollte ihn ermorden lassen, doch eroberte er – unterstützt von Attalos und → Massinissa – Bithynien und die Hauptstadt Nikomedeia. Dort ließ er im Zeus-Tempel seinen Vater steinigen. Von ihm sind nur Münzbildnisse bekannt.

Nikomedes II.

Numa Pompilius

8./7. Jh. v. Chr. Römischer König, angeblich 715–673 v. Chr.
Nach der legendären Geschichte Roms wurde der Sabiner Numa als zweiter König gewählt; er galt als Sakralgesetzgeber und Friedensherrscher, der das römische Volk einte und zivilisierte. Seine Statue stand in der Gruppe der römischen Könige, die im 5. Jh. v. Chr. in Rom auf dem Kapitol aufgestellt wurde, als die Königszeit längst vorbei und die Abscheu gegen sie abgeflaut war. Die Gruppe war ein Denkmal römischer Geschichte. Auf Münzen des Gnaeus Calpurnius Piso vom Jahre 49 v. Chr. erscheint ein bärtiger Kopf mit einer breiten Binde im Haar, auf der Numa steht. Danach ist ein Marmorkopf, der auf dem Forum Romanum, mit einer späten Togastatue verbunden, gefunden wurde, als Bildnis des Numa zu identifizieren.

Numa Pompilius, Rom, Antiquario Forense

Numerianus, Boston

Der Stil weist auf ein Original des 5. Jh. v. Chr. und einen griechischen Künstler aus Unteritalien. Die breite Binde wurde zunächst als Zeichen des Königs aufgefaßt, ein Symbol, das erst in der Nachfolge Alexanders eingeführt wurde. Doch handelt es sich um eine Priesterbinde, die Numa als den Ordner der religiösen Grundlagen des römischen Staates charakterisiert. Leider vermittelt der Marmorkopf in dem gegenwärtigen Zustand nicht den vollen Eindruck des Originals; es fehlt ein großer Teil des Bartes, der angestückt war. In dieser seiner Größe war er ein besonderes Zeichen der Würde. Bei dem Original fehlte natürlich die auf dem Münzbild erscheinende – und dankbar begrüßte! – Namensangabe.

Numerianus

Marcus Aurelius Numerius Numerianus. Sohn des → Carus. Römischer Kaiser 283–284 n. Chr. Carus, der den Westen seinem Sohn → Carinus überließ, kämpfte im Osten zusammen mit Numerianus erfolgreich gegen die Parther, der – wohl auf Initiative des → Diokletian – ermordet wurde. Ein Marmorkopf in Boston dürfte nicht zuletzt wegen der Ähnlichkeit mit dem Bildnis des Carinus ein Porträt des Numerianus sein.

O

Octavia

69–11 v. Chr. Tochter des Gaius Octavius und der Atia. Schwester des → Augustus.

Sie galt als eine Frau von vorbildlicher sittlicher Haltung, ernst und würdevoll stand sie an der Seite ihres Bruders. Dieser verheiratete sie aus politischen Gründen mit → Antonius, nachdem ihr erster Mann → Marcellus 54 v. Chr. gestorben war. Als Marc Anton den Reizen der → Kleopatra erlag, entstand die tragische Situation, die Shakespeare in «Antonius und Cleopatra» künstlerisch gestaltete. Aus der Zeit 40–32 v. Chr. stammen Münzen mit ihrem Profilbildnis auf der einen und dem des Marc Anton auf der anderen Seite. Danach konnten ein Kameo in Paris und Marmorbildnisse identifiziert werden. Es zeigt sich, daß Octavia, die von → Cassius Dio (49,38) als Muster edler Weiblichkeit gepriesen wurde, ihrem Bruder auch äußerlich ähnlich war. Ein Haarbausch über der Stirn entspricht einer Mode der republikanischen Zeit, die bald aufgegeben wurde. Augustus ehrte seine Schwester, nachdem sie sich von Marc Anton getrennt hatte, durch zahlreiche Statuen (Dio a. a. O.). Sie wurde auch nach ihrem Tod nicht vergessen, da ihre Töchter Antonia die Ältere und → Antonia die Jüngere und ihr Sohn → Marcus Marcellus eine wesentliche Rolle in der julisch-claudischen Herrscherfamilie spielten. Als Urgroßmutter vererbte sie ihre Schönheit der → Messalina, nicht jedoch ihren Charakter.

Octavia, Paris, Cabinet des Médailles

Octavia, Kopenhagen

Octavian s. Augustus

Ogulnius

Quintus Ogulnius Gallus. Ca. 330–250 v. Chr. Römischer Politiker.

Schon im Jahre 300 v. Chr. setzte er durch, daß auch Plebejer zu Priesterämtern zugelassen wurden. 296 v. Chr. stiftete er aus Strafgeldern ein Bronzedenkmal von Romulus und Remus mit der Wölfin, doch wurde er besonders durch die Einholung des griechischen Asklepios nach Rom bekannt. Im Jahre 292 v. Chr. leitete er die Expedition nach Epidauros, um auf Befehl der sibyllinischen Bücher zur Abwendung einer Epidemie den griechischen Heilgott nach Rom zu holen. In Gestalt einer Schlange ging Asklepios an Bord, lenkte das Schiff sicher nach Rom, schwamm dort auf die Tiber-Insel und verwandelte sich hier in den Gott Aesculapius. Wahrscheinlich wurde nach Abschluß dieses Unternehmens dem Leiter der Gesandtschaft, Q. Ogulnius, eine Statue errichtet, bei der natürlich auch die Schlange des Aesculap in irgendeiner Form dargestellt war. Eine in Ostia gefundene Büste ist wohl eine Kopie dieser Statue, wobei der Kopist die Schlange auf das Bruststück setzte, da sie sonst bei der Teilkopie nicht in Erscheinung getreten wäre. So aber deutet sie auf die große Tat des Ogulnius, der einen Kranz trägt und einen Bart nach alter Mode. Die Ogulnier waren ein altes etruskisches Geschlecht, also aus Tradition mit Dingen der Religion vertraut. Doch war Ogulnius auch ein weitblickender Politiker; die Einführung des Silbergeldes in Rom, das den Anschluß an die Weltwirtschaft erst ermöglichte, geht ebenfalls auf seine Initiative zurück. Der Kranz soll einen Goldkranz wiedergeben, der in Etrurien als Zeichen besonderer Würde und Verdienste bekannt ist und damals offenbar auch in Rom gebräuchlich war. Der Auftraggeber für die Kopie muß sich dankbar an Ogulnius' Tat erinnert haben, die ihm – dem Kranken – die Heilung im Krankenhaus auf der Tiber-Insel ermöglichte.

Ogulnius, Ostia

Olympias

375–316 v. Chr. Tochter des Königs Neoptolemos von Epiros. Mutter → Alexanders des Großen.

Der Mosaikfußboden im Hause des Patrikos, Sohn des Olympios in Baalbek, bringt Bilder aus dem Leben der Olympias – des Namensanklanges wegen! Diese sind Kopien von Bildern eines Gemäldezyklus, der Alexander dem Großen gewidmet war. Auf einem Bild sieht man Olympias Rücken an Rücken mit → Philippos II. von Makedonien, der sie im Jahre 357 geheiratet hatte; eine Schlange ringelt sich an ihrem rechten Arm empor, ein Gott in Schlangengestalt, der, wie man sagte, der wirkliche Vater Alexanders war. Auf einem zweiten Bild erscheint sie gelagert, wie sie dem ersten Bad Alexanders zuschaut. Philippos, Olympias und Alexander, die glückliche Familie, präsentierten sich in Goldelfenbein und von Leochares gestaltet im Philippeion von Olympia (Paus. 5,20,10) dem Publikum. Doch war Olympias eine schwierige

Olympias und Philippos, Beirut

Frau. Verständlicherweise nahm sie es Philippos übel, daß er sich auch mit Kleopatra, einer vornehmen Makedonin, verheiratete, und so richtete sie ihren ganzen Haß auf ihren Mann, an dessen Ermordung sie nicht unbeteiligt war. Alexander hielt zu seiner Mutter, doch wußte er ihre Herrschsucht zu bändigen. Nach seinem Tod geriet sie in die Gefangenschaft Kassanders, der sie umbringen ließ. Ein Goldmedaillon aus dem 3. Jh. n. Chr., das in Abukir gefunden wurde, stellt Olympias mit edlem Profil, gescheiteltem Haar und einem über den Hinterkopf gezogenen Gewand dar. In der Linken hält sie ein Zepter, und ihren Arm ziert ein Schlangen(!)-Armband. Vielleicht ist dieses aber nur ein Ausschnitt aus einem Bild, das aus der Zeit Alexanders stammt. Kontorniaten des 4. Jh. n. Chr. wiederholen das gleiche Motiv. Keineswegs widerspricht diese Darstellung dem Mosaik aus Baalbek, das ebenfalls eine schöne Frau als Olympias bezeichnet.

Olympias, Berlin

Olympiodoros

Ca. 330 bis nach 286 v. Chr. Athenischer Feldherr.

In Caesarea (Palästina) wurde eine Bildnisherme mit der Inschrift Olympiodoros gefunden. Der Stil des Porträtkopfes weist in die Zeit des beginnenden 3. Jh. v. Chr., folglich kann hier nur der athenische Archon von 294 und 293 v. Chr. abgebildet sein, der 301 v. Chr. Elateia in Phokis von Kassandros befreite und 288 v. Chr. die makedonische Besatzung von Athen vertrieb. Zwei Jahre später konnte er den von → Antigonos Gonatas besetzten Piräus befreien und in Eleusis erfolgreich einen makedonischen Angriff abwehren. Statuen in Athen auf der Akropolis (Paus. 1,25,2) und in Delphi – eine Stiftung der Bewohner von Elateia (Paus. 1,26,3) – sowie ein Gemälde in Eleusis (a. a. O.) bezeugen die Dankbarkeit seiner Zeitgenossen. Der für einen Staatsmann der damaligen Zeit unmoderne Bart kann ein Zeichen seiner antimakedonischen Haltung sein; hatte doch → Alexander der Große die Bartlosigkeit zur Mode erhoben! Was einen Römer in Palästina dazu bewogen hat, sich eine Kopie dieses Olympiodoros-Bildnisses machen zu lassen, ist unbegreiflich. Doch kann kein anderer Träger dieses Namens in Betracht gezogen werden, weil diese entweder zu

Olympiodoros, Oslo

unbedeutend waren oder erst im 5. und 6. Jh. n. Chr. lebten, eine Zeit, die durch den Stil des Bildnisses ausgeschlossen wird.

Orophernes

Angeblich Sohn des → Ariarathes IV. und der Antiochis. König von Kappadokien 160–156 v. Chr.

Als angeblicher Sohn des Ariarathes beanspruchte er nach dessen Tod den Thron, der ihm von → Ariarathes V. streitig gemacht wurde. Die Römer verfügten eine Teilung des Landes. Um seine Söldner bezahlen zu können, beraubte er den Zeus-Tempel am Berg Ariadne. Bevor er, der sich durch Steuerdruck verhaßt gemacht hatte, nach Antiochia floh und dort von → Demetrios I. von Syrien gefangengesetzt wurde, deponierte er im Athena-Tempel von Priene einen Teil seiner Staatskasse. Dort wurde 1870 ein Münzschatz mit den prachtvollen Prägungen gefunden, die medaillonartig das Bildnis

Orophernes

dieses Usurpators in höchster Meisterschaft wiedergeben.

Otacilia

Marcia Otacilia Severa. Ca. 220–249 n. Chr. Frau des → Philippus Arabs.

Schon vor der Thronbesteigung hatte Philippus Arabs Otacilia geheiratet; ihr Sohn → Philippus

Otacilia, Kopenhagen

II. wurde 237 n. Chr. geboren. Als Philippus Arabs Kaiser wurde, ernannte er sofort seine Frau zur Augusta. Zusammen mit ihrem Mann und ihrem Sohn kam sie ums Leben. Später wurde behauptet, Otacilia sei Christin gewesen. Ihr Bildnis weist sie als eine Frau von eher weichem Charakter aus; der ganze Hinterkopf ist mit einem Flechtennest bedeckt, so wie man es von ihren Münzbildnissen kennt. Sie erscheint auf Münzen teils allein, teils mit ihrem Sohn, teils mit Mann und Sohn; solche Bilder der einträchtigen Familie wurden vom Kaiser gern verbreitet.

Otho

Marcus Salvius Otho. 32–69 n. Chr. Sohn des Lucius Salvius Otho und der Albia Terentia. Römischer Kaiser 69 n. Chr.

Nach der Ermordung → Galbas war Otho drei Monate lang römischer Kaiser. Als Freund → Neros eiferte er diesem nach, auch hinsichtlich dessen kunstvoller Frisur. «Eine sorgfältig angepaßte und befestigte Perücke» trug er nach Sueton (Otho 12), und diese falschen Haare waren ganz nach Art der Nero-Frisur in scharfe Wellen gebrannt. Das wird auf den Münzbildnissen des Kaisers deutlich, der sich auch «Nero Otho» nannte. Ein Marmorkopf aus Tusculum, heute im Pariser Louvre, stellt Otho als weichlichen jungen Mann dar; schon als Kind sei er leichtsinnig gewesen, und Nero sprach ihm jegliche Intelligenz ab. Im Jahre 58 entführte er die Frau des Rufrius Crispinius, → Poppaea, die er heiratete, dann aber an Nero abtreten mußte. Er endete durch Selbstmord.

Otho, Paris, Louvre

Ovid

Publius Ovidius Naso. Aus Sulmo 43 v. Chr. bis 17 n. Chr. Dichter.

Als Sohn aus reichem Haus in Rom erzogen, gab er bald die übliche Ämterlaufbahn auf, um sich ganz der Dichtkunst zu widmen. Bereits mit 18 Jahren hat er seine Dichtungen vorgelesen. Er wurde ein gefeierter Dichter, seine «Amores», die «Heroen» und die «Liebeskunst» wurden vom mondänen Rom ebenso begeistert aufgenommen wie seine «Metamorphosen». Um so schwerer traf ihn der Schicksalsschlag, als er im Jahre 8 n. Chr. aus Rom verbannt wurde. Offenbar war er zufällig Zeuge eines Vergehens geworden, in das hochgestellte Persönlichkeiten verwickelt waren. → Augustus schickte ihn nach Tomi am Schwarzen Meer, ließ alle Werke Ovids aus den Bibliotheken entfernen und war auch durch schmeichelnde und flehende Worte des Ovid nicht umzustimmen. Dieser dichtete fern von Rom den «Festkalender» und die «Trauerlieder vom Pontos»; er lernte aber auch die Sprache der dort wohnenden Geten. Er starb in der Verbannung.

P

Parmenides

Ca. 515–445 v. Chr. Aus Elea. Philosoph.

Mit ihm erreichte die Eleatische Philosophenschule ihren Höhepunkt. Seine Lehre faßte er in einem Gedicht zusammen; sie richtete sich gegen → Pythagoras und gegen → Heraklit. Er suchte die Wahrheit und den Grund für den «Glauben» der Menschen, den Unterschied von Weisheit und Trug. Es gebe weder Werden noch Vergehen, und auch die Bewegung sei nur ein Trug der Sinne.

1963 wurde in Velia, dem alten Elea, ein Hermenschaft gefunden, der laut Inschrift einst ein Porträt des Parmenides trug. Diesen Kopf glaubte man 1966 gefunden zu haben, doch gehört er nicht zu der Herme und stellt vielmehr → Metrodoros dar.

Paulus

† 60 n. Chr. Aus Tarsos. Apostel.

Aus streng jüdischer Familie stammend, war Paulus «römischer Bürger». Einst Missionar für das Judentum, wurde er nach seiner Bekehrung (um 32 n. Chr.) zum Christentum ein ebenso eifriger für den neuen Glauben. Diese Tätigkeit führte ihn nach Syrien, Kilikien, Makedonien, Griechenland und Kleinasien. Der «Apostel aller Völker» (Röm. 1,5) wurde in Jerusalem verhaftet und erlitt in Rom den Märtyrertod. Ein Goldglas aus dem 4. Jh. n. Chr. stellt die Büste des Paulus der des → Petrus gegenüber; ein Kranz schwebt über ihnen. Im Gegensatz zu Petrus hat Paulus einen längeren, das Kinn freilassenden Bart und eine starke Glatze und wirkt überhaupt individueller.

Paulus und Petrus, Vatikan, Bibliothek

Pausanias

Ca. 115–180 n. Chr. Schriftsteller.

Der aus dem Osten (Lydien?) stammende Pausanias ist nur durch seine 10 Bücher «Beschreibung Griechenlands» bekannt, die etwa 170–180 erschienen. Er gab damit einen sachlichen Führer heraus, durch den gebildete Römer auf ihrer Griechenlandreise die nötigen Hinweise erhielten. Dazu kamen Exkurse über Geschichte, Kunst und Mythologie. Er beschreibt nur das griechische Mutterland, als Wiege der Kultur, preist die ehemalige Größe dieses Hellas, die jetzt zunehmend verfällt.

Sein Werk ist als Quelle für Topographie und Kunst Griechenlands von größter Bedeutung.

Peisistratos

?–527 v. Chr. Sohn des Hippokrates. Aus Athen. Tyrann von Athen.

Im Kampf der Parteien stützte sich Peisistratos auf die Unzufriedenen und nutzte die Uneinigkeit seiner Gegner, um sich zum Tyrannen von

Athen zu machen (561/560 v. Chr.). Zweimal mußte er fliehen, da die anderen Parteien sich einigten, doch ermöglichte der sofort wieder aufflammende Streit seine Rückkehr. So konnte er von 545/540 bis zu seinem Tod als Alleinherrscher Athen regieren. Er war später als freier Geist und wahrer Fürst in der Erinnerung, als Organisator eines wirtschaftlichen Aufschwungs, als Förderer der Kunst und als der Mann, der die panathenäischen Spiele eingeführt und überhaupt den Grundstein für die kulturelle Blüte Athens gelegt hatte.
In der Erinnerung blieb er ein Mann, der dem → Perikles ähnlich gesehen habe. Da zu seiner Zeit Bildnisse noch unbekannt waren, war man später auf die Phantasie angewiesen. Eine in Tivoli gefundene Herme mit Namensinschrift ist leider ohne Kopf erhalten, so daß unbekannt bleibt, wie man sich im 5. oder 4. Jh. v. Chr. den großen Athener vorgestellt hat.

Pelopidas

4. Jh. v. Chr. Sohn des Hippokles. Staatsmann und Feldherr.
Als thebanischer Patriot machte er zusammen mit seinem Freund → Epaminondas seine bisher eher provinzielle Heimat zur führenden Macht in Griechenland. Nach dem Sieg über Sparta bestätigte ein Vertrag mit dem Perserkönig Artaxerxes II. im Jahre 367 v. Chr. die Hegemonie Thebens. Als Führer der Thessaler fiel er 364 v. Chr. im Kampf bei Kynoskephalai gegen Alexandros von Pherai.
→ Plutarch schrieb seine Biographie, die Thessaler stellten in Olympia eine Statue des Pelopidas auf, ein Werk des Lysippos.

Periander

Sohn des Kypselos und der Krateia. Tyrann von Korinth 627–587 (?) v. Chr.
Obwohl Periander ein harter Tyrann war, wurde doch seine Gesetzgebung gegen Landflucht, Müßigang und Luxus dahingehend interpretiert, daß man in ihm einen Weisen sah. Als einer

Periander, Vatikan

der «Sieben Weisen» versammelte er diese zu Gesprächen in Korinth. Seine Weisheit faßte er in dem Spruch: «Übung ist alles» zusammen. Dieser steht auch auf der Herme aus Tivoli im Vatikan, die vollständig erhalten ist. Das Bildnis entstand natürlich nur nach der Phantasie, denn vom Aussehen des Periander wußte man damals nichts mehr, als man im 4. Jh. v. Chr. die Bildnisse der Sieben Weisen schuf. Der Kopf des Periander erinnert an Köpfe von Grabreliefs der Spätklassik.

Perikles

Ca. 500–429 v. Chr. Sohn des → Xanthippos und der Agariste. Athenischer Staatsmann.
Nicht nur eine mit Inschrift versehene Herme aus Tivoli im Vatikan, sondern auch eine zweite im British Museum sichern die Ikonographie des Perikles. Ein Mann von ebenmäßigen Zügen, beherrscht, mit sorgfältig gepflegtem kurzem Bart und einem korinthischen Helm, den er

auf den Hinterkopf geschoben hat. Für das ungewöhnliche kriegerische Attribut wußte → Plutarch (Per. 5) eine Erklärung: so gut nämlich Perikles auch ausgesehen habe, die unschöne Form des Kopfes habe doch die Harmonie gestört. Respektlos sprachen die Komödiendichter von einem «Zwiebelkopf». Um diesen nun zu verdecken, hätten die Künstler zu dem Helm ihre Zuflucht genommen. Ungewöhnlich ist der Helm auf jeden Fall, denn er ist nicht etwa Abzeichen seines Strategenamtes, wie Bildnisse anderer Strategen (→ Miltiades, → Themistokles) zeigen. Es wird also schon etwas Wahres an der Geschichte von Plutarch sein; und man kann in den Augenöffnungen des Helmes, wo deutlich noch Haare angegeben sind, erkennen, daß Perikles' Kopf in der Tat sehr spitz zulief. Die Statue, von der die erhaltenen Kopien angefertigt wurden, stand auf der Akropolis von Athen, wie → Pausanias (1,25,1;28,2) berichtet, und war ein Werk des Kresilas, wie → Plinius (34,74) ergänzt. Wie die Statue insgesamt aussah, weiß man nicht; vielleicht trug Perikles Panzer und Waffen. Als Hoplit erscheint er jedenfalls auf dem Schild der Athena Parthenos des → Phidias inmitten der Amazonenkämpfe. Das Kultbild der Stadtgöttin war auf seine Veranlassung geschaffen worden, aus Gold und Elfenbein. Das Gold stammte aus dem Schatz des Attisch-Delischen Seebundes, der die Grundlage für die glänzende Zeit Athens unter Perikles war. Auf den Kopien des Schildes sieht man Perikles, so wie Plutarch (Per. 31) es beschreibt; mit erhobenem Arm, der sein Gesicht verdeckt, so daß man nur von der Seite her das versteckte Bildnis des Perikles erkennen konnte. Die anderen Griechen, die dort mit den Amazonen kämpfen – das Ganze ist eine mythologische Spiegelung der Perserkriege –, tragen keinen Panzer, nur Perikles macht eine Ausnahme. Es scheint, als ob Phidias hier bewußt auf die Statue des Staatsmannes anspielen wollte, die Kresilas, der Spezialist für Bildnisse *(s. Aspasia, Xanthippos)* geschaffen hatte. Dieses Meisterwerk ist ein echter Spiegel des großen Politikers, der unter dem Einfluß seines Freundes, des Philosophen → Anaxagoras, gelernt hatte, sich in jeder Lebenslage sicher zu beherrschen. So sind die Züge des Perikles klassisch, nicht nur weil Kresilas ein klassischer Künstler, sondern auch weil Perikles selbst klassisch – als Persönlichkeit – war. Während des Peloponnesischen Krieges, der die Glanzzeit Athens beendete, starb Perikles an der Pest.

Perikles, Berlin

Perseus

213–162 v. Chr. Sohn des → Philippos V. und der Polykrateia. König von Makedonien 179–168 v. Chr.

Perseus

Nach dem Tod seines Vaters, der nach der Niederlage bei Kynoskephalae (197 v. Chr.) gezwungenermaßen die römische Oberherrschaft anerkennen mußte, wurde sein Sohn, ein ebenfalls erklärter Römerfeind, sein Nachfolger. → Eumenes II. von Pergamon veranlaßte 172 v. Chr. die Römer zum Eingreifen. Verschiedene römische Feldherrn kämpften gegen ihn, bis endlich → Aemilius Paullus bei Pydna im Jahre 168 v. Chr. den entscheidenden Sieg errang. Perseus wurde in seinem Triumph mitgeführt und starb 162 v. Chr. als Gefangener in Alba Fucens. Das war das Ende des makedonischen Königtums. – Die Münzbilder betonen die Ähnlichkeit mit seinem Vater um so mehr, als seine Legitimität fraglich war. Auch erscheint er dort gelegentlich als der Sagenheld Perseus mit der Flügelkappe. Ein Marmorkopf, der früher als Bildnis des Perseus galt, ist eher auf → Philippos III. zu beziehen.

Pertinax

Publius Helvius Pertinax. 126–193 n. Chr. Römischer Kaiser 192–193 n. Chr.

Pertinax, Vatikan

Nur 85 Tage dauerte die Herrschaft dieses bewährten Soldaten, der nach der Ermordung des → Commodus Ordnung und Gerechtigkeit wiederherstellen wollte. Da er auch Disziplin von den Soldaten forderte, ermordeten sie ihn. Ein Marmorkopf im Vatikan stimmt mit den Münzbildnissen soweit überein, daß man ihn als Bildnis des Pertinax ansehen darf.

Pescennius Niger

Gaius Pescennius Niger Justus. 135–194 n. Chr. Römischer Kaiser 193–194 n. Chr.

Nach der Ermordung des → Pertinax wurde er, der sich in Antiochia befand, vom römischen Volk zum Kaiser ausgerufen. In Pannonien beanspruchte → Septimius Severus den Thron, der ihn schließlich besiegte und enthaupten ließ. Rundplastische Bildnisse sind nicht nachzuweisen.

Pescennius Niger

Petronius

Titus Petronius Arbiter. ?–66 n. Chr. Dichter

Am Hof des Kaisers → Nero war Petronius als Anstifter zu luxuriösen Ausschweifungen und als «arbiter elegantiarum», also als Schiedsrichter in Geschmacksfragen, geschätzt. Er schrieb 16 Bücher «Satyrikon» und gab damit die Mißstände seiner Zeit dem Gespött preis. Er schil-

dert Emporkömmlinge ohne jede Kultur, so den Trimalchio, dessen «Gastmahl» ausführlich geschildert wird, zum Teil in der in diesen Kreisen üblichen Vulgärsprache.
Als er in den Verdacht geriet, an der Verschwörung des Piso beteiligt gewesen zu sein, beging er Selbstmord.

Petrus

Simon Petrus. † 64 oder 67 n. Chr. Sohn des Jonas. Aus Bethsaida.
Auf einem Goldglas des 4. Jh. n. Chr. ist Petrus zusammen mit → Paulus dargestellt. Volle Haare und ein kurzer Bart unterscheiden ihn von Paulus. Möglicherweise liegt eine gute ikonographische Tradition vor, doch ist das Petrus-Bild nicht einheitlich. Petrus starb als Märtyrer wohl in Rom und wurde am Vatikanhügel oder an der Via Appia begraben. Zweifel an dieser Überlieferung veranlaßten Grabungen, die aber negativ verliefen.

Phidias

495–430 v. Chr. Sohn des Charmides. Athenischer Bildhauer.
Seine Goldelfenbein-Kolosse, der Zeus in Olympia und die Athena Parthenos in Athen, waren die berühmtesten Statuen des Altertums. Phidias war der am meisten geschätzte Künstler der Klassik. → Perikles hatte ihm die Oberaufsicht über alle Arbeiten auf der Akropolis übertragen. Aufgrund der Goldelfenbein-Kultbilder und anderer Götterstatuen wurde er als der «Götterbildner» angesehen. Im Jahre 432 v. Chr. wurde ihm vorgeworfen, er habe Gold, das für die Athena Parthenos bestimmt war, veruntreut; es ist nicht sicher, ob er floh oder im Gefängnis starb. So groß sein Ruhm war, so ist doch kaum zu erwarten, daß man ihn durch eine Statue ehrte. Doch erscheint die Gestalt des Phidias als «kahlköpfiger Greis, wie er einen Stein hochhebt», im Rahmen der Amazonenkämpfe auf dem Schild der Athena Parthenos, zusammen mit der des Perikles (Plut. Per. 31).

Phidias und Perikles, London

Auf der Schildkopie im British Museum schwingt Phidias, neben Perikles, ein Doppelbeil, auf anderen Kopien einen Stein. Vielleicht hat man später nach diesem versteckten Bildnis des Phidias rundplastische Kopien gemacht, denn eine kopflose Herme aus Tivoli im Vatikan trägt den Namen Phidias. Fände man den Kopf, wäre er das einzige Künstlerbildnis der Antike.

Philetairos

343–263 v. Chr. Sohn des Attalos und der Paphlagonierin Boa. König von Pergamon 281 bis 263 v. Chr.
Seine Nachfolger schmückten dankbar ihre Münzen mit dem Bildnis des Dynastiegründers. Sie zeigen einen überaus kräftigen Mann mit einem bindenumwickelten Lorbeerkranz, so wie ihn auch Herakles trug. Durch die Ähnlichkeit mit den Münzbildnissen konnte ein Marmorkopf aus der Villa der Pisonen in Herkulaneum als Porträt des Philetairos erkannt werden. Hier ist auf jedes Abzeichen eines Königs

Philetairos, Neapel

verzichtet worden. Man darf daraus aber kaum schließen, daß das Original aus der Zeit stammt, in der Philetairos nur Statthalter des Lysimachos war und dessen Schätze, 9000 Talente, bewachte. Erst im Jahre 281 v. Chr. erhob er sich zum König und wurde so Besitzer der ihm anvertrauten Kriegskasse des → Lysimachos. Offiziell erkannte er die Oberhoheit des → Seleukos I. an, dessen Bildnis er auch auf seine Münzen setzte. Die wuchtige Gestalt des Königs spricht für eine energische Persönlichkeit und bestätigt kaum die Gerüchte, er sei ein Eunuch gewesen.

Philippos II., Beirut

Philippos II.

382–336 v. Chr. Sohn des Amyntas III. und der Eurydike, König von Makedonien 359–336 v. Chr.

Philippos begründete die Bedeutung des makedonischen Staates und unterwarf Griechenland in der Schlacht bei Chaironeia 338 v. Chr. Unterschiedlich wurde er beurteilt: → Demosthenes sah in ihm den treulosen Despoten, → Isokrates den Führer Griechenlands und Theopomp den größten Europäer. Zahlreiche Statuen wurden dem mächtigen König errichtet, von Leochares stammten die Goldelfenbein-Statuen von ihm und seiner Familie in Olympia (Paus. 5,20,10). Dieser Führer des vereinigten Griechenlands wurde ermordet, als er gegen die Perser ziehen wollte. Als Vater → Alexanders des

Großen, der seine Pläne verwirklichte, ist Philippos auf dem Mosaik aus Baalbek dargestellt. Neben → Olympias sitzt er dort als junger Mann, schon ohne Bart, obwohl diese Mode erst Alexander einführte. Der Reiter auf den Münzen Philippos', in dem man ein Bildnis des Königs erkennen möchte, trägt auch noch den Bart. So ist das Bildnis eines bärtigen Mannes mit Königsdiadem in Kopenhagen wohl mit Recht auf Philippos II. bezogen worden. Allerdings könnte man meinen, das Bildnis sei erst nach seinem Tode entstanden, denn das Königsdiadem wurde erst nach Alexanders Tod üblich. Möglicherweise ist aber die Binde Zeichen seines Sieges im Wagenrennen bei den Olympischen Spielen von 356 v. Chr. Große Ähnlichkeit mit dem Kopenhagener Bildnis weist ein Elfenbeinköpfchen auf, das 1977 zusammen mit einem zweiten, und zwar dem eines unbärtigen jungen Mannes, in einem Fürstengrab bei Vergina in Makedonien gefunden wurde; die Köpfchen dienten als Schmuck für Möbel. Eigentlich sind Porträts von Herrschern, hier also von Philippos II. und Alexander dem Großen, dafür kaum geeignet, doch ist die Ähnlichkeit mit den beiden Königen nicht zu übersehen.

Philippos III. Arrhidaios

Ca. 356–317 v. Chr. Sohn des → Philippos II. und der Thessalerin Philinna. König von Makedonien 323–317 v. Chr.

Der Halbbruder → Alexanders des Großen, Arrhidaios, regierte nach dessen Tod unter dem Namen Philippos III. neben Alexander IV., dem neugeborenen Sohn Alexanders und Roxanes, und verschiedenen Reichsverwesern.

317 v. Chr. wurde er von → Olympias , die den unehelichen Sohn ihres Mannes haßte, gefangengenommen und hingerichtet. Auf seine Münzen hatte er das Bild Alexanders gesetzt, so daß hier keine ikonographischen Quellen vorhanden sind. Ein Marmorkopf in Neapel, der früher als ein Bildnis des → Perseus galt, dürfte aber Arrhidaios darstellen, weil der Stil noch in das Ende des 4. Jh. v. Chr. weist, der Bart aber zeigt, daß dieser Mann die Bartlosigkeit Alexanders noch nicht übernommen hat. Das Diadem

Philippos II., Kopenhagen

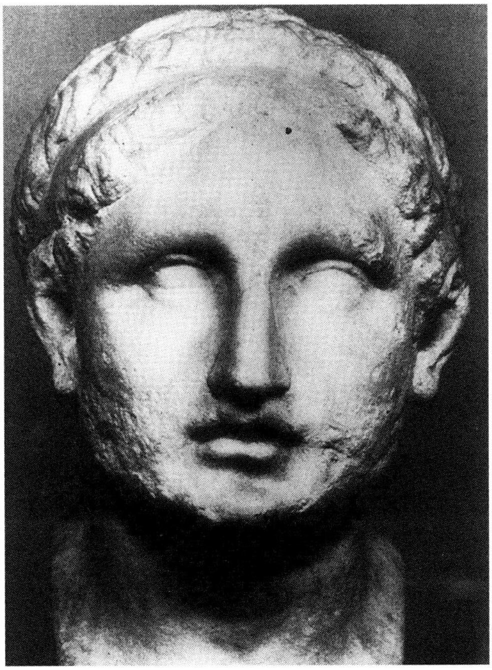

Philippos III., Neapel

deutet auf einen seiner Nachfolger hin. Das würde alles für Arrhidaios passen, und wenn man bei diesen Bildnissen den Eindruck eines schwachen Herrschers, ja eines geistig Behinderten hat, so trifft dies auf den Halbbruder Alexanders zu. «Er war von Olympias durch Gift verdorben und seines Verstandes beraubt», sagt → Plutarch (Alex. 17,7). Kassander ließ Arrhidaios und seine Frau Eurydike nach Olympias Tod mit königlicher Pracht in Aigai bestatten.

Philippos V.

238–179 v. Chr. Sohn des Demetrios II. und der Phthia. König von Makedonien 220–179 v. Chr.

Er schloß im Jahre 215 v. Chr. ein Bündnis mit → Hannibal, was zum Ersten. Makedonischen Krieg (215–205 v. Chr.) führte. Philippos mußte Frieden schließen, wurde aber, nachdem Hannibal bei Zama (202 v. Chr.) geschlagen war, von Rom angegriffen. → Flamininus besiegte ihn bei Kynoskephalae im Jahre 197 v. Chr. Philippos durfte den Thron behalten, verlor aber die auswärtigen Besitzungen. Bei der Vorbereitung zu einem neuen Waffengang gegen Rom starb er. Die Münzbildnisse geben Philippos als jungen Mann mit flatternden Haaren und einem gepflegten Bart wieder; der Bart ist hier wohl wieder ein Zeichen für weitgesteckte Ziele, die zu erreichen er sich vorgenommen hatte. Ein Kameo in Paris stellt offenbar denselben Mann dar, mit einem reliefgeschmückten konischen Helm, mit Königsdiadem und einer Ägis über der linken Schulter, die ihn mit Zeus gleichsetzt; er schwingt mit der Rechten eine Lanze.

Philippos V., Paris, Cabinet des Médailles

Philippos V.

Philippus Arabs

Marcus Julius Philippus. Ca. 204–249 n. Chr. Römischer Kaiser 244–249 n. Chr.

Aus Arabien stammend und zum Gardepräfekten aufgestiegen, ließ er → Gordian III. ermorden und sich zum Kaiser ausrufen. Auf Münzen

Philippus Arabs, Otacilia und Philippus II. ,Berlin

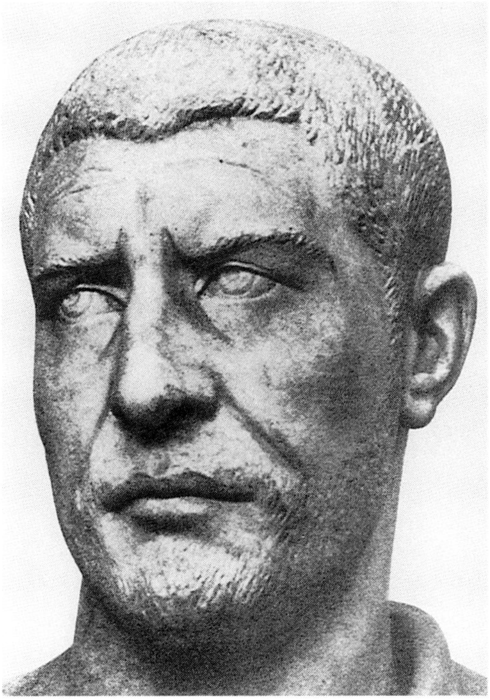

Philippus Arabs, Vatikan

und Gemmen sieht man ihn mit kurzgeschnittenem Haar und Bart zusammen mit seiner Frau → Otacilia und dem Sohn → Philippus II. dem Jüngeren, als Symbol der «Concordia Augustorum». Das eindrucksvollste Bildnis des Philippus Arabs – es wurde mehrmals modern in Bronze abgegossen! – befindet sich im Vatikan. Mit lauerndem Blick ist Philippus ganz mißtrauischer Tyrann. Unter ihm feierte Rom am 21. April 248 n. Chr. das 1000jährige Bestehen. Er unterlag → Trajanus Decius und fiel in der Schlacht.

Philippus II.

237–249 n. Chr. Sohn des → Philippus Arabs und der → Otacilia.

Er ist auf Familienbildnissen des Philippus Arabs, auf Münzen mit seiner Mutter oder allein dargestellt. Danach ist ein Marmorkopf in München ein Bildnis dieses Knaben, der mit 12 Jahren in Rom ermordet wurde, nachdem sein Vater bei Verona gefallen war.

Philippus II., München, Glyptothek

Philistis

3. Jh. v. Chr. Tochter des Leptines. Frau → Hierons II. von Syrakus.

Hieron heiratete 270 v. Chr. Philistis, deren Familie als Stammvater → Dionysios I. anführte. Viele seiner Münzen zeigen das Profil seiner

Philistis

Frau mit einem Diadem in den gescheitelten Haaren und mit einem über den Hinterkopf gezogenen Gewand.

Philon von Alexandria

Ca. 15/10 v. Chr.–? Philosoph.

Aus einer reichen jüdischen Familie in Alexandria stammend genoß er griechische Bildung. Die hebräische Sprache beherrschte er nicht. Er machte eine Wallfahrt nach Jerusalem und kam 40 n. Chr. nach Rom, um bei dem Kaiser → Caligula für die jüdische Bevölkerung Alexandrias einzutreten.

Er schrieb theologische Abhandlungen, Erläuterungen zum Pentateuch. Sein Ziel war es, Juden und Heiden den Weg zur Tugend und Gotteserkenntnis zu zeigen. Seine Wirkung war gering, bevor seine Gedanken bei den Christen Interesse weckten.

Philoxenos

König von Indien 110–80 v. Chr.

Er ist wohl der Nachfolger des → Antimachos, doch kennt man ihn nur durch seine Münzen. Hier fällt er durch einen sehr hohen Kopf und einen energischen Gesichtsausdruck auf.

Philoxenos

Phryne

4. Jh. v. Chr. Tochter des Epikles. Aus Thespiae. Griechische Hetäre.

Eine Doppelherme in Compiègne vereinigt den Kopf eines Mannes, wohl eines Redners, mit einem weiblichen, wobei die originelle Haarschleife auf eine Hetäre schließen läßt. So liegt der Gedanke an → Hypereides und Phryne nahe. Denn man sprach noch lange von dessen geschickter Verteidigung, als Phryne wegen Verletzung der Sitten vor Gericht stand; er entblößte ihre Brust und überzeugte damit die Richter von der Unschuld seiner Mandantin. Diese berühmte Geschichte bildet den Hintergrund für die Verbindung der beiden Köpfe in der Doppelherme. Leider ist der Kopf der Phryne sehr stark beschädigt; dennoch wurde es durch ihn möglich, in einem Marmorkopf einer Schweizer Privatsammlung eine Replik zu erkennen. Das vollrunde Gesicht der Phryne wird von weichen Haarwellen eingerahmt, und oben auf dem Scheitel ist die Haarschleife zu erkennen, die bald ähnlich auf Bildern der Aphrodite oder der Andromeda zu beobachten sein wird.

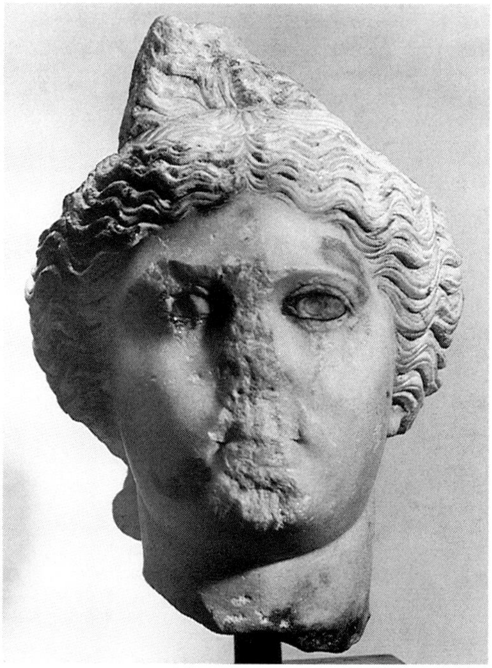

Phryne, Privatsammlung

Phryne stand den bedeutendsten Künstlern ihrer Zeit Modell, wohl auch dem Nikias bei seiner Andromeda. Enger aber war das Verhältnis zu → Praxiteles; dieser schuf eine Phryne-Statue aus Marmor, die in Thespiae stand (Paus. 9,27,5), und eine aus vergoldeter Bronze in Delphi (Paus. 10,15,1), die Phryne selbst gestiftet hatte. Vielleicht ist die letztere das Vorbild für den Marmorkopf, der in der Wiedergabe der eingesetzten Augen und Wimpern Anleihen bei der Metalltechnik machte. Die böse Verstümmelung des Gesichts geht wohl auch hier auf das Konto moralischer Eiferer, die die Hetäre sehr wohl kannten. So bleibt wenig von der allseits gerühmten Schönheit der Phryne, die so perfekt war, daß sie auf Schminke verzichten konnte, im Gegensatz zu ihren Kolleginnen. Zudem sei sie witzig und geistreich gewesen, besuchte keine öffentlichen Bäder und war auch sonst zurückhaltend. So wie → Aspasia die «Melonenfrisur» einführte, so wurde Phrynes Haarschleife das Charakteristikum zahlreicher Aphrodite-Statuen.

Pindar

522–438 v. Chr. Sohn des Daiphantos (oder Skopelinos) und der Kleodike. Aus Theben. Griechischer Dichter.

Der große, durch seine archaisch-konservativen und schwierig-dunklen Gedichte berühmt gewordene Pindar war vor allen Dingen als Verfasser von Siegesliedern für erfolgreiche Athleten bei den Olympischen und Delphischen Spielen gesucht. Sein Geburtshaus in Theben wurde bei der Zerstörung der Stadt durch Alexander als einziges verschont – aus Pietät vor dem Dichtergenie. Eine Bronzestatue stellte Pindar – mit einer Binde im Haar – sitzend mit einer Lyra in der einen und einer geöffneten Buchrolle in der anderen Hand dar, und zwar in Athen auf der Agora, ganz in der Nähe des Ares-Tempels, wie → Aischines (Brief 4,3) erwähnt. Sie sei der Dank für ein Festlied gewesen, das Pindar für Athen gedichtet hatte, und zugleich die Entschädigung für die Strafe, die ihm dafür von den

Pindar, Memphis

Thebanern verhängt wurde. Es war also ein Bildnis des lebenden Pindar, und es mag aus ähnlichem Anlaß weitere gegeben haben. Eine mit Inschrift versehene Statue aus Memphis ist wohl kaum als Kopie eines Originals aus dem 5. Jh. v. Chr. anzusehen, allenfalls als Umbildung jener Statue in Athen, deren Attribute Musikinstrument – eine Kithara – und Rolle beibehalten sind. Das verstümmelte Gesicht des Dichters wird von lang herabfallenden Locken eingerahmt. Vielleicht trug der mit Pindar bezeichnete Hermenschaft aus Tivoli im Vatikan eine Replik dieses Kopfes. Eine andere, eher barock anmutende Sitzstatue eines Dichters, der die Lyra schlägt, hat man auch auf Pindar bezogen. Die Kopie in Kopenhagen – sie wurde zusammen mit der Statue des → Anakreon in einer römischen Villa am Fuß des Monte Calvo (Sabina) gefunden – stellt sicher einen bedeutenden Dichter dar. Die kräftige Statur und der Ernst des Ausdrucks würden gewiß nicht schlecht zu Pindar passen; auch trägt er eine Binde im Haar, die Pindar aufgrund der Einführung des Ammon-

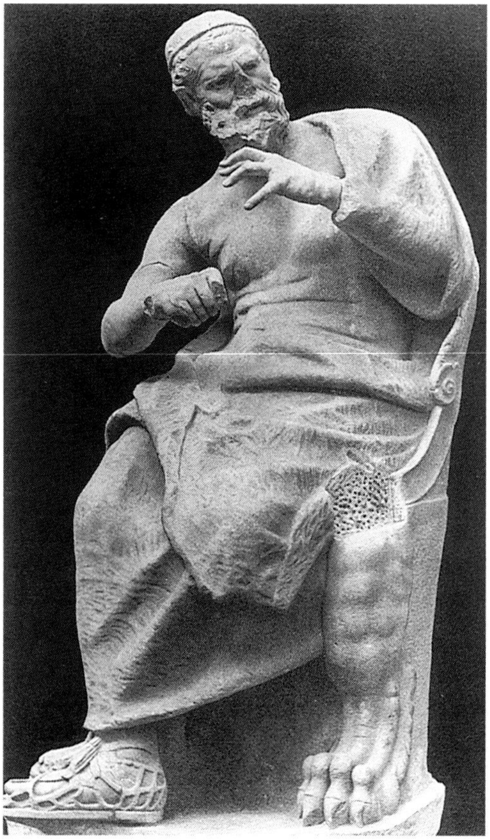

Pindar, Kopenhagen

Pindaros, Oslo

Kultes wohl zuständе; für die Statue in Athen ist diese jedenfalls verbürgt.

Pindaros

6. Jh. v. Chr. Sohn des Melas. Tyrann von Ephesos.

Als → Kroisos die Stadt Ephesos belagerte, verband Pindaros diese mit dem außerhalb gelegenen Heiligtum der Artemis mit einem Seil und machte sie – nunmehr ein Teil des heiligen Bezirkes – damit unverletzlich. Kroisos verzichtete daher auf die Einnahme der Stadt, stellte aber die Bedingung, daß Pindaros ins Exil ginge. Der Tyrann ging darauf ein, um die Stadt zu retten. Er fand auf der Peloponnes Zuflucht, von wo aus er, vielleicht am Hofe eines befreundeten Tyrannen, vergeblich seine Rückkehr betrieb. Sein Bildnis, im 5. Jh. v. Chr. entstanden, zeigt, wie man sich damals diesen wegen seiner Kriegslist und seines Edelmutes bewunderten Mann vorstellte. Der Künstler wußte aber noch, daß Pindaros zum Zeichen seiner Entschlossenheit zur Rückkehr nach Ephesos seinen Bart nicht mehr scheren ließ und ihn, damit ihn seine Länge nicht störte, am Ende verknotete. Zahlreiche Kopien beweisen die Popularität dieses erfindungsreichen Mannes noch in der römischen Kaiserzeit.

Pittakos

Ca. 650–580 v. Chr. Sohn des Hyrrhas und einer Frau aus Lesbos. Aus Mytilene. Herrscher von Mytilene sowie einer der «Sieben Weisen».

Er war ein Weiser, denn nachdem er von 598–590 v. Chr. Alleinherrscher der Stadt gewesen war, weigerte er sich, Tyrann zu werden, und legte seine Ämter nieder. «Erkenne den rechten Augenblick» war seine Devise. Sie steht auch neben seinem Bildnis auf dem Mosaik aus Baalbek, das sich wieder als unzuverlässig er-

Pittakos, Paris, Louvre

Pittakos, Neapel

weist. Denn ein ganz anderes Bildnis des Pittakos ist durch eine Inschriftbüste im Louvre sehr gut überliefert; ein eindrucksvolles Porträt des 4. Jh. v. Chr., individueller als die anderen Phantasieporträts der Weisen *(s. Bias und Periander).* Kräftig und energisch, so recht wie ein Herrscher erscheint hier Pittakos, dessen Haar – über der Stirn sehr gelichtet – nach vorne gekämmt ist. Ein zweites inschriftlich beglaubigtes Bildnis ist die Terrakottastatuette aus Pompeji, die ihn sitzend darstellt, wie er seinen Kopf auf die linke Hand mit einer Rolle stützt; doch scheint er temperamentvoll mit einem Partner zu diskutieren. Die körperliche Erscheinung gibt dem → Alkaios recht, der seinen politischen Gegner als «Dickbauch» bezeichnete. Wenig vornehm verspottete er ihn auch als «Plattfuß»; doch wenn er auch seine Prahlsucht anprangerte, so mag das nicht aus der Luft gegriffen sein. Jedenfalls sah ihn der Künstler ähnlich, der das Original der Statuette schuf, eine spätere Erneuerung jenes Bildnisses des 4. Jh. v. Chr., das die Herme in Paris kopiert.

Platon

Ca. 427–347 v. Chr. Sohn des Ariston und der Periktione. Griechischer Philosoph.

Bei der Bedeutung Platons für die Philosophie ist der Wunsch, zu wissen, wie er aussah, ebenso verständlich wie alt. Die Renaissance stellte sich ihn von idealer Schönheit vor, wozu entsprechende Äußerungen antiker Schriftsteller berechtigten; so malte Raffael sein Bild in der «Schule von Athen». Und auch die ersten Versuche, ein antikes Bildnis des Philosophen zu finden, gingen den gleichen Weg; man glaubte dieses in einem schönen Bronzekopf – der wohl Dionysos darstellt – mit einer Binde im Haar gefunden zu haben. Um so größer war die Enttäuschung, als das authentische Bildnis Platons bekannt wurde. In der Sammlung Castellani in Rom gab es eine gut erhaltene Herme mit der Inschrift; sie kam 1884 nach Berlin und bildet die Grundlage für die Platon-Ikonographie. Es fanden sich zwar schnell einige Repliken, die etwas qualitätsvoller waren, doch herrschte Ratlosigkeit, weil dieses Bild so gar nicht den Vor-

Platon, Berlin

Platon, Basel

stellungen von dem großen Philosophen entsprach. «Mir scheint . . . die nicht gerade intelligente philisterhafte Physiognomie gegen einen Philosophen überhaupt zu sprechen», meint zweifelnd Heinrich Heydemann 1876; 1934 fand Anton Hekler Platon «zu einem grimmig kleinlichen Oberlehrer degradiert». In der Tat – nichts war zu spüren von dem Genie, von dem Goethe sagte, er sei «wie ein seliger Geist, dem es beliebte, einige Zeit auf der Welt zu herbergen». Erschreckt erinnerte man sich, daß Platon, der ursprünglich Aristokles geheißen habe, seinen Namen deswegen erhielt, weil seine Brust und seine Stirn «breit, platt» gewesen seien; und das sei auch an all den vielen Bildnissen zu kontrollieren, die überall aufgestellt seien, sagt Olympiodor (vit. Pl. 1,32). Sollte man sich also mit diesem Bildnis abfinden? Der Philologe U. v. Willamowitz machte es sich leicht, wenn er von den Archäologen einfach forderte, sie mögen gefälligst nach einem anderen Platon-Bildnis Umschau halten. Diese taten das, zumal es um ein Meisterwerk des berühmten Porträtisten Silanion ging. Denn dieser wird als Schöpfer der Platon-Statue genannt, die ein Perser namens Mithridates den Musen in der Akademie von Athen geweiht hatte (Diog. Laert. 3,25). Der Künstler, der das → Sappho – und das → Korinna-Bildnis nach der Phantasie gestalten mußte, hätte in dem Bildnis des Platon nach dem Leben eine besonders glänzende Probe seines Könnens liefern können. Inzwischen sind nun in der Tat weitere Kopien bekannt geworden, die qualitätsvoller und getreuer sind. Zum Teil steigern diese Kopien wohl die Dynamik des Originals, die sonst eher unterdrückt wird. Im Ganzen aber erwiesen sich die Erwartungen als zu hoch. Es bleibt ein sehr irdischer Platon, der, wie der Komiker Amphis (Diog. Laert. 3,28) bemerkte, finster vor sich hinblickte und sich sehr würdevoll gab. Enttäuschungen blieben dem großen Denker nicht erspart, besonders bei seinen mehrfachen Aufenthalten in Sizilien. Doch darf man nicht vergessen, daß Platon selbst, bei der Deduzierung seiner Lehre von den «Ideen», die Kunst als etwas ganz Trügerisches bezeichnete:

Platon, Kenchreä

sie gäbe nur ein täuschendes Abbild von Dingen, die ohnehin nur Abbild eben der «Ideen» seien, der wahren Dinge in einer höheren Welt. Im 3. Jh. n. Chr. trat im Neuplatonismus des → Plotin die historische Gestalt Platons gegenüber dem Idealbild des Universalphilosophen ganz zurück. Damals sollte das Bild Platons in Marmorintarsia als Gegenstück zu → Homer die Wand eines vielleicht als Kultraum dienenden Gebäudes in Kenchreae bei Korinth schmücken, und da schuf der Künstler eine reine Idealgestalt, würdig, gütig, mit gefalteten Händen und übergeschlagenem Bein.

Platon Epiphanes

König von Baktrien um 165 v. Chr.

Die Münzbilder dieses sonst kaum bekannten Königs stellen ihn teils barhäuptig, teils mit einem Helm dar und ähneln denen des → Eukratides.

Platon Epiphanes

Platon Epiphanes

Plautilla

Fulvia Plautilla. Erste Frau → Caracallas ?–212 n. Chr.

Sie war die Tochter des Prätorianer-Präfekten C. Fulvius Plautianus, eines Afrikaners aus Leptis Magna, der zu ungeheurer Macht und Reichtum gekommen war. Sein Einfluß auf den Kaiser Septimius Severus war so groß, daß dieser seinen Sohn Caracalla im Alter von 14 Jahren mit Plautilla verlobte. Noch im gleichen Jahre 202 n. Chr. fand die Hochzeit statt. Ihr Bildnis erschien auf Münzen, und sie führte den Titel «Augusta». Als Plautianus, der sich die Feindschaft der → Julia Domna zugezogen hatte und von Caracalla eines Mordanschlages gegen den

Plautilla, Houston

Plautus, Vatikan

Kaiser beschuldigt wurde, 205 n. Chr. stürzte und ermordet wurde, trennte sich Caracalla von Plautilla, die ihm stets verhaßt gewesen war, und verbannte sie nach Lipara. Als er 212 n. Chr. Kaiser wurde, ließ er sie töten; sie verfiel der «Damnatio memoriae». Dennoch sind Bildnisse dieses «schamlosen Weibes» (Dio. 77,3,1) erhalten, die nach dem Zeugnis der Münzbildnisse in den drei Jahren ihrer Ehe die verschiedensten Frisuren trug. Höchst eigenwillig sind die gedrehten Flechten, die parallel verlaufend den Kopf bedecken und hinten aufgenommen und in breiter Bahn hoch aufgesteckt sind. Sie scheint von einer gewissen exotischen Schönheit gewesen zu sein, die sie offenbar zielbewußt einzusetzen verstand.

Plautus

Titus Maccius Plautus. Ca. 254–184 v. Chr. Aus Sarsina. Römischer Komödiendichter.

Schon im 16. Jahrhundert wurden in Rom zwei offenbar als Gegenstücke aufzufassende Sitzstatuen gefunden, die in den Vatikan kamen. Beide stellen einen Dichter dar, der bequem auf einem Lehnstuhl sitzt. Da dem einen der Name → Poseidippos beigeschrieben ist, also einen griechischen Komödiendichter darstellt, sollte das Pendant einen römischen Vertreter dieser Kunstgattung wiedergeben; denn die hohen Schuhe sind typisch römisch und Kennzeichen des «römischen Bürgers». Das führte auf Plautus, den berühmtesten Lustspieldichter Roms. Ein Römer war er von Geburt nicht – wie alle römischen Dichter –, sondern ein Umbrer, der Latein erst lernen mußte – und Griechisch dazu. Sein Vorbild war → Menander, dessen Stücke er übersetzte und bearbeitete. 130 Komödien hat er verfaßt, 21 sind erhalten, teils moralisch-sentimentale Rührstücke, teils Burlesken. Eingeschobene Singpartien machen seine Komödien geradewegs zu Vorläufern der «Musicals». Als einziger der frühen römischen Dichter beschränkte er sich auf diese eine Kunstgattung, in der er unbestrittener Meister war. Ob er sich damit die römische Staatsbürgerschaft verdiente, ist nicht bekannt, doch möchte man das aus der Bildnisstatue schließen, denn die «römischen» Schuhe werden hier demonstrativ gezeigt. Selbstbewußt lässig sitzt der Dichter auf seinem Stuhl, vergleichbar seinem Vorbild Menander auf dem Gemälde in Pompeji. Der Kopf, der wohl durch moderne Überarbeitung gelitten hat, fügt sich gut in den Rahmen der Römerporträts vom Anfang des 2. Jh. v. Chr., also in die Zeit um 185 v. Chr.

Plinius der Ältere

Gaius Plinius Secundus. 23/24–79 n. Chr. Aus Como. Offizier, Staatsbeamter, Historiker und Naturforscher.

In Rom erzogen, leistete er Militärdienst im Chattenfeldzug. Er bewies bei dieser Gelegenheit sein Interesse an Naturerscheinungen und erwähnt als einziger antiker Autor die heißen Quellen in Wiesbaden. Unter → Nero zog er sich in das Privatleben zurück, ging dann aber mit Titus nach Judaea und bekleidete unter Vespasian viele Ämter; zuletzt war er Flottenkommandeur in Misenum. Als er versuchte, bei dem Ausbruch des Vesuv am 24. August 79 n. Chr. Hilfe zu bringen und Näheres über das Naturphänomen zu erfahren, kam er um. In seinen Mußestunden hatte er viele Bücher gelesen und sich Exzerpte gemacht, aus denen er seine «Naturalis Historia» kompilierte. Dieses 77 n. Chr. dem Titus gewidmete Werk soll die Größe und Güte der Natur aufzeigen und ihren Bezug zum Menschen. Unter den Stichworten Steine, Metalle, Farben finden sich auch die Kapitel über Steinplastik, Bronzeguß und Malerei, denen entscheidende Daten zur antiken Kunst verdankt werden. Auf der Insel Arados (Phoinikien) wurde er durch eine Statue geehrt.

Plinius der Jüngere

Gaius Plinius Caecilius Secundus. 61/62–112 n. Chr. (?) Aus Como. Anwalt.

Der Neffe des älteren → Plinius studierte Rhetorik in Rom, wo er dann durch seine Gerichtsreden bekannt wurde. Er war mit → Tacitus und → Martial befreundet und genoß auch das Vertrauen des Kaisers Trajan. Im Jahre 79 n. Chr. wurde er Zeuge des Vesuvausbruches und des Todes seines Oheims. Seine Reden gab er als Buch heraus, ebenso seine Briefe in 10 Büchern, von denen das letzte seinen Briefwechsel mit Trajan enthält. Ca. 110 bis ca. 112 n. Chr. war er als Abgesandter des Senates in Bithynien, wo er wahrscheinlich starb.

Plotin

205–270 n. Chr. Aus Lykopolis (Ägypten). Griechischer Philosoph.

Nach seiner Erziehung in Alexandria und seiner Teilnahme am Feldzug → Gordians III. nach Mesopotamien entfaltete er seit 244 seine philosophische Lehrtätigkeit in Rom. Dort fand er Anklang bei den vornehmsten Kreisen, und zu seinen Förderern gehörte der Kaiser → Gallienus und seine Frau → Salonina. Daher glaubte

Plotin, Ostia

man, auf einem Sarkophagrelief den sitzenden, von vornehmen Zuhörern umgebenen Philosophen Plotin erkennen zu können. Doch wurde dieser Gedanke fraglich, als ein in zahlreichen Repliken bekanntes Porträt mit Plotin in Verbindung gebracht wurde. Dieses stellt sicher einen Nichtrömer der gallienischen Zeit dar, einen berühmten, wie die Zahl der Repliken nahelegt, und einen asketischen dazu. Möglich ist es gewiß, daß damit ein Plotin-Bildnis vorliegt, denn aufgrund einer Krankheit zog er sich auf sein Landgut bei Minturnae zurück und starb dort fast völlig erblindet. Man vermutet, daß er an «Elephantiasis graeca» erkrankt war. Ein Bildnis nach dem Leben ist jenes wohl kaum, denn sein Schüler Porphyrios (vit. Pl. 1,5) berichtet, daß Plotin sich nicht porträtieren ließ; allerdings habe ein Maler namens Karterios dennoch ein Bildnis von ihm angefertigt, jedoch nach dem Tod des Plotin und aus dem Gedächtnis. Warum sollte aber dasselbe nicht auch ein Bildhauer gemacht haben, vielleicht im Auftrage eben des Porphyrios etwa? Sein Ruhm als Begründer des Neuplatonismus würde die Zahl der Kopien leicht erklären. Er selbst war bescheiden und pflegte zu sagen: «Es gibt nichts Neues, alles steht schon bei Platon», was ihn nicht hinderte, sehr viel zu schreiben.

Plotina

Pompeia Plotina. Ca. 70–122 n. Chr. Frau des → Trajan.

Die schon vor der Thronbesteigung Trajans (98 n. Chr.) geschlossene Ehe blieb kinderlos, doch war Plotina nicht nur eine tugendsame und umsichtige Ehefrau, sondern auch hochgebildet und mit der epikureischen Philosophie vertraut. Nach der Aussage ihrer Bildnisse muß sie recht bieder gewesen sein; doch zu der Schlichtheit ihrer Erscheinung steht die kunstvolle Frisur in merkwürdigem Gegensatz. Die Haare sind über einem schmalen Streifen, der das Gesicht rahmt, so hoch aufgetürmt, daß man zweifelt, ob dazu die natürlichen Haare ausreichten. Diese sind im Nacken zu einem herabhängenden Zopf zu-

Plotina, Rom, Mus. Cap.

sammengefaßt. Plotina protegierte den jungen → Hadrian als Nachfolger Trajans.

Plutarch

Nach 45 bis nach 120 n. Chr. Aus Chaironeia. Schriftsteller, Biograph.

Er unternahm Reisen nach Griechenland, Italien, Kleinasien und Ägypten und war ein außerordentlich fruchtbarer populärwissenschaftlicher Schriftsteller. Von seinen wissenschaftlich-philosophischen und literarhistorisch-exegetischen Werken ist nur etwa die Hälfte erhalten. In den «Moralia» erweist er sich als Platoniker, jedoch ohne originale Gedanken. Hier befürwortet er eine dem Manne gleiche Erziehung der Frau, damit die Ehe eine geistig-sittliche Gemeinschaft werde. Oft berühren seine Gedanken Christliches, doch erwähnt er diese «Sekte» nicht.

Von großer Bedeutung sind seine vergleichenden Lebensbeschreibungen, in denen je ein Grieche einem Römer gegenübergestellt wird.

Polemon von Laodikeia, Athen

Polemon

Antonius Polemon. 88–145 n. Chr. Aus Laodikeia am Lykos. Griechischer Sophist.

Eine Porträtbüste, die im Olympieion von Athen gefunden wurde, hat Hekler 1940 auf Polemon bezogen. Im Jahre 131 n. Chr. hatte dieser die Rede anläßlich der Einweihung des Tempels gehalten, den → Hadrian fertiggestellt hatte. Möglicherweise entstand bei dieser Gelegenheit die Büste. Polemon war mit Herodes → Atticus befreundet, → Aristides war sein Schüler. Er genoß die Gunst → Trajans, Hadrians, den er auf seinen Reisen begleitete, und die des → Antoninus Pius. Das Bildnis würde gut zu dem Charakter des Polemon passen, der als überheblich und schlagfertig geschildert wird. Da er die Qualen der Gicht nicht ertragen konnte, schied er freiwillig aus dem Leben.

Polemon II.

1. Hälfte des 1. Jh. n. Chr. Sohn des Kotys und der Antonia Tryphaina. König von Pontos 37–63 n. Chr.

Da Polemon seine Abstammung mütterlicherseits von → Antonius herleitete, hielt → Caligula ihn als König geeignet. Auch unter → Claudius blieb er König von Pontos, doch → Nero setzte ihn im Jahre 64 n. Chr. ab. Pontos wurde der Provinz Galatia zugeschlagen. Durch den Vergleich mit seinen Münzbildnissen erweist sich ein Kopf aus bläulichem, kleinasiatischem Marmor in Kopenhagen als Bildnis dieses Königs, dem Reichtum und Genuß wichtiger waren als die Politik. Er soll sogar gedichtet haben, denn einige Epigramme der Anthologia graeca werden ihm zugeschrieben.

Polemon II., Kopenhagen

Polybios

Ca. 200–123 v. Chr. Sohn des Lykortas. Aus Megalopolis. Griechischer Geschichtsschreiber.

Nach der Schlacht bei Pydna wurde Polybios 166 v. Chr. zusammen mit 1000 angeblichen Makedonenfreunden nach Italien deportiert. In Rom blieb er 16 Jahre, wurde Freund und Mentor des Scipio Aemilianus und gehörte zu der besten Gesellschaft. 150 v. Chr. kehrte er mit den 300 Überlebenden nach Griechenland zurück und setzte sich dort 145 v. Chr. für die

Milderung harter römischer Besatzungsmaßnahmen ein. Viele griechische Städte ließen ihm aus Dankbarkeit Ehrendenkmäler aufstellen, Bildnisstatuen in Olympia und Pallantion, Reliefstelen in Mantinea, Megalopolis, Tegea und Akakesion (Paus. 8,9,1; 30,8; 37,1; 44,5; 48,8). In Kleitor fand man 1880 eine solche Reliefstele mit den Resten einer Inschrift, eines Pentameters auf Polybios. Dieser steht mit abgelegten Waffen da und hebt die Rechte im Gestus des Redens oder Betens. Leider ist die Stele heute stark verstümmelt, und nur der 1880 genommene Gipsabguß gibt noch den alten Bestand wieder. Polybios ist der Nachwelt als Historiker bekannt, vor allem durch seine «Weltgeschichte» in 40 Büchern, in der er zeigt, wie Rom innerhalb eines halben Jahrhunderts zur Beherrscherin der Welt wurde. Nur etwa ein Drittel des Werkes ist erhalten, das heißt die ersten fünf Bücher und große Exzerpte. Mit 82 Jahren starb Polybios durch einen Sturz vom Pferd.

Polybios, Abguß, Berlin

Polydeukion

Mitte des 2. Jh. n. Chr. Sohn des Hipparchos. Schüler des → Herodes Atticus.

Polydeukes, wie der Dioskur, nannte sich nach dem mythischen Vorbild der Knabe aus vornehmem Hause, der → Herodes Atticus' Lieblingsschüler wurde. Dieser gebrauchte die Verkleinerungsform Polydeukion. So jedenfalls steht es auf der Inschrift des Statuensockels, der im Nemesis-Tempel von Rhamnus gefunden wurde. Er trug eine der vielen Statuen, mit denen Herodes Atticus das Andenken an seinen frühverstorbenen Schüler wachhalten wollte. Die schöne Büste in Berlin, die einen etwas verträumten Knaben von etwa 16 Jahren darstellt, hat Anton Neugebauer 1931 als Bildnis dieses Polydeukion angesprochen, nicht nur, weil dieses Bild dem von Herodes Atticus bevorzugten Ideal ent-

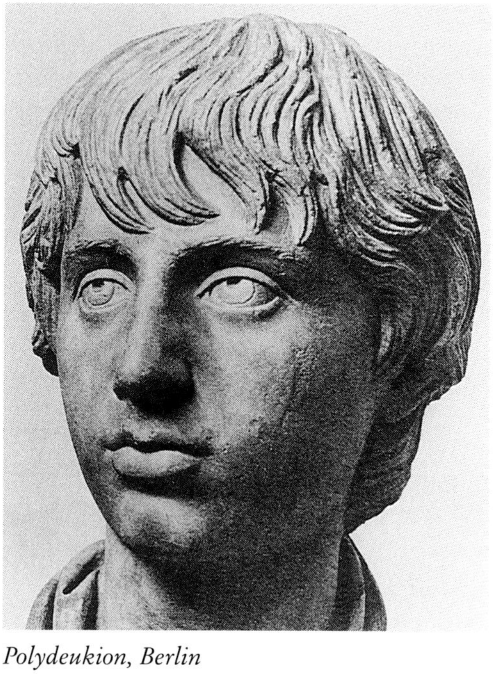

Polydeukion, Berlin

spricht, sondern auch, weil eine der zahlreichen Repliken in Kephissia, wo Herodes Güter besaß, zusammen mit dem Porträt des Aitiopiers → Memnon gefunden wurde. Auch dessen frühen Verlust betrauerte Herodes überschwenglich.

Polygnot

Tätig etwa 480–440 v. Chr. Sohn und Schüler des Aglaophon. Aus Thasos. Maler,

Im Gefolge Kimons kam Polygnot nach Athen und erhielt das Bürgerrecht, nachdem er die Stoa Poikile (Bunte Halle) ausgemalt hatte. Gegenüber der älteren Malerei war neu, daß er die Gestalten sich in einem Gelände bewegen ließ und daß es weniger Handlung gab zugunsten einer Darstellung des seelischen Zustandes.

Seine berühmtesten Bilder befanden sich in der Lesche (Halle) der Knidier in Delphi; sie stellten die Unterwelt mit ihren Bewohnern dar und die Situation Trojas nach der Einnahme durch die Griechen. Er ist der Begründer der «großen Malerei», d. h. einer nicht an ein Objekt gebundenen Dekorationsmalerei.

Von einem versteckten Selbstbildnis ist nichts überliefert, jedoch daß er Elpinike, die Stiefschwester Kimons, in dem Troja-Bild als die Priamostochter Laodike porträtiert habe.

Polyklet

Tätig etwa 450–410 v. Chr. Aus Argos (oder Sikyon). Bildhauer.

Die Nachrichten über ihn sind durch die Tatsache verunklärt, daß es weitere Bildhauer seines Namens gegeben hat. Seine bekanntesten Werke sind der «Doryphoros» (Achilleus) und der «Diadumenos» (Theseus). Seine Werke galten später als mustergültig und wurden viel kopiert. Er verfaßte eine Schrift «Kanon», in der er seine Erfahrungen niederlegte, und zwar in vielen Punkten, etwa über die Proportionen, das Standmotiv, die Ausbalancierung des Gewichtes, Herstellung des Modells, den Bronzeguß, die Kaltarbeit. Er gab mit kleinsten Nuancen seinen Gestalten ihren besonderen Ausdruck. Seine Spätwerke, der «Westmacottsche Ephebe», der «Dresdener Knabe» und sein «Narziß» leiten zu der leicht sentimentalen Kunst über, die gegen Ende des 5. Jh. v. Chr. etwa auch an den Grabreliefs zu beobachten ist. Er bestimmte die Kunst der Folgezeit weit mehr als → Phidias, den er im Wettbewerb um eine Amazonenstatue besiegte.

Polykrates

2. Hälfte des 6. Jh. v. Chr. Tyrann von Samos. Sohn des Aiakes

Seit 538 regierte er zusammen mit seinen Brüdern, ab 532 allein über Samos und weitete seine Macht über andere Inseln aus. Eine große Flotte sicherte seine Stellung. Seine Münzen schmückte er mit dem Bild eines Schiffes. Sein Reichtum war enorm, → Anakreon und Ibykos erfreuten sich seiner Gunst, und sein Reich blühte. Aus Furcht vor dem Neid der Götter soll er einen kostbaren Ring ins Meer geworfen haben. Gegen die Bedrohung durch die Perser schloß er ein Bündnis mit dem Ägypterkönig Amasis, doch trennte er sich von diesem, um – anders als im «Ring des Polykrates» von Friedrich Schiller – Kambyses günstig zu stimmen. Im Jahre 522 v. Chr. lockte ihn der persische Satrap Oroites nach Magnesia und ließ ihn kreuzigen. Der plötzliche, gräßliche Tod des so glücklich erscheinenden Tyrannen machte einen tiefen Eindruck auf die Griechen.

Pompeius

Gnaeus Pompeius Magnus. 106–48 v. Chr. Sohn des Gnaeus Pompeius Strabo. Aus Pianum. Römischer Feldherr und Politiker.

Die Söhne des Pompeius schmückten ihre Münzen mit dem Bildnis ihres Vaters, des großen Feldherrn, der → Mithridates besiegt und dem Seeräuberunwesen ein Ende gemacht hatte. Danach erwies sich ein Marmorkopf, der aus der Sammlung Tyszkiewicz in Rom 1887 in die Ny Carlsberg Glyptotek in Kopenhagen kam, als

Pompeius, Kopenhagen

Porträt des großen politischen Gegenspielers von → Caesar. Dieses Meisterwerk bestätigte glänzend, was → Plutarch (Pomp. 2) über ihn berichtet; daß er → Alexander den Großen nachahmte, so gut er konnte, und daß er sich die Haare über der Stirn nach oben strich, um auch in diesem Punkt seinem Vorbild zu gleichen. Zum «Magnus» ernannten ihn seine Soldaten. Das Bildnis dürfte Pompeius auf der Höhe seiner Laufbahn wiedergeben, als er im Jahre 52 v. Chr. alleiniger Konsul war, kurz bevor die Auseinandersetzung mit Caesar, der 49 v. Chr. über den Rubikon zog, ihren Höhepunkt erreichte. Das heißt auch kurz vor seiner Niederlage bei Pharsalos (48 v. Chr.) und seinem Ende in Ägypten, wo er ermordet wurde. Die Porträts in Venedig und Florenz sind gewiß zu einem viel früheren Zeitpunkt entstanden, denn sie zeigen Pompeius in jüngeren Jahren. Interessant sind auch einige Terrakottabüsten und Köpfe, Porträts des Pompeius aus billigem Material und als Serienfabrikate einst weit verbreitet, weil sie zeigen, daß schon damals die Wirksamkeit der Bildpropaganda bekannt war. Eine gewisse Zahl von Pompeius-Bildnissen ist modernen Ursprungs. Nach Pompeius' Tod wurden angeblich alle seine Statuen umgestürzt; aber eben doch nicht alle, denn bekanntlich sank Caesar am 15. 3. 44 v. Chr. ermordet an einer Statue des Pompeius in einem Saal des von diesem erbauten Prachttheaters tot nieder. Auch ließ → Hadrian Pompeius-Statuen, die man in Tempeln in Sicherheit gebracht hatte, wieder an ihrem ursprünglichen Platz aufstellen (Appian 14,86).

Pompeius Rufus

Quintus Pompeius Rufus. Römischer Konsul 88 v. Chr.

Anhänger Sullas, dessen Mitkonsul er war. Er kämpfte gegen P. Sulpicius Rufus, der dem Marius den Oberbefehl gegen → Mithridates VI. übertragen ließ. Nach der Einnahme Roms durch → Sulla sollte er Cn. Pompeius Strabo, den Vater des großen → Pompeius, als Feldherr ablösen und für die Sicherheit Italiens während der Abwesenheit Sullas sorgen, wurde aber von den Soldaten des Strabo erschlagen. Sein Enkel Q. Pompeius Rufus prägte um 59 v. Chr. Denare mit dem Bildnis dieses Mannes auf der einen und dem Sullas auf der anderen Seite. Die Profile der beiden Konsul-Kollegen von 88 v. Chr.

Quintus Pompeius Rufus

sind sich so ähnlich, daß man an ihrem echten Bildnischarakter zweifeln muß.

Poplicola

Publius Valerius Volusi Poplicola. † 503 v. Chr. Römischer Feldherr und Politiker

Sein Ruhm ist mit der Vertreibung der Tarquinier – zusammen mit → Brutus –, seinem Triumph über die Etrusker und seinem Kampf gegen → Porsenna verbunden. Daß es Bildnisse von ihm gab, beweist die Inschrift einer leider verschollenen kopflosen Herme. Eine andere Herme, die sich seit 1899 in der Ny Carlsberg Glyptotek in Kopenhagen befindet und den Kopf eines Mannes mit Bart und Helm trägt, weist ebenfalls auf Poplicola hin, nämlich durch ihre Inschrift. Diese besagt, daß die Herme einst als Grenzstein für das Grundstück eines Sextus Valerius Nymphidianus und seiner Söhne diente. Nymphidianus war ein Mann aus dem griechischen Osten, der vermutlich als Freigelassener der Valerier – wie üblich – deren Namen angenommen hatte. Sein Stolz auf die Zugehörigkeit zu dieser seit alters angesehenen Familie veranlaßte ihn wohl, die Grenzherme mit dem Bildnis des berühmtesten Ahnen zu schmücken, eben dem des Publius Valerius Poplicola. Selbst die schwache handwerkliche Kopie läßt erkennen, daß das Original ein Werk aus der Zeit um 470–460 v. Chr. war und von einem großgriechischen Künstler stammte. In dieser Zeit war sein Sohn ein einflußreicher Mann, der seinem Vater wohl verdientermaßen ein Denkmal setzen ließ. Die eigenartige Form des Schnurrbartes entspricht italienisch-römischer Mode; der Helm erinnert an den Kriegshelden. «Er war nach übereinstimmender Meinung der Hervorragendste in den Künsten des Krieges und des Friedens», sagt → Livius (2,16,7).

Poplicola, Kopenhagen

Poppaea

Poppaea Sabina. 31–65 n. Chr. Tochter des Titus Ollius und der Poppaea Sabina der Älteren. Frau → Neros.

Gerne wüßte man, wie diese Frau aussah, die so viele Männer faszinierte. Schon ihre Mutter galt als die schönste Frau ihrer Zeit, und sie selbst, die rotblondes Haar hatte (Plin. 37,50), pflegte ihre Schönheit durch Bäder in Eselsmilch (Plin. 11,238; 28,183) und durch eigene Salben, die «pinguia Poppaiana» (Juv. Sat. 6,465). Mit Rufrius Crispinus verheiratet, ließ sie sich von → Otho ver- und entführen, doch hatte ihre Ehe mit ihm keinen Bestand, weil Nero ein Auge auf sie geworfen hatte. Er heiratete sie im Jahre 61 n. Chr., brachte sie aber schon im Jahre 65 n. Chr., als sie schwanger war, um. Er ließ sie sofort unter die Götter versetzen. Nach dem Tod Neros ließ sein Nachfolger Otho die umgestürzten Statuen seiner ehemaligen unvergessenen Frau wieder aufrichten (Tac. hist. 1,78). Münzbildnisse der Poppaea gibt es nur im griechischen Osten, und diese sind erfahrungsgemäß schlechte ikonographische Grundlagen. So ist man auf Vermutungen angewiesen. Neuerdings vermutet man, daß das schöne Bildnis im Museo

Poppaea, Rom, Mus. Naz. Rom.

Nazionale Romano, das früher als Darstellung → Agrippinas der Jüngeren angesehen wurde, ein Porträt der Poppaea sein könnte.

Porsenna

Lars Porsenna. Ende des 6. Jh. v. Chr. Etruskischer König.

Der etruskische König Porsenna aus Clusium, der im Gefolge der Vertreibung der römischen Könige trotz der Heldentaten eines → Horatius Cocles Rom eroberte, ist wohl eine historische Gestalt. Der Legende dagegen gehört an, daß er vom Feind zum Freund der Römer wurde, beeindruckt durch Mucius Scaevola und andere Männer und Frauen, die Symbole römischer Tugend wurden. Damit wurde die unrühmliche Episode in der Geschichte Roms verdrängt; und dies geschah bereits im 5. Jh. v. Chr., als Denkmäler für die – doch so verhaßten – Könige aufgestellt wurden. In diese Zeit des Rückblickens gehört wohl auch die Statue des Porsenna vor der Curia in Rom, die → Plutarch (Popl. 19,10) als eine Ehrung für den noch lebenden König auffaßte, so einfach und altertümlich erschien ihm diese Bronzefigur. Der griechische Künstler, der den Auftrag für diese Statue erhalten hatte, wußte natürlich nicht, wie Porsenna ausgesehen hatte. Er wird ihn durch spezielle etruskische Details charakterisiert haben; den Namen des Dargestellten las man ohnehin auf der Basis. Eine Kopie des Kopfes dieser Statue des 5. Jh. v. Chr. befindet sich in Axel Munthes Villa San Michele auf Capri. Als Bildnis eines Etruskers erweist er sich durch den typischen etruskischen Helm; die milden würdevollen Züge des Mannes entsprechen dem Auftrag, einen edlen Freund Roms darzustellen, der nachdenklich unter dem Eindruck der römischen Tugenden ein anderer geworden war. Auch später war Porsenna nicht vergessen, als Beispiel für die Wirkung römischer Moral auf Fremde; und jene Bronzestatue stand ja noch zur Zeit des Plutarch (45–120 n. Chr.) aufrecht und konnte kopiert werden.

Porsenna, Capri, S. Michele

Poseidippos

3. Jh. v. Chr. Aus Kassandreia (Makedonien). Griechischer Komödiendichter.

Zwei Jahre nach dem Tod des → Menander (293 v. Chr.) führte Poseidippos sein erstes Werk auf. Er gehört zu den bedeutenden Vertretern dieser Dichtungsart und wurde auch von den römischen Komödiendichtern nachgeahmt. Eine Sitzstatue im Vatikan *(s. Andronicus)* trägt am Rand der Plinthenbasis mit großen Lettern die Inschrift Poseidippos. Namensinschriften dieser Art sind selten und wecken Verdacht; und in der Tat ist der sitzende Dichter ein Römer, denn nur ein römischer Bürger hat das Recht, solche hohen Schuhe zu tragen. Offenbar liegt hier einer jener Fälle vor, von denen die antike Literatur zu berichten weiß; man änderte oft willkürlich durch Inschriften den Sinn von Porträtstatuen. Hier mußte das Bildnis eines römischen Dichters das eines Griechen werden, und die römischen Schuhe versuchte man durch angefügte Bronzesandalen zu verdecken. Dieser «Poseidippos» ist das Pendant zu → Plautus.

Poseidonios

Ca. 135–50 v. Chr. Aus Apameia (Syrien). Griechischer Philosoph, Naturforscher und Historiker.

Eine Marmorbüste in Neapel, die im Altertum aus einer offenbar beschädigten Statue gearbeitet wurde, trägt den Namen des Poseidonios auf dem Brustabschnitt in einer Orthographie, die der römischen Aussprache entspricht. Poseidonios, der auf Rhodos lehrte und zu dessen Hörern auch → Cicero zählte, ist in fortgeschrittenem Alter dargestellt. Im Jahre 87 v. Chr. war er als Gesandter in Rom und schloß Freundschaft mit → Pompeius. Die Bitte Ciceros, die Geschichte der Catilinarischen Verschwörung zu schreiben, lehnte er ab. Sein Geschichtswerk setzt das des → Polybios fort. Das Bildnis zeigt den Philosophen als Weltmann und klarsehenden Gelehrten. Er bemühte sich, der historischen Situation bewußt, griechisches Wissen an die Römer, denen die Zukunft gehören würde,

Poseidonios, Neapel

weiterzugeben. Ein Römer, der dieses zu schätzen wußte, hat sich diese Kopie machen lassen, wohl nach einem Original, einer Statue, die ein vermögender Schüler seinem Meister aufstellen ließ.

Postumius Albinus

Aulus Postumius Albinus. 2. Jh. v. Chr. Römischer Politiker.

Decimus Postumius Albinus schmückte im Jahre 49 v. Chr. die von ihm geprägten Münzen mit dem Bild des Konsuls Aulus Postumius, eines seiner berühmten Vorfahren. Die Übereinstimmung dieses Münzbildnisses mit einem Marmorkopf im Louvre wurde bereits 1941 von Bernhard Schweitzer erkannt, doch glaubte er, es handele sich um den Vater des Münzmeisters, der im Jahre 99 v. Chr. Konsul war. Viel wahrscheinlicher ist jedoch, daß nicht diesem ganz unbedeutenden Adoptivvater die Ehre widerfuhr, auf den Münzen abgebildet zu werden, sondern einem wirklich berühmten Vorfahren. Da die Familie im 2. Jh. v. Chr. eine Glanzzeit

Postumius Albinus, Paris, Louvre

erlebte, ist möglicherweise Aulus Postumius Albinus dargestellt, der im Jahre 151 v. Chr. Konsul war. Vier Jahre vorher hatte er die berühmte griechische Philosophengesandtschaft in Rom empfangen, anläßlich der → Karneades durch seine Redegewandtheit Aufsehen erregte. Auch hatte er am Feldzug des → Aemilius Paullus gegen → Perseus von Makedonien teilgenommen, und später leitete er die römische Kommission, die in Griechenland nach der Zerstörung Korinths (146 v. Chr.) die römische Provinz Achaia errichtete. Mutig, leichtsinnig und genußsüchtig sei er gewesen, schreibt → Polybios (39,1,10 ff.), und er habe eigentlich nur die schlechten Seiten des Griechentums übernommen und es dadurch in Verruf gebracht. Auch dichtete er und schrieb ein Geschichtswerk in griechischer Sprache. In Griechenland wurde er durch Statuen geehrt, eine von diesen ist das Original, das der Kopf im Louvre und seine Repliken überliefern. Sie scheinen das negative Urteil des Polybios zu bestätigen.

Praxiteles

Tätig ca. 370–320 v. Chr. Sohn des Kephisodotos. Aus Athen. Bildhauer.

Seine berühmtesten Werke sind die Aphrodite von Knidos, der eidechsentötende Apollon, der Eros von Thespiae und ein Satyr an der Dreifußstraße in Athen. Von der Hetäre → Phryne schuf er eine vergoldete Bronzestatue, die in Delphi stand. Seine Werke wurden später als «klassisch-schön» bewundert und oft kopiert. Er schuf hauptsächlich Werke aus Marmor, bei denen er besonderen Wert auf die farbliche Fassung legte. Reste der Bemalung sind noch an dem Hermes zu sehen, der im Heraion von Olympia gefunden wurde, wo ihn → Pausanias gesehen und dem Praxiteles zugeschrieben hat. Späte Künstler signierten ihre Werke mit dem Namen des Praxiteles, um sie durch diese Fälschung wertvoller zu machen. Die Inschrift, die behauptet, der eine der Dioskuren vor dem Quirinals-Palast in Rom sei ein Werk des Praxiteles, ist nicht antik.

Probus

Marcus Aurelius Probus. 232–282 n. Chr. Aus Sirmium. Römischer Kaiser 276–282 n. Chr.

Probus, Rom, Mus. Cap.

Als Sohn eines Soldaten geboren, wurde der bewährte Feldherr von seinen Soldaten nach der Ermordung des → Florianus zum Kaiser ausgerufen. Sein Vorbild war → Aurelian, dessen Stadtmauer von Rom er vollendete. Nach erfolgreichen Kriegen führte er die Soldaten einer – wie er meinte – nützlicheren Beschäftigung zu, wie Urbarmachung von Sümpfen und andere Landarbeiten. Im Unmut darüber erschlugen ihn seine Soldaten. Das Porträt des Kaisers im Museo Capitolino in Rom wirkt sympathisch in der einfachen Erscheinung, läßt aber auch die Grenzen dieses primitiven und eher zaghaften Soldaten erkennen.

Properz

Propertius Sextus. Ca. 47–2 v. Chr. Aus Assisi. Elegiendichter

Aus reichem Haus verlor er Teile seines Landbesitzes durch Konfiskation 41/40 v. Chr. Auf öffentliche Ämter verzichtete er und widmete sich ganz der Dichtkunst. Er gewann → Maecenas als Förderer und wurde berühmt, als er 28 v. Chr. seine Liebesgedichte herausgab. Die 100 Elegien sind persönliche Bekenntnisse zu einem dem öffentlichen politischen Leben entgegengesetzten Bereich. Dieser hat als Mittelpunkt die geliebte Cynthia, wie er die reale Halbweltdame Hostia nach dem Geburtsort Apollons benannte.

Prusias I.

Sohn des Ziaelas. König von Bithynien ca. 230–182 v. Chr.

Bei ihm hatte → Hannibal Zuflucht gefunden, der erfolgreich die bithynische Flotte gegen → Eumenes II. von Pergamon führte. Auf Drängen der Römer entzog Prusias jedoch Hannibal seinen Schutz. Seine Münzbildnisse zeigen ihn mit einem Bart, der die Kinnspitze freiläßt; er war ein skrupelloser Herrscher, und seine Haltung gegenüber Hannibal, der verzweifelt Selbstmord beging, offenbart seinen treulosen Charakter.

Prusias I.

Prusias II.

Sohn des → Prusias I. König von Bithynien 182–149 v. Chr.

Seine Münzen zeigen ihn mit Stoppelbart und Diadem, an dem Flügel befestigt sind. Seine aufgedunsenen Formen machen die vernichtende Kritik des → Polybios an Prusias verständlich. Als «Freund und Bundesgenosse» Roms fiel er 167 v. Chr. in Rom durch sein serviles Kriechertum auf. Im Krieg gegen → Attalos II. verwüstete er von 156 bis 154 v. Chr. sinnlos pergamenische Heiligtümer. Als sich das Volk gegen den Verhaßten erhob, ließ ihn sein Sohn → Nikomedes II. steinigen.

Prusias II.

Ptolemaios I. Philadelphos Soter

367–285 v. Chr. Sohn des Lagos und der Arsinoe. König von Ägypten 323–285 v. Chr.

Der bewährte General und Leibwächter → Alexanders des Großen erkämpfte sich nach dessen Tod Ägypten gegen → Antigonos und → Demetrios Poliorketes. Im Jahre 304 v. Chr. nahm er offiziell den Königstitel an und wurde damit der Gründer der Lagiden- oder Ptolemäer-Dynastie. Alle seine Nachfolger trugen den Namen Ptolemaios mit verschiedenen Beinamen; die Zählung ist ein modernes Mittel der Unterscheidung. Ptolemaios I. war zunächst mit Eurydike, dann mit → Berenike I. verheiratet. Den Namen Soter erhielt er als Retter der Stadt Rhodos. Als Gründer des Museion und der Bibliothek in Alexandria festigte er die griechische Kultur in Ägypten; als Historiker schrieb er ein Werk über Alexanders Feldzüge. Nicht nur in Ägypten wurden ihm Statuen errichtet (Theokrit 17,124 ff.), sondern auch in Athen (Paus. 1,8,6) und Olympia, letztere eine Weihung seines Sohnes Lagos. Eine Kopie nach einer dieser Statuen ist wohl der Marmorkopf im Louvre, der nach den Münzbildnissen des Ptolemaios identifiziert werden kann. Dagegen ist ein Marmorkopf der Ny Carlsberg Glyptotek in Kopenhagen ein originales Werk. In Fayum gefunden, ist er eine zeitgenössische Nachbildung eines Porträts, das wohl aus kostbarerem Material bestand. Die fehlenden Teile des Kopfes waren einst in Stuck anmodelliert. Ebenfalls aus Ägypten stammt ein Stuckrelief mit den Profilen des Ptolemaios und der Berenike in Alexandria. Es ist eine Nachbildung eines kostbaren Kameo – eher als ein Entwurf für einen solchen – und wohl ebenfalls ein Geschenk des Königs.

Ptolemaios I., Kopenhagen

Ptolemaios I. und Berenike, Alexandria

Ptolemaios II. Philadelphos

308–246 v. Chr. Sohn des → Ptolemaios I. und der → Berenike I. König von Ägypten 285–246 v. Chr.

Die Ehe der Geschwister Ptolemaios und → Arsinoe II. wurde als «Zeus-Hera-Geschwisterehe» gefeiert, von den Griechen jedoch als Ärgernis empfunden. Anläßlich dieser Hochzeit, die dem Beinamen Philadelphos («der seine Schwester liebt») einen echten Sinn gab, ist wohl der Kameo entstanden, der im Mittelalter die Stirnseite des Schreins der Heiligen Drei Könige in Köln zierte und sich jetzt in Wien befindet. Ptolemaios ist mit einem kostbar verzierten Helm dargestellt, auf dem man einen Pans-

Ptolemaios II. und Arsinoe II., Wien

kopf, eine Schlange und einen geflügelten Blitz erkennen kann; die Halskrause eines Panzers ist eine spätere Ergänzung. Die Königin trägt ein schweres, verzierte Diadem und hat das Gewand über den Hinterkopf gezogen. Seine Schwester war acht Jahre älter als er, der in erster Ehe mit Arsinoe I. (289–288 v. Chr.) verheiratet war. Statuen der Geschwister-Götter erwähnt → Pausanias in Athen (1,8,6), und zwar in der Nähe des Odeions. Eine Kopie nach einer der sicher zahlreichen Statuen des Ptolemaios ist die Bronzebüste aus der Villa der Pisonen in Herkulaneum. Als Förderer der Bibliothek und des Museion in Alexandra, aber besonders durch die Erbauung des Leuchtturms Pharos – der bald zu den Weltwundern zählte –, war er ein König, der auch in späteren Zeiten noch ruhmreich in Erinnerung war.

Ptolemaios II., Neapel

Ptolemaios III. Euergetes

285–221 v. Chr. Sohn des → Ptolemaios II. und der → Arsinoe II. König von Ägypten 246 bis 221 v. Chr.

Er war mit → Berenike II. verheiratet, die für seine glückliche Heimkehr von einem Feldzug die «Locke der Berenike» weihte. Das Herrscherpaar ist im Doppelprofil auf dem Kameo dargestellt, der aus dem Besitz der Königin Christine, die ihn 1648 nach der Einnahme von Prag erwarb, in die Ermitage in St. Petersburg kam. Ptolemaios trägt einen Helm mit Lorbeerkranz und einer geflügelten Schlange sowie eine Ägis über der Schulter, wodurch er dem Zeus gleichgesetzt wird. Berenike trägt einen Lor-

Ptolemaios III. und Berenike II., St. Petersburg

Ptolemaios III. Neapel

Ptolemaios IV., Boston

beerkranz und das Gewand über den Hinterkopf gezogen. Zusammen mit dem Porträt seines Vaters ist in der Villa der Pisonen in Herkulaneum auch sein Bildnis gefunden worden, ein Marmorkopf, der deutlich macht, daß dieser Ptolemaios keineswegs die Energie seines Vaters besaß.

Ptolemaios IV. Philopator

244–205 v. Chr. Sohn des → Ptolemaios III. und der → Berenike II. König von Ägypten 221–205 v. Chr.

Mit ihm begann der Niedergang des Ptolemäer-Reiches. Er war unselbständig und stand ganz unter dem Einfluß des Sosibios, seines Ministers und Generals, der schon unter → Ptolemaios III. den höchsten Rang innerhalb der Verwaltung einnahm und zusammen mit Agathokles seine Mutter → Berenike II., seinen Bruder Magas und auch seine Frau → Arsinoe III. umbrachte. Das Herrscherpaar ist auf dem Bild der Homer-Verehrung als Chronos und Oikumene dargestellt. Das Gemälde ist durch die Reliefkopie des Archelaos von Priene (s. Abb. S. 140) bekannt und stellt in echt alexandrisch-gelehrter Weise dar, wie die «Zeit» und die «bewohnte Erde» hinter dem sitzenden Dichter die Opfer für diesen überwacht. Das Gemälde befand sich wohl in dem Tempel des Homer, den Ptolemaios hatte errichten lassen. Er selbst, ein Schüler des Eratosthenes, dichtete auch unter anderem eine Tragödie «Adonis». Ein zeitgenössisches Porträt des Ptolemaios IV. ist zusammen mit einem Gegenstück, das die Königin Arsinoe III. darstellt, nach Boston gekommen. Der schwächliche König starb unter mysteriösen Umständen.

Ptolemaios V. Epiphanes

210–180 v. Chr. Sohn des → Ptolemaios IV. und der → Arsinoe III. König von Ägypten 204–180 v. Chr.

Als Säugling war er Mitkönig seines Vaters und wurde mit sechs Jahren sein Nachfolger unter der Vormundschaft des Sosibios und des Agathokles. Im Jahre 193 v. Chr. heiratete er → Kleopatra I., die Tochter des → Antiochos III.,

Ptolemaios V., Kyrene

Ptolemaios VI., Alexandria

des Großen, von Syrien, die nach der Vergiftung ihres Mannes die Regentschaft für ihren unmündigen Sohn → Ptolemaios VI. führte.
Revolte und Verlust auswärtiger Besitzungen charakterisieren seine Regierungszeit. Seine Münzbildnisse, die ihn mit einer Königsbinde zeigen, auf der ein Weizenhalm aufgestickt ist, ermöglichen die Identifizierung einiger Bildnisse. Sie alle zeichnen sich durch einen besonders schmalen Kopf aus und kennzeichnen den Grad der Dekadenz, der in der Ptolemäer-Dynastie erreicht wurde.

Ptolemaios VI. Philometor

186–145 v. Chr. Sohn des → Ptolemaios V. und der → Kleopatra I. König von Ägypten 181–145 v. Chr.

«Der die Mutter liebt» nannte er sich, und seine Mutter führte auch bis zu ihrem Tode im Jahre 176 v. Chr. die Regierung. 175 v. Chr. erhielt er den Königstitel und heiratete seine Schwester → Kleopatra II. Vorübergehend verlor er seinen Thron an → Antiochos IV., doch versuchte er, in Rom sein Recht durchzusetzen und besiegte → Alexander Balas. Als «König von Asien» starb er. Ein schöner Marmorkopf in Alexandria vermittelt einen Eindruck von diesem degenerierten König, in dem sich Ohnmacht mit Überzeugung verband, ein Gott zu sein.

Ptolemaios VII. Neos Philopator

162–144 v. Chr. Sohn des → Ptolemaios VI. und der → Kleopatra II. König von Ägypten 145–144 v. Chr.

Er regierte unter der Vormundschaft seiner Mutter und wurde, als diese ihren Bruder → Ptolemaions VIII. heiratete, ermordet. Nach den seltenen Münzbildnissen könnte der Pharao auf einem goldenen Siegelring in Paris dieser König sein, der mit 18 Jahren umkam. Mit der Schwächung des griechischen Königshauses geht eine Minderung der griechischen Kultur und ein Wiederaufleben alter ägyptischer Traditionen einher. Der König mit dem ersten Bartflaum und einer überlangen Nase ist als Grieche

Ptolemaios VII., Paris, Louvre

aufgefaßt, so daß die Insignien eines Pharaos, zu denen freilich die griechische Königsbinde hinzukommt, recht fremd wirken. Neuerdings wird vermutet, daß das Bild des Ringes nicht Ptolemaios VII., sondern seinen Vater, Ptolemaios VI., darstellt.

Ptolemaios VIII. Euergetes II.

180–116 v. Chr. Sohn des → Ptolemaios V. und der → Kleopatra I. König von Ägypten 164–116 v. Chr.

Nach dem Tod des → Ptolemaios VI. wurde er König, heiratete die Witwe seines Bruders, seine Schwester → Kleopatra II., und beseitigte → Ptolemaios VII. Außerdem vermählte er sich auch mit Kleopatra III., Tochter der Kleopatra II., was zu Unfrieden führte. Da er Philosophen, Gelehrte und Künstler aus Alexandria vertrieb, untergrub er die Bedeutung dieser Stadt als Zentrum griechischer Kultur.

Tryphon («der Prächtige«) nannte er sich, während ihm die griechischen Intellektuellen den Spottnamen Physkon («der Dicke») gaben. Der

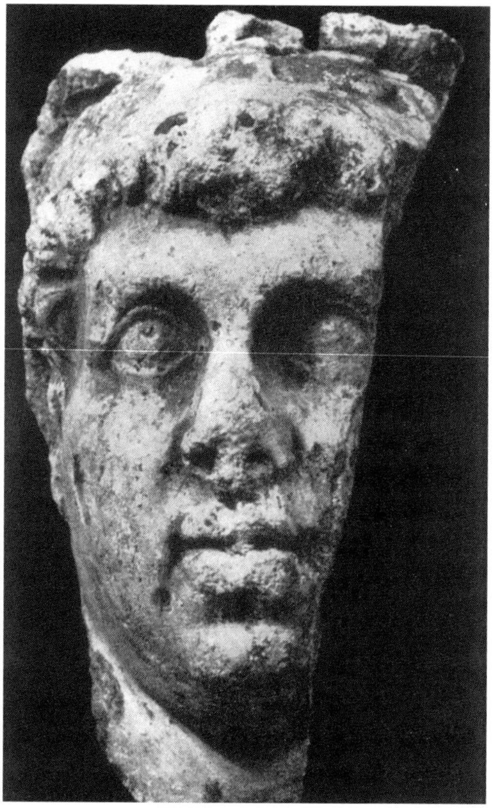

Ptolemaios VIII., Hildesheim

Spottname war nicht aus der Luft gegriffen; ein Stuckköpfchen aus Ägypten in Hildesheim gibt seine verfetteten Gesichtszüge sehr lebhaft wieder, die ihn als haltlosen Genußmenschen charakterisieren. Von ihm stammen alle folgenden Ptolemäer ab.

Ptolemaios IX. Philometor Soter II.

143–80 v. Chr. Sohn des → Ptolemaios VIII. und der Kleopatra III. König von Ägypten 88–80 v. Chr.

«Der die Mutter liebt» regierte zusammen mit seiner Mutter, wurde dann König von Zypern und bestieg 88 v. Chr. den Thron von Ägypten. Erst heiratet er seine Schwester Kleopatra IV., dann seine Schwester Kleopatra Selene, die nach seinem Tod die Könige von Syrien, → Antiochos VIII., → IX. und → X. ehelichte. Ein

Ptolemaios IX., Stuttgart

Ptolemaios XII, Paris, Louvre

Bronzeköpfchen in Stuttgart stellt wohl diesen Ptolemaios dar, der ebenso wie sein Vater den Beinamen Physkon (der Dicke) akzeptierte. Ein Backenbart ziert seine Wangen.

Ptolemaios XII. Theos Philopator Philadelphos Neos Dionysos Auletes

110–51 v. Chr. Sohn des → Ptolemaios IX. und der Kleopatra Selene. König von Ägypten 80–58 und 55–51 v. Chr.

Die Verhältnisse in Ägypten zwangen ihn zu fliehen und in Rom sein Recht zu suchen. Ptolemaios hatte in einem von → Sulla erpreßten Testament Ägypten den Römern vermacht. Er wohnte bei → Pompeius und erreichte im Jahre 59 v. Chr. sein Ziel durch → Caesars Fürsprache. In Ägypten nahm er blutige Rache auch an seiner Tochter Berenike IV., die in der Zwischenzeit die Krone getragen hatte. Er selbst liebte die Musik, begleitete die Chöre mit Flötenspiel und trat auch als Solist bei Wettbewerben, die er in seinem Palast veranstaltete, auf. Daher sein Spottname Auletes. Mit ihm ging Ägypten rapide seinem Untergang entgegen. Seine Tochter → Kleopatra VII. war die letzte Königin des Landes. Ein Marmorkopf in Paris stellt wahrscheinlich diesen König dar, dessen schwächlicher Charakter aber durch die äußerliche Ähnlichkeit mit seinen Ahnen → Ptolemaios I. und → II. völlig überdeckt wird.

Ptolemaios von Mauretanien

5–40 n. Chr. Sohn des → Juba II. und der → Kleopatra Selene, Enkel des → Antonius. Letzter König von Mauretanien.

→ Augustus hatte seinem Vater das römische Bürgerrecht verliehen und 25 v. Chr. als König von Mauretanien eingesetzt, seine Mutter aufgenommen, ihn erzogen und auch die Ehe vermittelt. Seit 21 n. Chr. Mitregent seines Vaters, wurde er 23 n. Chr. König von Mauretanien. Zusammen mit Cornelius Dolabella besiegte er Tacfarinas, der als «afrikanischer Arminius» (Mommsen) einen Guerillakrieg numidischer und mauretanischer Stämme gegen Rom führte,

Ptolemaios von Mauretanien

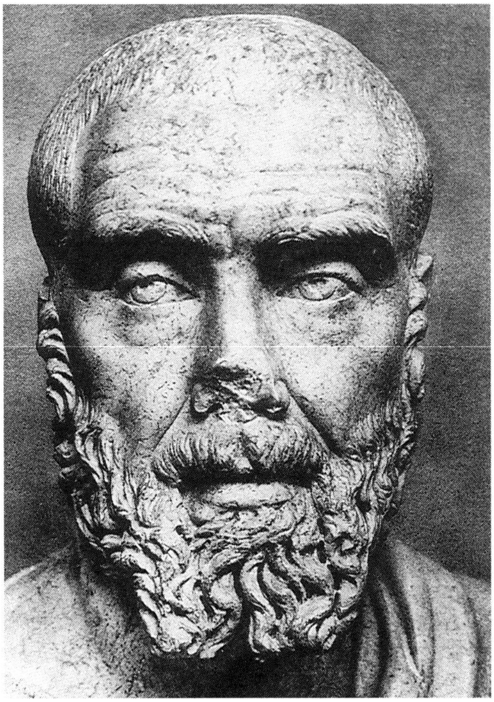

Pupienus, Vatikan

und wurde dafür mit den Triumphalinsignien geehrt. Um in den Besitz seines Reichtumes zu gelangen, lud ihn → Caligula nach Rom ein, wo er im Jahre 40 n. Chr. ermordet wurde. Sein Land wurde eingezogen.
Sein Bildnis, das wohl bei seiner Thronbesteigung entstand, zeigt den jungen Mauretanier, der die Binde der griechischen Könige trägt und seine Frisur der des Kaisers → Tiberius anpaßte.

Pupienus

Marcus Clodius Pupienus Maximus. Ca. 164–238 n. Chr. Römischer Kaiser 238 n. Chr.
Nach dem Tode der beiden → Gordiane wählte der Senat ihn und → Balbinus zu Kaisern und → Gordian III. zum Caesar. Beide Kaiser wurden nach 99 Tagen ermordet. Die Strenge seines Ausdrucks trug dem aus vornehmer Familie stammenden Pupienus den Beinamen «Tristis» ein. Traurig wirkt er auch auf seinem Bildnis, das den 74jährigen mit langem Bart und kurzen Haaren zeigt. Auf Gemmen *(s. Balbinus)* ist die Concordia der Herrscher demonstriert, die aber den Gegenkaiser → Maximinus Thrax nicht aufhalten konnte.

Pyrrhos

319–272 v. Chr. Sohn des Aiakides und der Phthia. König der Molosser in Epirus 306–302 und 297–272 v. Chr.
Mit 13 Jahren wurde er unter Vormundschaft König, mußte aber 302 v. Chr. vor seinem Schwager Kassandros fliehen. Mit Hilfe des → Ptolemaios I., dessen Tochter Antigone er heiratete, gewann er Epirus 297 v. Chr. zurück. Nach dem Tod der Antigone heiratete er → Lanassa, die ihm Korkyra und Leukas einbrachte. Als «neuer Alexander» kam er mit 25 000 Mann und 20 Elefanten den Tarentinern zu Hilfe; er siegte bei Herakleia, wo er die berühmten Worte sagte: «Noch ein solcher Sieg, und wir sind geschlagen!» (Plut. mor. 184 c.). → Appius Claudius verhinderte Verhandlungen mit ihm, der im Jahre 275 v. Chr. nach Griechenland

Pyrrhos, Neapel

zurückkehrte. Dort fiel er im Straßenkampf in Argos. Als Dank für die Befreiung von der Belagerung durch → Demetrios Poliorketes im Jahre 287 v. Chr. hatten ihm die Athener eine Statue errichtet. Eine andere stand in Olympia (Paus. 4,14,9). Der Marmorkopf aus der Villa der Pisonen in Herkulaneum ist eine Kopie, die den jugendlichen Herrscher mit einem eichenlaubgeschmückten Helm wiedergibt. Er galt als einer der größten Feldherrn der Geschichte, so daß er in einer Galerie berühmter Könige sehr wohl am Platze ist. Das Eichenlaub ist dem Zeus von Dodona (Epirus) heilig, und Pyrrhos pflegte einen Kranz auf seinem Helm zu tragen (Plut. Pyrrhos 34); auch paßt der Stil des Bildnisses gut in die Zeit. Die seit 1891 übliche Bezeichnung des Kopfes wird demnach wohl richtig sein.

Pythagoras

576–496 v. Chr. Sohn des Mnesarchos. Aus Samos. Griechischer Philosoph.

Im fünften Jahr der Herrschaft des → Polykrates verließ Pythagoras seine Heimat und ging nach Kroton. Dort gründete er eine religiös fundierte Brüderschaft und lehrte Reinheitsvorschriften, seine Zahlenmystik, seine Gedanken zur Harmonie der Sphären und zur Wiedergeburt. Der Widerstand gegen seine Lehren und seine politische Tätigkeit zwang ihn, in hohem Alter nach Metapont umzusiedeln, wo er starb. Seine Lehren wirkten bis in die Spätantike.

Pythagoras, Mozia

Pythagoras, Aphrodisias

Pythagoras, Kontorniat

Er soll der Schönste seines Jahrhunderts gewesen sein. Die originale Marmorstatue aus Mozia hielt um 480 v. Chr. das apollinische Bild fest, das man sich von dem kürzlich verstorbenen Wundermann machte, der von sich behauptete, er habe viele Leben gelebt und dazwischen jeweils 200 Jahre in der Unterwelt verbracht. Sein an ein Leichentuch erinnerndes fließendes Gewand und die Binden um Brust und Kopf sind Zeichen seiner Hadesfahrten. Später, als man Pythagoras als Philosophen verehrte, stellte man sich ihn als ehrwürdigen Alten mit Bart vor.

Eine Statue des Pythagoras – als dem Weisesten – wurde im 4. Jh. v. Chr. in Rom vor dem Comitium aufgestellt, die bis in die Zeit → Sullas erhalten blieb (Plin. 34,26); gewiß gab es weitere Bildnisse, die seine Schüler oder Nachfolger errichteten. Eine Sitzstatue in Memphis trägt seinen Namen, doch fehlt der Kopf, und Münzen, die Samos um 180 n. Chr. mit dem inschriftlich beglaubigten Bild des Pythagoras prägte, sind kaum als ikonographische Grundlagen zu verwenden. Besser ist ein Kontorniat des 4. Jh. n. Chr. mit dem Bild des Philosophen, der auf einem bequemen Lehnstuhl sitzt. Ein durch die Inschrift gesichertes Pythagorasbildnis aus Aphrodisias geht wohl auf ein spätklassisches Original zurück.

R

Rusticus

Lucius Junius Rusticus. 2. Jh. n. Chr. Sohn des Quintus Junius Arulenus Rusticus. Römischer Stoiker.

Wie sein Vater war er Stoiker, und als solcher stand er dem Kaiser → Marcus Aurelius als Lehrer und Freund nahe. Dieser ließ ihm Statuen an mehreren Orten errichten. Eine verschollene inschriftlich beglaubigte Bildnisherme des Rusticus bildete Fulvius Ursinus nach Bellori ab; danach konnte ein Kopf in der Residenz in München als dessen Bildnis erkannt werden. Die ernsten, etwas griesgrämigen Züge des Philosophen, der schon dem Freundeskreis des → Antoninus Pius angehörte, erinnern mehr an diesen Kaiser als an Marc Aurel.

Rusticus, München, Residenz

S

Sabina

Vibia Sabina. Ca. 85–136 n. Chr. Tochter des Lucius Vibius Sabinus und der → Matidia. Frau → Hadrians.

Hadrian hat sie im Jahre 100 n. Chr. geheiratet. Es war eine politische Heirat, «von → Plotina freudig begrüßt, von → Trajan nicht sonderlich gewünscht» (Hist. aug. Hadr. 2,10). Erst zehn Jahre nach der Thronbesteigung Hadrians erhielt sie den Titel «Augusta». Sie nahm an der zweiten Reise Hadrians in den Osten teil (128–130 n. Chr.), während der Hadrians Liebling → Antinous bei einer Nilfahrt über Bord fiel und ertrank. Die Ehe war nicht sonderlich glücklich und kinderlos. «Er hätte sie wegen ihres eigensinnigen, widerspenstigen Charakters verstoßen, wenn er Privatmann gewesen wäre» (a. a. O. 11). Die Kaiserin trug zunächst eine Frisur im Stil der Plotina, ging dann aber allmählich zu einer einfachen Scheitelfrisur über, die den klassischen Idealen Hadrians mehr entsprach. Kalt berechnend blickt sie streng aus halbverschlossenen Augen.

Sabina, Rom, Mus. Naz. Rom

Sallust

Gaius Sallustius Crispus. 86–34 v. Chr. Aus Amiternum (Sabina). Römischer Politiker und Geschichtsschreiber.

Seine politische Laufbahn war unglücklich; im Jahre 50 v. Chr. wurde er sogar aus dem Senat ausgeschlossen. Sein Einsatz auf seiten → Caesars wurde mit der Statthalterschaft der Provinz Africa nova belohnt, von wo er als schwerreicher Mann zurückkehrte. In seinem von großen Gartenanlagen umgebenen Haus auf dem Monte Pincio schrieb er seine Geschichtswerke. Be-

Sallust, Kontorniat

kannt sind seine Darstellungen vom Aufstand Catilinas und vom Jugurthinischen Krieg, die hohen literarischen Ansprüchen genügen. Kontorniaten aus dem 4. Jh. n. Chr. bezeichnen die Büste eines Mannes mit Bart und zeitgenössischer Frisur als den Schriftsteller Sallustius. Es ist zweifelhaft, ob diesem Bild authentische ikonographische Überlieferungen zugrunde liegen. Man hat die Ähnlichkeit des Kopfes, der der Alkibiades-Herme im Vatikan aufgesetzt wurde, mit dem Kontorniatenbildnis beobachtet und deshalb vermutet, dieser stelle Sallust dar. Er ist ein Werk aus dem Ende des 3. Jh. n. Chr. Gute authentische Überlieferung über dessen Aussehen lagen damals aber kaum vor, allenfalls konnten sich die Künstler auf ein «Autorenbildnis» in einem seiner Werke orientieren.

Salonina

Julia Cornelia Salonina. † 268 n. Chr. Frau → Galliens.

Nach den Münzbildnissen trug sie eine Frisur, die derjenigen der «Syrischen Frauen» sehr ähnlich ist, nur zieht sich das Flechtennest vom Nacken bis auf die Höhe des Kopfes. Danach identifizierte Marmorköpfe beeindrucken durch den Ernst dieser gebildeten, feinsinnigen Griechin, die von der neuplatonischen Philosophie des → Plotin sehr beeindruckt war und den sie, soweit wie möglich, förderte. Wahrscheinlich stand sie auch dem Christentum sehr nahe. Zusammen mit Gallien wurde sie vor Mailand ermordet.

Sappho

Um 600 v. Chr. Tochter des Skamandronymos und der Kleïs. Aus Mytilene. Griechische Lyrikerin.

Vom Leben der Dichterin weiß man wenig Konkretes; das meiste ist Legende. Daß sie aus politischen Gründen 603 v. Chr. nach Sizilien floh und erst 595 v. Chr. zurückkehren konnte, wird ebenso der Wirklichkeit entsprechen wie die Nachricht, sie sei mit Kerkylas verheiratet gewesen und habe eine Tochter namens Kleïs gehabt. Die Dichter → Archilochos und Hippo-

Salonina, St. Petersburg

Sappho, München

Sappho, Rom, Basilica Sotterranea

nax sollen ihre Liebhaber gewesen sein, während → Alkaios vergebens um ihre Gunst geworben habe. Das Gegenüber der Dichterin und des Dichters, die zu gleicher Zeit in Mytilene lebten, ist Gegenstand eines Bildes auf einem attischen Gefäß, das um 480/470 v. Chr. entstanden ist und in Sizilien gefunden wurde. Nach Thema und Form ganz ungewöhnlich, verdankt es seine Entstehung wohl dem speziellen Wunsch eines Auftraggebers in Sizilien. Sappho, inschriftlich bezeichnet, mit einem kostbaren Diadem im Haar, wendet sich indigniert um, empört über Alkaios' Worte, die durch kleine Kreise angedeutet sind. Etwas früher, um 510/500 v. Chr., hat ein attischer Vasenmaler, der in den schwarzen Firnis des Gefäßes die Zeichnung einer Leierspielerin eingeritzt hatte, dieser den Namen Sappho – nicht ganz korrekt – beigeschrieben; auf die Wangen herabhängende Locken sollten sie besonders reizvoll erscheinen lassen. Erst im 4. Jh. v. Chr. aber hat Silanion, der berühmte Porträtist, der auch das → Platon-Bildnis schuf, Sappho in klassischer Art dargestellt. Seine Sappho-Statue in Syrakus wurde im 1. Jh. v. Chr. von Verres geraubt, was → Cicero in seiner Anklagerede (4,57,125) anprangert. So viele Versuche auch unternommen wurden, ist es bisher nicht gelungen, Kopien dieses Porträts nachzuweisen; und auch die Büste in Malibu löst das Problem nicht; denn die eingeritzte Namenaufschrift ist nicht antik, vielleicht sogar die ganze Büste nicht. Aus unbekannter, aber späterer Zeit, stammte das Gemälde der Sappho von Leon (Plin. 35,141). Möglicherweise kann aber ein Mosaik in Sparta als eine Kopie nach diesem Gemälde angesehen werden. Sappho trägt ein weißes Band in dem bauschig gescheitelten Haar. Spät erst kam die Legende auf, Sappho habe sich unglücklich in den schönen Knaben Phaon verliebt und habe voller Verzweiflung durch den Sprung vom leukadischen Felsen ihrem Leben ein Ende machen wollen. Dieses Thema gestaltet ein Stuckrelief in der Apsis der «Basilica Sotterranea» in Rom aus der Mitte des 1. Jh. n. Chr. Eros treibt die Dichterin, die eine Kithara in der Hand hält, zu dem verzweifelten Schritt, Triton breitet ein Tuch aus, um sie aufzufangen und zu der Insel zu tra-

Sappho, Sparta

gen, auf der eine Statue des Apollon ihr grüßend die Hand entgegenstreckt und Phaon sie erwartet. Die eigentliche Faszination verschaffte der Sappho ihre leidenschaftliche Zuneigung zu einem Mädchenkreis, den sie um sich versammelte. Hier, bei Tanz, Gesang und Spiel, entstanden ihre Gedichte, die ganz private Sphären berührten und ihren Ruhm begründeten. Hier war aber auch der Anlaß für die griechischen Komödiendichter, sie als «Lesbierin» lächerlich zu machen. Die große Dichterin ehrte ihre Geburtsstadt Mytilene noch im 1. bis 3. Jh. n. Chr., indem sie Münzen mit dem Bild der Sappho prägte: teils sitzend mit der Lyra, teils an einer Säule stehend, teils nur, indem ihr Kopf mit einer Haube dargestellt wird. Weil man sich die Dichterin ideal schön vorstellte, ist es so aussichtslos, ihr Bildnis aufzufinden; alle klassisch schönen Mädchenköpfe haben schon einmal ihren Namen getragen, jedoch stets ohne wirkliche Begründung.

Scipio

Publius Cornelius Scipio Africanus Maior. 235(?)–183 v. Chr. Sohn des Publius Cornelius Scipio. Römischer Feldherr.

Das Bildnis des großen Scipio, des Bezwingers von → Hannibal, suchte man seit der Renaissance und glaubte es bereits gefunden zu haben: in einem Kopf, von dem es mehrere Exemplare gibt und der durch eine Narbe auf der Stirn auffällt. Man deutete diese als Hinweise auf die Tapferkeit des Scipio, die er besonders bei der Befreiung seines Vaters aus einer gefährlichen Kampfsituation bewies. Inzwischen steht aber fest, daß diese Köpfe kahler älterer Männer Priester der Isis darstellen. Gewiß wird es noch eine Weile dauern, bis sich die Erkenntnis durchsetzt, daß Scipio so nicht ausgesehen hat. Wie wäre sonst auch sein Charisma zu erklären, das ihm den politischen Weg ebnete und sich bei Freund und Feind als ein wirkungsvolles Mittel erwies? War er nicht nach Meinung des Volkes, die er klug förderte, Sohn eines Gottes? War er nicht ein vom Glück begünstigter Erfolgsmensch, ein Weltmann, dem die Schranken der Tradition zu eng waren? Dem entspricht gewiß eher der Mann von jugendlichem Schwung, den der «Kopf mit dem Fellhelm» in Erbach darstellt. Dorthin kam er vor 200 Jahren aus Italien, wurde aber erst 1972 als ein Porträt des Scipio erkannt.

Scipio, Schloß Erbach (Odenwald)

Die Fellkappe trug in älterer Zeit der Kavallerist, das reliefverzierte – aus Gold gearbeitet zu denkende – Diadem über der Stirn gebürt allenfalls dem Feldherrn. Scipio verdankte seine militärischen Erfolge besonders der von ihm aufgebauten Kavallerie, der er sich verbunden fühlte. Der Stil des Kopfes weist auf eine Entstehung des Originals in die Zeit gegen Ende des 3. Jh. v. Chr. Auch der Vergleich mit Münzbildnissen, in denen man wohl mit Recht Scipio vermutet, sowie mit dem Profil des Kameos am Diadem des → Eumenes II. bestätigt die Benennung des Kopfes in Erbach. Niemand anders als Scipio, der 202 v. Chr., im Alter von 33 Jahren, durch seinen Sieg bei Zama Hannibal entscheidend schlug und dessen Triumph im folgenden Jahre die Höhe seines Ruhms kennzeichnete, konnte sich mit einem Diadem am Helm zeigen. Damit rückte er in gefährlicher Weise in die Nähe der Heroen und der verhaßten griechischen Könige. Das Spiel mit Insignien der Macht wurde dem Mann, dessen «königlicher Sinn» es ihm unmöglich machte, als Gleicher unter Gleichen zu leben, zum Verhängnis. Das Bildnis zeigt ihn noch als strahlenden Sieger, den Retter Roms, und mit jenem «Feuer in den Augen», das die Dichter besangen (Silius Ital. 8,560) und das ihn so unwiderstehlich machte.

Seleukos I. Nikator

358/354–280 v. Chr. Sohn des Antiochos. König von Syrien 321–280 v. Chr.

Der Gründer des Seleukiden-Reiches hatte sich auf dem indischen Feldzug → Alexanders des Großen besonders bewährt, eroberte nach dem Tod Alexanders Babylon und stieß bis zum Indus vor. Im Jahre 311 v. Chr. gründete er die Hauptstadt Seleukia. Als er den Hellespont überschritt, um Thrakien und Makedonien zu erobern, wurde er von Ptolemaios Keraunos ermordet. Bereits zu seinen Lebzeiten wurde er als Gott verehrt. Aufgrund der von → Antiochos I. und → Philetairos geprägten Münzen mit seinem Bildnis konnte eine Bronzebüste aus der Villa der Pisonen in Herkulaneum als Bildnis des Seleukos Nikator identifiziert werden. Vielleicht ist sie eine Kopie der Seleukos-Statue von Aristodemos, die → Plinius (34,86) erwähnt. Eine weitere Bildnisstatue des Seleukos scheint durch eine Inschrift auf einer verschollenen Basis bezeugt zu sein; es heißt da, daß diese eine Seleukos-Statue – natürlich eine Kopie – trug, die Lysippos geschaffen hatte. Auch der überlebensgroße Marmorkopf aus Pergamon, der lange für ein Bildnis des Attalos I. gehalten

Seleukos I.

Seleukos I., Berlin

wurde, stellt Seleukos dar, dessen Oberhoheit Philetairos von Pergamon anerkannte.

Seleukos II. Kallinikos

265–226 v. Chr. Sohn des → Antiochos II. und der Laodike. König von Syrien 246–226 v. Chr.
Unter ihm gingen viele Besitzungen des syrischen Reiches verloren, Baktrien machte sich unter → Diodotos selbständig, und Seleukos mußte sich gegen seinen Bruder → Antiochos Hierax und → Ptolemaios III. behaupten. Er starb nach einem Sturz vom Pferd. Seine Münzbildnisse vermitteln den Eindruck eines schwachen, wenig erfolgreichen Mannes.

Seleukos III. Keraunos

243–223 v. Chr. Sohn des → Seleukos II. und der Laodike. König von Syrien 226–223 v. Chr.
Er versuchte 225–223 v. Chr. vergeblich, von → Attalos I. Kleinasien zurückzugewinnen. In Phrygien wurde er vergiftet. Seine Münzbildnisse zeigen eine recht blasse Persönlichkeit.

Seleukos IV. Philopator

218–175 v. Chr. Sohn des → Antiochos III., des Großen, und der Laodike. König von Syrien 187–175 v. Chr.
In der unglücklichen Schlacht bei Magnesia im Jahre 190 v. Chr. befehligte er den linken Flügel des syrischen Heeres, versuchte dann aber, gute Beziehungen zu Rom anzuknüpfen. Um die Kriegsentschädigung den Römern bezahlen zu können, ließ er die Juden durch seinen Kanzler Heliodoros (den Raffael in der Stanze des Vatikan darstellt) ausplündern, der ihn dann ermordete. Auf seinen Münzbildnissen ist eine große Ähnlichkeit mit seinem Vater zu erkennen.

Seleukos II.

Seleukos III.

Seleukos IV.

Seleukos VI.

Seleukos VI. Epiphanes Nikator

† 95 v. Chr. Sohn des → Antiochos VIII. und der Kleopatra Tryphaina. König von Syrien 96–95 v. Chr.

Das Münzbild zeigt ihn mit einer «Schifferkrause» und mit einem Kuhhorn an der Stirn. Dieses ist ein Hinweis auf die in eine Kuh verwandelte und mit Kuhhörnern dargestellte Geliebte des Zeus, Io, die an der Stelle gestorben sein soll, an der später die Stadt Antiochia (Iopolis) gegründet wurde.

Seneca

Lucius Annaeus Seneca. 4–65 n. Chr. Sohn des Lucius Annaeus Seneca und der Helvia. Römischer Politiker, Philosoph und Dichter.

Im 16.–18. Jh. erlebten Senecas philosophische Schriften eine Zeit höchster Wertschätzungen, und seit dem 16. Jh. glaubte man auch sein Bildnis zu kennen. Ursinus hatte es 1598 durch den Vergleich mit einem Kontorniatenbildnis – das heute verschollen ist – ermittelt und fand damit allgemeine Anerkennung. Nur Winckelmann erhob 1764 dagegen Einspruch; und zwar völlig zu Recht, wie sich bald erwies: 1813 wurde nämlich in Rom auf dem Caelius eine Doppelherme gefunden, die die Bildnisse von → Sokrates und Seneca verband. Sie befindet sich seit 1878 in Berlin. Die Anhänger der alten Meinung gaben sich dennoch nicht geschlagen; die Inschrift sei eine Fälschung, wurde behauptet, und so wohlbeleibt, wie er in diesem Bildnis erscheine, könne er nicht gewesen sein. Sagt er doch von sich selbst, er sei zu «äußerster Magerkeit reduziert» (Ep. 78). Heute ist das Bildnis allgemein anerkannt, und jenes angebliche Seneca-Bildnis, der sog. «Pseudoseneca», stellt höchstwahrscheinlich → Hesiod dar. Merkwürdig behäbig wirkt Seneca wohl auf der Doppelherme, doch entspricht das nur der Tatsache, daß sein Vermögen zeitweilig unermeßlich groß war. → Agrippina die Jüngere hatte ihm die Erziehung ihres 11jährigen Sohnes → Nero anvertraut, und nachdem er den toten → Claudius in der «Apocolocynthosis», einer «Veräppelung» seiner Apotheose, verspottet hatte, genoß er die kaiserliche Gunst in vollen Zügen. Als angeblicher Mitwisser einer Verschwörung gegen Nero wurde er dann zum Selbstmord gezwungen. Dies war der Grund für die Verbindung seines Bildnisses mit dem des Sokrates, zumal sich beide angesichts des Todes so philosophisch gelassen zeigten.

Seneca, Berlin

Septimius Severus

Lucius Septimius Severus Pertinax. 146–211 n. Chr. Sohn des Publius Septimius Geta und der Fulvia Pia. Römischer Kaiser 193–211 n. Chr.

In den Wirren des Jahres 193 n. Chr. wurde Septimius Severus von der Donau-Armee zum Kaiser ausgerufen. Seine Konkurrenten → Pescennius Niger und → Albinus wurden 194 n. Chr. bei Issos bzw. 197 n. Chr. bei Lyon vernichtet. Als Nordafrikaner aus Leptis Magna (Tripolis) bevorzugte er diese Provinz, die er zu hoher Blüte brachte. Rom haßte er eher und überließ die Regierungsgeschäfte dort dem Plautinus, mit dessen Tochter er seinen Sohn → Caracalla verheiratete. Er selbst war mit → Julia Domna verheiratet, einer ungewöhnlichen Frau aus einer syrischen Priesterfamilie. Im Jahre 198 n. Chr. ernannte er Caracalla zum Mitregenten und den jüngeren Sohn → Geta zum Caesar. Die ganze Familie wurde dem Volk in Gemälden und anderen Kunstwerken nahegebracht. Ein gemaltes Medaillon hat sich in Ägypten er-

Septimius Serverus und Familie, Berlin

halten; frontal bieten sich der Kaiser, Julia Domna und Caracalla dem Betrachter dar, nur fehlt das Gesicht des Geta, das nach dessen Ermordung getilgt worden war. Komplett ist die Familie noch auf einem Kameo, auf dem die

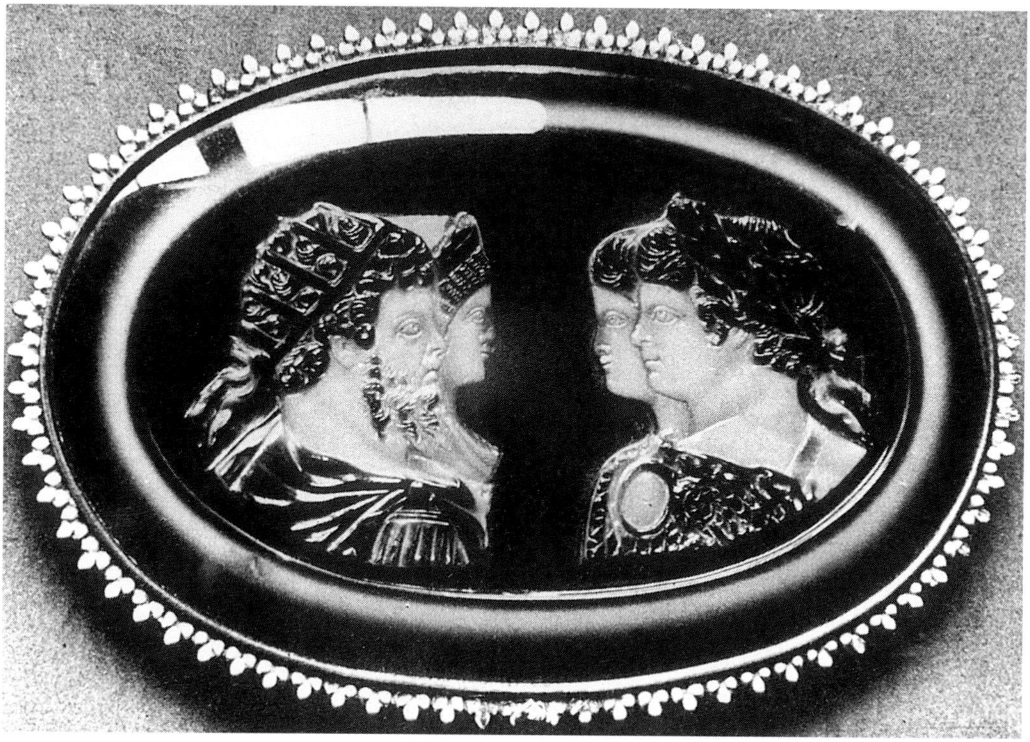

Septimius Severus und Familie, Paris, Cabinet des Médailles

Septimius Severus, München, Glyptothek

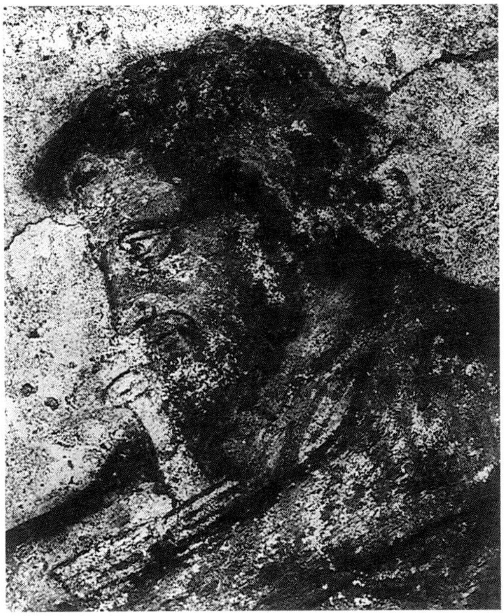

Servius Tullius, Rom, Villa Albani

Doppelprofile der Eltern denen der Söhne gegenüberstehen. Die Bildnisse des Septimius Severus setzen die Tradition von → Marcus Aurelius fort; virtuos werden die «grauen krausen Haare» des Kaisers wiedergegeben, der sich mit dem großen Triumphbogen auf dem Forum in Rom ein Denkmal setzte. Latein sprach er bis in sein Alter mit afrikanischem Akzent (Spartian. Sev. 19).

Servius Tullius

6. Jh. v. Chr. Sohn des Tullius und der Ocresia (Sklavin der Tanaquil). Sechster Römischer König.

Tanaquil, die Frau des Tarquinius Priscus, verschaffte ihrem Schwiegersohn Servius Tullius die Nachfolge auf dem römischen Thron. Ihm werden die Neuordnung des Staates, die Stiftung des Diana-Heiligtums auf dem Aventin und anderer Tempel zugeschrieben. Kaiser → Claudius, der noch die alte etruskische Literatur kannte, berichtet, daß Servius Tullius eigentlich Mastarna geheißen und den römischen Namen erst als König angenommen habe. Mastarna ist ein etruskischer Name, der spätere römische König also ein etruskischer Abenteurer. Diesen Mastarna sieht man inschriftlich beglaubigt auf einem Gemälde aus der Tomba François in Vulci, wie er seinem Gefährten Caile Vipinas (= Caelius Vibenna) die Fesseln durchschneidet und ihn so aus der Gefangenschaft befreit. Diese Geschichte erzählt auch Claudius, und sie war offenbar im Anfang des 3. Jh. v. Chr. nicht nur in Rom, sondern auch im etruskischen Vulci bekannt. Die Gemälde des Grabes sind wahrscheinlich Kopien von Bildern in Rom, die Ereignisse aus der Frühzeit Roms darstellten. Servius Tullius wurde das Opfer des ersten bekannten Verkehrsunfalles; seine eigene Tochter Tullia, die Frau des Tarquinius Superbus, überfuhr ihn auf offener Straße – absichtlich!

Severus Alexander

Marcus Aurelius Severus Alexander. 208–235 n. Chr. Sohn des Gessius Marcianus und der → Julia Mamaea. Römischer Kaiser 222–235 n. Chr.

Seine Mutter und seine Großmutter → Julia Maesa hatten seine Thronbesteigung von langer Hand vorbereitet, und nach der Ermordung → Elagabals erreichte der 13jährige Knabe, der

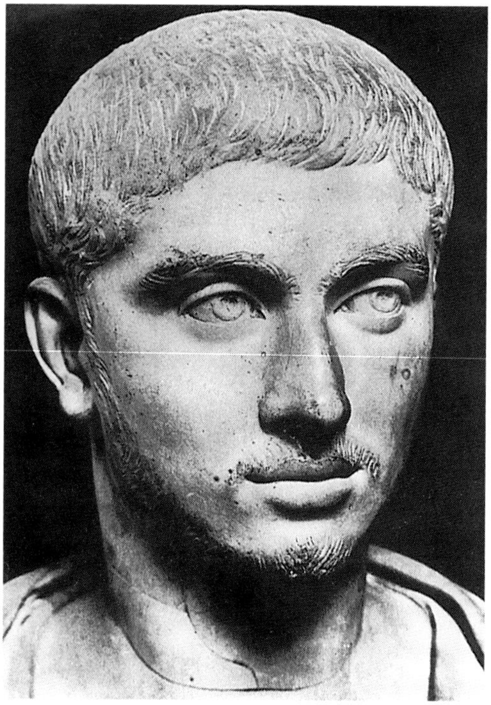
Severus Alexander, Vatikan

Priester des Sonnengottes von Emesa war, dieses Ziel. Die Frauen führten für ihn die Regierung. Er selbst wird als sympathisch, bescheiden und gerecht geschildert. Die Bildnisse des Jünglings mit dem ersten Bartflaum wirken freilich eher düster und tückisch. In den Lararien seines Hauses standen Bildnisse der von ihm verehrten Männer: → Vergil, → Cicero, → Alexander der Große, → Apollonios von Tyana, Christus, Abraham, Orpheus und vielen anderen «guten Männern» der Vorzeit, seine Vorfahren und überhaupt die «guten Kaiser» (Hist. aug. Sev. Al. 31 und 29). Zusammen mit seiner Mutter wurde er in Mainz von Soldaten erschlagen.

Simonides

Ca. 556–468 v. Chr. Sohn des Leoprepes. Aus Keos. Griechischer Dichter.

Der «Dichter auf Wanderschaft» im Louvre könnte Simonides sein; jedenfalls eher als → Alkaios, den man sich, wie das Vasenbild in Mün-

Simonides, Paris, Louvre

chen zeigt, damals als einen vornehm gekleideten Mann vorstellte. Dieser Dichter mit der Lyra in der Hand ist ein wirklicher Wanderer, der in sein Gewand greift, um besser gehen zu können. Simonides wirkte in Athen, war ein Freund des Hipparchos, ging im Jahre 514 v. Chr. nach Thessalien zum Dynasten Skopas, 476 v. Chr.

zu Hieron nach Syrakus, kehrte 490 v. Chr. nach Athen zurück und wurde fast 90 Jahre alt. Er war geschäftstüchtig und stellte sich selbst eine Bildnisstatue auf. → Themistokles verspottete ihn deshalb, zumal er damit seiner Häßlichkeit ein Denkmal gesetzt habe (Plut. Them. 5). Häßlich im damaligen Sinn ist der «Dichter auf Wanderschaft» wohl nicht unbedingt, und vielleicht sind jene Worte des Themistokles der Wirkung zuliebe übertrieben; doch ein Fragezeichen bleibt weiterhin bei der Benennung der Statue als Simonides.

Sokrates

469–399 v. Chr. Sohn des Steinmetzen Sophroniskos und der Hebamme Phainarete. Aus Alopeke (Attika). Griechischer Philosoph.

Sokrates wird übereinstimmend als häßlich bezeichnet; er habe einem Silen geglichen, von untersetzter Gestalt, mit Bauch, Glatze, dickem Hals, vorquellenden Augen, aufgestülpter Nase und großem Mund mit dicken Lippen. Er entsprach also keineswegs dem Ideal der Zeit, und – was damals wohl überraschend war – sein Äußeres entsprach nicht der «Schönheit seiner Seele». Durch zwei inschriftlich beglaubigte Hermen ist das Sokrates-Bildnis gut überliefert, eine Doppelherme mit → Seneca und eine Herme in Neapel. Danach lassen sich andere Köpfe als Bildnisse des Sokrates erkennen. Dabei zeigt sich, daß zwei unterschiedliche Originale kopiert woden sind. Das erste ist offenbar entstanden, als der Künstler noch Gelegenheit hatte, Sokrates zu sehen. Hier erscheint der Philosoph ganz nüchtern erfaßt, durchaus satyrhaft, aber doch in einer Art, die seine Weisheit hinter der häßlichen Maske deutlich erkennen läßt. Das zweite Sokrates-Bildnis entstand auf dieser Grundlage erst nach seinem Tode und ist wahrscheinlich gleichzusetzen mit jenem «Reuebildnis», das die Athener, nachdem sie ihn zum Tode durch den Giftbecher verurteilt hatten, als Wiedergutmachung aufstellten. Es war ein Werk des Lysippos (Diog. Laert. 2,43; Tert. Apol. 14). Dieses Bildnis glorifiziert den zu Untrecht verurteilten Philosophen und zeigt ihn so, wie ihn auch seine Schüler sahen. Der Künstler ver-

Sokrates, Neapel

Sokrates, Rom, Mus. Naz. Rom

Sokrates, London

drängte das Häßliche zugunsten einer geistigen Schönheit des Mannes, der lehrte, daß die Tugend lernbar sei, und der von sich bekannte, daß er nichts wüßte. Als einsamen Mann in seiner Zeit, nicht nur von seiner Frau → Xanthippe unverstanden, arm und anspruchslos, zeigt ihn das frühe Bildnis; den Philosophen, der verkündete: «Es gibt nur einen Gott, die Kenntnis, und nur einen Teufel, die Unkenntnis», und der dem Individuum befahl, nur auf die eigene innere Stimme zu hören – diesen nachzuahmenden Meister verkörpert das spätere Porträt. Nur die Köpfe sind bekannt. Der Versuch, eine Sitzstatue in Kopenhagen mit einem Sokrates-Kopf zu ergänzen, hat nicht überzeugt. Doch gibt eine Statuette im British Museum sicher Sokrates wieder, im Gehen innehaltend, so als wollte er während eines Spaziergangs auf dem Markt einen Bekannten ansprechen und mit ihm ein Gespräch beginnen. Genauso war er in Athen bekannt.

Solon

640–559 v. Chr. Sohn des Exekestides. Aus Salamis. Gesetzgeber von Athen.

Bildnisstatuen des großen Weisen, der durch seine Gesetze in Athen die entscheidenden Instanzen, die Archonten und den Areopag, eingerichtet hatte, standen in Salamis auf dem Markt (Aischin. Tim. 52) und in Athen (Paus. 1,16,1). Bisher ist es noch nicht gelungen, mit Sicherheit Kopien dieser Bildnisse zu finden, obwohl nicht weniger als vier Hermen einst seinen Kopf trugen. Das Mosaik aus Baalbek ist nicht nur zu allgemein, sondern auch zu unzuverlässig, so daß man auf Kombinationen angewiesen ist. Es scheint so, als stelle das bisher → Thales genannte Bildnis den Solon dar.

Solon, Madrid

Sophokles

497–406 v. Chr. Sohn des Sophillos. Aus Kolonos (Attika). Griechischer Tragödiendichter.

Sophokles hatte im Gegensatz zu seinen Konkurrenten → Aischylos und → Euripides einen ganz ausgeglichenen Charakter – und war daher seinem Freund → Perikles verwandt. Er hat Athen, wo er 18mal als Sieger aus den Wettbewerben hervorging – sonst gewann er wenigstens den zweiten Preis – nie verlassen; er war allgemein beliebt und angesehen. Da er bei der Aufnahme des Asklepios-Kultes in Athen 420/419 v. Chr. eine wichtige Rolle spielte, genoß er wohl auch priesterliche Ehren. Nach seinem Tod erhielt er als Heros den Namen Dexios. Diesem heroisierten Sophokles errichtete sein Sohn Iophon eine Statue (Suda s. v. Vit. Soph. 11), und eine weitere ist im Dionysos-Theater von Athen bezeugt (Paus. 1,21,1). Möglicherweise gab es bereits zu Lebzeiten des Dichters Ehrenstatuen. Eine kleine Büste im Vatikan, deren Inschrift sicher als Sophokles zu ergänzen ist, könnte sehr wohl eine Kopie nach einer derartigen Vorlage sein. Sophokles trägt hier einen zweigeteilten Bart, wie auch der mit ihm befreundete → Herodot, und eine Priesterbinde. Das Gesicht ist lang und schmal. Nach diesem lebensnahen Bildnis wurden später andere geschaffen, zunächst dasjenige, das Iophon machen ließ. Kopien dieses postumen Porträts, das den Dichter als Heros zeigt, sind recht zahlreich erhalten und ebenfalls durch eine Inschrift gesichert. Sie zeigen einen abgeklärten Sophokles, ohne die Falten an der Nasenwurzel, idealisiert, wie seine Gestalt nach seinem Tode gesehen wurde. Auf der Grundlage des zeitgenössischen Bildnisses wurde dann gegen Ende des. 4. Jh. v. Chr. die Statue im Dionysos-Theater geschaffen, von der in Terracina 1839 eine komplette Kopie gefunden wurde. Von Pietro Tenerani ergänzt und überarbeitet, kam sie in das Museum des Lateran. Ein Gipsabguß des Kopfes hält den Zustand vor der Überarbeitung fest. Der Stil der Statue entspricht dem der Spätklassik, die Pose allerdings entspricht weniger der Vorstellung von einem Dichter. So selbstbe-

Sophokles, Vatikan

Sophokles, Vatikan

wußt waren sonst nur Redner wie → Aischines. Der Kopf der Statue zeigt deutlich Spuren der beiden älteren Fassungen des Sophokles-Porträts. Auch hier trägt er die Binde des Priesters oder Heros.

Sophoniba

† 203 v. Chr. Tochter des Hasdrubal. Aus Karthago.

Zunächst mit → Massinissa verlobt, dann aus politischen Gründen mit Syphax verheiratet, kehrte sie nach dessen Niederlage durch die Römer zu Massinissa zurück. Der Sieger → Scipio aber bestand trotz seiner angeblichen Freundschaft zu Massinissa darauf, Sophoniba in seinem Triumph in Rom mitzuführen. Um dieser Schmach zu entgehen, beging sie Selbstmord. Dieser auch aus römischer Sicht ehrenvolle Akt ist auf einem pompejanischen Gemälde dargestellt; dieses ist wohl die Kopie eines Gemäldes, das Massinissa bald nach dem Ereignis des Jahres 203 v. Chr. in Auftrag gab, um das Andenken dieser Frau zu ehren. Auf dem Bild ist Sophoniba eine dickliche Frau, deren königliche

Sophoniba, Cherchel

Sophoniba, Neapel

Würde durch ein weißes Band im Haar verdeutlich ist. Aufgrund der Ähnlichkeit mit dem Gemälde kann man einen Marmorkopf aus Cherchel, dem alten Caesarea, als Porträt der Sophoniba bezeichnen.
→ Juba II. hatte seine neue Hauptstadt prächtig ausgeschmückt, natürlich auch mit Bildnissen seiner Vorfahren wie Massinissa. In diesem Rahmen wäre ein Bildnis der Sophoniba sehr wohl denkbar, weil es an das Heldentum dieser Frau erinnert, das schon damals großen Eindruck auf die Römer machte. Etwa zu der gleichen Zeit, in der die Kopie des Sophoniba-Bildnisses entstand, wurde auch in Pompeji das Gemälde kopiert, das ihren Tod darstellt; sie war also auch hier nicht vergessen.

Sophytes

4. Jh v. Chr. Fürst in Indien.

Ein Bildnis des exotischen Herrschers, der sich klug dem angreifenden → Alexander dem Großen unterwarf, ist durch einen seltsamen Zufall bekanntgeworden. Unter der Asche des Vesuv wurde es im Jahre 79 n. Chr. begraben und kam erst bei den Ausgrabungen 1884 wieder zutage. Es blieb zunächst unbeachtet, bis Albert Ippel 1939 das kleine Elfenbeinköpfchen durch den Vergleich mit Münzbildnissen als Porträt des Sophytes identifizierte. Es sind besonders die Vogelschwingen, die als individueller Schmuck der Helmwangen auffallen. Das Material, Elfenbein, legt nahe, daß es sich um einen exotischen Herrscher handeln muß; die Benennung ist daher sicher. Irgendein Pompejaner hatte die Statuette, zu der der Kopf gehörte, wohl von einer Indienreise als Souvenir mitgebracht. Heute ist dies ein überraschendes Zeugnis für die griechische Kunstfertigkeit auch in den fernsten Teilen des Alexander-Reiches.

Statianus

Titus Caesernius Statianus. Begleiter des Kaisers → Hadrian in den Jahren 128–132 n. Chr.

Zwei Brüder, Titus Caesernius Statius [Quinctius Macedo Quinctianus] und Titus Caesernius

Sophytes, Neapel

Statianus, München, Glyptothek

Statius Quinctius Statianus [Memmius Macrinus], begleiteten Hadrian als «Comites» auf seinen Reisen und Jagden. In dieser Funktion erscheinen sie auf den Rundreliefs, mit denen Hadrian einst sein Jagddenkmal schmückte und die heute am Konstantinsbogen zu sehen sind. Danach läßt sich ein Marmorkopf in München identifizieren, und zwar mit Statianus, wenn auch die Ähnlichkeit der Brüder sehr groß ist. Seine äußere Erscheinung paßt sich in der Frisur dem kaiserlichen Vorbild an, doch trägt er keinen Bart.

Strabon

64/63 v. Chr. bis nach 23 n. Chr. Aus Amaseia. Geograph.

Seit 44 v. Chr. lebte Strabo in Rom, wo er eine Weltgeschichte verfaßte. 25–24 v. Chr. machte er eine Nilreise bis nach Syene. Sein Hauptwerk, die Geographie in 17 Büchern, verfaßte er 20–7 v. Chr. mit dem Ziel, Philosophen und Staatsmännern wichtige Kenntnisse zu vermitteln. Heute ist das Werk Strabos die reichste Quelle zur antiken Geographie und Topographie.

Stratonike

Um 300 v. Chr. Tochter des Korrhagos. Frau des → Antigonos Monophthalmos.

Die Frau, die auf dem Gemälde aus Boscoreale in Neapel dem Antigonos Monophthalmos gegenübersitzt, muß Stratonike sein. Sie ist die Mutter des → Demetrios Poliorketes, dessen Hochzeit im Jahre 290 v. Chr. auf dem Gemälde der anderen Wand dargestellt ist. Zwischen 295 und 290 v. Chr. muß Stratonike gestorben sein, da sie hier als Selige im Elysium erscheint, zusammen mit dem bereits 301 v. Chr. verstorbenen Antigonos. Die Gruppe ist von den beiden Totenrichtern flankiert, doch nur einer, Radamanthys, ist auf der linken Seite erhalten geblieben. Beide, der König und seine Frau, sind nicht als ältere Menschen, sondern in der Blüte ihrer Jahre wiedergegeben.

Stratonike, Neapel

Sulla

Lucius Cornelius Sulla Felix 138–78 v. Chr. Römischer Staatsmann und Feldherr.

In dem von Marius geführten Krieg gegen Jugurtha zeichnete sich Sulla durch seine Verschlagenheit aus, die zur Gefangennahme des Gegners und zum Sieg führte. Als die Kimbern Rom bedrohten, erwarb er sich große Popularität durch seinen Sieg über diese bei Vercellae im Jahre 101 v. Chr. Mit → Marius im Streit darüber, wer den Feldzug gegen → Mithridates zu führen habe, besetzte er mit seinen Soldaten Rom im Jahre 89 v. Chr., was ihn zum «Staatsfeind» machte. Sein anschließender Feldzug in Griechenland zeigte ihn als Plünderer der Heiligtümer von Delphi, Epidauros und Olympia sowie der Stadt Athen. Nach einem Frieden mit Mithridates 85 v. Chr. führte er in Italien 1 1/2 Jahre Bürgerkrieg gegen Marius, den er schließlich besiegte. Als Diktator nahm er furchtbare Rache und vernichtete alle, die gegen ihn waren. 78 starb er an Lungentuberkulose.

Sulla war blond und blauäugig, ein Frauenliebling und trotz seiner Schroffheit und Grausamkeit ein populärer Mann. Statuen, die zu seinen Ehren errichtet wurden, fielen zusammen mit denen des Pompeius im Jahre 48 v. Chr. der Volkswut zum Opfer, wurden aber von → Caesar wiederaufgerichtet.

Im Einzelnen sind eine Reiterstatue und ein Gemälde bezeugt, das ihn in der Villa in Tusculum darstellte, wie ihm das Heer den Graskranz verleiht. Eine Gruppe auf dem Kapitol zeigte Sulla, wie Bocchos ihm den gefangenen Jugurtha übergibt; diese Gruppe erschien auch auf seinem Siegelring und auf seinen Münzen. Q. → Pompeius Rufus schmückte seine Denare mit dem Bildnis seines Großvaters mütterlicherseits, das einen guten Eindruck von diesem skrupellosen Mann gibt. Danach rundplastische Bildnisse zu identifizieren, ist bisher nicht gelungen. Daß ein Marmorkopf in München den Sulla darstellt, ist oft vermutet, aber bisher nicht bewiesen worden (s. Abb. S. 10).

Sulla

T

Tacitus

Publius Cornelius Tacitus. Ca. 55/56 – ? n. Chr. Geschichtsschreiber.

Aus Spanien stammend, begann er unter → Vespasian seine Ämterlaufbahn, die 97 unter → Nerva mit dem Konsulat ihren Höhepunkt erreichte. 112/113 n. Chr. war Tacitus Prokonsul Asiens.

Mit 42 Jahren schrieb er die Biographie seines Schwiegervaters Agricola und die «Germania», die als Spezialschrift über ein Barbarenvolk singulär ist. Er beschreibt die Germanen aus der romantischen Sicht einer als dekadent empfundenen Kultur. Als Vollender einer anspruchsvollen Kunstprosa erwies er sich durch seine großen Geschichtswerke, die «Historien» (105–110 n. Chr.) und die «Annalen», die unvollendet blieben. Seine kritische Betrachtungsweise machen seine Werke zum Höhepunkt der Geschichtsschreibung.

Kaiser → Tacitus hielt sich für einen Nachkommen des Historikers und soll seine Schriften verbreitet haben. Vielleicht errichtete er zu seinem Gedächtnis auch Statuen.

Tacitus

Marcus Claudius Tacitus 200–276 n. Chr. Römischer Kaiser 275–276 n. Chr.

Nach der Ermordung des → Aurelian wurde Tacitus vom Senat zum Kaiser gewählt, um das sechsmonatige Interregnum zu beenden. Er war bereits alt, führte Krieg auf dem Balkan und wurde in Kappadokien ermordet. Ein Gemälde im Palast der Quintilier in Rom stellte Tacitus fünfmal in verschiedener Kleidung dar, mit Toga, mit Chlamys, im Panzer, im Pallium und im Jagdanzug (Hist. Aug. Florian 3). Er glaubte, von dem Historiker → Tacitus abzustammen. Doch bei näherer Betrachtung seines Bildnisses wird man ihm keine geistigen Interessen zutrauen; zu brutal sieht dieser Mann mit dem über den Hals gestrichenen Bart aus.

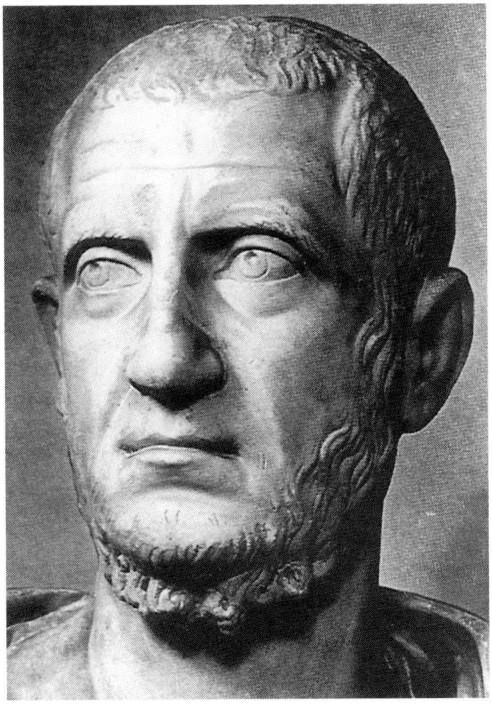

Tacitus, Paris, Louvre

Tarquinius

6. Jh. v. Chr. König von Rom.

Die legendäre Geschichte von Rom kennt zwei Könige mit Namen Tarquinius, der eine, der fünfte, trug den Beinamen Priscus, der andere, der letzte, war Tarquinius Superbus. Ihre Vornamen sind nicht exakt überliefert. Der Name Cneve Tarchunies Rumach, das heißt Gnaeus

Tarquinius, Rom, Villa Albani

Tarquinius von Rom, ist auf einem Gemälde im Grab des Vel Sathies in Vulci einer Gestalt beigeschrieben, die von Marce Camitlnas (= Marcus Camillus) den tödlichen Schwertstreich erhalten wird. Der Zusammengebrochene wird von seinem Mörder am Haar gepackt. Eine entsprechende Situation ist weder für den einen noch für den anderen Tarquinius überliefert, doch gab es möglicherweise noch weitere römische Könige dieses Namens. Das Gemälde aus Vulci, das wohl ein Original in Rom kopiert, basiert wahrscheinlich auf guter historischer Tradition.

Terenz

Publius Terentius Afer. Ca. 195–159 v. Chr. Aus Karthago. Römischer Komödiendichter.

Eine Marmorbüste in Kopenhagen, die in Rieti gefunden wurde, stellt wohl den Dichter Terenz

Terenz, Kopenhagen

dar. Sie stammt vom gleichen Ort wie die des → Euripides. Die vollen Formen und das lockig krause Haar weisen auf einen Nordafrikaner; und Terenz war ein libyscher Sklave von dunkler Hautfarbe, wie sein Beiname «der Afrikaner» nahelegt und in seiner Lebensbeschreibung (Suet. vit. Ter. 8,7) ausdrücklich bezeugt wird. Er war Sklave eines Terentius Lucanus, dessen Namen er bei seiner Freilassung annahm. Mit dem «Scipionenkreis» war er befreundet und schrieb zwischen 166 und 160 v. Chr. sechs Komödien. Von einer Studienreise nach Griechenland kehrte er nicht zurück, vermutlich kam er bei einem Schiffsuntergang ums Leben. Der Stil des Porträts entspricht dem der Zeit um 160 v. Chr. Die Statue war ähnlich wie die des → Plautus. Einzigartig ist das gemütlich-spöttische Lächeln, das als Ausdruck seines erreichten Wohlstandes und seiner Anerkennung in den Kreisen des Adels verstanden werden könnte. Weil der Aufstieg vom afrikanischen Sklaven zu einem gefeierten römischen Dichter beeindruckte, ließ sich wohl ein späterer Römer eine Kopie seines Bildnisses anfertigen. Ein Kontorniatenbild aus dem 4. Jh. n. Chr. zeigt Terenz mit dickem Hals und Kopf, mit kurzen Haaren; es widerspricht der Benennung der Büste aus Rieti nicht.

Thales

Ca. 624–546 v. Chr. Aus Milet. Naturphilosoph. Einer der «Sieben Weisen».

Er hatte die Sonnenfinsternis vom 28. Mai 585 v. Chr. vorausberechnet und hielt das Wasser für die Ursubstanz, aus der sich alles entwickelt. Er war der erste ionische Naturphilosoph, und bei dem «Gastmahl der Sieben Weisen» erwies er sich als der weiseste. Der «Thalessatz», nach dem die Scheitelpunkte aller rechtwinkligen Dreiecke auf dem über der Hypotenuse errichteten Kreis liegen, stammt nicht von ihm, sondern von → Pythagoras.

Mit einiger Wahrscheinlichkeit stellt ihn ein Porträt dar, das mit dem des → Bias zu einer Doppelherme vereinigt ist.

Themistokles

Ca. 525–460 v. Chr. Sohn des Neanthes und einer Thrakerin. Athenischer Staatsmann und Feldherr.

Der Wunsch zu wissen, wie der Sieger von Salamis ausgesehen habe, hat zu willkürlichen Benennungen verschiedener Porträts geführt. Ein Hermenschaft mit der Inschrift «Themistokles, der Admiral» in Berlin ist ebenso kopflos wie eine zweite Herme, die Fulvius Ursinus abbildete und verschollen ist. Daher war die Entdeckung der Bildnisherme mit der Inschrift Themistokles in Ostia 1940 eine wahre Sensation. Der Fund war eine Bestätigung für jene Archäologen, die die Existenz echter Porträts bereits im 5. Jh v. Chr. angenommen hatten; denn dieser Themistokles sah so aus, wie man sich ihn vorstellte. Bullig, mit rundem Kopf, niedriger Stirn und kurzgeschnittenen Haaren. Das war der Sohn einer Thrakerin, ein Mann, der auf sich selbst baute und sich über Traditionen hinweggesetzte. So sahen das Bildnis die Ausgräber Gui-

Thales, Vatikan

Themistokles, Ostia

do Calza und Ludwig Curtius, während andere Archäologen versuchten, das Kunstwerk in eine – zum Teil wesentlich – spätere Zeit zu datieren, weil ihnen die Realitätsnähe zu groß war. Doch leitet sich der Stil eindeutig von dem des Kritios und Nesiotes her *(s. Harmodios und Aristogeiton)*, und ein athenischer Künstler muß das Original geschaffen haben, und zwar vor 470 v. Chr., weil damals Themistokles, des Verrates angeklagt, zum Tode verurteilt wurde und sich nur durch Flucht retten konnte. Der Mann, der alles für Athen getan hatte, mußte bei dem Erzfeind in Persien Zuflucht suchen. Vorbild für die Herme von Ostia ist wohl eine Statue, die Themistokles selbst für den Tempel der Artemis Aristobule in Athen gestiftet hatte und an welcher man «sehen konnte, daß seine äußere Erscheinung nicht weniger heldenhaft war als seine Seele» (Plut. Them. 22). Eine Bildnisstatue, die in Magnesia, der Stadt, die Artaxerxes I. dem Themistokles anvertraut hatte, stand, kommt weniger in Betracht, weil der Stil auf einen athenischen Künstler weist und die späteren Kopisten Werke in Athen bevorzugten. Das Themistokles-Bildnis ist das erste individuelle Porträt Griechenlands und damit der Welt überhaupt. Themistokles endete in der Verbannung durch Selbstmord.

Theokrit

305–245 v. Chr. Sohn des Praxagoras und der Philinna. Aus Syrakus. Griechischer bukolischer Dichter.

Auf einem Silberteller in der Ermitage von St. Petersburg der aus dem 6. Jh. n. Chr. stammt, ist inmitten seiner Herde gewiß kein beliebiger Hirte dargestellt. Sein Gesicht wirkt porträthaft, und die sinnende Haltung mit verschränkten Fingern scheint einem Dichter angemessen. Offenbar ist der Hirte Theokrit, der Begründer der bukolischen Dichtung (Schäferdichtung), der Vorläufer → Vergils. Er war der erste, der in dem einfachen Leben der Landleute das beneidenswerte Gegenstück zum Leben am Hofe der Fürsten entdeckte und besang. In → Ptolemaios II. fand er einen Gönner; nach langer Tätigkeit in Alexandria kehrte er nach Syrakus zurück, wo → Hieron II. regierte. Es wäre möglich, daß der Silberschmied ein Gemälde kannte, das vielleicht in Alexandria entstanden war und in origineller Weise den Dichter mit der von ihm besungenen Gestalt identifizierte.

Theokrit, St. Petersburg

Theon von Smyrna

1./2. Jh. n. Chr. Griechischer Platoniker.

Der Mathematiker und Philosoph gab sich besonders dem Studium → Platons hin. Als «platonischer Philosoph» wird er auch in der Inschrift seiner Bildnisbüste bezeichnet, die aus Smyrna stammt und sich heute im Museo Capitolino in Rom befindet. Diese besagt weiter, daß die Büste von seinem gleichnamigen Sohn, einem Priester, geweiht wurde. Zitate seiner Schriften belegen, daß er in der Zeit → Hadrians lebte, und der Stil der Büste, die ein Original ist, bestätigt diese Aussagen.

Theon, Rom, Mus. Cap.

Theophrast

372–287 v. Chr. Sohn des Melantas. Aus Eresos (Lesbos). Griechischer Philosoph.

Eine Herme aus Tivoli in der Villa Albani bildet die sichere Grundlage für das Bildnis des Theophrast. Bessere Kopien, wie die in der Sammlung Torlonia in Rom, geben einen sehr guten Eindruck von diesem ganz nüchternen und gewissenhaften Philosophen und Gelehrten, der, einst Schüler des → Aristoteles, im Jahre 322 v. Chr. dessen Nachfolger und damit Vorsteher der peripatetischen Schule wurde. Der «Peripatetiker» widmete sich den Naturwissenschaften, wie zum Beispiel der Botanik, Zoologie, Mineralogie, Physik, Astronomie, Meteorologie, und schrieb 18 Bücher über die Geschichte der Naturphilosophie. 2000 Studenten hatte die Schule zeitweilig, unter ihnen → Menander und Demetrios von Phaleron. Im Jahre 286 v. Chr. zog er sich zurück. Von Bildnisstatuen findet sich keine Erwähnung, doch muß das Original des überlieferten Bildnisses noch zu seinen Lebzeiten gefertigt sein.

Theophrast, Rom, Museo Torlonia

Thukydides

Ca. 460–400 v. Chr. Sohn des Oloros. Aus Attika. Griechischer Geschichtsschreiber.

«Man sagt von seiner äußeren Erscheinung, daß seine Gesichtszüge sorgenvoll-nachdenklich, sein Kopf und die Haare von spitzer Bildung gewesen seien, der übrige Habitus habe seinem Geschichtswerk entsprochen», berichtet Marcellinus (Vit. Th. 34) im 5. Jh. n. Chr. Das schriftstellerische Werk des Thukydides war nach dem Urteil der Antike einprägsam, aber auch etwas freudlos. So passen diese Bemerkungen nicht schlecht zu dem Bildnis, das durch die Inschrift einer Doppelherme (mit → Herodot) in Neapel gesichert ist. Bessere Kopien lassen erkennen, daß es sich um ein zeitgenössisches Bildnis handelt oder um ein unmittelbar nach seinem Tod geschaffenes. Denn als Thukydides das Alter erreicht hatte, das man dem Bildnis ablesen kann – also etwa 50 Jahre –, lebte er im Exil auf seinen Besitzungen in Thrakien. Dort schrieb er die Geschichte des Peloponnesischen Krieges (431–404 v. Chr.), der er einen Überblick über die älteste Geschichte («Archäologie») und über die perikleische Zeit («Pentekontaëtie») vorausschickte und damit den Anschluß

Thukydides, Privatsammlung

an das Geschichtswerk des → Herodot herstellte. Er war zum Tode verurteilt worden, weil eine Aktion gegen Amphipolis, die er als Stratege zu verantworten hatte, mißlungen war. Der nüchterne Bericht über die militärischen und politischen Ereignisse seiner Zeit, aber auch seine philosophische Grundhaltung, nämlich den Gründen auf die Spur zu kommen, erheben seine Abhandlungen zu einem klassischen Werk. Die Unzufriedenheit, das Streben nach immer mehr, sei die Wurzel allen Übels; das ist die Lehre, die Thukydides aus dem Peloponnesischen Krieg zieht. Im Jahre 404 v. Chr. konnte er nach Athen zurückkehren, und in dieser Zeit wurde ihm auf der Akropolis eine Bildnisstatue errichtet (Paus. 1,23,9), vermutlich das Vorbild für die nachweisbaren Kopien.

Tiberius

Tiberius Claudius Nero. 42 v. bis 37 n. Chr. Sohn des Tiberius Claudius Nero und der → Livia. Römischer Kaiser 14–37 n. Chr.

Noch nicht vierjährig, erlebte er die Scheidung seiner Mutter und ihre Eheschließung mit → Augustus, der aus seiner Abneigung gegen ihn keinen Hehl machte. Die von Livia durchgesetzte Adoption durch Augustus war mit dem Befehl verbunden, sich von seiner Frau Vipsania, die er sehr liebte, scheiden zu lassen, und die moralisch zweifelhafte Tochter des Augustus, → Julia, zu heiraten. Außerdem mußte er → Germanicus adoptieren, der damit anstelle seines eigenen Sohnes → Drusus der Jüngere einmal sein Nachfolger werden sollte. Als Feldherr bewährte sich Tiberius gegen die Germanen, Pannonier und Daker. Mit 55 Jahren wurde er Kaiser, stand aber weiter unter dem Einfluß seiner herrschsüchtigen Mutter, die nun ihr Ziel erreicht hatte. Als diese starb, war Tiberius ein Mann von 70 Jahren, und unter dem Einfluß des Seianus beschloß er, sich nach Capri zurückzuziehen. Er duldete das entsetzliche Blutregiment, das Seian in Rom entfesselte und dem Antonia die Ältere und ihre Söhne Nero und Drusus zum Opfer fielen. Als Seian selbst hingerichtet wurde, duldete der Kaiser, der fern auf Capri lebte, den Gegenterror des Senates ebenfalls. Persönlich bedürfnislos, gerecht und aristokratisch denkend, war er ein glänzender Feldherr und ein unglücklicher Kaiser, der sich

Tiberius, Vatikan

dazu auch nicht berufen fühlte. Seine Bildnisse bezeugen seinen Wunsch, die augusteische Tradition fortzusetzen; die breite Stirn der Claudier und der kleine Mund sind ebenso charakteristisch wie seine großen Augen, mit denen er angeblich auch im Dunkeln sehen konnte (Suet. Tib. 68). Die Anordnung der Stirnhaare variiert diejenige der Augustus-Bildnisse.

Tibull

Albius Tibullus. Ca. 50 – 19 v. Chr. Elegiendichter

Er gehörte zum Kreis der Dichter, die von M. Valerius Messala gefördert wurden, und war nach dem Urteil des Altertums der bedeutendste unter den vier Elegikern Roms (→ Catull, → Properz, → Ovid). Seine melancholischen Gedichte gelten dem schönen Knaben Marathus, der geliebten Delia und Nemesis, dem Sohn des Messala Messalinus und dem Landleben.

Er starb im gleichen Jahr wie → Vergil; Ovid dichtete für den Verstorbenen eine Trauerelegie.

Tigranes I., der Große

König von Armenien um 95–56 v. Chr. König von Syrien 83–69 v. Chr.

Tigranes war von dem Partherkönig als König von Armenien eingesetzt worden, doch eroberte er bald Kappadokien, Mesopotamien, Kilikien, Phönikien, schuf sich ein Großreich und war um 70 v. Chr. der mächtigste Herrscher in Vorderasien. Mit → Mithridates VI. verbündet, wurde er von → Lucullus besiegt und mußte sich dem → Pompeius unterwerfen, der ihm nur Armenien ließ. Seine Münzbilder sind insofern interessant, als sie ihn mit einer Kopfbedeckung zeigen, die der alten persischen Tiara *(s. Xerxes und Dareios)* sehr ähnlich ist. Verziert mit zwei um einen Stern gruppierten Adlern, wird sie von der griechischen Königsbinde zusammengefaßt.

Es scheint, als habe Tigranes ein Wiederaufleben des alten Perserreiches vorgeschwebt, das einst von → Alexander dem Großen zerstört worden war.

Titus

Titus Flavius Vespasianus. 39–81 n. Chr. → Sohn→ des Vespasian und der → Flavia Domitilla. Römischer Kaiser 79–81 n. Chr.

Der Sohn Vespasians, der am Hof des → Claudius erzogen wurde und Freund → Neros war, der sich mit Gesang und Leierspiel vergnügte, erwies sich auf dem Thron nicht, wie befürchtet,

Tigranes

Titus, München

als zweiter Nero. Vielmehr «übertraf er seinen Vater noch an wissenschaftlicher Bildung, Milde und Freigebigkeit» (Aur. Vict. de caes. 10). In Mozarts Oper «Titus» wird seine «Clemenzia» besungen. Seine Regierungszeit wurde von dem Vesuv-Ausbruch des Jahres 79 n. Chr. überschattet, bei dem die Städte Pompeji und Herkulaneum verschüttet wurden, durch einen Brand Roms und die Pest. Im Jahre 80 n. Chr. eröffnete Titus das große Amphitheater und seine Thermen. Nach seinem Tode wurde der Titus-Bogen errichtet, in dessen Durchgang der Triumph über Judäa und die Beute aus dem geplünderten Tempel in Jerusalem dargestellt sind. Die Zerstörung Jerusalems im Jahre 70 n. Chr. und der Triumph im folgenden Jahr waren Ereignisse, die noch in die Regierungszeit seines Vaters fielen. Titus war damals noch mit einer jüdischen Prinzessin, Berenike, verheiratet, mußte sich aber bei der Thronbesteigung aus politischen Gründen von ihr trennen. Die Bildnisse lassen große Ähnlichkeit mit seinem Vater erkennen; kurze Haare, das breite Gesicht und der offen-freundliche Ausdruck sind charakteristisch für ihn.

Titus Tatius

8. Jh. v. Chr. Römischer König 753–715 v. Chr.
Der ehemalige König der Sabiner kam nach Rom, um sich für den Raub der Sabinerinnen zu rächen, schloß Frieden mit Romulus und regierte neben ihm. Auf Münzen des Lucius Titurius Sabinus aus dem Jahre 87 v. Chr. ist er dargestellt. Man sollte vermuten, daß der Stempelschneider die Statuen des Titus Tatius, die in der Gruppe der sieben Könige auf dem Kapitol (Dio 43,45; Plin. 34,23) und an der heiligen Straße standen (Serv. Aen. 8,641), gekannt hat. Diese stammten wahrscheinlich aus dem 5. Jh. v. Chr. Der auf den Münzen abgebildete Kopf des Titus Tatius mit den nach vorn gekämmten Haaren und dem energischen Blick könnte also im Anschluß an eine dieser alten Statuen entstanden sein.

Titus Tatius

Trajan

Marcus Ulpius Trajanus. 53–117 n. Chr. Sohn des Marcus Ulpius Trajanus und der Marcia. Römischer Kaiser 98–117 n. Chr.
«Sei glücklicher noch als Augustus, besser noch als Trajan!» lautete in der Spätantike der Glückwunsch für den neuen Kaiser (Eutr. Brev. 8,5,3). Trajan, unter dessen Herrschaft das Römische Reich die größte Ausdehnung erreichte, galt als der typisch «gute» Kaiser. Der Adoptivsohn →

Trajan, München, Glyptothek

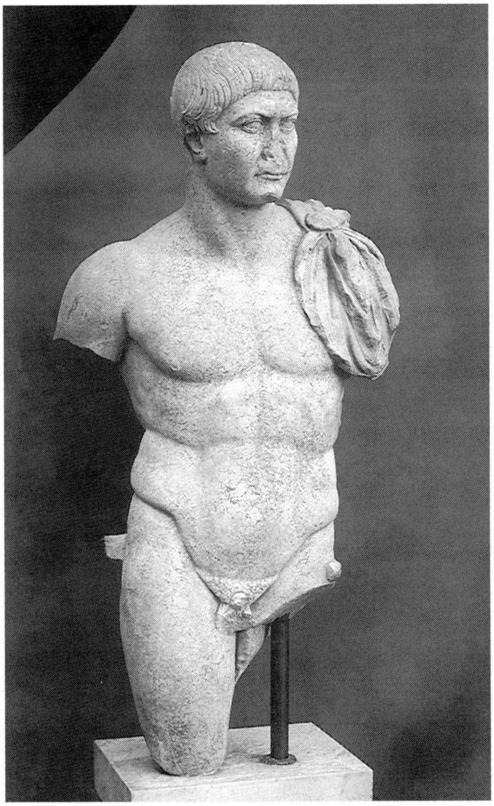

Trajan

Nervas und glänzende Feldherr bescherte Rom eine glückliche Zeit. Die Einfachheit des Soldaten spiegelt sich in seinen Bildnissen ebenso wie sein politischer Weitblick. Die schlichte Frisur aber ist nicht nur eine militärische, sondern eine bewußte Anknüpfung an diejenige, die zur Zeit des → Augustus üblich war, als Zeichen der «Romanitas». → Claudius hatte sie zuletzt so getragen. Das Trajan-Forum mit der Reliefsäule, von → Apollodoros von Damaskus erbaut, ist ein Denkmal seiner Bautätigkeit in Rom, das in seiner Großzügigkeit zu dem letzten großen Eroberer paßt. Von einem Feldzug gegen die Parther kehrte er nicht mehr zurück.

Trajanus Decius

Gaius Messius Quintus Trajanus Decius. 190/200–251 n. Chr. Römischer Kaiser 249–251 n. Chr.

Als Sieger über → Philippus Arabs wurde der aus Sirmium stammende Feldherr Kaiser. Der Senat verlieh ihm den ehrenden Beinamen Trajanus und versetzte ihn auch unter die Götter, nachdem er in einer Schlacht gegen die Goten im Sumpf versunken war. Etwas ängstlich ist der Ausdruck des Decius in seinem schönen Bildnis im Konservatorenpalast in Rom. Haar und Bart sind kurz geschnitten, die Stirn ist von Falten durchfurcht. Er verfolgte die Christen, von denen er die Teilnahme an den Staatsopfern verlangte.

Trajanus Decius, Rom, Pal. dei Cons.

Trebonianus Gallus

Gaius Vibius Trebonianus Gallus. 206–253 n. Chr. Römischer Kaiser 251–253 n. Chr.

Er stammte aus einer etruskischen Familie in Perugia und bestieg nach dem Tod des → Trajanus Decius den Thron. Seinen Sohn → Volusianus ernannte er zum Mitherrscher und adoptierte → Hostilianus. Er unterlag gegen → Aemilianus und wurde bei Spoleto ermordet. Bronzeköpfe im Vatikan und in Florenz sind eindrucksvolle Porträts dieses Mannes, dessen Haare ebenso wie die des Bartes ganz kurz geschnitten sind. Der Kaiser wirkt schwach und unsicher, aber menschlich sympathisch.

Trebonianus Gallus, Florenz, Museo Archeologico

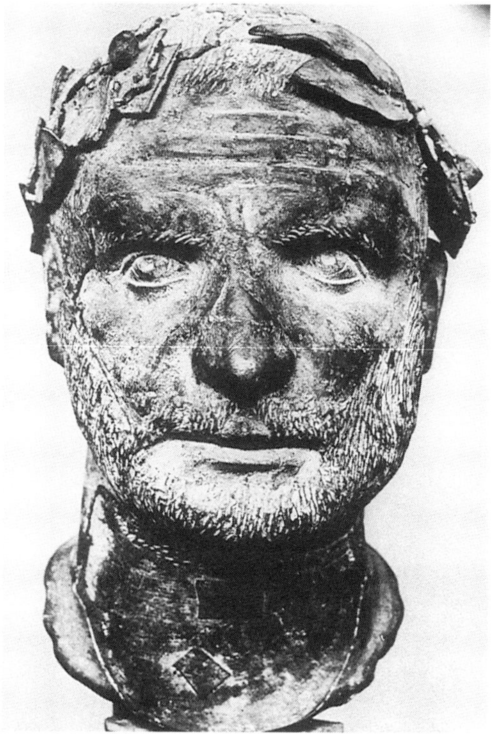

Trebonianus Gallus, Vatikan

V

Vaballathus

Lucius Julius Aurelius Vaballathus Athenodorus, Sohn des Odaenathus und der → Zenobia. König von Palmyra 267–272 n. Chr.

Als sein Vater, der sich selbst König nannte, offiziell aber nur «Dux Romanorum» war und die Selbständigkeit Palmyras anstrebte, ermordet wurde, traten Zenobia und ihr Sohn Vaballathus sein Erbe an. Die Regierung übernahm Zenobia für den jungen Sohn, den sie nach dem Bruch mit → Aurelian 270 n. Chr. zum Augustus erhob. Vaballathus prägte Münzen mit seinem Bildnis auf der einen und dem des → Aurelian auf der anderen Seite, womit er seine Herrschaft legitimieren wollte. Zu dem Lorbeerkranz trägt er auch das Diadem griechischer Könige. Im Jahre 272 n. Chr. war der Traum von einem Reich Palmyra zu Ende; Zenobia und ihr Sohn wurden gefangen nach Rom gebracht.

Vaballathus

Valerian

Publius Licinius Valerianus. 190–260 n. Chr. Römischer Kaiser 253–260 n. Chr.

Von den Soldaten zum Kaiser ausgerufen und vom Senat anerkannt, erhob er seinen Sohn → Gallienus zum Mitregenten. Im Kampf gegen die Sassaniden geriet er in die Gefangenschaft Schapurs I. Dieser ließ seinen Erfolg in vier Felsreliefs verewigen, die Valerian in bittflehender Haltung vor dem mächtigen Sassaniden-König zeigen. Außerdem demütigte er den römischen Kaiser in jeder erdenklichen Weise; an einer goldenen Kette gefesselt, mußte er Schapur als Schemel beim Aufsteigen aufs Pferd dienen, und mit seinem Tode war die Schmach noch nicht zu Ende. Seine einbalsamierte und mit roter Farbe bestrichene Leiche wurde in einem Tempel als Kuriosum ausgestellt. Die christlichen Schriftsteller sahen darin eine verdiente Strafe für seine Christenverfolgung. Der

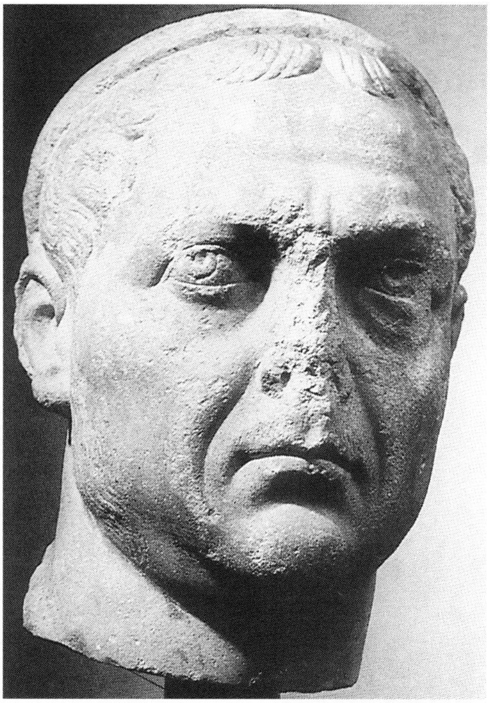

Valerian, Kopenhagen

Valerian und Schapur, Paris, Cabinet des Médailles

Kameo in Paris stellt die Gefangennahme Valerians durch Schapur dar, beide prallen im gestreckten Galopp ihrer Pferde aufeinander, Valerian schwingt das Schwert, Schapur packt ihn am Handgelenk. Der Kameo ist, wie der sassanidische Stil zeigt, am Hof des Schapur entstanden, doch wird in der Darstellung verzichtet, eine besondere Demütigung des Valerian wiederzugeben. Erstaunlich ist die porträthafte Erfassung Valerians, die zusammen mit den Münzbildnissen erlaubt, einen Marmorkopf in Kopenhagen zu identifizieren.

Varro

Marcus Terentius Varro. 116–27 v. Chr. Staatsbeamter und Gelehrter.

Er strebte nicht nach hohen Ämtern, um sich nicht politisch zu exponieren. Freundschaft verband ihn mit → Pompeius. Als Militär reich geworden, lebte er auf seinen Gütern. Im Jahre 49 v. Chr. widmete er → Caesar seine Schrift über den Ursprung und Werdegang des römischen Volkes. Um 43 v. Chr. erschien die Schrift «De gente populi Romani», in dem er das Gründungsdatum Roms auf das dritte Jahr der 6. Olympiade festlegte, d. h. auf das Jahr 754/753 v. Chr.

Von Caesar erhielt er den Auftrag, für die Bibliotheken die Schriften griechischer und römischer Autoren zu sammeln. Um 45/44 v. Chr. widmete er dem → Cicero sein wichtiges sprachwissenschaftliches Buch «Über die lateinische Sprache», in dem er sich als mit der alten lateinischen Literatur sehr vertraut erweist.

Seine «Hebdomades vel de imaginibus» stellten 700 Persönlichkeiten aus Griechenland und Rom zusammen, mit Kurzbiographie und Bildnis. Sein eigenes Bildnis hing in der ersten öffentlichen Bibliothek Roms als das einzige eines Lebenden.

Varus

Varus

Publius Quinctilius Varus. 46 v. Chr. bis 9 n. Chr. Sohn des Sextus Quinctilius Varus. Römischer Feldherr.

Seine Niederlage im Teutoburger Wald gegen Arminius im Jahre 9 n. Chr. bedeutete eine Wende in der römischen Expansionspolitik; die Germanen rechts des Rheins hatten ihre Unabhängigkeit verteidigt. Drei Legionen, drei Reiterschwadronen und sechs Auxiliarkohorten wurden vernichtet, Varus beging Selbstmord. → Augustus war bestürzt und rief immer wieder: «Varus, Varus, gib mir meine Legionen wieder!», wobei er seinen Kopf gegen die Tür stieß (Suet. Aug. 23). Dieser Varus, der in den Jahren 7–6 v. Chr. Statthalter in Afrika war, erscheint auf einigen Münzen, die damals dort geprägt wurden, so daß man wenigstens einen kleinen Eindruck von dieser historischen Gestalt bekommt. Gewiß war er tüchtig, doch lief er gutgläubig in die Falle, die ihm die germanischen Verschwörer – oft genug seine Tischgäste – gestellt hatten.

Vercingetorix

Ca. 82–46 v. Chr. Sohn des Averner-Fürsten Celtillus. Führer des Gallieraufstandes gegen → Caesar

Als leidenschaftlicher Feind der Römer fand er zunächst bei seinen Landsleuten kein Verständnis, konnte dann aber doch die meisten gallischen Stämme für sich gewinnen und ein schlagkräftiges Heer aufstellen. Er verfolgte die Taktik der verbrannten Erde und kämpfte mit wechselndem Glück, verschanzte sich schließlich in Alesia, das – durch Hunger bezwungen – kapitulieren mußte. Caesar hielt ihn 6 Jahre gefangen, führte ihn bei seinem Triumph in Rom 46 v. Chr. im Zuge mit. Anschließend wurde er umgebracht.

Sein Ziel, ein einiges Keltenreich, das ihm nach dem Vorbild des Römerreiches vorschwebte, erreichte er nicht, doch lebte er als Freiheitsheld im Gedächtnis der Nation weiter, ähnlich dem Cherusker Arminius. Das Scheitern des Vercingetorix aber brachte Gallien die hohe römische Kultur, der Erfolg des Arminius verurteilte die Germanen zum Verharren in primitiven Verhältnissen.

Um 48 v. Chr. prägte L. Hostilius Saserna Denare, deren Bilder die Taten Caesars in Gallien verherrlichen. Das Profil des Mannes, dessen flatternden Haare ihn als Nichtrömer erkennen lassen und der durch den hinter ihm sichtbar

Vercingetorix

werdenden typischen gallischen Schild als Gallier gekennzeichnet ist, ist wahrscheinlich ein Bildnis des Vercingetorix, der sich damals in Caesars Gefangenschaft befand.

Vergil

Publius Vergilius Maro. 70–19 v. Chr. Sohn des Vergilius Maro und der Magia Polla. Aus Andes bei Mantua. Römischer Nationaldichter.

Von dem Dichter der «Aeneis» – des römischen Nationalepos –, der «Bucolica» und «Georgica» gab es Statuen in allen römischen Bibliotheken (Suet. Cal. 34,2) und Schulen, und gemalte Bildnisse waren den Ausgaben seiner Werke vorangesetzt (Martial. 14,186). Die Wirkung seiner Aeneis war ungeheuer, und dadurch, daß Vergil in der Schule gelesen wurde, repräsentierte er die römische Literatur in einer Weise wie kein anderer vor oder nach ihm. Zwei Mosaiken mit seinem Porträt sind erhalten, beide Werke des 3. Jh. n. Chr. Das eine aus Hadrumetum zeigt den Dichter, zwischen den Musen Kalliope und Melpomene sitzend, mit einer Rolle in der Hand, auf der vergilische Verse (Aen. 1,8) zu lesen sind. Das andere, das Monnus-Mosaik in Trier, bezeichnet den Kopf eines Mannes als

Vergil, Trier

Vergilius Maro, an dem die pathetische Wendung zur rechten Seite hin auffällt. Dieses wenig anspruchsvolle Bildchen ähnelt stark einem Porträt, das in einer großen Zahl von Kopien erhalten ist. Es wird heute allgemein aufgrund der stilistischen Eigenarten in die Zeit bald nach 50 v. Chr. datiert. Damit scheidet der andere Name, der seit langer Zeit und mit großer Leidenschaft für dieses Bildnis genannt wurde, nämlich → Menander, aus. An ein postumes Denkmal für den Dichter des 3. Jh. v. Chr. ist in der Zeit der späten römischen Republik kaum zu denken. Dieses Porträt zeigt Vergil, so wie Donat (Vit. 8,10) ihn schildert, mit einem etwas derbbäuerlichen Gesicht und von schwacher Gesundheit; Magen-, Hals- und Kopfschmerzen plagten ihn. Die in die Stirn gestrichenen Haare bilden in der Mitte eine schräge, S-förmige Partie und entsprechen einer altitalischen Mode. Vergil gab sich aufgrund seines Geburtsortes gern als Etrusker aus, und bei etruskischen Köpfen des 3. Jh. v. Chr. findet man ähnliche Frisuren. Sein Auftreten ist nicht ohne Selbstbewußtsein, hatte er doch im Jahre 23 v. Chr. Teile der Aeneis dem → Augustus und dem Kaiserhaus vortragen dürfen. Als er nach Griechenland fuhr, um letzte Hand an das Epos zu legen, erkrankte er, kehrte mit Augustus nach Italien zurück und starb in Brundisium. Vergils Popularität zeigen nicht nur die Nachrichten über seine Bildnisse in Bibliotheken und Schulen (s. o.), sondern auch die große Zahl der erhaltenen Repliken. Diese sind zum Teil sehr handwerkliche Kopien, die oft genug fehlgedeutet wurden, etwa als → Agrippa oder Augustus; verhältnismäßig viele Kopien stammen auch aus späterer Zeit. Dabei ist zu bedenken, daß Vergil nicht nur als der große Dichter geehrt wurde, sondern vor allem vom einfachen Volk auch als ein höheres Wesen. Bald wurde er fast göttlich verehrt, und seine Dichtung wurde mindestens seit der Zeit des → Hadrian als Orakelbuch benutzt. Seine Ecloge 4 deutete man als eine Ankündigung der Geburt Christi. Und als Prophet und Zauberer habe er tiefere Erkenntnisse verschlüsselt in der Aeneis niedergelegt, und die

Vergil, Venedig

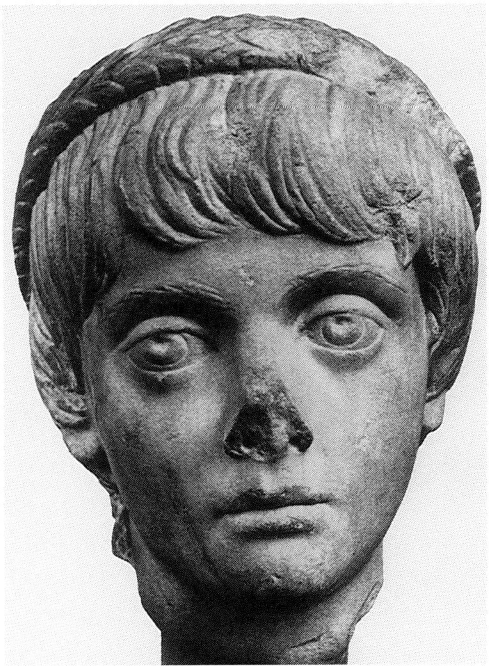

Annius Verus, Paris, Louvre

«Sortes Vergilianae» waren beliebte Losorakel. Ein gemaltes Bildnis des Dichters erwähnt das Gedicht Anthologia Latina 158; es war unter seinem Schutzdach im Freien offenbar noch gut erhalten, denn diesem – und seinen Werken – schrieb der unbekannte Dichter das Weiterleben Vergils über den Tod hinaus zu. Auch im Lararium des → Severus Alexander fehlte ein Vergil-Bildnis nicht, und der Kaiser verehrte ihn als den «Platon unter den Dichtern» (Hist. aug. Alex. Sev. 31).

Verus

Marcus Annius Verus. Ca. 162–169 n. Chr. Sohn des → Marcus Aurelius und der → Faustina der Jüngeren.

Annius Verus wurde von seinem Vater im Jahre 166 zum «Caesar» ernannt und damit zu seinem Nachfolger bestimmt. Doch starb er bereits im Alter von sieben Jahren. Ein Marmorkopf im Louvre gibt einen Knaben mit einem Lorbeerkranz im Haar wieder, in seinen großen Augen liegt etwas Träumerisches, das an die sentimentalen Bildnisse der → Herodes-Atticus-Schüler *(s. Polydeukon)* erinnert, besonders auch an die Bildnisse des jungen Marc Aurel selbst und die des → Lucius Verus. Nur sind die Haare strähnig und fallen tief in die Stirn. Das Alter dieses Knaben würde wohl zu Annius Verus passen, doch bleibt die Benennung des Kopfes unsicher.

Verus

Lucius Aelius Aurelius Commodus. 130–169 n. Chr. Sohn des Lucius Verus Ceionius Commodus und der Avidia Plautia. Mitkaiser des → Marcus Aurelius 161–169 n. Chr.

Im Jahre 138 n. Chr. adoptierte → Hadrian den → Antoninus Pius unter der Bedingung, daß dieser den Lucius Verus adoptiere. Zu seinen Lehrern gehörte → Herodes Atticus, dessen besonderer Einfluß auch sein Jugendbildnis kennzeichnet. Als 161 n. Chr. Antoninus Pius starb, wurde Marcus Aurelius sein Nachfolger und ernannte sofort Lucius Verus zum Mitkaiser. Dieser führte für Marc Aurel Kriege im Osten des Reiches und bewährte sich auch gegen die Mar-

Lucius Verus, München, Glyptothek

Lucius Verus, Turin

komannen. Die Bildnisse des Erwachsenen – die Silberbüste in Turin stammt aus dem Schatzfund von Marengo – verdeutlichen die Veränderung des Verus vom Philosophenschüler zum Regierenden, der sich → Caligula, → Nero und → Vitellius zum Vorbild nahm. Sein Gesicht ist von Locken gerahmt, deren Glanz er durch Bestreuen mit Goldstaub zu erhöhen versuchte (Capitolinus Ver. 1); seine Augen haben jetzt etwas Stechendes und Lauerndes. Mit 39 Jahren erlag er einem Schlaganfall und wurde im Mausoleum des Hadrian beigesetzt. Eine Reiterstatue in Pavia, der sogenannte «Regisole», stellte wahrscheinlich den Lucius Verus dar – nach den Zeichnungen zu urteilen, die das Denkmal wiedergeben, bevor es im Jahre 1796 mutwillig zerstört wurde.

Vespasian

Titus Flavius Vespasianus. 9–79 n. Chr. Sohn des Titus Vespasius Flavius Sabinus und der Vespasia Polla. Römischer Kaiser 69–79 n. Chr.

Vespasian hatte sich unter → Claudius als Feldherr in Britannien ausgezeichnet und führte unter → Nero den Krieg gegen die Juden, den er durch seinen Sohn → Titus siegreich beendete. Die Truppen im Orient erhoben ihn auf den

Vespasian, Rom, Mus. Naz. Rom.

Thron, und als Kaiser zeichnete sich Vespasian, der Sohn eines Geldverleihers, durch sparsames Wirtschaften aus. Bieder und zu Selbstironie fähig, versuchte er wiedergutzumachen, was Nero widerrechtlich angeordnet hatte. Der Bau des Kolosseums zeigt sein Interesse am Volk, dem er sich zugehörig fühlte. Er verachtete allen Prunk und liebte einfache Sitten. Seine Bildnisse stehen weder in der Nachfolge derjenigen Neros noch des julisch-claudischen Hauses; eher scheint dieser biedere Bürger ein Republikaner zu sein. Man glaubt diesem so nüchternen Menschen, daß er auf seinem Totenbett sagte: «Weh mir, ich glaube, ich werde ein Gott!» Denn sein Bildnis markiert einen deutlichen Bruch mit der Tradition und mit dem bereits eingewurzelten Glauben, ein Kaiser würde zumindest nach seinem Tod unter die Götter aufgenommen.

Vitellius

Aulus Vitellius. 15–69 n. Chr. Sohn des Lucius Vitellius und der Sextilla. Römischer Kaiser 69 n. Chr.

Vitellius, befreundet mit → Caligula und → Claudius, wurde nach dem Tod → Neros von den Legionen in Obergermanien als Kaiser ausgerufen, besiegte den Gegenkaiser → Otho und mußte sich in Rom gegen die Anhänger des → Vespasian verteidigen. Er starb an den Verletzungen, die ihm der römische Pöbel beigebracht hatte. Seit der Renaissance glaubte man ein Bildnis des Vitellius in einer Büste in Venedig zu besitzen; doch ist diese nicht antik. Erst kürzlich wurde ein antikes Bildnis des Vitellius gefunden; es kam in die Ny Carlsberg Glyptotek in Kopenhagen. Von kolossalem Maßstab und von üppigen Formen, bestätigt es die Aussage des Sueton (Vit. 17), er sei von enormer Größe gewesen, habe einen übermäßig dicken Bauch gehabt und sein dickes Gesicht sei mit roten Flecken bedeckt gewesen – als Folge des unmäßigen Weingenusses. Das gewaltige Doppelkinn und die Fettfalte am Hals sowie die Falten um die Augen lassen ihn als den Genußmenschen erscheinen, der er war. «Zu des Staates Vorteil gereichte es ohne Zweifel, daß Vitellius besiegt wurde» (Tac. Hist. 3,86).

Vitellius, Kopenhagen

Vitruv

Vitruvius Pollio (?). 2. Hälfte des 1. Jh. v. Chr. Römischer Architekt, Ingenieur und Fachschriftsteller

Aus Mangel an Ruhmsucht, sagt er von sich, sei er unbekannt geblieben. Er diente als Belagerungsfachmann im Heer → Caesars und des → Augustus, der ihm im Alter eine Pension zahlte. Um 25 v. Chr. widmete er sein Hauptwerk «De Architectura» in 10 Büchern dem Augustus. Es enthält Anweisungen über Stadtanlagen, Baumaterialien, Hochbau, Wasserleitungen, aber auch über Uhrenbau, Kriegsmaschinen, Instrumente und Apparate. In diesem Werk fand er seine Befriedigung; selbst gebaut hat er nur eine Basilika in Fano.

Vitruvs Werk ist das einzige seiner Art, das aus der Antike erhalten ist. Zu seiner Zeit verhältnismäßig wenig beachtet, wurde er später als Theoretiker der wahren Architektur hoch geschätzt.

Volusianus

Gaius Vibius Afinius Gallus Veldumnianus Volusianus. Ca. 230–253 n. Chr. Sohn des → Trebonianus Gallus und der Afinia Gemina Baebiana. Römischer Kaiser; 251–253 n. Chr.

Ein eindrucksvolles Bild von diesem jungen Kaiser gibt ein Bronzekopf in Saloniki, der durch den Vergleich mit den Münzbildnissen als sicheres Porträt des Volusianus gelten kann. Volusian kam, nachdem der Gegenkaiser → Aemilianus ausgerufen war, zusammen mit seinem Vater, an dessen Seite er regierte, durch Mörderhand um.

Volusianus, Saloniki

X

Xanthippe

Frau des → Sokrates

Sie war sicher erheblich jünger als Sokrates, der wohl schon über 55 Jahre alt war, als er sie heiratete. Sie hatte drei Söhne. Durch eine entsprechende Bemerkung des → Xenophon wurde Xanthippe zum Inbegriff der Unverträglichkeit und zänkerischen Bosheit. Sooft sie aber Sokrates zu erniedrigen versuchte, sooft erwies sich dieser jedoch als der Überlegene, an dessen Gleichmut und Schlagfertigkeit alle Demütigungen ihre Wirkung verloren.

Xanthippos

520 bis nach 478 v. Chr. Sohn des Ariphron. Aus Cholargos (Attika). Vater des → Perikles. Athenischer Feldherr.

Von der Statue des Xanthippos, die auf der Akropolis von Athen zusammen mit einer des Dichters → Anakreon aufgestellt war (Paus. 1,25,1), ist offenbar eine Kopie des Kopfes erhalten – ein Marmorkopf im Museo Nazionale Romano. Eine Spur führt zu diesem von einer Gestalt her, die auf dem Schild der Athena Parthenos des → Phidias im Zusammenhang mit der Darstellung des Amzonenkampfes auf den Kopien nachweisbar ist. Dort erschien außer den in der antiken Literatur erwähnten Gestalten des Phidias und Perikles auch der Dichter Anakreon; eine rätselhafte Gestalt mit einem pilosartigen Helm auf dem Kopf, die bei den Kopien teils mit Perikles, teils mit Anakreon verbunden ist, müßte Xanthippos sein, der Vater des Perikles. Dessen Freundschaft mit Anakreon war gleichsam das Vorbild für die des Perikles und Phidias. Der pilosartige Helm ist nun auch das charakteristische Kennzeichen des Marmorkopfes in Rom, der zweifellos ein Bildnis aus der Zeit des Perikles wiedergibt. Der Stil weist auf Kresilas, den berühmten Porträtisten, der auch das Bildnis des Perikles, vermutlich auch das des Anakreon und der → Aspasia, schuf. Der Helm ist wohl nur eine Ledermütze, die, wie die eingerollten Enden an den Ohren zeigen, ähnlich geschnitten ist wie die typisch persische Tiara. Xanthippos besiegte die Perser in der Seeschlacht von Mykale (479 v. Chr.), eroberte Sestos (478 v. Chr.) und ließ dort den persischen Satrapen Artayktos kreuzigen. Der Mann ist aber zweifellos ein Grieche, und so kann diese persische Mütze nur ein Erinnerungsstück an seine Erfolge gegen die Perser

Xanthippos, Rom, Mus. Naz. Rom.

sein. Das verhältnismäßig lange Haar ist für die ältere Generation im frühen 5. Jh. v. Chr. bezeichnend. So scheint die Benennung des Kopfes gut begründet zu sein, und als Bildnis des Xanthippos ist er sicher eine Kopie jener Statue auf der Akropolis. Als sie geschaffen wurde, war Xanthippos wohl schon 15 Jahre tot, doch wird man sich an sein Aussehen noch erinnert haben. Daß Phidias ihn in der Amazonenschlacht auf dem Schild unter den kämpfenden Griechen darstellte, war nicht nur ein Kompliment Perikles gegenüber, sondern auch durch dessen durchaus aktive Rolle im Perserkrieg – der reale Hintergrund der allegorischen Amazonenkämpfe – voll gerechtfertigt.

Xenophon

Um 430–354 v. Chr. Sohn des Gryllos und der Diodora. Aus Erchia (Attika). Griechischer Philosoph und Feldherr.

Eine Statue des Xenophon stand auf seinem Grab bei Skillus, seinem Landgut, auf das er sich, verbannt von den Athenern, zurückzog (Paus. 5,6,6). Dort schrieb er seine «Apologie des Sokrates» und die «Anabasis», in der er schilderte, wie er die 10 000 griechischen Söldner zurückführte, die mit Kyros gegen Artaxerxes gekämpft hatten. Weil er sich nach diesem Unternehmen den Spartanern anschloß, verurteilte man ihn in Athen. Von jener Statue bei Skillus erwartet man kaum eine Kopie, denn das Original stand zu weit ab von allen Kulturzentren. Doch bemüht man sich seit der Renaissance, ein Bildnis des beliebten Schriftstellers zu finden; und noch 1954 hat J. F. Crome in einem Kopf, der mit → Sokrates in einer Doppelherme verbunden ist, Xenophon vermutet. Er hatte übersehen, daß bereits 1940 in Alexandria eine inschriftlich beglaubigte Bildnisherme des Xenophon entdeckt worden war; von dieser Herme in Alexandria konnten sogleich auch mehrere Repliken erkannt werden, doch bleibt diese wohl die zuverlässigste Kopie. Das Original aber war kaum jene Statue auf seinem Grab, sondern eine Ehrenstatue, die ihm vielleicht in

Xenophon, Alexandria

Athen errichtet wurde, als er, 63jährig, aus der Verbannung zurückkehren konnte. Doch davon ist nichts bekannt. Das Bildnis des Xenophon ist das eines von Wind und Wetter gegerbten Haudegens und weniger das eines Philosophen. Der Schüler des Sokrates war ein fruchtbarer Schriftsteller, er schrieb ein Geschichtswerk, das → Thukydides' Arbeit fortsetzte, einen Entwicklungsroman über Kyros, den Gründer des Perserreiches, über den Staat der Spartaner, die Staatseinkünfte der Athener, mit sehr modern anmutenden Vorschlägen zur Verbesserung der Finanzen, und anderes. Das Bildnis entspricht so sehr der Persönlichkeit des Xenophon, daß man sich nachträglich wundert, warum es nicht schon früher erkannt worden ist.

Xerxes I.

Ca. 520–465 v. Chr. Sohn des Dareios und der Atossa. König der Perser 486–465 v. Chr.

Auf einer attischen weißgrundigen Lekythos erscheint ein für diese Gattung von Gefäßen, die mit Öl gefüllt auf das Grab gestellt wurden, ganz ungewöhnliches Bild. Ein thronender Perser empfängt die Botschaft eines vor ihm stehenden Mannes. Beide sind als Perser durch die besondere Tracht gekennzeichnet, der Sitzende als König zusätzlich durch die hohe Tiara. Das lange Szepter weist auch sein Gegenüber als einen Würdenträger aus. Der König sitzt auf einem ganz und gar unpersischen Lehnstuhl, der aber in Athen gegen Ende des 5. Jh. v. Chr. sehr beliebt war. Die Szene spielt also in Athen. Sie muß demnach im Zusammenhang mit der Eroberung Athens durch die Perser im Jahre 480 v. Chr. stehen, der König wäre also Xerxes. Er wurde nach dem Fall Athens bei Salamis von → Themistokles und bei Plataä von Pausanias so entscheidend geschlagen, daß damit der Niedergang des Perserreiches eingeleitet wurde. Unbeantwortet bleibt die Frage, was den Vasenmaler etwa 50 Jahre nach dem Ereignis veranlaßte, diese Szene zwischen Xerxes und einem seiner Vertrauten zum Schmuck der Grablekythos zu verwenden.

Xerxes, Paris, Louvre

Z

Zenobia

Iulia Aurelia Zenobia. †272 (?) n. Chr. Tochter des Iulius Aurelius Zenobius. Königin von Palmyra (Syrien) 266–272 n. Chr.

Sie war die zweite Frau des Odainathos, den → Gallien als Statthalter in Palmyra eingesetzt hatte. Als dieser ermordet wurde, übernahm sie wohl mit Zustimmung Galliens die Regierung in Palmyra. Sie bemühte sich, die Wirren der Zeit unter den Kaisern → Claudius Gothicus und Quintillus zu einer Machterweiterung Palmyras auszunutzen, und herrschte zusammen mit ihrem Sohn → Vaballathus bald über Syrien, Arabien, Ägypten und weite Teile Mesopotamiens. Ein Vertrag mit Rom brachte Palmyra einen unerhörten Aufschwung. Die Stadt wurde prächtig geschmückt und zu einem kulturellen und wirtschaftlichen Zentrum. 271 n. Chr. erklärte sie Palmyra für unabhängig, ernannte sich zur Augusta, ihren Sohn zum Augustus. Kaiser → Aurelian erklärte ihr daraufhin bald den Krieg, Palmyra mußte kapitulieren, Zenobia und ihr Sohn gerieten in die Hände der Römer. Ob sie im Triumph Aurelians in Rom mitgeführt wurde und später auf einem Gut bei Tibur starb oder unmittelbar nach ihrer Niederlage, ist unsicher. Nur das Münzbildnis übermittelt einen Eindruck von dieser ungewöhnlichen Frau, die in sich politischen Instinkt und Maßlosigkeit verband. Sie trägt eine Frisur, die an die syrischen Frauen um → Julia Mamaea erinnert, und ist mit der weit vorspringenden, fleischigen Nase gewiß keine schöne Frau.

Zenobia

Zenon

Ca. 332–263 v. Chr. Sohn des Mnaseas. Aus Kition (Zypern). Griechischer Philosoph.

Zenon, Neapel

Eine kleine Bronzebüste aus Herkulaneum sowie eine Büste in Neapel sichern die Kenntnis des Zenon-Porträts. Beide Kopien geben dasselbe Original wieder. Nur bleibt zu entscheiden, welcher der Philosophen namens Zenon mit der knappen Inschrift gemeint ist. Der Eleat des 5. Jh. v. Chr. kommt wegen des Stiles nicht in Betracht, auch der Epikureer des 1. Jh. v. Chr. kaum. Folglich muß Zenon von Kition dargestellt sein, der als Begründer der Stoa wohl auch der bedeutendste ist. Häßlich und schäbig habe er ausgesehen, der «kleine Phönizier» (Diog. Laert. 7,3), ernst und mit zusammengezogener Stirn habe er dreingeschaut (Sid. Apol. ep. 9,9,14). Das paßt alles recht gut zu der Aussage des Bildnisses. Die Ehre einer Bronzestatue wurde dem Zenon in Athen zuteil (Diog. Laert. 7,6), und auch auf Zypern gab es einige. Allein diese verkaufte → Cato nicht, als ihm Zypern zur Verwaltung übergeben wurde, während alle anderen aus Habgier eingeschmolzen wurden (Plin. 34,92). Wahrscheinlich ist jene Ehrenstatue in Athen das Original, das den Kopisten vorlag. Sie entstand wohl bald, nachdem Zenon in der Stoa Poikile (Bunte Halle) seine Philosophenschule eingerichtet hatte, also bald nach 280 v. Chr. Nach seiner Lehre zeichnet sich der Weise durch Seelenruhe aus und durch das Weltbürgertum, das keine politischen Grenzen kennt.

Schlußbetrachtung

Das waren von A bis Z 418 Persönlichkeiten der Antike, die durch ihre Taten oder Gedanken hervortraten, deren Wirkung spontan die Welt veränderte oder nur den Keim für eine längere Entwicklung legte, Frauen und Männer, Glückliche und Unglückliche, Toren und Weise, Täter und Opfer und wohl auch beides gleichzeitig.

Interessant waren sie als Menschen, nicht als «Vorbilder», denn schrecklich ist die Erkenntnis, daß diejenigen, die Geschichte machten, sich nicht gerade durch moralische Qualitäten auszeichneten. Im politischen Bereich, wo nur der Erfolg zählt, sind Skrupellosigkeit, Ehrgeiz, Egoismus und Brutalität die Triebfedern; Wortbruch, Verrat, Mord, Folter und Terror Mittel zum Zweck. Die Geschichte vergißt das leicht, und berühmt sind die Feldherrn, die ohne Bedenken das Blut ihrer Soldaten vergossen, von denen niemand redet. Selbst ein so glänzender Herrscher wie Augustus ging auf dem Weg zur Macht durch ein Meer von Blut, Alexander der Große ermordete seinen ihm treu ergebenen Freund Parmenion, dessen Sohn Philotas und tötete Kleitos eigenhändig mit dem Speer; und Konstantin der Große, «der Heilige», ließ seine Frau und seinen eigenen Sohn umbringen.

Soweit man also auf Fürsten, Könige und Kaiser blickt, findet man selten die Eigenschaften, die die Philosophen predigten. Doch um so strahlender leuchten deren Namen vor diesem dunklen Hintergrund. Bei den Dichtern und Denkern werden die hohen Gedanken sichtbar, die das Leben vieler Menschen und zu allen Zeiten bereicherten oder zu grundlegenden geistigen Erneuerungen führten. Bei diesen Männern, die selbst oft genug schlimmen Verfolgungen ausgesetzt waren, wird man durchaus Vorbilder finden, und sie verdienen die Verehrung aller Zeiten, weil sie die Voraussetzung für das heutige Leben in Freiheit schufen.

Viele Prominente der Antike bleiben unsichtbar, Bildnisse von ihnen fehlen oder sind noch nicht erkannt. Hier ist noch ein weites Feld für die Forschung der Zukunft. Lohnende Ziele für sie sind die Bildnisse der griechischen Philosophen Gorgias oder Anaxagoras, die griechischen Politiker Kimon, Pelopidas und Epaminondas, der römischen Staatsmänner Cato Censorius, Marius oder Lucullus, von römischen Schriftstellern wie Livius und Tacitus ganz zu schweigen. Das sind nur einige Namen, die in allgemeiner Erinnerung sind, und ihre Reihe ließe sich ansehnlich verlängern. Diesen gesuchten Bildnissen stehen zahlreiche erhaltene, aber unbenennbare gegenüber. Man weiß nur, daß es sich um «berühmte Griechen oder Römer» handelt, besitzt aber kein Mittel, das Geheimnis ihrer Identität zu lüften. Da hilft nur Geduld und die Hoffnung auf einen glücklichen Neufund oder einen guten neuen Gedanken. Mut macht dabei die Tatsache, daß die Existenz von Kopien nach Bildnissen einiger der Gesuchten bezeugt ist. Einst trugen die Hermen mit Inschriften Köpfe des Peisistratos, Parmenides, Anaxagoras oder des Lucullus und Hortensius, um nur einige Beispiele zu nennen. Sollten sich die zugehörigen Köpfe nicht eines Tages finden lassen? Sensationelle Überraschungen, wie der Fund der Xenophon-Büste, ermutigen ebenso wie geglückte wissenschaftliche Kombinationen, die zu einem einleuchtenden Ergebnis geführt haben. Die Archäologie wird nicht ruhen und weiter suchen, bewegt von dem Wissensdrang, der dem freien Menschen eigen ist.

Das Interesse am Aussehen berühmter Persönlichkeiten ist ja alt genug, und die erste Sammlung von Bildnissen waren die «Hebdomades vel de imaginibus», eine Zusammenstellung von 700 Bildnissen großer Männer der Vergangenheit, die Marcus Terentius Varro (116–27 v. Chr.) besorgte. Mit «Inlustrium virorum ut exstant in urbe expressi vultus» erneuerten Achilles Statius 1569 und mit «Imagines et elogia virorum illustrium» Fulvius Ursinus (= Fulvio Orsini) 1570 das verlorene Werk ihrer antiken Vorgänger. Sie versuchten damit, einen sicheren Grund zu legen für die Benennung der antiken Bildnisse, die seit der Renaissance ausgegraben und meist ganz willkürlich benannt wurden. Nur die Kaiserbildnisse hatte man früh durch den Vergleich mit den Münzbildnissen richtig zu bezeichnen gelernt. Ursinus war der erste, der sich wissenschaftlich mit antiken Bildnissen befaßte, und die «griechische und römische Ikonographie» ist seither ein wichtiger Teil der klassischen Archäologie.

Diese hat nicht nur viele neue Erkenntnisse für die Identifizierung der Dargestellten gebracht, sondern auch gezeigt, wie verschieden die Porträts hinsichtlich ihrer Aussage und ihres Stils sein können. Wenn auf diesem Gebiet die Diskussion auch noch keineswegs abgeschlossen ist, so zeichnen sich doch wesentliche Etappen ab. Die wichtigste ist zweifellos die Entstehung des Porträts in der griechischen Kunst des 5. Jh. v. Chr. als ein Produkt der Demokratie und der Entdeckung des Individuums. Das Erstaunliche ist, daß das Porträt sofort fertig und nicht etwa durch schrittweise Annäherung in einem längeren Entwicklungsprozeß vor uns steht. Besonders modellnah sind gerade die frühesten Bildnisse in der Zeit des Aufbruches, während sie mit der Beruhigung der politischen Verhältnisse unter Perikles «klassischer» werden. Die in ihnen verkörperte Problemlosigkeit, die durch die bewußte Einbindung in und Identifizierung mit dem athenischen Staat bewirkt wurde, weicht gegen Ende des 5. Jh. v. Chr. solchen Porträts, die die Isolierung des Menschen, seine private Sphäre und die spezielle Eigenart des Individuums erneut zum Ausdruck bringen. Im 4. Jh. v. Chr. sind es mehr philosophische Ideen als der Staat und große Staatsmänner, die das Aussehen der Menschen bestimmen. Und diese fühlen sich mehr als zufällige, individuelle Abbilder des vollendeten Menschen, so wie Platon die Erscheinungswelt als eine Spiegelung der höheren Welt der «Ideen» auffaßte. Die «Idee» des Porträts findet in den Figuren der großartigen attischen Grabreliefs Gestalt, wo Bildnisse im eigentlichen Sinne fehlen. Das Auftreten Alexanders des Großen verändert auch die Welt des Porträts. Die höfische Kunst dient den Fürsten, denn mit den Bildnissen werden politische Ziele verfolgt. Sie stellen den Herrscher als mächtigen Mann dar, als Vorbild, als Heros und immer mehr als göttliches Wesen, das für die Sterblichen unerreichbar ist. Das Kennenlernen fremder Völker schärfte das Auge für die Möglichkeiten menschlichen Aussehens, und die Wissenschaft erarbeitete naturwissenschaftliche Erkenntnisse, die sich die Bildhauer zunutze machten; und diese erkannten die Bedeutung auch geringer Details für die Wirkung ihrer Werke.

Ähnlich wie sich hier die Geschichte des griechischen Porträts abzeichnet, verlief die Entwicklung in Italien und Rom, wo griechische Künstler die Bildnisstatuen verdienter Männer schufen. Mit der Eroberung des griechischen Ostens fiel den Römern das ganze Erbe der griechischen Kultur und Kunst zu. Griechische Künstler fanden neue Aufgaben in der Gestaltung der Bildnisse römischer Kaiser, der «Principes», deren äußere Erscheinung so betont bürgerlich sein sollte. Mit ihren Augen gaben sie ihren Modellen oft psychologische Interpretationen, die heute außerordentlich aufschlußreich sind. Man muß sich immer wie-

Menander nach Fulvius Ursinus, Imagines Illustrium

der wundern, daß diese selbst solche Enthüllungen duldeten; oder haben sie es gar nicht bemerkt? Das Römertum des «Princeps» hat den griechischen Künstlern gewiß starken Eindruck gemacht, denn in ihrer Heimat waren sie eher mit Herrschern vertraut, die sich mehr oder weniger offen als Götter bezeichneten. Und die Bildnisse der römischen Kaiser, die in den ehemals griechischen Gebieten entstanden, lassen durchaus erkennen, daß man hier mit der Vergöttlichung leichter zur Hand war. Der Kaiser erscheint monumental und majestätisch, meist auch mit Insignien seiner Macht, die in Rom nur bei den Münzbildern erscheinen, und auch dort nur als schlichter Lorbeerkranz. Schrittweise aber vollzieht sich auch in Rom der Wandel, und mit dem Wechsel vom Prinzipat zum «Dominat», zur Herrschaft eines «Herrn», schwinden die Zeichen des alten Römertums immer mehr. Die absolute Monarchie eines Diokletian hat kein Interesse mehr an der Individualität des Herrschers, der nur noch ein Symbol seiner Macht ist, die bald keine von Menschen verliehene mehr ist. Der Gottkaiser ist der niederen Welt entrückt, zu seiner Statue blickt der Untertan auf, nicht um zu sehen, wie sein Herr aussieht, sondern um in Ehrfurcht sich recht klein zu fühlen. Das ist das Ende des antiken Porträts, denn der Herrscher ist kein Mensch mehr, und die Beherrschten sind zur Masse herabgesunken.

Damit war der Weg in das Mittelalter vorgezeichnet. Wer sich noch für die Taten und Werke antiker Herrscher, Dichter und Denker interessierte, der hielt sich an die Fakten, an den Inhalt und die literarische Darstellung; er machte sich aber keine Gedanken darüber, wie sie wohl ausgesehen haben könnten. Diese Auffassung reicht noch weit in die Renaissance hinein. Und wenn ein Maler wie der Münsteraner Herrmann tom Ring den Auftrag hatte, einen Vergil zu malen – nicht als großer Dichter, sondern als Prophet! –, so stellte er ihn wie einen alten Mann seiner Zeit dar, sogar mit einer modischen Brille, die ihm beim Lesen hilft. Luca Signorelli hatte ihn ein Menschenalter früher in der Brizio-Kapelle des Domes in Orvieto (um 1500) als jungen Mann ohne Bart und mit langen, nach hinten gestrichenen Haaren aufgefaßt, der, seitlich nach oben blickend, seine Inspiration erhält. Erst langsam und unter dem Eindruck der bei Ausgrabungen zutage geförderten Bildnisse aus Marmor, auf Gemmen und Münzen erwachte das Interesse an dem Aussehen antiker Persönlichkeiten, besonders dem römischen Kaiser. Die mit der Wiedergeburt, der «Renaissance», verbundene Neubewertung des Individuums, die bald zu einem Geniekult führte, steigerte den Wunsch, die großen Vorbilder aus der Antike kennenzulernen, sie in authentischen Bildnissen ansehen zu können. Das Werk des Fulvius Ursinus kam also einem weiten Bedürfnis entgegen, und sein Erfolg führte zu zahlreichen Nachahmungen. Und seither ist dieser Wunsch nicht schwächer geworden, wie die fast unübersehbar angewachsene Literatur über antike Ikonographie erkennen läßt. Es ist zu hoffen, daß das Publikum nicht anders denkt; denn sollte das Interesse an den Bildnissen nachlassen, so wäre das ein Zeichen für eine Wiederholung jener Einstellung, die schon einmal ins Mittelalter führte. Solange aber der Mensch in Freiheit, dem Kantschen «moralischen Gesetz in mir» verpflichtet, vom Wert der Individualität überzeugt bleibt, so lange werden ihn Persönlichkeiten interessieren, an denen er die Vielfalt der menschlichen Entwicklungsmöglichkeiten studieren kann. Das weckt die Wißbegierde, die letztlich als treibende Kraft am Anfang aller Kultur stand und ihr Garant ist. Und wo der Wunsch nach kritisch erarbeitetem, geistigem Besitz nicht mehr lebendig ist, da geht die Kultur, wie es die Spätantike warnend gezeigt hat, zu Ende.

Dieser Wißbegierde soll der Prominentenspiegel des Altertums Nahrung und Stoff geben, und wenn in ihm so manche Lücken und etliche Fragezeichen unvermeidbar waren, so können diese nur Ansporn zu weiterem Forschen sein.

Bildnis des Vergil von Herrmann tom Ring, um 1540, Augsburg, Museum

Erklärungen zu den Namen

Aniketos	der Unbesiegte, der Unbesiegbare
Apostata	der Abgefallene
Augustus	der Erhabene; Majestät
Codomannus	Beiname des Dareios (nur bei Iust. 10,3,3), unbekannte Bedeutung
Dikaios	der Gerechte, der Edle, der Gute
Euergetes	der Wohltäter
Eupator	von edlem Vater, der Vornehme
Eusebes	der Gottesfürchtige, der Fromme
Epiphanes	der Glänzende, der Berühmte
Gonatas	Beiname des Antigonos, unbekannte Bedeutung; man erklärte ihn später mit dem Hinweis auf die thessalische Stadt Gonnos, seinem angeblichen Geburtsort
Hierax	der Habicht, der Falke
Kallinikos	der Siegreiche
Keraunos	der Blitz
Monophthalmos	der Einäugige
Nikator	der Sieger
Nikephoros	der Siegbringende
Philadelphos	der seinen Bruder (seine Schwester) liebt
Philometor	der seine Mutter liebt
Philopator	der seinen Vater liebt
Philoromaios	Freund der Römer
Pius	der Tugendhafte
Selene	die Mondgöttin
Soter	der Retter, der Heiland
Thea	die Göttin
Theos	der Gott

Hinweise zu den Legenden

Athen	Nationalmuseum
Boston	Museum of Fine Arts
Kopenhagen	Ny Carlsberg Glyptotek
St. Petersburg	Ermitage
London	British Museum
Neapel	Museo Nazionale
New York	Metropolitan Museum
Rom	Museo Capitolino (Mus. Cap.)
Rom	Museo Nazionale Romano (Mus. Naz. Rom.)
Rom	Palazzo dei Conservatori (Pal. dei Cons.)
Wien	Kunsthistorisches Museum

Bildnachweis

Artemis Verlags AG, Zürich, S. 106
Sämtliche übrigen Abbildungen wurden vom Autor zur Verfügung gestellt.

Abkürzungen der antiken Autoren

Ael. v. h.	Claudius Aelinanus, Varia historia
Aischin. Tim.	Aischines, Rede gegen Timarchos
Aischines	Aischines, Epistolae
Anthol. Gr.	Anthologia Greca
Appian	Appianos, Romaïke [Römische Geschichte]
Apuleius, Apol.	Apuleius, Apologia
Athenaeus	Athenaios, Deipnosophistai [Philosophische Tischgespräche]
Aur. Vict. de caes.	Aurelius Victor, de caesaribus [Römische Kaiser]
Capitolinus	Iunius Capitolinus, in: Historia Augusta
Cassius Dio	s. Dio
Christodor. Ekphr.	Christodoros, Ekphrasis [Statuenbeschreibung]
Cic. de fin.	M. Tullius Cicero, de finibus bonorum et malorum
Cic. Verres	M. Tullius Cicero, Rede gegen Verres
Cic. de leg. agr.	M. Tullius Cicero, Rede de lege agraria [zu Siedlergesetz]
Demosth.	Demosthenes, Reden
Dio	Cassius Dio Cocceianus, Romaïke [römische Geschichte]
Diog. Laert.	Diogenes Laertius, Leben und Meinungen der großen Philosophen
Dion Chrysostomos	Dion Cocceianus, gen. Chrysostomos, Reden
Dion. Hal.	Dionysios v. Halikarnassos, Romaïke Archaiologia [römische Archäologie]
Donat, vit.	Aelius Donatus, Vita Vergilii
Eumen. paneg.	Eumenius, panegyricus
Eutr. Brev.	Flavius Eutropius, Breviarium ab urbe condita [Kompendium der römischen Geschichte]
Flor.	P. Annius Florus, Epitome de Tito Livio
Gell.	Aulus Gellius, Noctes Atticae
Herod.	Herodotos, Historia
Hist. Aug.	Historia Augusta
Juv. sat.	D. Iunius Iuvenalis, Satiren
Iustin.	M. Iunianus Iustinianus, Epitome Historiarum Philippicarum Pompei Trogi
Lampridius, Hist. Aug.	Lampridius, in: Historia Augusta
Livius	T. Livius, ab urbe condita [Geschichte Roms, seit der Gründung]
Lukian, Philops.	Lukianos, Philopseudes [Lügenfreund]
Malalas	Ioannes Malalas, Chronographia [Weltchronik]
Martial	M. Valerius Martialis, Epigramme
Nepos	Cornelius Nepos, de viris illustribus

Olympiodor, vit. Pl.	Olympiodoros, Bios Platonos
Pausanias	Pausanias, Perihegesis Hellados [Bereisung Griechenlands]
Phaedrus	Phaedrus, Fabeln
Phil. vit. Soph.	Philostralos, vitae Sophistarum
Plin.	C. Plinius Secundus d. Ä., Naturalis Historia [Naturkunde]
Plinius d. J.	C. Plinius Caecilius Secundus, Briefe, Panegyricus
Porphyrios, vit. Pl.	Porphyrios, vita Plotini
Seneca, Ep.	L. Annaeus Seneca, Epistolae [Briefe]
Serv. Aen.	Servius, Kommentar zu Vergil, Aeneis
Sido. Apoll.	C. Sollius Apollinaris Sidonius, Epistolae [Briefe]
Silius Ital.	Tiberius Catius Asconius Silius Italicus, Punica
Spartian, Vit.	Aelius Spartianus, in: Historia Augusta
Strabo	Strabon, Geographika
Sueton	C. Suetonius Tranquillus, Kaiserbiographien
Suda	Suda [auch Suidas], alphabetisches enzyklopädisches Lexikon
Tacitus Ann.	P. Cornelius Tacitus, Annales
Tacitus Hist.	P. Cornelius Tacitus, Historiae
Tatian	Tatian, Epistole pros Hellenas
Tert. Apol.	Q. Septimius Florens Tertullianus, Apologeticum
Theokrit	Theokritos, Bukolische Gedichte

Bibliographie

Abkürzungsverzeichnis

AA	Archäologischer Anzeiger, Beiblatt zum JdI
AJA	American Journal of Archaeology
ASA	Annuario della Scuola archeologica di Atene e delle Missioni italiani in Oriente
BCH	Bulletin de Correspondance Hellénique
Ergh.	Ergänzungsheft
Jb	Jahrbuch
JbRGZM	Jahrbuch des Römisch-Germanischen Zentralmuseums Mainz
JdI	Jahrbuch des Deutschen Archäologischen Instituts
JrS	Journal of Roman Studies
MJb	Münchener Jahrbuch der bildenden Kunst
MM	Mitteilungen des Deutschen Archäologischen Instituts. Madrider Abteilung
MonPiot	Monuments et mémoires. Fondation E. Piot
Muse	Muse. Annual of the Museum of Art an Archaeology, University of Missouri/Col.
MusHelv	Museum Helveticum
ÖJh	Jahreshefte des Österreichischen Archäologischen Instituts in Wien
Riv. di Arch.	Rivista di Archeologia
RM	Mitteilungen des Deutschen Archäologischen Instituts. Römische Abteilung
Schw Mbl.	Schweizer Münzblätter

Nachschlagwerke

Pauly-Wissowa,
Realencyclopädie der classischen Altertumswissenschaften (1894–1980)
Enciclopedia dell'Arte Antica e Orientale (1958–1973)
Lexikon der alten Welt (1990²)

Museumskataloge

Berlin
C. Blümel, Katalog der antiken Skulpturen, Staatliche Museen zu Berlin, Römische Bildnisse (1933)
Boston
Greek and Roman Portraits (1972)
Brescia
M. Wegner, Römische Bildnisse aus Bronze im Museo Romano zu Brescia (1975)
Kopenhagen, Ny Carlsberg Glyptotek
V. Poulsen, Les Portraits grecs (1954)
V. Poulsen, Les Portraits romains I. II. (1962, 1974)
London, British Museum
R. P. Hinks, Greek and Roman Portrait Sculpture (1935)
New York, Metropolitan Museum of Art
G. M. A. Richter, Roman Portraits (1953)

Rom
W. Helbig, Führer durch die öffentlichen Sammlungen klassischer Altertümer in Rom[4] I–IV (1963–1969)
K. Fittschen/P. Zanker, Katalog der römischen Porträts in den Capitolinischen Museen und den anderen kommunalen Sammlungen Roms (1983/85)
Museo Capitolino
H. Stuart Jones, The Sculptures of the M. C. (1912)
Palazzo dei Conservatori
H. Stuart Jones, The Sculptures of the P. d. C. (1926)
Museo Nazionale Romano
B. M. Felletti Maj, I Ritratti (1953)
Museo Lateranense
A. Giuliano, Catalogo dei Ritratti Romani del Museo Profano Lateranense (1957)
St. Petersburg, Ermitage
A. Vostchinina, Le Portrait Romain (1974)
Stuttgart, Württembergisches Landesmuseum
U. Hausmann, Römerbildnisse (1975)

Allgemein zum antiken Porträt

Achilles Statius,
Inlustrium virorum ut exstant in urbe expressi vultus (1569)
Fulvius Ursinus,
Imagines et elogia virorum illustrium et eruditorum ex antiquis lapidibus et nomismatibus expressa com annotationibus ex bibliotheca Fulvi Ursini (1570)
Fulvius Ursinus,
Illustrium imagines, ex antiquis marmoribus, nomismatibus et gemmis expressae; quae exstant Romae, maior pars apud Fulvium Ursinum. Ed. altera, aliquot imaginibus, et I. Fabri ad singulas commentario auctior atque illustrior Th. Gallaeus delinabat Romae ex archetypis, incidebat Antverpiae 1598 (1606)
E. Q. Visconti / A. Mongez
Iconographie ancienne ou recueil des portraits authentiques des empereurs, rois, et hommes illustres de l'antiquité I–IV (1818–1826)
A. Hekler,
Die Bildniskunst der Griechen und Römer (1912)
R. Paribeni,
Il Ritratto dell'Arte Antica (1924)
K. Lange,
Herrscherköpfe des Altertums im Münzbild ihrer Zeit (1938)
K. Schefold,
Die Bildnisse der antiken Dichter, Redner und Denker (1943)
A. und E. Alföldi,
Die Kontorniat-Medaillons (1976)

Das Porträt bei den Griechen

Allgemein

J. J. Bernoulli,
Griechische Ikonographie mit Ausschluß Alexanders und der Diadochen (1901)
A. Hekler,
Bildnisse berühmter Griechen, bearbeitet von H. v. Heintze (1940)
L. Laurenzi,
Ritratti Greci (1941)
G. M. A. Richter,
The Portraits of the Greeks (1965) (Suppl. 1972)
G. M. A. Richter/R. R. R. Smith,
The Portraits of the Greeks (1984)

Speziell

E. Simon,
Die Fürstenbilder von Boscoreale (1959)
K. Schefold,
Griechische Dichterbildnisse (1965)
Th. Lorenz,
Galerien von griechischen Philosophen- und Dichterbildnissen bei den Römern (1965)
H. F. Mussche,
Les Portraits des Séleucides (1972)
H. Kyrieleis,
Bildnisse der Ptolemäer (1975)

E. Newell,
Royal Greek Portrait Coins (1937)
A. Cunningham,
Coins of Alexander's Successors in the East (1969)
L. Forrer,
Portraits of Royal Ladies in Greek Coins (1969)
N. Davis und C. M. Kraay,
The Hellenistic Kingdoms. Portrait Coins and History (1973)
A. K. Narain
The Coin Types of the Indo-Greek Kings (1976)
D. Burr Thompson,
More Ptolemaic Queens, in Eikones, Festschrift H. Jucker (1980), 181
R. R. R. Smith
Hellenistic Royal Portraits (1988)
R. Fleischer,
Studien zur seleukidischen Kunst I. Herrscherbildnisse (1991)

Das Porträt bei den Römern

Allgemein

J. J. Bernoulli,
Römische Ikonographie (1882–1894)
L. M. Lanckoronski,
Das römische Bildnis in Meisterwerken der Münzkunst (1944)
P. Franke / M. Hirmer,
Römische Kaiserporträts im Münzbild (1961)
H. v. Heintze,
Römische Porträtplastik (1961)
L. v. Matt / H. Kühner,
Die Caesaren (1964)
J. Inan / E. Rosenbaum,
Roman and Early Byzantine Portrait Sculpture in Asia Minor (1966)
O. Vessberg,
Romersk Porträttkonst (1969)
H. v. Heintze (Hrsg.),
Römische Porträts (1974)
J. M. C. Toynbee,
Roman Historical Portrait (1978)
J. Inan / E. Rosenbaum,
Römische und Frühbyzantinische Porträtplastik aus der Türkei. Neue Funde (1979)

Speziell

R. Delbrück,
Spätantike Kaiserporträts (1933)
H. P. L'Orange,
Studien zur Geschichte des spätantiken Porträts (1933)
M. Wegner,
Die Herrscherbildnisse in antoninischer Zeit (1939)
R. Delbrück,
Die Münzbildnisse von Maximinus bis Carinus (1940)
M. Wegner,
Hadrian, Plotina, Marciana, Matidia, Sabina (1956)
B. M. Felleti Maj,
Iconografia romana imperiale da Severo Alessandro a M. Aurelio Carino (1958)
H. Bartels,
Studien zu den Frauenporträts der augusteischen Zeit (1963)
J. Meischner,
Das Frauenporträt der Severerzeit (1964)
G. Daltrop / U. Hausmann / M. Wegner,
Die Flavier (1966)
H. G. Niemeyer,
Studien zur statuarischen Darstellung der römischen Kaiser (1968)
H. B. Wiggers / M. Wegner,
Caracalla bis Balbinus (1971)
R. Calza,
Iconografia romana imperiale da Carausio a Giuliano (1972)
G. Giocosa,
Women of the Caesars. Their Lives and Portraits on Coins (1975)
B. Haarlov,
New Identifications of Third Century Roman Imperial Portraits (1975)

M. Bergmann,
Studien zum römischen Porträt des 3. Jahrhunderts n. Chr. (1977)
H. Wegner,
Gordianus II. bis Carinus (1979)

Literaturhinweise zu den einzelnen Porträts

(Die Ergebnisse dieser Arbeiten decken sich nicht immer mit der Meinung des Verfassers)

Adobogiona
W. Hahland, in Festschrift für G. Egger (1953), 137
Aelius Caesar
N. Hannestad, Analecta Romana Instituti Danici 1974, 67
Aemilius Paullus
G. Hafner, ÖJh 48, 1966–67, 5
Agrippa
L. Fabbrini, in Eikones, Festschrift H. Jucker (1980), 96
Ahala
G. Hafner, RM 76, 1969, 41
Aischines
H. Wrede, Städel-Jb. NF. 3, 1971, 68
Aischylos
G. Hafner, JdI 70, 1955, 105
Alexander der Große
E. Schwarzenberg, The Portraiture of Alexander (1976)
R. Leimbach, AA 1979, 213
Alkibiades, der Athener
G. Hafner, Geschichte der griechischen Kunst (1961), 242
Alkibiades, der Spartaner
G. Hafner, Riv. di Arch. 11, 1987, 5 ff.
Alkman
G. Doux, Bull. Corr. Hell. 96, 1966, 794
Anakreon
G. Hafner, JdI 71, 1956, 1
Andronicus
G. Hafner, Antike Kunst 10, 1967, 105
Antinous
Chr. W. Clairmont, Die Bildnisse des Antinous (1966)
Antigonos I. Monophthalmos
G. Hafner, Aachener Kunstblätter 53, 1985, 19
Antiochos IV.
H. Kyrieleis, Ein Bildnis des Königs Antiochos IV. von Syrien (127. Berliner Winckelmannprogramm 1980)
Antisthenes
B. Andreae, in Eikones, Festschrift H. Jucker (1980), 40
Antonia die Jüngere
H. v. Heintze, Juno Ludovisi (1957)
K. Polaschek, Studien zur Ikonographie der Antonia minor (1973)
K. P. Erhart, AJA 82, 1978, 193
Antonius
H. Kyrieleis, AA 1976, 85
J. Inan / E. Rosenbaum, Römische und Frühbyzantinische Porträtplastik. Neue Funde (1979), 88, Nr. 36
Apollodoros von Damaskus
G. Daltrop, MJb, 21, 1970, 15
W. D. Heilmeyer, JdI 90, 1975, 316
Appius Claudius
G. Hafner, RM 77, 1970, 59
Ariarathes V.
G. Traversari, RM 76, 1969, 320
Aristoteles
T. Hölscher, AA 1964, 869
Attalos II.
G. Hafner, Aachener Kunstbl. 40, 1971, 160
Attalos III.
G. Hafner, Aachener Kunstblätter 50, 1982, 142
Augustus
G. Hafner, Späthellenistische Bildnisplastik (1954), 89
P. Zanker, Studien zu den Augustus-Porträts (1973)
G. Giocosa, Ritratti di Augusto (1974)
W. Hornbostel, Rev. belge 54, 1976, 123
G. Hafner, Sternstunden der Archäologen (1978), 82
W. H. Gross, in Eikones, Festschrift H. Jucker (1980), 126

Aurelian
G. Hafner, Athen und Rom (1969), 244
C. C. Vermeule, Greek and Roman Sculpture in America (1981), 359
Balbinus
H. Jucker, AA 1966, 501
Britannicus
R. Amedick, RM 98, 1991, 373
L. I. Brutus
G. Hafner, RM 76, 1969, 37
Caesar
L. Curtius, RM 47, 1932, 212
E. Simon, AA 1952, 123
Ders., Gymnasium 64, 1957, 295
Gaius und Lucius Caesar
H. Jucker, MusHelv. 31, 1974, 188
F. Krinzinger, AA 1976, 90
J. Pollini, The Portraiture of Gaius and Lucius Caesar (1987)
Caligula
L. Fabbrini, RM 73/74, 1966/67, 134
D. Hertel, Madr. Mitt. 23, 1982, 258
Caracalla
H. v. Heintze, RM 73/74, 1966/67, 190
A. Seeberg, Antike Kunst 16, 1973, 76
Cato
E. Schmidt, Römerbildnisse (103. BWPr. 1944)
R. Thouvenot, MonPiot 43, 1949, 71
A. de Franciscis, Il Ritratto Romano a Pompei (1951), 46
Chilon
G. Hafner, Riv. di Arch. 19, 1992 (im Druck)
Choirilos
G. Hafner, RM 75, 1968, 67
Cicero
F. Johansen, Meddelelser Ny Carlsberg Glyptotek 29, 1972, 120
Ders., Analecta Rom. 8, 1977, 39
Claudia Octavia
R. Bol, JdI 101, 1986, 289
R. Amedick, RM 98, 1991, 378
Clodius Albinus
H. v. Heintze, RM 84, 1977, 175
Constans
F. K. Yegül, The J. Paul Getty Mus. Journ. 9, 1981, 67
Crispina
J. Meischner, JdI 76, 1961, 188
D. Soren, Muse 9, 1975, 21
Demetrios Poliorketes
E. Atalay / S. Türkoglu, ÖJh 50, 1972–75, Beibl. 144
Demetrios I. Soter
A. Linfert, JdI 91, 1976, 157
Demokrit
M. R. Wojcik, La Villa dei Papiri ad Ercolano (1986) 176
Demosthenes
E. Diez, The J. Paul Getty Museum Journal 1, 1974, 37
Didius Julianus
H. v. Heintze, RM 84, 1977, 170
Diodotos Tryphon
Th. Fischer, Ant. Kunst 14, 1971, 56
Diokletian
L. Rocchetti, ASA 50–51, 1975, 467
Dionysios I.
G. Hafner, JdI 84, 1969, 47
Domitia
U. Hausmann, JdI 74, 1959, 164
Drusus der Ältere
J. Charbonneaux, in Festschrift B. Schweitzer (1954), 331
Drusus der Jüngere
J. Charbonneaux, in Festschrift B. Schweitzer (1954) 333
Elagabal
J. Meischner, JdI 97, 1982, 437
Ennius
G. Hafner, Das Bildnis des Q. Ennius (1968)
Etruscilla
F. K. Yegül, The J. Paul Getty Mus. Journ. 9, 1981, 66
Eumenes II.
G. Hafner, Aachener Kunstbl. 40, 1971, 154
Flamininus
J. Ch. Balty, Mél. de l'école Franç. de Rome 90, 1978, 669

Florianus
Ars Antiqua Auktion-Katalog 1 (1959), Nr. 42
Galba
E. Fabbricotti, Galba (1976)
Galen
E. G. Suhr, AJA 59, 1955, 322
Galerius
G. Dontas, BCH 99, 1975, 521
Gallien
B. Haarlov, A Contribution to the Iconography of the Emperor Gallienus, in Studia Romana, Festschrift P. Krarup (1976), 113
Germanicus
G. Grimm, RM 80, 1973, 280
U. Hausmann, in Eikones, Festschrift H. Jucker (1980) 138
Geta
H. v. Heintze, RM 73–74, 1966–67, 190
Hannibal
G. Hafner, MM 14, 1973, 143
Hippokrates
P. C. Bol, in Antike Plastik 15, 1975, 65
Homer
R. Scranton und E. Ramage, Hesperia 36, 1967, 145
Horatius Cocles
G. Hafner, RM 76, 1969, 27
Hortensius
Forschungen zur Villa Albani I (1989) Nr. 71 Taf. 122.123 (M. Bergmann)
Hostilian
K. Fittschen, JdI 94, 1979, 581
Isokrates
E. Minaharan-Hiesgen, JdI 85, 1970, 141
Iulia
G. Grimm, RM 80, 1973, 279
Julian
H. G. Frenz, Mz. Zeitschr. 77/78, 1982/83, 179
Karneades
A. Stähli, Arch. Anz. 1991, 219
Kleanthes
A. Giuliano, La Parola del Passato 26, 1971, 368
Kleobis und Biton
G. Hafner, Athen und Rom (1969), 220
Kroisos
P. Arias / M. Hirmer, Tausend Jahre Griechische Vasenkunst (1960), 71
Lanassa
G. Hafner, Riv. di Arch. 4, 1980, 17 ff.
Livia
M. H. Gross, Julia Augusta (1962)
Lutatius Catulus
G. Hafner, Aachener Kunstbl. 43, 1972, 117
Lutatius Cerco
G. Hafner, Aachener Kunstbl. 43, 1972, 118
Lysimachos
E. Atalay / S. Türkoglu, ÖJh 50, 1972–75, Beibl. 123
G. Hafner, Aachener Kunstblätter 53, 1985, 17
Macrinus
V. Kondic, JRS 63, 1973, 47
M. Claudius Marcellus
G. Hafner, RM 75, 1968, 69
J. Balty, Antike Kunst, 20, 1977, 102
Massinissa
G. Hafner, AA 1970, 412
Maximinus Thrax
K. Fittschen, AA 1977, 319
Menander
B. Ashmole, AJA 77, 1973, 61
H. Weber, ÖJh 51, 1978, Beibl. 44
K. Schefold, in Eikones, Festschrift H. Jucker (1980), 164
K. Fittschen, AM 106, 1991, 243
Messalina
K. Polaschek, Porträttypen einer claudischen Kaiserin (1973)
Nabis
E. Zwierlein-Diehl, AA 1990, 551
Naevius
G. Hafner, RM 75, 1968, 64
Numa
G. Hafner, RM 76, 1969, 35
Octavia
v. Buren, AJA 61, 1957, 378
Ogulnius
G. Hafner, RM 77, 1970, 60

Paulus
U. M. Fasola, Peter and Paul in Rome (1979)
Pertinax
H. v. Heintze, RM 84, 1977, 160
Philippos II.
V. v. Graeve, AA 1973, 244
Philippos III.
V. v. Graeve, AA 1973, 244
Phryne
Ars Antiqua Auktion-Katalog 1, 1959, Nr. 32
Pindar, der Dichter
J. Bergemann, AM 106, 1991
Pindaros, Tyrann von Ephesos
G. Hafner, Riv. di Arch. 11, 1987, 7 ff.
Platon
R. Scranton / E. Ramage, Hesperia 36, 1967, 124
Plautilla
S. Nodelman, The J. Paul Getty Mus. Journ. 80 1982, 105
Plautus
G. Hafner, Antike Kunst 10, 1967, 105
Polemon II.
G. Hafner, Späthellenistische Bildnisplastik (1954), 56
Polybios
P. C. Bol / F. Eckstein, in Antike Plastik 15, 1975, 83
Pompeius
F. Johansen, Analecta Rom. 8, 1977, 39
Poplicola
G. Hafner, RM 76, 1969, 33
Porsenna
G. Hafner, Riv. di Arch. 1, 1977, 36
Postumius Albinus
G. Hafner, Das Bildnis des Q. Ennius (1968), 22
Pythagoras
R. R. R. Smith, Aphrodisias Papers III
G. Hafner (im Druck)
Rusticus
A. Hekler, Antike 1940, 118
Sappho
H. v. Heintze, Das Bildnis der Sappho (1966)
Scipio
G. Hafner, AA 1972, 474
Seleukos
G. Hafner, Aachener Kunstblätter 53, 1985, 26
Septimius Severus
D. Soechting, Die Porträts des Septimius Severus (1972)
M. Gjödesen, Meddelelser Ny Carlsberg Glyptotek 29, 1972, 7
W. Hornbostel JdI 87, 1972, 348
Servius Tullius
F. Messerschmidt, Vulci (12. Ergh. JdI 1930), 140
Solon
F. Brommer, AA 1973, 663
Sophoniba
G. Hafner, AA 1970, 420
Statianus
H. Drerup, MJb 21, 1970, 7
Tarquinius
F. Messerschmidt, Vulci (12. Ergh. JdI 1930), 137
Terenz
G. Hafner, Antike Kunst 10, 1967, 110
Thales
H. v. Heintze, in Festschrift F. F. Brommer (1977) 163
Tiberius
U. Hausmann, in Eikones, Festschrift H. Jucker (1980), 135
Trajan
W. H. Gross, Bildnisse Trajans (1940)
Trebonianus Gallus
Janine Balty, Trebonien Galle et Volusien, in Eikones, Festschrift H. Jucker (1980), 49 ff.
Varus
F. J. Hassel, JbRGZM 20, 1973, 191
Vergil
J. F. Crome, Mantuaner Studien (1962)
G. Hafner, Späthellenistische Bildnisplastik (1954), 93
L. Curtius, RM 54, 1939, 120 («Agrippa»)
H. Jucker, Schw Mbl. 1969, 82 («Augustus»)

W. Oberleitner, ÖJh 47, 1964–65, 5 («Privatbildnis, 4. Jh. n. Chr.»)
G. Hafner, Riv. di Arch. 7, 1983, 37 ff.

Annius Verus
J. Charbonneaux, MonPiot 49, 1957, 67

Vespasian
A. de Franciscis, Rend. Acc. Napoli 50, 1975, 211

Vitellius
H. Jucker, Jb. Bern. Hist. Mus. 41–42, 1961–62, 331

Volusianus
Janine Balty, Trebonien Galle et Volusien, in Eikones, Festschrift H. Jucker (1980), 49 ff.

Xanthippos
G. Hafner, JdI 71, 1956, 18

Xenophon
E. Minaharan-Hiesgen, JdI 85, 1970, 141

Xerxes
P. Devambez, AA 1973, 711